张学勇
王　辉
- 著 -

金融强国之路

如何写好做实"五篇大文章"

中国社会科学出版社

图书在版编目（CIP）数据

金融强国之路：如何写好做实"五篇大文章"/张学勇，王辉著. -- 北京：中国社会科学出版社，2025.5（2025.9重印）. --（中社智库智库丛书）. -- ISBN 978-7-5227-4767-5

Ⅰ．F832

中国国家版本馆 CIP 数据核字第 2025PG7686 号

出 版 人	赵为民
责任编辑	黄 山
责任校对	李 莉
责任印制	李寡寡

出　　版	中国社会科学出版社
社　　址	北京鼓楼西大街甲 158 号
邮　　编	100720
网　　址	http://www.csspw.cn
发 行 部	010-84083685
门 市 部	010-84029450
经　　销	新华书店及其他书店
印刷装订	北京君升印刷有限公司
版　　次	2025 年 5 月第 1 版
印　　次	2025 年 9 月第 2 次印刷
开　　本	650×960　1/16
印　　张	26
字　　数	305 千字
定　　价	98.00 元

凡购买中国社会科学出版社图书，如有质量问题请与本社营销中心联系调换
电话：010-84083683
版权所有　侵权必究

序　言

金融是现代经济的核心，是推动经济高质量发展的重要引擎。当前，中国正处于经济转型升级的关键时期，金融体系的改革与创新成为实现经济可持续增长和社会公平的重要抓手。

2023年10月30日至31日在北京召开的中央金融工作会议提出要重点做好科技金融、绿色金融、普惠金融、养老金融、数字金融"五篇大文章"。"五篇大文章"的提出为未来金融支持实体的政策指明方向，把更多金融资源用于促进科技创新、绿色发展、数字经济等领域，关注养老等民生问题，引导金融为经济社会发展提供高质量服务。2024年1月16日，习近平总书记在省部级主要领导干部推动金融高质量发展专题研讨班开班式上发表重要讲话，深刻阐释金融强国的丰富内涵，明确了坚定不移走中国特色金融发展之路的方向，释放了推动金融高质量发展的强音。同时，习近平总书记指出，金融强国应当基于强大的经济基础，具有领先世界的经济实力、科技实力和综合国力，同时具备一系列关键核心金融要素，即：拥有强大的货币、强大的中央银

金融强国之路：如何写好做实"五篇大文章"

行、强大的金融机构、强大的国际金融中心、强大的金融监管、强大的金融人才队伍。须加快构建中国特色现代金融体系，建立健全科学稳健的金融调控体系、结构合理的金融市场体系、分工协作的金融机构体系、完备有效的金融监管体系、多样化专业性的金融产品和服务体系、自主可控安全高效的金融基础设施体系。2024年7月15日召开的党的二十届三中全会对进一步深化金融体制改革作出重大部署，强调积极发展科技金融、绿色金融、普惠金融、养老金融、数字金融五大金融领域，加强对重大战略、重点领域、薄弱环节的优质金融服务。

科技金融、绿色金融、普惠金融、养老金融、数字金融五大领域不仅是金融强国建设的核心内容，也是应对全球经济变革、实现共同富裕目标的重要路径。

科技金融作为金融支持科技创新的重要手段，已成为推动经济转型升级的关键动力。在过去的几年里，中国科技金融发展迅速，银行业金融机构提供了稳定的资金支持，资本市场为科技企业提供了多元化的融资渠道，科技保险也在帮助企业降低风险。然而，尽管科技金融在规模上取得了突破，但其质量仍需提升。当前，经济增长的内生动力需要进一步强化，市场化创新体系亟待完善。因此，从"重规模"向"重质量"转变，是科技金融可持续发展的必然选择。随着数字化技术的深度渗透，科技金融创新模式需要进一步探索，如人工智能风控、大数据信用评估、区块链供应链金融等新兴技术的应用。这不仅能够提高金融支持科技企业的精准度，也能增强整个金融体系的稳定性和韧性。深入研究科技金融的发展路径，将有助于制定更加合理的政策，引导资金流向高质量科技创新企

序　言

业，从而构建长期可持续的金融生态。

绿色金融的崛起反映了全球经济向可持续发展的深刻转型。面对气候变化和资源短缺等挑战，传统的高碳经济模式已不可持续，而绿色金融正成为推动经济结构调整的重要工具。近年来，中国已成为全球绿色金融的倡导者和建设者，通过绿色信贷、绿色债券、碳市场交易等方式，积极引导资本流向绿色产业。这一过程中，金融不仅仅是提供资金支持的工具，更是推动产业升级、优化资源配置的重要引擎。然而，绿色金融的发展仍面临许多挑战，如绿色项目的投融资难题、标准体系的不完善、监管机制的缺失等。研究绿色金融的发展模式，不仅有助于提高金融市场对绿色产业的支持力度，还能推动国际合作，促进全球绿色经济转型。在"双碳"目标背景下，如何利用金融手段加速绿色技术的普及，如何健全国际绿色金融合作机制，如何提高金融市场对环境风险的识别能力，都是亟待深入研究的课题。

普惠金融的核心在于实现金融服务的公平性和可及性，它不仅是金融体系发展的重要方向，也是推动社会共同富裕的重要手段。长期以来，传统金融体系在覆盖低收入人群、中小微企业和偏远地区居民方面存在明显不足，而普惠金融的兴起正在弥补这一短板。得益于金融科技的创新，移动支付、在线信贷、区块链等技术的应用，使得金融服务能够更广泛地惠及弱势群体，从而提高整个社会的金融包容性。然而，普惠金融的发展仍需在制度设计、风险控制和市场培育等方面进一步优化。过度放贷可能导致信用风险累积，而监管不力可能引发系统性金融风险。因此，深入研究普惠金融的发展模式，不仅有助于提升金融服务质量，也能增强经济韧性，促进更加公平和可持续的经济增长。在全球

金融强国之路：如何写好做实"五篇大文章"

经济不确定性增强的背景下，如何通过普惠金融增强居民消费能力、提升中小企业的生存能力，是决定经济长期健康发展的重要课题。

养老金融的发展关乎人口老龄化背景下的经济稳定性和社会福祉。随着中国老龄化进程的加快，如何利用金融手段保障老年人的生活质量，已成为一个亟待解决的重要问题。目前，中国的养老金融体系仍处于起步阶段，养老金制度、商业养老保险、长期护理保险等金融工具的渗透率仍较低。同时，养老金融不仅仅是提供资金支持，更能通过金融市场优化养老基金的配置，提高资本市场的稳定性。因此，借鉴国际经验，优化财税政策、引入金融科技、拓宽融资渠道、明确监管职责，将是未来养老金融发展的重要方向。深入研究养老金融的发展路径，能够帮助制定更加完善的养老保障体系，提高金融市场对养老需求的响应能力。与此同时，养老金融的发展也将促进资本市场和实体经济的深度融合，为经济的长期稳定增长提供支撑。在社会结构变化和金融市场创新的背景下，如何通过养老金融提升老年群体的经济安全感，将是未来政策制定者和市场参与者共同关注的重点。

数字金融的迅速发展正在改变全球金融竞争格局，尤其是数字人民币的推广，正成为人民币国际化的重要抓手。数字金融涵盖数字货币、数字支付、数字信贷、数字保险等多个领域，其本质在于提升金融服务的效率，优化投资结构，扩大居民消费。然而，随着全球数字金融竞争的加剧，如何在确保金融安全的前提下推动数字人民币的国际化进程，成为一个重要的研究课题。数字人民币的推广，不仅能够提高我国金融体系的开放水平，也能在国际支付体系中增强人民币的影响力。然而，数字金融的发展

序　言

也伴随着风险，如数据安全、隐私保护、金融监管等问题，需要系统性的研究和应对策略。深入分析数字金融的发展趋势，将有助于制定更加完善的金融安全政策，提高金融市场的抗风险能力，并确保我国在全球金融竞争中保持领先地位。

对科技金融、绿色金融、普惠金融、养老金融、数字金融的深入分析，不仅是理解现代金融体系演进逻辑的关键，也是推动金融体系高质量发展的必要步骤。本书的编写正是基于系统理解金融五大领域的必要性，旨在深入分析五大领域的发展现状，预测未来趋势，并提出切实可行的政策建议，为金融强国建设提供理论支持和实践指导，为政策制定者、金融机构和学术界提供全面的参考。

希望本书能够为读者提供有益的启示，共同助力金融强国建设的伟大征程！

马海涛

中央财经大学党委副书记、校长

2025 年 3 月

目 录

第一章 做好科技金融大文章助力新质生产力发展 / 001

第一节 科技金融发展的现状与成效 / 002
一 科技金融发展现状 / 002
二 科技金融发展成效 / 021

第二节 科技金融发展的挑战与机遇 / 031
一 科技金融发展面临的挑战 / 031
二 科技金融发展的机遇 / 052

第三节 科技金融的发展趋势与支持措施 / 059
一 科技金融的发展趋势预测 / 060
二 推进科技金融发展的支持措施 / 067

第二章　做好绿色金融大文章　促进经济社会可持续发展 / 077

第一节　绿色发展的现状与成效 / 077
一　绿色金融发展现状 / 078
二　绿色金融发展成效 / 089

第二节　绿色金融发展的挑战与机遇 / 104
一　绿色金融发展面临的挑战 / 104
二　绿色金融发展的机遇 / 112

第三节　绿色金融的发展趋势与支持措施 / 120
一　绿色金融的发展趋势预测 / 120
二　推进绿色金融发展的支持措施建议 / 132

第三章　做好普惠金融大文章　推进金融服务实体经济 / 137

第一节　普惠金融发展现状和成效 / 137
一　普惠金融发展成效 / 138
二　普惠金融服务质量现状 / 157
三　普惠金融风险状况 / 175

第二节　普惠金融发展面临的挑战与机遇 / 189
一　普惠金融发展面临的挑战 / 190
二　普惠金融发展面临的机遇 / 203

目 录

　　第三节　普惠金融发展预测及政策建议　　　　／ 209
　　　　一　普惠金融的发展预测　　　　　　　　／ 209
　　　　二　做好普惠金融大文章的政策建议　　　／ 212

第四章　做好养老金融大文章　助力银发经济高质量发展　　　／ 225

　　第一节　养老金融发展的现状与成效　　　　　／ 225
　　　　一　中国人口老龄化背景　　　　　　　　／ 225
　　　　二　养老金融发展现状　　　　　　　　　／ 233
　　　　三　中国养老金融与世界比较　　　　　　／ 261
　　　　四　养老金融发展成效　　　　　　　　　／ 270

　　第二节　养老金融发展的挑战与机遇　　　　　／ 274
　　　　一　养老金融发展面临的挑战　　　　　　／ 275
　　　　二　养老金融发展的机遇　　　　　　　　／ 283

　　第三节　养老金融的发展趋势与支持措施　　　／ 292
　　　　一　养老金融的发展趋势预测　　　　　　／ 292
　　　　二　推进养老金融发展的支持措施　　　　／ 301

第五章　做好数字金融大文章　引领全球先进生产力　　　／ 309

　　第一节　数字金融发展现状　　　　　　　　　／ 309

003

一　数字支付：新冠疫情后全球发展加速，
　　　　中国引领世界发展　　　　　　　　　　／310
　　二　数字募资：中国较早完成业务模式升级，
　　　　总体规模独步全球　　　　　　　　　　／316
　　三　数字投资：美国取得先发优势，中国需要
　　　　进行调整　　　　　　　　　　　　　　／321
　　四　数字货币：严控加密货币资产，积极探索
　　　　央行数字货币　　　　　　　　　　　　／327

第二节　数字金融发展的挑战与机遇　　　　　　　／333
　　一　数字金融发展的挑战　　　　　　　　　　／333
　　二　数字金融发展的机遇　　　　　　　　　　／348
　　三　政策建议　　　　　　　　　　　　　　　／355

第三节　数字金融的发展趋势与支持措施　　　　　／356
　　一　数字支付发展趋势与支持措施　　　　　　／356
　　二　数字信贷发展趋势与支持措施　　　　　　／362
　　三　数字货币发展趋势与支持措施　　　　　　／365

第六章　政策建议　　　　　　　　　　　　　　　／369

附　录　　　　　　　　　　　　　　　　　　　　／377

后　记　　　　　　　　　　　　　　　　　　　　／405

第一章
做好科技金融大文章
助力新质生产力发展

　　科技金融是指金融支持科技创新和科技型企业的产品、服务和模式，不仅仅是一种金融服务，更是一种推动科技与经济结合并持续创新发展的重要机制。做好科技金融这篇大文章，是我国立足新发展阶段、贯彻新发展理念、构建新发展格局的内在要求，也是金融实现高质量发展、达成金融强国目标的需要。本章全面阐述了科技金融的发展现状、取得的成效以及面临的挑战，详细描述了科技金融政策与制度的持续优化，特别是针对初创和成熟科技企业所提供的多元化金融工具和服务体系的构建；强调了天使投资和风险投资在资助创新型科技企业中的核心角色；探讨了支持科技金融的各类措施，如信用贷款和保险产品等；指出了科技金融在发展过程中遇到的主要问题，包括融资结构与科创企业高风险需求的不匹配，以及直接融资比例偏低等。

第一节　科技金融发展的现状与成效

我国科技金融不仅涵盖为初创和成熟科技企业提供的创新金融产品和服务，如知识产权抵押贷款和人才贷款，还包括通过股权和债券市场的策略性融资支持。此外，科技保险产品的完善以及再保险服务体系的建设也是科技金融发展中的重要成就，这些措施共同构建了一个多层次、全方位的金融服务体系，有效促进了科技与金融的深度融合，为科技企业提供了全生命周期的金融支持。中国科技金融已成为推动我国科技创新、产业升级和高质量发展的强大动力。

一　科技金融发展现状

自科技金融兴起以来，我国相关政策不断完善，金融服务体系日益丰富，为科技创新提供了强有力的支持。本部分详细介绍了包括创新金融产品的开发、风险管理机制的建立，以及科技保险产品体系的完善等方面的进展。同时还强调了在促进科技成果转化、优化产业链结构，以及支持特定科技领域和企业成长方面，科技金融政策所发挥的关键作用。这些政策和措施共同构建了一个支持科技企业从初创到成熟各阶段发展的全方位金融服务网络，显著提升了科技企业的创新能力和市场竞争力。

（一）科技金融相关政策不断完善

我国科技金融制度持续健全，金融支持工具逐渐丰富，初步建成了全方位、多层次的科技金融服务体系。在融资方面，对于

第一章　做好科技金融大文章　助力新质生产力发展

初创科技型企业,鼓励银行积极探索创新金融产品,通过知识产权抵押、人才贷、成果贷等为其提供信用贷款;健全各类制度建设,鼓励各类长期资本参与股权投资。对于成熟科技型企业,打造更加完善的股权交易平台,探索科技型企业定向发行高收益债券,鼓励通过并购贷款支持企业市场化兼并重组。在保险方面,鼓励保险机构完善科技保险产品体系,形成覆盖科技企业研发、生产、销售等各环节的保险保障,依托再保险服务体系,为科技保险有效分散风险。在产业链优化方面,加速推动科研成果产业化,为战略性新兴产业提供稳定金融支持,各地深入供应链上下游开展"百链千企"专项金融活动,推动产业链补链、强链、稳链。近年科技金融相关政策流程如表1—1所示。

表1—1　　　　　　　　近年科技金融部分政策梳理

时间	文件名称	部门	部分措施
2021年11月	《关于银行业保险业支持高水平科技自立自强的指导意见》	中国银行保险监督管理委员会	·推动商业银行科技金融服务提质增效。商业银行要将高水平科技自立自强作为重点服务领域,努力实现科技企业贷款余额、有贷款户数持续增长,提升综合金融服务水平。加大科技型中小企业知识产权质押融资、信用贷款、首贷和续贷投放力度,进一步强化绿色技术企业、农业科技企业服务。 ·强化科技保险保障作用。鼓励保险机构完善科技保险产品体系,形成覆盖科技企业研发、生产、销售等各环节的保险保障,加大科研物资设备和科研成果质量的保障力度。依托再保险服务体系,为科技保险有效分散风险。

金融强国之路：如何写好做实"五篇大文章"

续表

时间	文件名称	部门	部分措施
2022年5月	《江苏银行业保险业深化科技金融服务行动方案》	中国银行保险监督管理委员会江苏监管局	·优化融资期限管理。积极开展"随借随还"、循环授信、年审制、续贷等服务模式创新，降低科技企业资金周转成本，稳定企业融资预期。 ·支持保险资金直投。根据科技企业需求和保险资金特点，支持保险资金、符合条件的资产管理产品投资面向科技企业的创业投资基金、股权投资基金等，拓宽科技企业融资渠道。
2022年11月	《上海市、南京市、杭州市、合肥市、嘉兴市建设科创金融改革试验区总体方案》	中国人民银行	·鼓励跨境投融资创新。在健全风险防控机制前提下，支持境外发起的私募基金试点通过合格境外有限合伙人（QFLP）投资境内科创企业股权，支持符合条件的国内机构试点通过合格境内有限合伙人（QDLP）等参与境外科创企业并购。
2023年6月	《加大力度支持科技型企业融资行动方案》	国务院常务会议	·引导金融机构根据不同发展阶段的科技型企业的不同需求，进一步优化产品、市场和服务体系，为科技型企业提供全生命周期的多元化接力式金融服务。
2023年6月	《海南省促进科技和金融结合试点实施方案》	中国银行保险监督管理委员会海南监管局	·加强和完善科技保险服务，鼓励保险公司开展科技保险业务，创新科技保险产品，进一步拓宽保险服务领域，支持开展自主创新首台（套）产品的推广应用、科技企业融资以及科技人员保障类保险。
2023年12月	《川渝科技金融一体化发展行动方案》	国家金融监督管理总局重庆监管局	·合理实施科技企业直接融资扩容行动。支持两地股权交易依法开展托管登记、交易品种等业务创新，探索建立区域多层次资本市场合作机制。共同培育一批掌握核心技术、成长潜力大的上市后备科技企业，推动优质科技型企业到北交所直接上市。探索科技型中小企业定向发行高收益债券。

第一章 做好科技金融大文章 助力新质生产力发展

续表

时间	文件名称	部门	部分措施
2024年1月	《关于加强科技型企业全生命周期金融服务的通知》	国家金融监督管理总局	·支持初创期科技型企业成长壮大。鼓励银行机构在防控风险的基础上加大信用贷款投放力度，综合运用企业创新积分等多方信息，开发风险分担与补偿类贷款，努力提升科技型企业"首贷率"。在依法合规、风险可控前提下，规范与外部投资机构合作，独立有效开展信贷评审和风险管理，探索"贷款+外部直投"等业务模式。 ·提升成熟期科技型企业金融服务适配性。鼓励通过并购贷款支持企业市场化兼并重组。
2024年2月	《推动政策性金融机构多措并举完善科技金融服务体系》	国家金融监督管理总局深圳监管局	·聚焦重点领域优化资源配置，推动"科技—产业—金融"良性循环。加速推动科研成果产业化，为战略性新兴产业提供稳定信贷支持。以5G、新能源、高清显示等高科技产业链核心企业为依托，深入供应链上下游开展"百链千企"专项金融活动，推动产业链补链、强链、稳链。
2024年3月	《实施科技金融"五大行动"——助力河南新质生产力跑出"加速度"》	国家金融监督管理总局河南监管局	·推广"产业链挂图"批量服务模式。按照一张产业链图谱、一个对接方案、一场专项对接会、五项清单（重点企业清单、重点项目清单、问题清单、任务清单、责任清单）的思路，对重点产业链上下游不同发展阶段科技型企业实现服务对接全覆盖。
2024年4月	《关于完善科技型企业全生命周期金融服务体系 大力发展科技金融的通知》	国家金融监督管理总局安徽监管局	·银行机构要围绕科技型企业起步、初创、成长、成熟等不同阶段发展特点和金融服务需求，积极总结推广"初创起步期信用贷""成长接力贷""贷投批量联动"等专属产品和服务模式以及优化综合化金融服务。保险机构要结合科技创新风险保障需求，构建涵盖科技型企业、科技人员、科研项目等各领域和覆盖技术研发、成果转化、生产经营等各环节的保险保障机制。

资料来源：根据公开资料整理而得。

（二）天使投资逐渐崛起

天使投资近年来市场规模逐渐扩大，单笔投资额不断突破历史纪录。2013—2015年，我国政府出台了一系列鼓励和支持创新创业的政策措施，为天使投资的发展提供了良好的政策环境和社会氛围。在这一时期，我国天使投资市场得到了快速萌发，投资案例数和投资金额均呈现出快速增长的态势。然而，2023年受宏观经济环境的影响，我国天使投资市场出现了一定程度的调整。据统计，2023年我国天使投资案例数从2022年的1277笔下降至1030笔，减少了19.3%。投资金额也从2022年的148.86亿元下降至143.93亿元，减少了3.3%。尽管整体投资规模有所下降，但天使投资的单笔投资金额却呈现出明显的提高趋势。特别是在2023年5月22日，聚变新能（Neo Fusion）完成了一笔高达15亿元的天使轮融资，创下了我国单笔投资金额的历史纪录。该轮融资由蔚来资本、合肥产投等知名投资机构联合投资，显示出市场对聚变新能公司的高度认可和期待。聚变新能公司是由安徽省和合肥市政府牵头成立，技术依托中国科学院等离子体物理研究所，致力于聚变能源技术的研发和产业化。公司的成立得到了政府的大力支持，也吸引了众多知名投资机构的关注。这笔15亿元人民币的天使轮融资，不仅为公司的发展提供了充足的资金保障，也进一步提振了市场对天使投资的信心。从聚变新能公司的案例可以看出，尽管当前宏观经济环境存在一定的不确定性，但市场对优质创业项目的热情并未减弱。在政策的引导和支持下，天使投资市场仍具有广阔的发展空间和潜力。未来，随着经济的逐步回暖和创新创业环境的持续优

第一章 做好科技金融大文章 助力新质生产力发展

化，我国天使投资市场有望迎来新一轮的增长机遇，为更多的创业者和创新型企业提供资金支持和成长动力，如图1—1所示。

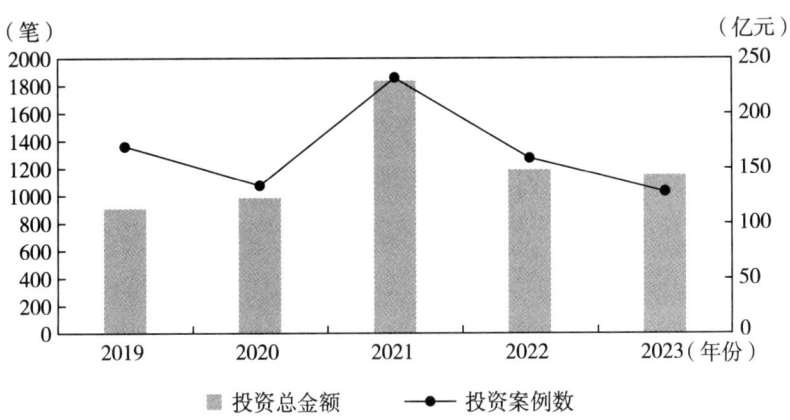

图1—1 2019—2023年中国天使投资交易事件及金额

资料来源：根据清科私募通数据库数据整理而得。

近年来，我国天使投资在高科技和"卡脖子"技术领域的投资明显提升。2023年，在全球经济形势复杂多变、股权投资市场整体规模出现显著缩减的背景下，我国天使投资在半导体领域的投资金额却逆势增长，达到了32.39亿元，同比增长12.1%。这一增长数据充分反映了天使投资对半导体产业的重视和支持，也显示出我国在解决半导体"卡脖子"问题上的决心和行动。作为全球最大的芯片进口国和消费国，我国半导体芯片产业长期以来面临着严峻的挑战。为了突破技术瓶颈，提高自主创新能力，我国政府出台了一系列政策措施，鼓励和支持半导体产业的发展。在这一过程中，天使投资发挥了重要作用。2023年，天使投资在半导体行业投资了214个项目，涵盖了芯片设计、制造、封装测试等多个环节，为推动我国半导体产业的发展提供了有力的资金支持。除了半导体行业，天使投资在IT和生物医疗等高科技、新兴产业领域的投资也非常活跃。2023年，IT行业和生物医疗行业分别发生了281起和170起天使投资，成为除半导体行业以外，天使投资参与最多的两个行业。在IT行业，天使投资主要投向了人工智能、大数据、云计算等前沿技术领域，推动了相关技术的创新和应用。在生物医疗行业，天使投资则更多地关注了创新药物、高端医疗器械、精准医疗等方向，为提升我国生物医疗产业的竞争力提供了重要支撑，如表1—2所示。

表1—2　　　　　　2023年天使投资行业分布

行业	案例数（起）	数量同比（%）	投资金额（亿元）	金额同比（%）
半导体及电子设备	214	10.30	32.39	12.10
IT	281	-26.60	33.71	-26.00
生物技术/医疗健康	170	-10.50	22.58	-0.90
机械制造	105	2.90	17.32	28.80
化工原料及加工	55	19.60	9.83	139.10
清洁技术	51	4.10	6.88	-18.00
互联网	38	-63.10	5.59	-23.70
汽车	25	19.00	5.32	145.00
食品&饮料	19	-59.60	1.43	-57.60

资料来源：根据清科私募通数据库数据整理而得。

第一章　做好科技金融大文章　助力新质生产力发展

（三）风险投资（VC）关注高科技领域投早投小

受宏观经济环境影响，风险投资案例数及金额呈现出不同程度的下滑。2023年风险投资案例数为3978起，与上一年相比下降了11.9%。这一下降趋势在投资金额上表现得更为明显，2023年的投资金额为1819.95亿元，同比大幅下降了26.8%。[①] 这种下降不仅反映了案例数量的减少，也意味着单个案例的平均投资额也有所降低，这可能是由于投资者对于投资项目的选择更为挑剔，更倾向于将资金集中在那些具有较高成长性和抗风险能力的项目上。从投资币种的角度进行分析，外币投资的降幅尤为突出。2023年，人民币投资金额为1543.10亿元，涉及3760起案例，与上年相比分别下降了22.6%和6.1%。尽管下降幅度较大，但相比之下，外币投资的下降更为剧烈，金额仅为276.84亿元，案例数为218起，分别下降了43.8%和57.1%，如图1—2（a）、图1—2（b）所示。外币投资的大幅下降可能与全球经济的不确定性、汇率波动以及跨境投资政策等因素有关，这些因素增加了外币投资的风险和成本，导致外币投资案例数和金额的显著减少。此外，风险投资的下降也可能与市场对新兴技术和创新项目的评估趋于保守有关。在经济不确定性增加的情况下，投资者可能更加关注那些具有短期回报潜力和较低风险的项目，而对于需要长期投入和不确定性较高的创新项目则持更为谨慎的态度。面对这样的市场变化，风险投资机构和创业者需要更加关注市场趋势和宏观经济环境，灵活调整投资策略和经营计划。同时，政府和相关部门也应考虑采取措施，如提供税收优惠、增加创新基金

[①]　根据清科私募通数据库数据统计。

支持、优化投资环境等,以稳定风险投资市场,激发市场活力,促进经济的创新驱动发展。

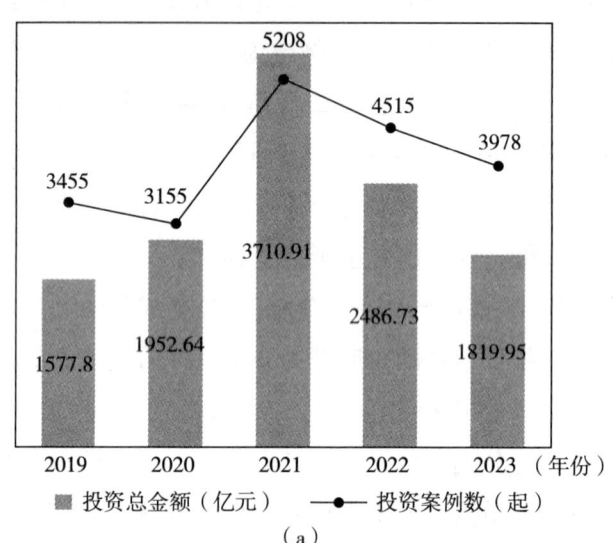

(a)

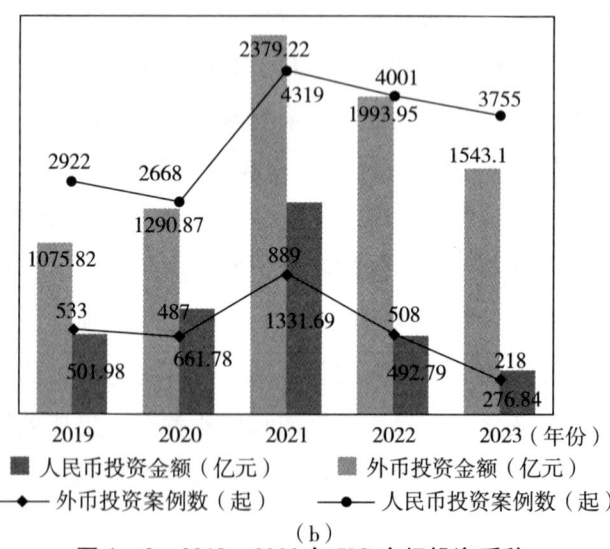

(b)

图1—2 2019—2023年VC市场投资币种

资料来源:根据清科私募通数据库数据整理而得。

第一章　做好科技金融大文章　助力新质生产力发展

长期来看，风险投资作为推动科技创新和产业升级的重要力量，其重要性不言而喻。尽管短期内市场可能会受到宏观经济波动的影响，但随着经济的逐步回暖和市场信心的恢复，风险投资市场有望迎来新一轮的增长机遇。投资者、企业和政府需要共同努力，不断优化投资环境，提高投资效率，以促进风险投资市场的健康发展，为经济的长期繁荣贡献力量。

虽然2023年的投资规模有所下降，但是对半导体、IT、生物技术等高科技领域的投资规模仍占有绝对优势。具体而言，风投参与半导体、IT和生物医疗行业的投资案例数分别达到997起、761起和798起，投资金额分别为512.57亿元、257.94亿元和388.45亿元，在数量和金额上均远高于排名第四的机械制造业，如表1—3所示。

表1—3　　　　　　　　2023年VC投资行业分布

行业	案例数（起）	数量同比（％）	投资金额（亿元）	金额同比（％）
半导体及电子设备	997	-4.10	512.57	-19.60
IT	761	-31.30	257.94	-45.80
生物技术/医疗健康	798	-17.60	388.45	-27.90
机械制造	411	25.70	153.44	-1.20
化工原料及加工	228	20.60	83.50	-27.00
清洁技术	222	31.40	114.44	-27.70
互联网	128	-35.70	83.37	-12.00
汽车	103	-4.60	65.49	-39.00
食品＆饮料	61	-19.70	23.85	-37.70
连锁及零售	50	-41.90	19.04	-47.70

续表

行业	案例数（起）	数量同比（%）	投资金额（亿元）	金额同比（%）
电信及增值业务	46	24.30	20.89	96.90
能源及矿产	24	-20.00	23.33	11.70
娱乐传媒	27	-20.60	2.19	-58.60
农/林/牧/渔	19	18.80	5.73	-37.40
金融	22	-51.10	38.56	-9.70

资料来源：根据清科私募通数据库数据整理而得。

2023年，江苏、北京、上海三地的风险投资总额位居全国前三。江苏的半导体、生物医疗产业投资规模高达421.85亿元、207.24亿元；北京的IT、生物医疗产业投资规模为203.38亿元、140.62亿元；上海的半导体、生物医疗投资规模为289.81亿元、194.44亿元，如表1—4所示。

表1—4　　　2023年主要地区重点行业分布情况

（按投资金额，单位：人民币亿元）

地区	半导体及电子设备	IT	生物技术/医疗健康	机械制造
江苏	421.85	40.28	207.24	89.12
北京	125.23	203.38	140.62	102.30
上海	289.81	166.73	194.44	43.86
浙江	214.51	64.22	132.53	43.19
深圳	202.07	91.15	67.1	80.53
广东	87.02	32.64	94.99	49.76
安徽	175.05	14.03	29.72	16.88

续表

地区	半导体及电子设备	IT	生物技术/医疗健康	机械制造
四川	64.59	19.52	41.00	17.4
山东	57.42	12.15	22.47	23.52
陕西	33.93	1.55	6.52	36.34

资料来源：根据清科私募通数据库数据整理而得。

2023年的知名投资案例大多分布在半导体、新能源等产业，并且为早中期投资。例如对吉塔半导体、润鹏半导体135亿元、126亿元人民币的C轮、A轮投资，以及对极氪、海辰储能的7.5亿美元、45亿元人民币的A轮、C轮投资。吉塔和润鹏是专注于芯片设计的科技型初创企业，极氪和海辰则专注于新能源领域，这些企业成立时间短，早期所需金额较大，风险投资给予了巨额的资金支持，体现了风险投资机构对高科技领域的重视。

（四）政府产业（风险）投资聚焦产业集群和关键领域

我国的政府产业投资规模不断扩大，勇于承担科技创新早期所面临的风险。截至2023年12月，我国共设立2086只政府引导基金，目标规模约12.19万亿元人民币，已认缴规模约7.13万亿元人民币。其中规模最大的三个省市分别为广东、江苏和北京，分别达到6416.34亿元、4905.81亿元和3318.72亿元。在优化经济结构和高质量发展背景下，2023年各地新设政府引导基金聚焦高端制造、新材料、新能源、汽车芯片等现代产业集群和关键领域。基金设立下沉至区县级，推动当地优势产业、新兴产业或未来产业等特定领域发展，如图1—3所示。

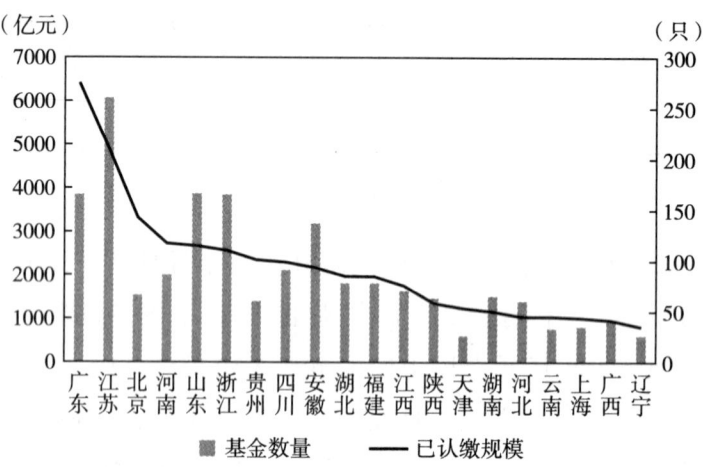

图1—3　截至2023年12月中国政府引导基金地域TOP20分布情况

资料来源：根据清科私募通数据库数据整理而得。

千亿级基金集群在多地崛起，借此打造高能级产业集群。2022年下半年以来，深圳、上海、广州等地均设立相关基金集群。进入2023年，安徽、江西、上海、广州、重庆、杭州等多个省市纷纷宣布设立千亿规模的政府投资基金，进一步优化整合当地资源，通过基金集群带动支持当地特色产业集群发展。各地政府集中打造的产业集群也都集中于新兴领域，如广州的3500亿基金侧重于新能源和集成电路，江西的3000亿基金重点用于打造新材料和新能源产业集群，杭州的超3000亿基金则用于投资生命健康和金融科技等领域，如表1—5所示。

第一章 做好科技金融大文章 助力新质生产力发展

表1—5　　　　2022—2023年设立千亿级政府产业基金

地域	基金名称	公布时间	总规模（亿元）	重点投资产业领域
广州	广州基础设施产业发展基金	2023年7月	2000	广州市及大湾区交通、能源、市政、生态环保、仓储物流、园区、新基建、保障性租赁住房、水利等基础设施REITs相关领域
江西	江西省现代产业引导基金	2023年6月	3000	有色金属、电子信息、航空、新能源、新材料、中医药等
杭州	杭州三大千亿基金（科创、创新、并购）	2023年5月	超3000	智能物联、生命健康、高端装备、新材料、绿色低碳、金融科技等
重庆	重庆产业投资母基金	2023年5月	2000	先进制造产业集群、数字经济、国资布局产业及整合重组等
安徽	安徽新兴产业引导基金	2023年4月	2000	人工智能、新能源汽车、高端装备制造、智能家电、绿色食品等
上海	系列产业投资基金	2023年4月	超1000	集成电路、生物医药、人工智能三大先导产业，以及智能终端、绿色低碳、数字经济、元宇宙四个新赛道产业
广州	广州产业投资母基金	2023年2月	1500	半导体与集成电路、新能源、生物医药与健康、先进制造、新一代信息技术、新消费等
深圳	"20+8"产业集基金群	2022年12月	超1000	生物医药、智能传感器、合成生物、新能源汽车

资料来源：根据21世纪创投研究院资料以及公开资料整理而得。

（五）科技贷款形式不断丰富

"知产"变"资产"解决科技企业融资困难。知识产权（Intellectual Property，IP）作为科技企业的重要无形资产，其价值在企业融资过程中的体现越来越受到重视。近年来，随着创新驱动发展战略的深入实施，我国多地政府出台了一系列政策，旨在帮助科技型中小企业利用其知识产权解决融资难题，实现知识产权向资产的转化，进而推动科技企业的持续创新和发展。北京推出的"个人股权贷款"和"认股权贷款"模式，允许企业以股权作为担保，获得贷款支持。这种模式不仅拓宽了企业的融资渠道，也为企业提供了更为灵活的融资方式。通过这种方式，企业可以将其知识产权作为股权的一部分，通过评估其价值来获取相应的贷款额度。四川省推出的"人才贷""研发贷"和"成果贷"等金融产品，则是针对科技企业不同发展阶段的融资需求，提供差异化的金融服务。例如，"人才贷"侧重于支持企业引进和培养高层次人才，"研发贷"更注重企业的研发活动，而"成果贷"是对企业科技成果的转化和产业化提供资金支持。这些金融产品的设计，充分体现了对科技企业知识产权价值的认可和利用。广东省的"腾飞贷"则是一种以企业知识产权为质押的贷款方式，通过专业机构对企业知识产权进行评估，将其作为质押物来获取贷款。这种方式不仅解决了科技企业缺乏传统抵押物的问题，也使企业能够更加充分地利用其知识产权资源，加速科技成果的转化和应用，如表1—6所示。

第一章 做好科技金融大文章 助力新质生产力发展

表 1—6　　　　　　　　　各地科技贷款创新举措

地区	科技贷款创新举措
北京	个人股权贷款：面向科研人员、科技企业家、"双创"重点群体发放的个人贷款，支持重点科技人才用于股权激励、股权回购、税费缴纳等。
北京	认股权贷款：高科技企业可通过与银行签订股权认购协议，获得无抵押无担保贷款。
四川	人才贷：对各类创新人才创办的企业（主要包括各类科学技术奖获得者、各级人才计划入选者、高校全职教授等），凭借人才资质就可以申请"人才贷"支持。
四川	研发贷：对开展科技项目研发的国家高新技术企业（主要包括获得国家科技重大专项、国家重点研发计划、四川省重点研发计划等各级财政立项支持的研发项目），凭借各类项目立项资质申请"研发贷"支持。
四川	成果贷：对开展科技成果转化的科技企业（主要包括高校院所分割确权的职务科技成果和转让的科技成果、获得各级科学技术进步奖的成果、获得国家发明专利授权的成果），凭借各类成果就可以申请"成果贷"支持。
广东	腾飞贷：针对科技型企业贷款树立"看未来"理念。第一，着眼企业高成长特点，向科技型企业提供授信额度更高、贷款期限更长的资金支持；第二，在利率定价上，通过利率定价和收息上的灵活安排，先让利于企业，支持企业快速发展，在企业盈利能力增长后适当分享企业发展成果。
福建	科信贷：建立科技型中小微企业信用大数据平台，开发政府背书、银行认可的科创增信评价模型，以此为基础发放贷款。
江苏	苏科贷：省科技厅按照全省统一标准，专门建立"苏科贷"备选企业库，并实行动态管理。备选企业库内符合国家标准的科技型中小微企业，均可申请专项信贷产品，由普惠基金承担一定比例的贷款风险损失，提高合作银行风险承受能力。

资料来源：根据公开资料整理而得。

这些政策和金融产品的推出，为科技企业利用知识产权进行融资提供了新的思路和途径。通过将知识产权转化为可抵押、可量化的资产，不仅解决了科技企业融资难的问题，也为知识产权的价值实现提供了新的方式。同时，这也有助于推动知识产权保护和运用，促进知识产权与金融资本的深度融合，为科技企业的创新发展提供更加有力的支持。

（六）多层次资本市场各司其职

科创板"硬科技"底色越来越亮。截至2023年，科创板上市公司数量达567家，市值约6.6万亿元。2023年，科创板新增上市企业数量67家，募资总额1439亿元，数量略高于主板的59家，金额略高于创业板的1223亿元。科创板为科技创新企业打造了一条对接资本市场的"高速公路"，新一代信息技术、新能源、高端装备制造等产业集聚效应凸显。科创板所培育的企业在2023年科技成果丰硕，走在世界前沿，例如龙芯中科技术股份有限公司自主研发的新一代通用处理器问世，君实生物医药科技股份有限公司自主研发和生产的创新药获得美国食品药品监督管理局（Food and Drug Adimination）批准上市，晶科能源TOPCon电池、组件、叠层电池转化效率领域接连创造纪录。

创业板始终坚持"三创四新"定位。创业板"高成长、优创新"特色鲜明，优质创新资本中心正加速构建。2023年，创业板新增注册制上市公司110家，IPO募资总额超1223亿元，新上市企业主要聚焦先进制造、数字经济、绿色低碳三大重点领域，覆盖九大战略性新兴产业。湖南裕能IPO募资45亿元领先，格力博、明阳电气、宏源药业、儒竞科技等9家融资规模均在20

第一章　做好科技金融大文章　助力新质生产力发展

亿元以上，湖南裕能募集的资金主要用于三期、四期年产共12万吨的磷酸铁锂项目，是国内新能源电池正极材料制造领先企业。

北京证券交易所（以下简称北交所）创新型中小企业快速集聚。截至2023年12月，北交所上市公司有232家，开市以来股票公开发行融资超470亿元，平均每家融资2亿元。其中，国家级专精特新"小巨人"企业占比近一半，战略性新兴行业和先进制造业占比近八成，8家公司被评选为国家级"制造业单项冠军"，如图1—4所示。

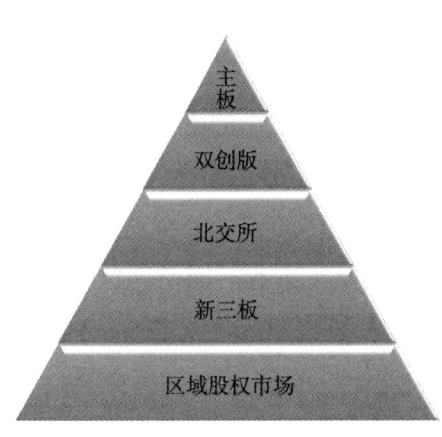

图1—4　多层次资本市场格局

（七）科创债市场扩容明显加快

科创债发行大幅扩容。2023年，科创债券的发行数量和募集资金规模均实现了大幅增长，共发行科创债券786只，募集资金达到7673亿元，较以往年度有了显著的提升。科创债券的扩容不仅体现了债券市场对创新驱动发展战略的支持，也反映了市场对于科创企业的高度认可和期待。募集资金的投向主要集中在集成电路、人工智能、高端制造等前沿科技领域，这些领域是推动我国经济转型升级、实现高质量发展的关键所在。通过科创债券的发行，可以为这些领域的企业提供必要的资金支持，加速科技成果的转化和产业化进程，促进科技创新与实体经济的深度融合。2023年4月6日，亦庄国投成功发行了5年期20亿元的科技创新公司债券，这一事件在科创债券市场中具有标志性意义。募集资金主要用于对长鑫集电存储技术有限公司进行股权投资，这是一家在动态随机存取存储芯片（DRAM）领域具有重要影响力的企业。长鑫集电拥有DRAM项目完整的技术、工艺和生产运营能力，是中国大陆目前唯一具备这一能力的团队，其在半导体领域的技术创新和产业应用具有重要的战略意义。本期科创债券的成功发行，为长鑫集电的发展提供了重要的资金支持，有助于加快其在DRAM领域的研发和产业化进程。同时，这也将助推中国在半导体领域的创新能力和竞争力，推动关键核心技术的攻关，提升我国在全球半导体产业中的话语权和影响力，如图1—5所示。

科创债券的发行和扩容，不仅为科创企业提供了更为多元化的融资渠道，也为投资者提供了参与科技创新、分享科技成果转化红利的机会。随着科创债券市场的不断发展和完善，其在促进科技创新、服务实体经济中的作用将更加凸显。未来，科创债券有望成为我国债券市场的重要组成部分，为我国经济的高质量发展提供更加有力的金融支持。同时，也需要进一步完善科创债券

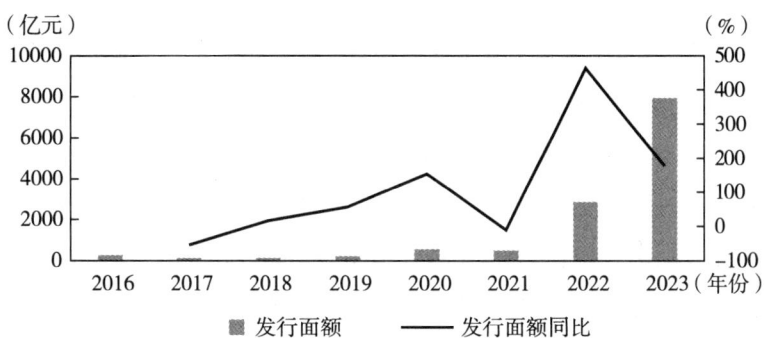

图1—5 科创债发行规模与数量

资料来源：根据万得数据库数据、远东资信资料整理而得。

的发行、交易、监管等相关制度，加强风险管理，保护投资者权益，促进科创债券市场的长期健康发展。

二 科技金融发展成效

近年来，科技金融在推动科技创新、提升企业竞争力和促进经济结构优化等方面取得了显著成果。通过完善的金融服务体系和创新的金融产品，科技金融有效支持了科技企业从初创到成熟的各个发展阶段。科技保险产品和知识产权融资的推广，进一步降低了科技企业的运营风险，为其持续创新提供了坚实保障。同时，资本市场的多层次建设和天使投资、风险投资的活跃，为科技企业注入了强劲的资金动力。总体来看，科技金融不仅助力了科技创新水平的不断突破，也显著提升了我国在全球科技领域的竞争力。

（一）科技创新水平持续取得历史性突破

一是中国在全球创新舞台上的崛起是近年来国际科技竞争中的一大亮点。随着国家对科技创新的持续投入和战略重视，中国的全球创新指数（Global Innovation Index，GII）逐步提高，标志着中国科技实力和创新能力的显著增强，如图1—6所示。根据世界知识产权组织（World Intellectual Property Organization，WIPO）发布的《2023年全球创新指数报告》，中国创新指数的排名已经跃升至全球第12位。这一成绩不仅展示了中国在科技创新领域的进步，也反映了中国在全球科技竞争中的新地位。值得注意的是，中国在中上收入国家中的排名位居第一，这表明中国的科技创新能力在同等发展水平的国家中处于领先地位。

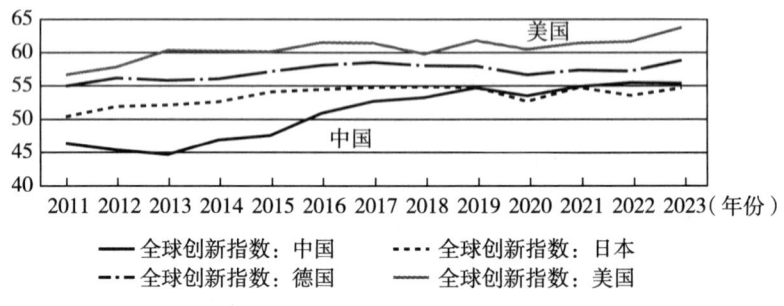

图1—6　全球创新指数

资料来源：根据世界知识产权组织、万得数据库、平安证券研究所资料整理而得。

二是我国研发支出占国内生产总值GDP比重不断提升。研发支出在GDP中所占的比重，通常被视为一个国家创新能

第一章　做好科技金融大文章　助力新质生产力发展

力和科技发展水平的重要指标。近年来，中国在研发领域的投入持续增长，这一趋势在2023年得到了进一步的体现。2023年，中国的研发经费投入总量达到了33278亿元人民币，占GDP的比重提升至2.6%，相较于2021年的2.4%，提升了0.2个百分点，如图1—7所示。这一连续提升的趋势显示了中国对科技创新的重视程度，以及通过科技创新推动经济转型和持续增长的决心。回溯到1996年，我国研发支出占GDP的比重仅为0.6%，2010年，中国的研发支出占GDP的比重已经超过了英国，这一成就标志着中国在全球研发竞赛中的地位逐渐提升。在研发经费的构成中，企业部门发挥了关键作用，成为拉动研发经费增长的主要力量。企业作为市场的主体，其研发活动直接关联到技术创新和产业升级，对提升国家竞争力和推动经济增长具有重要意义。除了企业，政府和高等教育机构也是研发经费的重要来源。政府的研发资助通常集中在基础研究和公共利益领域，此外，政府还通过各种政策激励，如税收优惠、财政补贴、创新基金等措施，鼓励企业增加研发投入，促进科技成果的转化和产业化。而高等教育机构则在培养科技人才和推动学术研究方面发挥着重要作用。

三是我国专利与科研成果规模显著提升。国内有效发明专利中，企业所占比重超过七成，是推动创新创造的主要力量。首先，截至2023年12月，我国国内拥有有效发明专利的企业达42.7万家，较上年增加7.2万家。其中国内企业拥有有效发明专利290.9万件，占比增至71.2%。其次，国家高新技术企业、科技型中小企业拥有有效发明专利213.4万件，同比增

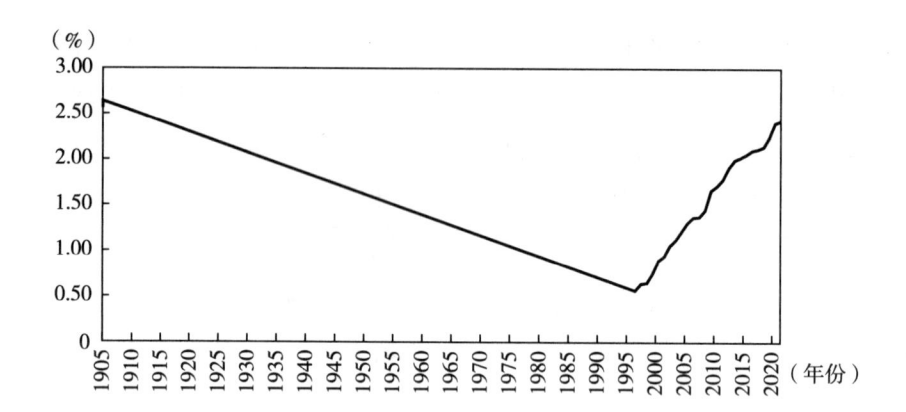

图 1—7　中国研发支出占 GDP 比重

长 24.2%，占国内企业总量的近 3/4，达到 73.4%。自主创新为众多科技型企业的高质量发展蓄势赋能。最后，按照世界知识产权组织划分的 35 个技术领域统计，截至 2023 年 12 月，我国国内有效发明专利增速前三的技术领域分别为信息技术管理方法、计算机技术和基础通信程序，分别同比增长 59.4%、39.3% 和 30.8%，远高于国内平均增长水平，表明我国在数字技术领域保持了较高的创新热度，为数字经济高质量发展持续赋能增效。

（二）高新技术产业做大做强

高技术产业对生产和投资带动作用明显。高技术产业作为经济增长的新引擎，近年来在我国经济结构调整和产业升级中发挥了重要作用，其对生产和投资的带动效应尤为明显，成为推动经济高质量发展的关键力量。从生产角度来看，高技术产业的工业增加值增速持续领先于整体工业水平。自 2010 年以来，这一趋势一直十分明显。2023 年，高技术产业的工业增加值增速达到

第一章　做好科技金融大文章　助力新质生产力发展

了9.8%，比总体工业增加值增速高出3.8个百分点。这一增速的领先，不仅反映了高技术产业的强劲增长势头，也表明了其在整体工业生产中的重要地位和引领作用。高技术产业的快速发展，得益于其在创新驱动、技术进步、产品升级等方面的不断突破，以及对新兴市场需求的快速响应。在投资方面，高技术产业同样展现出了强大的拉动作用。如图1—8所示，2023年8月高技术产业的工业增加值累计同比增长达到了11.2%，这一增速比总体规模以上工业增加值增速高出8个百分点。高技术产业的快速投资增长，反映了市场对高新技术产品和服务的旺盛需求，以及对未来发展潜力的乐观预期。同时，政府对高技术产业的支持政策，如税收优惠、资金补贴、创新奖励等，也极大地激发了企业的投资热情。

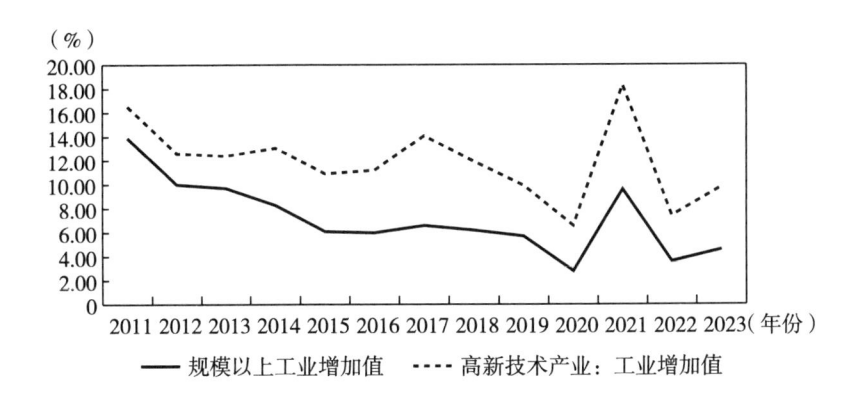

图1—8　高技术产业对生产的影响

电子及通信设备制造业和医药制造业利润增长强劲。电子及通信设备制造业和医药制造业作为高新技术产业的重要组成部分，近年来在全球范围内都展现出了强劲的增长势头。这两个行业的发展不仅代表了科技进步的方向，也是推动经济增长的重要力量。2021年，计算机、通信和其他电子设备制造业以及医药制造业的利润增长表现尤为突出。计算机、通信和其他电子设备产业的利润总额达到了9019亿元，同比增长了48%，这一增长率较2020年有了显著提升，显示出该行业的快速增长和强劲盈利能力。医药制造业的表现更是惊人，利润总额高达6431亿元，同比增幅达到了74%，这一增速不仅在高新技术产业中名列前茅，也远超其他传统制造业，成为经济增长的亮点。然而，进入2022年，受宏观经济环境的影响，这两个行业的利润增长出现了一定程度的放缓。计算机通信设备等行业的利润下滑了13.6%，医药制造业的利润下降了34.8%，化学品制造业的利润也减少了9.1%，如图1—9所示。这一变化可能是由于多种因素造成的，包括全球供应链的紧张、原材料成本的上升、市场需求的波动等。尽管面临挑战，但这两个行业的基本面向好的趋势并未改变。

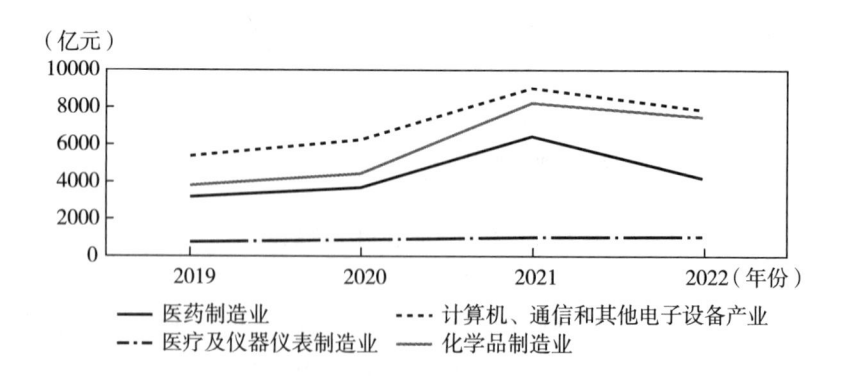

图1—9 高新技术产业利润

第一章　做好科技金融大文章　助力新质生产力发展

（三）科技型上市公司质量明显提高

科技股投资潜力较大。科技股作为资本市场的重要组成部分，其投资潜力正受到越来越多投资者的关注和认可。在中国科技实力不断增强的大背景下，科技股凭借其独特的行业属性和成长性，展现出了巨大的投资价值和潜力。首先，随着中国在5G、人工智能、大数据、云计算等前沿科技领域的持续突破和创新，相关科技企业的技术实力和市场竞争力不断提升，这为科技股的长期增长提供了坚实的基础。科技股的股价表现往往能够反映出企业的创新能力和市场前景，因此，科技股在股市中的地位越来越重要，其股价表现多优于大市，成为投资者的重要选择。其次，科技型上市公司多为拥有增长前景的长期成长型公司。这些公司通常具有较强的研发能力和创新精神，能够不断推出新技术、新产品，满足市场需求。近年来，随着科技的快速发展和应用，科技型上市公司的产品市场份额也不断增长，业绩表现亮眼，这进一步增强了其在资本市场的吸引力。最后，科技股的投资价值还体现在其较高的成长性和盈利能力上。科技行业具有较高的技术壁垒和市场准入门槛，这使得科技企业能够在一定程度上避免激烈的市场竞争，保持较高的毛利率和净利率。同时，科技企业的成长性也意味着其业绩增长具有较大的弹性和空间，这为投资者带来了较高的投资回报，如表1—7所示。

表1-7 我国科技股主要指标

公司	股票代码	建银国际评级	股价	市值	每股收益增速（%）2023F	每股收益增速（%）2024F	市盈率（倍）2023F	市盈率（倍）2024F	市净率（倍）2023F	市净率（倍）2024F
电子硬件										
小米集团	1810HK	优于大市	15.16	50136	91.6	-19.5	20.9	26.2	1.7	1.6
联想集团	992HK	优于大市	9.59	14876	-41.6	31	16.5	12.6	2.3	2
立讯精密	002475CH	优于大市	31.36	31410	17.9	23.7	20.8	16.8	4	3.3
歌尔股份	002241CH	优于大市	18.27	8757	-35.3	165.2	54.7	20.6	2	1.9
舜宇光学	2382HK	优于大市	72.45	10412	-39.1	90.3	45.1	23.7	2.9	2.6
蓝思科技	300433CH	优于大市	13.09	9141	20.0	15.4	22	19.1	1.4	1.3
深南电路	002916CH	优于大市	72.73	5227	-18.2	19.6	27.7	23.1	2.9	2.6
东山精密	002384CH	优于大市	18.55	4445	-17.6	38.6	16.2	11.7	1.8	1.6
比亚迪电子	285HK	优于大市	33.75	10255	112.6	14.3	17.1	14.9	2.3	2
瑞声科技	2018HK	优于大市	21.55	3368	-11.9	51.6	29.6	19.5	1	0.9
丘钛科技	1478HK	中性	4.72	716	-25.1	148.6	36.4	14.7	1	0.9
中兴通讯-H	763HK	优于大市	16.96	16377	23.5	6.4	7.2	6.8	1.1	1

第一章　做好科技金融大文章　助力新质生产力发展

续表

公司	股票代码	建银国际评级	股价	市值	每股收益增速（%） 2023F	每股收益增速（%） 2024F	市盈率（倍） 2023F	市盈率（倍） 2024F	市净率 2023F	市净率 2024F
中兴通讯-A	000063CH	优于大市	26.14	16377	23.5	6.4	12.4	11.7	1.9	1.7
长飞光纤-H	6869HK	优于大市	8.81	2056	2.1	8.1	4.8	4.6	0.5	0.5
长飞光纤-A	601869CH	优于大市	29.4	2096	2.1	8.1	18.7	17.3	1.9	1.8
均值-电子硬件							22.9	16.5	1.9	1.7
半导体										
韦尔股份	603501CH	中性	109.5	18869	−24.0	244.1	171.4	49.8	6.8	6
兆易创新	603986CH	中性	95.15	8992	−74.2	140	119.4	49.7	4.1	3.8
闻泰科技	600745CH	优于大市	48.42	8466	183.4	8.5	14.5	13.4	1.6	1.4
斯达半导	603290CH	优于大市	185.13	4360	5.2	34.1	36.8	27.4	5	4.4
圣邦股份	300661CH	中性	90.49	5980	−72.5	174.2	177.7	64.8	11.2	10.1
士兰微	600460CH	中性	24.34	4866	0	0	N/M	35.9	4.8	4.3
卓胜微	300782CH	优于大市	138.05	10293	5.6	48.1	65.3	44.1	7.5	6.5
中芯国际-H	981HK	优于大市	21.25	30655	−54.4	−12.5	26.1	29.8	1.1	1

续表

公司	股票代码	建银国际评级	股价	市值	每股收益增速（%） 2023F	每股收益增速（%） 2024F	市盈率（倍）2023F	市盈率（倍）2024F	市净率（倍）2023F	市净率（倍）2024F
中芯国际-A	68981CH	优于大市	54.15	32221	-54.4	-12.5	74	84.6	3.1	2.9
华虹半导体	1347HK	优于大市	17.36	5265	-40.9	-50.6	11	22.3	0.6	0.6
北方华创	002371CH	优于大市	232.84	17172	51.2	9	34.6	31.8	5.3	4.6
中微公司	688012CH	优于大市	169.02	14592	26.9	12.4	70.2	62.4	6.1	5.6
ASMPT	522HK	中性	79.05	4170	-72.6	88.5	45.6	24.2	2.1	1.9
均值-半导体							70.9	41.6	4.6	4.1

资料来源：根据建银国际评级资料整理而得。

第一章　做好科技金融大文章　助力新质生产力发展

第二节　科技金融发展的挑战与机遇

科技金融在促进科技创新和企业发展等方面展示了巨大的潜力和成效，与此同时面临着诸多挑战和机遇。一方面，当前科创企业的高风险特性与其融资结构存在不匹配的现象，考虑到我国间接融资在金融体系中的主导地位，科技企业在获得资金和资源方面存在一定困难；另一方面，科技金融在推动国家创新战略、优化产业结构调整，以及促进区域经济协调发展中发挥的独特作用。通过分析这些挑战与机遇，本节为后续讨论科技金融政策调整和战略布局提供了宝贵的视角和思考基础。

一　科技金融发展面临的挑战

科技金融在为科技创新和企业发展提供广泛支持的同时，其发展也受到现有金融体系结构性问题的限制。主要挑战包括金融体系以间接融资为主导，难以满足高风险、高收益的科创需求；科技企业面临融资渠道狭窄、资金获取困难的困境；以及科技金融产品和服务的创新与市场需求不完全匹配。此外，科技金融在风险管理、政策落实和市场信心等方面也存在诸多不足。这些挑战不仅限制了科技金融的整体效能，也对其未来发展提出了更高的要求。

（一）金融体系间接融资主导，难以满足科创需求

从融资结构来看，我国当前金融体系依然以间接融资为主，以股票和债券市场为主的直接融资体系依然相对占比较低。如

金融强国之路：如何写好做实"五篇大文章"

图 1—10 所示，截至 2024 年 1 月末，我国社会融资间接融资存量达到 271.32 万亿元，约占社会融资规模存量的 71%，直接融资占比始终低于 30% 且增速较低。这一比例不仅与成熟资本市场存在一定差距，与科创企业的融资需求也并不完全匹配，是我国科技金融发展面临的最主要挑战。具体来看，以银行为主的间接融资系统与科技创新需求表现出四大矛盾。

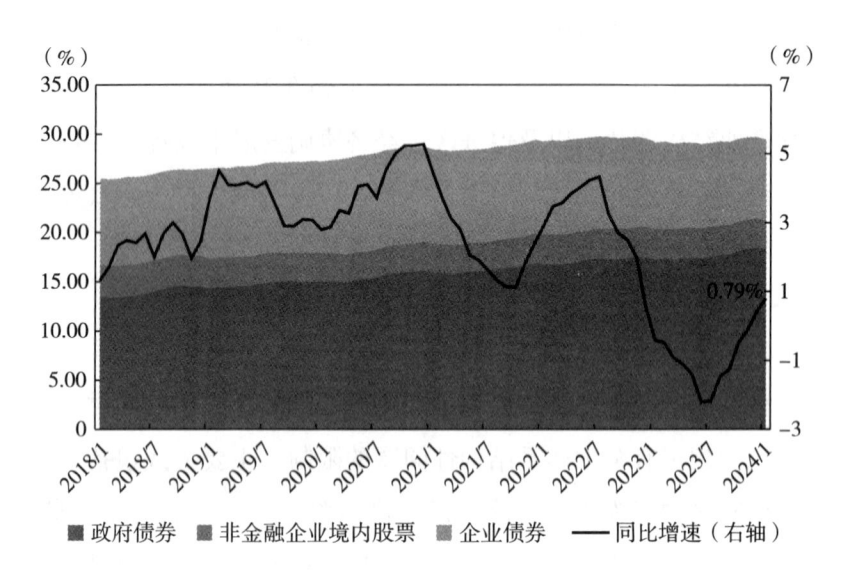

图 1—10 我国社会融资规模存量中直接融资占比与增速

资料来源：根据中国人民银行官网数据整理而得。

1. 风险目标不匹配

第一，间接融资体系的风险收益目标与科技创新项目客观的较高风险存在矛盾。以银行信贷为代表的间接融资模式以追求本金安全为主要目标，因此更加关注债务人的抵押品价值和一定期限内的偿还能力，同时对于科技创新类型项目的预期收益与风险

第一章　做好科技金融大文章　助力新质生产力发展

评估能力也相对较弱，出于规避风险的目的对科技创新类企业的信贷需求会较为谨慎。而科技创新本身在技术传导路径、科技成果转化和商业回报等各个环节都存在巨大的不确定性，同时由于其往往经营时间较短，缺乏成熟历史财务数据，难以满足银行贷款的风险审计要求。

第二，在我国银行信贷还存在一定的所有制和规模歧视。在融资成本方面，国有企业和大型企业相比民营企业、中小型公司更容易获得低成本的融资。而科技型初创企业由于面临更多的融资限制，或信贷成本高，或难以获得信贷资金，从而难以提升技术创新投资规模。此外，银行信贷存在显著的顺周期特性，在抵押品价值下降或经营压力增大时会进一步收缩信贷，在此情况下，首当其冲的也往往是中小企业和民营企业等缺少政府支持和抵押品的债务人，这会进一步阻碍其进行长期科技研发投入可能受到进一步限制。

第三，以银行贷款为主的债务融资存在利息费用。这意味着无论企业的经营状况如何，企业都需要定期支付一定的利息。这种固定成本对于现金流存在巨大不确定性的科技创新投资来说，是一个不小的负担。在这种情况下，固定的利息费用可能会加剧企业的财务压力，影响其正常的运营和发展。此外，债务融资的还款压力可能会迫使企业将更多的资源用于偿还债务，而不是投入研发和创新活动中。这不仅会限制企业的创新能力，也会影响其在激烈的市场竞争中的竞争力。

与此对应，以股权为主的直接融资体系更看重长期收益和回报，对于投资标的和项目的选择也更加专业，尤其是风险投资和私募股权投资可以通过分散化和阶段性投资，降低对单个项目投资盈利的要求,只需要少数项目的超额回报,与科技创新高风险高失败率的客观现实更加匹配。同时,股权融资不会给企业带来固定的利息支出,而是通过稀释企业的所有权来换取资金。这种方式更加灵活,可以根据企业的盈利情况和现金流状况来调整分红政策,从而降低企业的财务风险。

2. 资金期限不匹配

首先,间接融资注重当期稳定现金流的"短视化"与科技创新实现商业化的长期需求之间存在矛盾。科技创新的周期一般较长,根据美国科学基金(National Science Foundation United States,NSF)的统计,从提出基础研究到技术应用再到产生商业回报,往往要经过20—30年。OpenAI推出的ChatGPT是在经过8年的研发和巨额投入后实现的;新药研发具有"三高一长"的特点,即高技术、高投入、高风险、长周期,业内对创新药从研发到上市的历程有着"双十定律"的观点,即平均成本超过10亿美元,研发周期大于10年,如图1—11所示;国产大飞机C919从开始项目论证到商业交付经历了近20年,前期的技术积累更是漫长而艰辛。

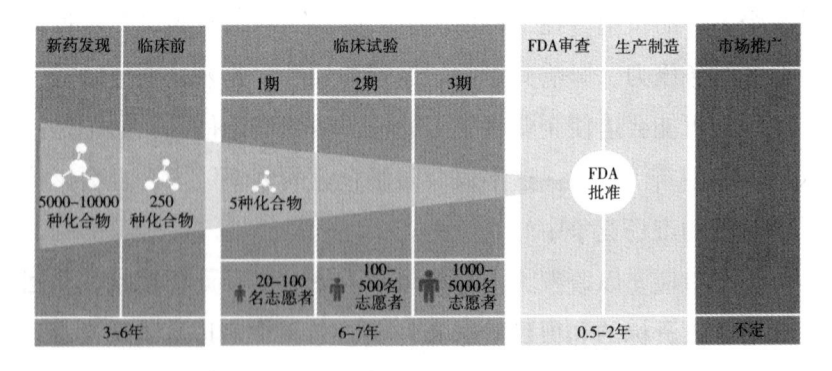

图1—11 新药从研发到上市流程与周期

第一章　做好科技金融大文章　助力新质生产力发展

科技创新的融资需求之所以周期较长，是因为科技创新涉及从基础研究到应用开发再到市场推广等多个环节，每个环节都需要大量的时间和资金投入。特别是在基础研究阶段，往往存在很大的不确定性，难以短期内看到明显的经济回报。这就要求资金来源能够承受较长时间没有收益的压力，专注于长期回报的实现。然而，传统的银行贷款等间接融资模式，往往更注重企业的短期偿债能力和现金流状况。这种短期的融资视角与科技研发项目长期的资金需求之间存在天然的矛盾。银行在贷款时通常会要求企业在一定期限内偿还本金和利息，这对于需要持续投入多年才能见到成效的科技项目来说，无疑增加了财务压力。

此外，信贷融资具有顺周期性的特点，即在经济繁荣时期，银行可能会放宽贷款条件，增加贷款额度；而在经济衰退时期，银行则可能会收紧贷款，提高贷款门槛。这种顺周期性会导致科技创新型企业在经济不景气时面临更大的融资困难，也就是所谓的展期风险。一旦企业无法按时偿还贷款，可能会面临资金链断裂的风险，影响甚至中断科技创新项目的进展。

其次，我国的基础科研支持体系也存在一定短期性。我国的基础科研支持体系以政府基金为主，具体包括国家科学基金、政府产业引导资金以及银行贷款等。由于地方支持政策受到地方政治周期、"五年计划"等的影响，引导基金等科研资金支持也存在周期性。基础科研往往需要持续多年的投入，才能取得突破性进展，而周期性的资金支持可能难以满足这种长期的需求。此外，科研项目的开展往往需要预见性和计划性，但周期性的资金支持可能导致科研工作在某些时期面临资金短缺的风险，影响科研进程的连续性和科研人员的稳定性。同时，科研项目的不确定性也可能导致在资金分配时过于谨慎,从而错失一些具有潜力的研究方向。

与此相对,股权投资等直接融资体系对短期收益的波动性不敏感,期限也相对更长。按照中国证券投资基金业协会(中基协)发布的《私募投资基金备案须知》,私募股权基金存续期限不得少于5年,事实上主流的私募股权投资基金存续期通常超过10年。较长的存续期允许股权投资体系支持科技创新企业从种子期、初创期获得资金和管理经验的投入,帮助企业进入成长成熟阶段,再通过上市、并购等更多元的融资渠道进行退出,伴随科技创新从"点子"到获得商业收益的转变,能与科技创新项目的长周期性相匹配。

3. 资金规模不匹配

由于间接融资体系需要承担信用风险,其天然存在一定的规模偏好,为大企业、大项目提供大规模融资是银行最主要的服务目标,然而这与科技创新发展最为关键的早期的小企业、小项目、小规模融资需求之间存在矛盾,商业银行对于此类需求的服务很可能表现为覆盖度不足。

商业银行倾向于提供资金的体量大、速度慢。其一,商业银行的贷款处理成本随贷款规模上升而下降。银行展业依赖人力驱动,小企业融资业务流程烦琐,单客运营成本偏高。以对公信用贷款为例,小微企业与大中型企业单件贷款运营成本均在数千元到万元水平,但利息收入却呈现量级差距。其二,科技创新小企业群体经营数据质量差较且抵押手段匮乏,导致银行难以通过央行征信报告、抵押品等传统方式进行风险识别。进行线下尽职调查则会进一步推高单客运营成本。其三,科技创新的资金需求往

第一章　做好科技金融大文章　助力新质生产力发展

往更小更急。在资金需求端，基础科研和早期科技创新项目往往所需要的资金体量相对较小但需求更急切，项目方通常愿意承诺更多的未来收益以弥补出资方所承担的风险。这与商业银行信贷审核周期长、资金量大、风险承担能力低的特点矛盾。

4. 担保能力不匹配

我国间接金融为主导的金融体系对抵押品的重视与科技企业轻资产之间存在矛盾。信贷关系由于存在信息不对称，商业银行往往需要信贷需求方提供足够的抵押品或要求第三方担保。大型成熟企业往往经过长时间的发展与积累，可以提供房产、土地等高质量抵押品，更容易获得银行的信贷支持。然而科技创新型企业通常具有轻资产、重研发、多专利等特点，土地、房产等不动产抵押物相对缺乏。由于专利权、商标权等知识产权的公允价值相对较低、质押登记难以确认，知识产权质押融资虽然经过多年政策支持，依然表现为融资需求迫切但操作难度大、获得融资的比例不高。同时，专利价值有明显的时效性，随着技术迭代越来越快，专利价值极易发生贬值。因此，在专利商标质押融资过程中，质押融资贷款的期限通常比较短，给贷款企业带来一定的财务风险。

（二）直接融资市场发育不足，科技企业参与受限

目前我国多层次资本市场体系逐步建立，但科技企业在资本市场上的参与度仍然较低。主要问题包括资本市场的整体发展水平不完善，尤其是在股票和债券市场的制度建设、投资者保护、市场流动性等方面存在缺陷。此外，科技企业进入资本市场的门槛较高，导致很多具有潜力的创新型企业无法通过 IPO 等直接融

资方式获得发展资金。这些问题制约了科技企业通过直接融资获得资金支持的能力，影响了其创新发展和市场竞争力。

1. 资本市场发展仍不完善

股票首次定价发行（IPO）是科技企业实现直接融资的重要渠道。通过上市，企业可以利用募集的资金来扩大规模、提高市场竞争力、优化企业资本结构，更可以提高企业信用状况，使得企业享受更低成本的融资便利，拥有了更丰富的融资渠道。因此，资本市场的造血能力强弱也很大程度上影响了科技企业的融资渠道是否通畅，进而影响科技成果转化与科技产业发展水平。虽然经过二十多年的发展，我国形成了由沪深主板、北交所、创业板、科创板、新三板、区域性股权市场组成的多层次资本市场体系，然而我国资本市场当前发展仍不完善，在发挥为科技企业提供融资作用上存在短板，主要表现为以下四个方面。

第一，股票市场融资节奏不稳定。如图 1—12 所示，虽然我国自 2023 年 2 月实现了全面注册制的里程碑式变革，但从实际来看，IPO 融资的节奏依然受到政策影响。2023 年下半年，受到市场情况影响，证监会采取了阶段性收紧 IPO 节奏、引导上市公司合理确定再融资规模等举措，以促进投融资两端的动态平衡。2024 年以来，股票 IPO 的节奏近乎暂停，这使得科技企业通过上市发行获得融资的渠道受到极大限制，也在一定程度上限制了科技创新型企业的发展。

第二，资本市场融资门槛依然较高。尽管我国资本市场通过全面注册制改革，对企业上市条件进行了优化，以适应不同类型企业的发展需求，但主板市场发行上市的核心标准仍然侧重于企业的盈利能力、营业收入、现金流和股本规模。这些标准在一定

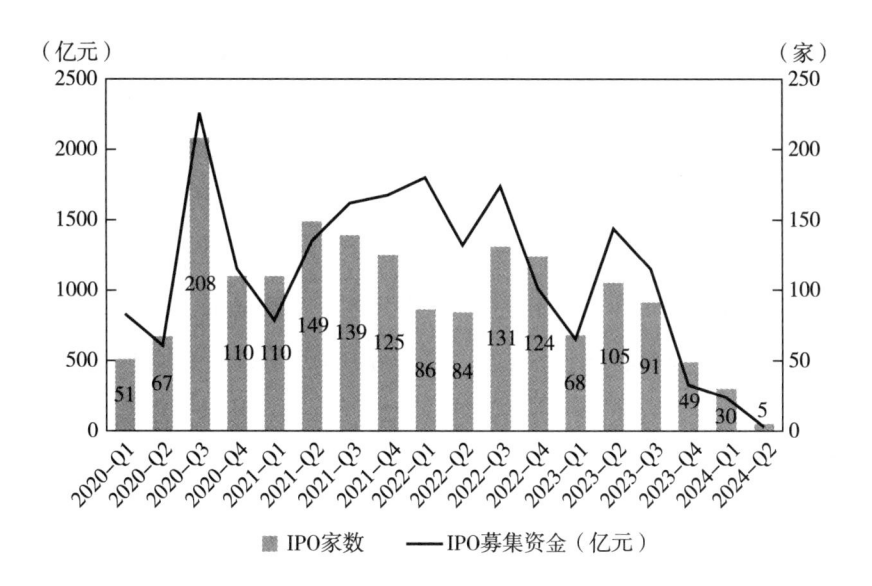

第一章　做好科技金融大文章　助力新质生产力发展

图1—12　A股IPO发行家数与募集资金量

资料来源：根据Choice金融终端数据库数据整理而得。

程度上确保了上市公司具备一定的经营稳定性和市场竞争力，但也可能将一些具有高成长潜力但尚未实现盈利的科技创新企业排除在外。创业板、科创板的上市准入标准虽然相比主板市场有所宽松，但对于创新和新设企业而言，仍然较为严格，门槛偏高，对科技创新的支持作用还比较有限。

第三，证券市场估值与流动性有待修复。一个高溢价且活跃的二级市场可以为企业提供更高的估值，从而降低其融资成本，增加融资额度。然而，这种溢价效应并不是所有市场都能实现的，特别是对于特定板块。即使当前上市门槛较低的北交所市场，其流动性和估值依然难以满足科技创新型企业的融资需求。如图1—13所示，截至2024年2月8日，创业板和科创50的滚动市盈率分别为 37.68 和 41.78，相比之下北证 50 的滚动市盈率仅为 23.33。流动性方面，在 2023 年 9 月"北交所深改 19 条"出台前，北交所月成交额占沪深两市总成交额比例始终不足 0.5%。投资者参与门槛较高、企业质量较差是导致这一问题的可能原因。较高的投资者参与门槛可能会限制市场的参与者数量，从而影响市场的流动性和活跃度；如果市场上的企业普遍质量不高，可能会影响投资者的投资意愿，进而影响市场的估值和流动性。

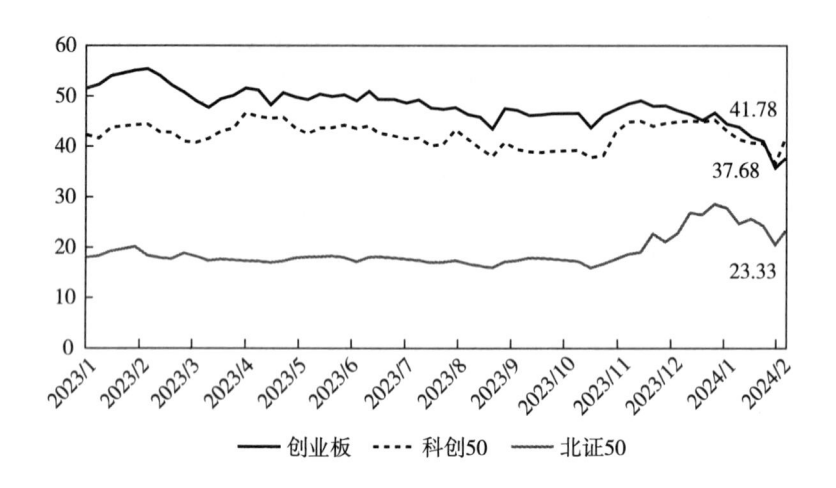

图 1—13 主要科创类宽基指数滚动市盈率

资料来源：根据 Choice 金融终端数据库数据整理而得。

第四，公募基金等投资机构作用有限。普通投资者直接投资科技企业不仅需要承担更高的投资风险，而且投资准入门槛也相对较高，比如，个人投资者参与科创板、北交所股票交易需要满足至少两年的证券投资经验及户均证券账户资产不低于 50 万元。如表 1—8 所示，根据中证登最新公开披露的数据（截至 2015 年

12月),93%的自然人投资者不符合科创板的开户条件要求,因此,普通投资者需要通过公募基金才可以投资科创板等板块。这可以降低个人投资者的投资门槛,从而让更多普通投资者参与分享科创企业的成长红利。然而一方面,目前公募基金开发的科创主题的 ETF、主动型基金还相对较少,普通投资者参与科创企业投资可选范围还非常有限;另一方面,公募基金的运营与新基金的发行都在追求短期业绩效应,忽略了其本应发挥的长期价值投资的作用,扩大了资本市场的波动,也与科创型公司对中长期资本的实际需求不匹配。

表1—8　　　　投资者市值分布(截至 2015 年 12 月)

期末已上市的 A 股流通市值	自然人 投资者个数	比重(%)	机构 投资者个数	比重(%)
1 万元以下	11612075	23.15	4026	6.15
1 万—10 万元	24323556	48.48	8028	12.26
10 万—50 万元	10860279	21.65	10806	16.50
50 万—100 万元	1881845	3.75	5752	8.78
100 万—500 万元	1315609	2.62	11864	18.11
500 万—1000 万元	109951	0.22	4389	6.70
1000 万—1 亿元	60207	0.12	11711	17.88
1 亿元以上	4117	0.01	8931	13.63

资料来源:根据中国证券登记结算有限责任公司资料整理而得。

2. 债券市场支持渠道有限

为了支持科技型企业融资,我国近年推出了一系列债务融资工具,包括科创票据、科创债、双创可转债,等等。然而,由于债权融资自身特点,债券市场对于科技型企业的支持力度依然有限,科技创新企业难以获得债务融资,主要表现为以下三个方面。

一是债务融资工具难以支持早期科技创新。大量科创型企业资产规模小、资信基础薄弱,因而主体评级都不高,对应更高的融资成本。在融资成本较高的客观约束下,我国目前债券市场对于高收益债还没有成熟的交易平台,缺乏符合高收益特征的交易机制与系统,更缺少高收益债券专业投资者、评级机构等。相比之下,美国"明日之星"科技企业已经成为美国高收益债重要发行主体。这些"明日之星"高收益债通过附加期权和限制条款,有效提升发行成功率和保护投资者利益,同时可以通过抵押担保、第三方担保、债券保险、信用衍生工具等工具实现偿债保障,此外,这些高收益债信息披露要求明确,债券违约处置市场化程度高,破产制度成熟,都有效促进了科创企业通过债务工具获得融资。

二是债券市场信息披露不完备不对称程度高。当前债券市场信息披露中没有凸显专利等体现科技研发能力的非财务指标,这导致投资者难以全面评估科创企业的真实价值。由于这些指标往往能够反映企业的创新能力和未来的盈利潜力,其在债券市场中的缺失,使得投资者在进行投资决策时,无法获得足够的信息来衡量企业的投资价值和潜在风险。而在缺乏足够的非财务指标披露的情况下,投资者难以准确评估这些风险,从而增加了市场的不确定性和信息不对称程度。信息不对称不仅会导致资源配置的低效,还可能引发市场的投机行为,增加市场的波动性。因此长期以来科技创新类债券发行人为创新创业型公司自身的较少,且

第一章 做好科技金融大文章 助力新质生产力发展

几乎没有尚处于种子期、初创期的企业。大部分发行人是各类园区运营和创新产业孵化企业，其募集资金主要用于高新园区建设以及偿还过往债务、补充运营资金等，如图 1—14 所示。虽然这些用途对于园区的长期发展和企业稳定运营具有重要意义，但可能并未直接投入科技创新和产品研发中。

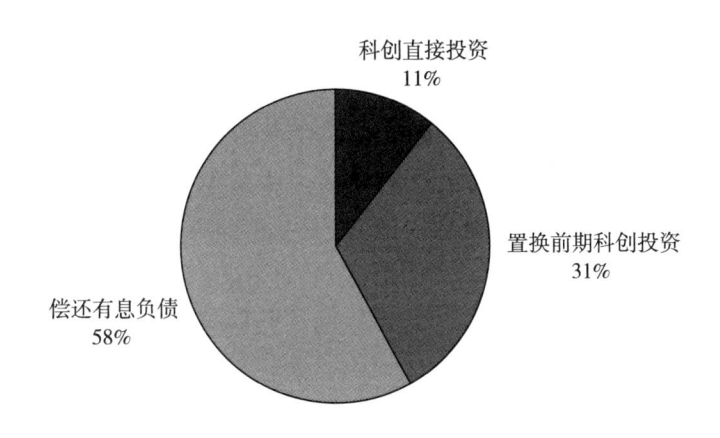

图 1—14 混合型科创票据按募集资金用途划分

资料来源：根据万得数据库数据整理而得。

三是债务融资工具民营企业覆盖率低。从发行人性质角度看，科创债务融资工具依然依赖主体信用情况，面临所有制和规模歧视问题。2021—2023 年，国企和央企的科创债发行规模占比分别为 54%、44%，而民营企业科创债发行占比不到 1%。中央国有企业、地方国有企业、民营企业、公众企业等发债主体发行的科创票据占比分别为 38%、36%、16%、9% 左右。民营企业在科创债市场中的发行规模极小，这反映出市场对民营企业信用状况的担忧以及对风险的规避，如图 1—15 所示。

[图：科创票据发行主体企业性质按数量分布 - 树状图显示国有企业、地方国有企业、非国企、其他企业、民营企业、中外合资企业的分布]

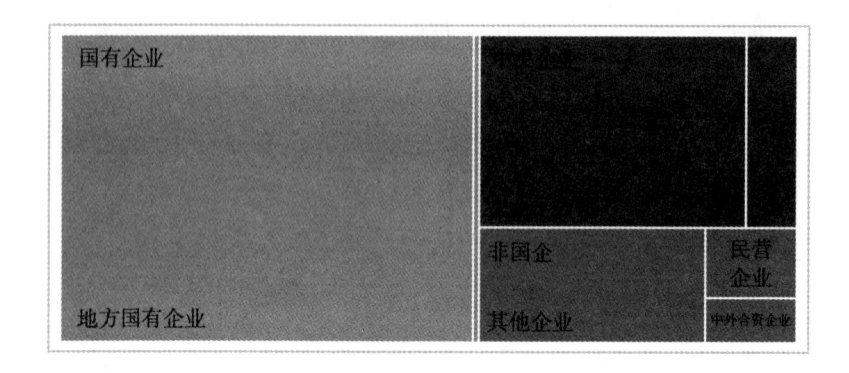

图 1—15　科创票据发行主体企业性质按数量分布

资料来源：根据 Choice 金融终端数据库数据整理而得。

3. 风险投资发展遇到阻碍

近年来，与科技创新项目融资需求匹配度最高的风险投资行业发展遇到了新的挑战。

一是国有资金占主导，股权投资风险承担能力减弱。2018年以来，政府资金作为有限合伙人（LP）出资股权投资的规模逐年增加，已经成为第一大出资主体。如图 1—16 所示，2023 年，我国股权投资市场新募人民币基金 LP 中国有控股和国有参股 LP 的合计披露出资金额占比达 77.8%，比 2022 年有了进一步提升。如图 1—17 所示，在管理人层面，国资属性资金也在除 1 亿元以下的人民币基金外，全部占据主导地位。

国资 LP 比例的增加可能面临以下问题：首先，投资标的范围的限制。国资 LP 可能对风险投资基金的投资范围有特定的要求，这可能限制了基金在某些领域的投资自由度。例如，国资 LP 可能更倾向于投资那些与地方政府目标一致的项目，而非所有具有潜在高回报的科技创新项目。其次，投资决策程序的复杂

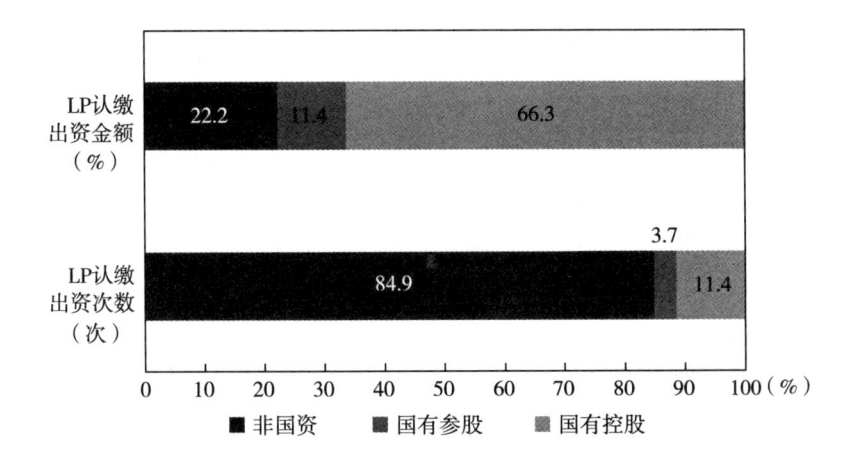

第一章 做好科技金融大文章 助力新质生产力发展

图 1—16 2023 年新募集人民币基金 LP 国资属性分布

资料来源：根据清科私募通数据库数据整理而得。

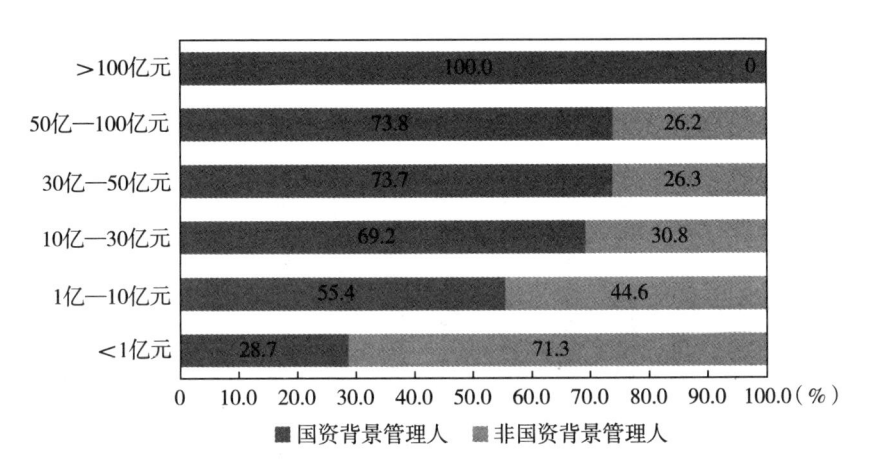

图 1—17 2023 年新募集人民币基金管理人国资属性分布

资料来源：根据清科私募通数据库数据整理而得。

度更高。国有资金的介入往往伴随着更为严格和复杂的投资决策程序。这可能包括多层审批流程、更多的合规要求以及对投资决策的监督。这些因素都可能增加风险投资基金的运营成本,降低其决策效率。最后,风险承担意愿的减弱。由于国有资金具有防止国有资产流失的必然要求,风险投资基金在进行投资决策时可能会更加谨慎,避免那些可能带来高收益但也伴随高风险的项目。这种风险规避的态度可能会限制基金对创新技术的投资,从而影响其在市场中发挥价值发现作用,无法对某些高风险的科技创新项目进行支持。

二是退出渠道受限,投资意愿降低。如图1—18所示,在美国等成熟资本市场上,风险投资通过被投项目IPO退出约占10%,通过股权并购退出数量约占70%。相比之下,如前图1—16所示,我国风险投资依然相对依赖IPO退出,这种单一的退出机制容易受到资本市场波动和政策调控的影响。

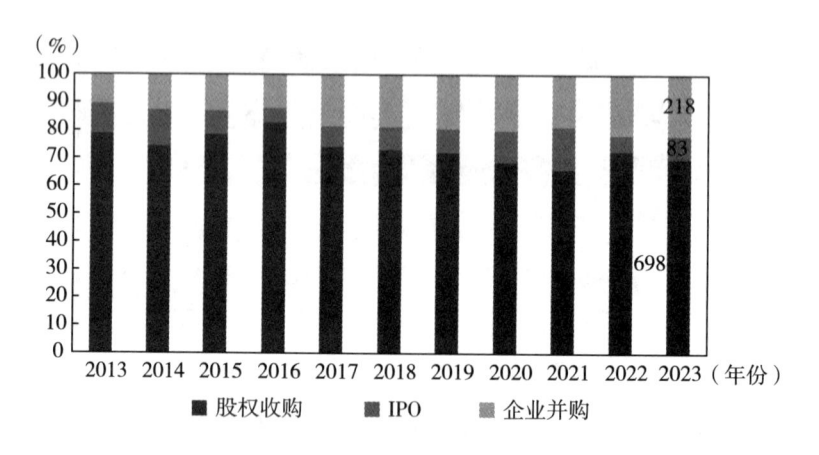

图1—18 美国风险投资退出数量结构

资料来源:根据美国风险投资协会(NVCA)数据整理而得。

同时,股权并购作为一种退出方式,具有灵活性高、交易效

第一章　做好科技金融大文章　助力新质生产力发展

率高的特点，能够为风险投资提供更加多样化的退出选择。然而，相比于发达国家，我国股权并购市场尚不成熟，相关法律法规、交易机制等方面还有待完善，如图1—19所示。作为另一种重要的退出方式，份额转让在我国，由于缺乏成熟的交易平台和完善的交易机制，其退出渠道尚未形成规模。同时，受到资本市场IPO节奏限制以及二级市场表现影响，股权投资退出渠道受阻。这使得科技创新类项目的估值不断下降，这进一步影响了风险投资机构的投资意愿，对科技创新企业的发展构成了挑战。

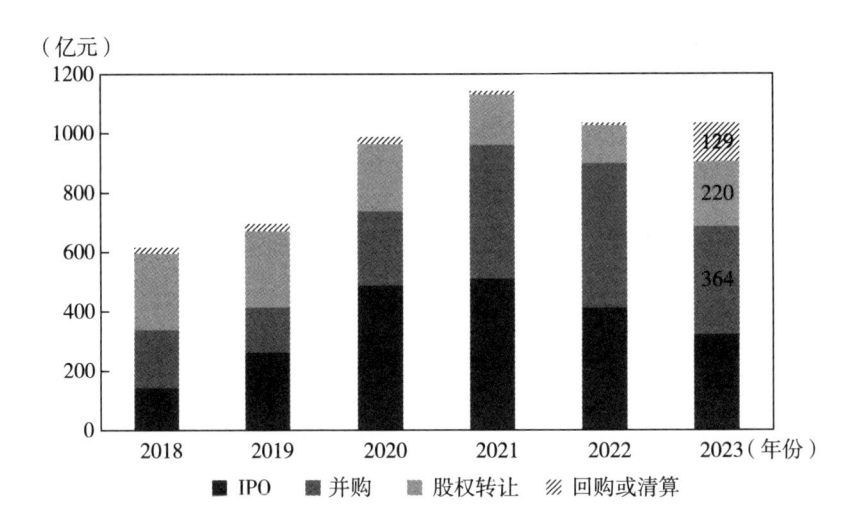

图1—19　中国私募股权退出方式分布

资料来源：根据清科私募通数据库数据整理而得。

此外，根据贝恩公司发布的《2024年中国私募股权市场报告》显示，经济增速下行压力依然存在，叠加IPO退出难度提升、买卖双方估值预期差距的影响，2024年中国私募股权市场延续2023年承压趋势，进入换挡调整期。创业投资基金和私募股权基金对于科技创新类初创企业的支持力度可能面临更进一步收缩。由于2018年以来完成的私募股权基金有大量资产亟待退出，而IPO退出通道受限，因此资金回流进行再投资的节奏也将受到限制，很难实现资金的募投管退全流程。

（三）配套体系建设尚未完善，支持政策有待健全

当前，科技金融的发展在法治、财税、科研、信用和人才等方面的配套政策尚不完善。科技金融中介服务体系相对薄弱，难以满足科技企业的实际需求。此外，科技银行等专门服务于科技企业的金融机构发展不充分，缺乏足够的政策支持和激励措施。这些不足加大了科技企业融资的难度，限制了其在创新和成长过程中的潜力发挥。因此，完善配套体系建设和健全支持政策是推动科技金融发展的关键步骤，有助于形成更加良性的发展环境。

1. 政策支持与激励机制存在短板

一方面，需要进一步加强法治、财税、科研、信用、人才等方面的支持政策和激励机制建设。例如，在立法方面，需要进一步完善便利融资相关金融规则，从法律上拓宽融资担保方式，形成稳定良好的融资预期；人才方面，需要加强对于高端技术人才创新创业的优惠支持政策，政府通过设立风险补偿资金撬动金融机构加大对人才创新创业的信贷支持；金融机构激励机制方面，对于科技信贷、科技保险等科技金融业务需要普遍性的鼓励支持政策，部分地区还没有对银行科技信贷专营机构的税收优惠政策，对于银行科技金融业务中的信贷、知识产权质押融资业务缺乏风险补偿机制。

第一章 做好科技金融大文章 助力新质生产力发展

科技银行作为向中小型企业提供专业服务的专业化机构,可以促进科技开发、科技成果转化和产业化。然而目前我国"科技银行"是以银行分支行为主,尚无具有独立法人地位的机构,风险偏好和业绩考核机制等受到总行的管理和制约,在严格的风险管控下,银行难以在实质上提高不良贷款容忍率,缺乏向创投企业发放贷款的动力。监管部门对单独成立科技银行的风险管控能力存在疑虑,同时科技银行制度如何建立、盈利模式与风险控制如何、政策如何依然不够明确。此外,商业银行受限于《商业银行法》的规定,无法向中小企业提供更适合科技创新的股权投资。在现有"投贷联动"模式下,股权投资退出时间比较长,贷款业务部门也很难在短期内获得股权投资退出获得收益的奖励,激励机制不足。

另一方面,科技部门、金融管理部门、财税部门等政策协调性需要提高。一是中央层面需要建立健全科技金融工作推进制度机制和政策协调机制,遵循经济金融发展规律,完善股票市场基础制度,加强政策引导。二是进一步推动科技公共信息共享、融资担保、知识产权评估交易等配套支撑,健全科技金融统计和评估体系。三是推动各级地方各类政策试点工作,向全国推广试点优秀案例。同时,地方层面的科技金融工作协调性有待加强。需要包括推进科技部门、高新区与地方金融管理部门合作,统筹协调优质科技企业项目和金融资源,搭建科技金融合作平台。四是针对特色产业和特色科技项目,推动创业投资机构、银行、券商和保险机构等创新金融产品及服务模式,优化金融生态环境。

2. 科技金融中介服务相对不足

科技型企业和金融机构之间的信息不对称是导致科技金融发

展的主要阻力。一方面是科技创新专业性和技术性较强，缺乏系统性、可信度高的科技企业信用评估模式和评级标准，使得"高人力成本、高研发投入、轻资产"的科技企业难以符合银行的融资标准。如果金融机构难以对科创企业研发项目的收益性和发展前景展开有效评估，银行等风险偏好较低的金融机构就无法开展金融服务。这一问题需要更加符合科技金融发展要求的中介机构来提供服务。

另一方面，现有的投行、资产评估机构、会计师事务所、律师事务所等中介机构本身掌握的信息有限，难以准确评估科创企业项目价值，中介服务不能满足科创金融业务中双方的信息需求。资本市场上依然以传统中介机构为主，比如大多数券商尤其是 IPO 上市的保荐人都出身财金专业，对其保荐企业的技术缺乏深刻的理解，如持续创新能力的评价。而会计师事务所提供的财报，仅仅是财务资产的报告，无法描述科创企业核心资产——技术资产的价值。上市律师提供的也仅仅是上市合规性的法律意见，对于技术资产的最大风险——专利权利稳定性相对缺乏专业判断能力，对数据资产的保护能力与法律风险也相对缺少分析和判断能力。这本质上是由于金融机构对于科技金融复合型人才相对缺乏，更缺少对于此类人才的市场化激励机制，难以满足科技金融的发展要求。

此外，在数据资源对接方面上，由于缺乏全国性的科技金融服务平台，对于科技金融企业数字资源整合力度不足，政府部门也难以为金融机构和科创企业提供系统化、规范化、便捷化的资源对接和整合服务，针对科创企业的数据评价机制和定价服务还很不成熟。

第一章　做好科技金融大文章　助力新质生产力发展

3. 政策性金融支持力度欠缺

我国目前在科技创新领域缺乏统一的政策性金融支持机构，主要依靠科技部协调人民银行以及国家开发银行等政策性、开发性金融机构推出数量型支持工具，这使得政策性金融支持缺乏一定连贯性，金融支持力度和政策性工具丰富度仍然不够，同时也容易出现类似"大基金"的潜在腐败问题。经过多年的发展，目前各部委、各主要中央企业都发起了一系列资金实力雄厚、规模巨大的政府引导基金，其中有许多都采用母子基金的模式，依靠创业投资基金、私募股权基金等市场化渠道投资科技创新企业。但对于难以仅依靠市场力量就发展起来的底层、前沿技术创新领域，由于面临周期长、风险高的特点，很难由以盈利为目的的市场化金融机构发挥作用，需要一些风险承担能力更强的政策性金融工具进行支持。因此，针对国家重大科技创新领域、科技型中小企业、科技成果转化和产业化等重点方面，需要从资金供给端整合现有政策性金融工具，探索建立统一的政策性金融支持路径和模式。针对可以依赖市场化手段的产业化阶段，需要进一步发挥市场作用，建立风险共担、利益共享的激励机制。

4. 金融科技运用水平不高

当前运用金融科技成果来支持科技创新的力度相对不足，还需要在利用场景建设、收益分配、安全治理等方面不断探索，推动数据要素价值的进一步释放。在应用场景建设上，需要进一步探索利用大数据、人工智能等新技术带动金融资源赋能技术创新与数字产业的高效融合。例如，通过区块链技术，可以将原本难以验证的大量线下交易线上化，并引入物流、仓储、工商、税务等众多数据源实现交叉认证，解决银行与企业之间的信息不对称、贸易真实性难核验等瓶颈。在收益分配上，需要进一步利用大数据、区块链等科技工具，对数据要素发挥的贡献进行精准跟踪，同时发挥市场决定性作用，推动数据要素的合理定价，助力基于数据资源的创新融资。在应用深度上，证券行业在金融科技投入不足，应用多停留在系统建设表层，前沿金融科技融合创新尚未实现，金融科技在证券行业的应用深度和广度有待提高。在安全治理方面，数据资源由于其可复制性和隐秘性，可能带来诸多安全问题，也对传统监管模式提出了挑战。在利益分配方面，也需要建立激励相容机制，发挥政府引导调节作用，避免造成强者愈强、弱者愈弱的局面。

此外，我国金融科技发展不平衡不充分的问题不容忽视。数字化浪潮下智能技术应用带来的数字鸿沟问题日益凸显，区域间金融发展不平衡问题依然存在。虽然有大型企业在金融科技领域取得了显著进展，但整体市场的运用水平可能还不够均衡和充分，大小金融机构间数字化发展"马太效应"尚待消除等。

二　科技金融发展的机遇

当前，科技金融的发展正处于国家战略高度重视的关键时期。在党中央的明确指引和政策支持下，科技金融迎来了前所未有的发展机遇。这些机遇包括政策层面的持续支持、资本市场的逐步完善，以及新兴技术领域的快速发展，为科技金融的创新与成长提供了广阔的空间。此外，全球科技竞争加剧和国内创新驱动发展战略的推进，进一步提升了科技金融在助力科技企业成长、促进产业升级和推动经济高质量发展中的关键地位。如何把握这些机遇，是未来实现科技金融广泛应用的重要课题。党中央

第一章　做好科技金融大文章　助力新质生产力发展

举旗定向，凝聚共识领衔发展。

科技是第一生产力，创新是第一动力。中央金融工作会议提出要"做好科技金融、绿色金融、普惠金融、养老金融、数字金融五篇大文章"，其中把"科技金融"摆在了首位。说明切实推动科技金融发展是提升金融服务实体经济质效、推动高质量发展的重要内容，回答了下一步金融资源应该向哪些领域倾斜，以及金融机构应该向什么方向发力的重要问题。

在此指引下，2023年11月20日，中国人民银行、科技部、国家金融监管总局、中国证监会联合召开科技金融工作交流推进会。会议指出，中央金融工作会议强调金融要为经济社会发展提供高质量服务，为新时代新征程做好金融工作指明了方向。切实做好科技金融这篇大文章是提升金融服务实体经济质效、推动高质量发展的重要内容。会议强调，金融管理部门、科技部门和各金融机构要切实增强使命感和责任感，建立健全科技金融工作推进制度机制，抓紧制定加大力度支持科技型企业融资的实施措施，推动工作落实。进一步健全国家重大科技任务和科技型中小企业两个重点领域的金融支持政策体系，组织开展科技金融服务能力提升专项行动。强化科技公共信息共享、融资担保、知识产权评估交易等配套支持，完善科技金融统计和评估体系。要坚持稳中求进工作总基调，统筹好金融支持和风险防范。各金融机构要进一步完善适应科技型企业特点的产品服务、风险管理和组织机构体系，优化内部资金转移定价、绩效考核、尽职免责等政策安排，增强金融支持的针对性、精准性和有效性。

（一）组织领导保障有力，金融监管精细完备

我国完备的科技和金融监管体系为科技金融发展提供了强大

金融强国之路：如何写好做实"五篇大文章"

组织保障。2023年2月，党的二十届二中全会通过了《党和国家机构改革方案》（以下简称《方案》），其中对于科技和金融领域大刀阔斧的组织改革为我国推动科技金融发展扫除了障碍，打下了良好基础。

科技领域，《方案》提出组建中央科技委员会，统筹推进国家创新体系建设和科技体制改革。同时，重新组建科学技术部，以国家战略需求为导向，继续深化科技体制改革，健全新型举国体制，优化科技创新全链条管理，促进科技成果转化，促进科技和经济社会发展相结合。有利于加强科技公共信息共享、融资担保、知识产权评估交易等配套支撑，增强金融支持的针对性、精准性和有效性。

金融领域，《方案》提出组建中央金融委员会和中央金融工作委员会，逐步加强金融监管协调、补齐监管短板。组建国家金融监督管理总局。组建国家金融监督管理总局，统一负责除证券业之外的金融业监管。金融领域"一行一局一会"格局的形成，有助于行为监管的强化统一，避免分业保护模式带来的责任不清等问题。有利于解决债券市场"九龙治水"的遗留问题，形成统一规范的金融市场体系，从而更好服务科技创新，推动新质生产力的形成。

（二）政策支持逐步完善，央地配合精准发力

各级政府提出的支持政策为科技金融发展提供了良好的政策环境。近年来政府部门和金融监管部门不断完善科技金融相关政策体系，已经初步建立起央地配合的政策支持机制。中央层面，2023年6月中华人民共和国国务院常务会议审议通过《加大力

第一章 做好科技金融大文章 助力新质生产力发展

度支持科技型企业融资行动方案》。人民银行等部门 2022 年宣布设立科技创新再贷款和设备更新改造专项再贷款，截至 2023 年 12 月，两项工具余额分别为 2556 亿元、1567 亿元，分别比年初增加 556 亿元、758 亿元。① 作为这两项政策的接续，同时为落实国务院常务会议关于推动新一轮大规模设备更新和消费品以旧换新的决策部署，2024 年 4 月，中国人民银行设立 5000 亿额度的科技创新和技术改造再贷款，激励引导金融机构加大对科技型中小企业、重点领域技术改造和设备更新项目的金融支持力度。引导金融机构在自主决策、自担风险的前提下，向处于初创期、成长期的科技型中小企业，以及重点领域的数字化、智能化、高端化、绿色化技术改造和设备更新项目提供信贷支持。

此外，在地方上，中国人民银行联合多部门在北京、上海、济南等地设立了科创金融改革试验区，提出包括健全科创金融机构组织体系、推动科创金融产品创新、充分利用多层次资本市场体系、推进科技赋能金融、夯实科创金融基础等二十二条重要举措。各地纷纷推出一系列具体实施方案和政策举措，如 2023 年 10 月，北京市发布《北京市中关村国家自主创新示范区建设科创金融改革试验区实施方案》、深圳市五部门联合发布《关于金融支持科技创新的实施意见》，上海市出台了《上海银行业保险业支持上海科创中心建设的行动方案（2022—2025 年）》、新一轮科技型中小企业信贷风险补偿方案等一系列金融支持科技创新政策。一系列举措在各试验区取得了积极成效，"股贷债保"联动发展的科创金融生态体系持续完善。在提升科技企业跨境融资

---

① 数据来自中国人民银行《2023 年第四季度中国货币政策执行报告》。

便利度方面，我国也推出一系列举措，包括稳步推广跨境融资便利化试点政策，允许中小微高新技术企业在一定额度内自主借用外债，推进合格境外有限合伙人外汇管理试点，鼓励和引导外资通过私募股权基金参与投资境内科技型企业。

（三）科技投入逐年提高，资金杠杆需求扩大

不断增长的科技研发需求为科技金融提供了广阔的发展空间。如图1—20所示，根据统计局公布的数据，[①]从投入看，2022年，我国研究与试验发展（R&D）经费投入达30782.9亿元，比上年增长10.10%，连续7年保持两位数增长，投入总量稳居世界第二；2015年以来的平均增速为11.70%。从产出看，

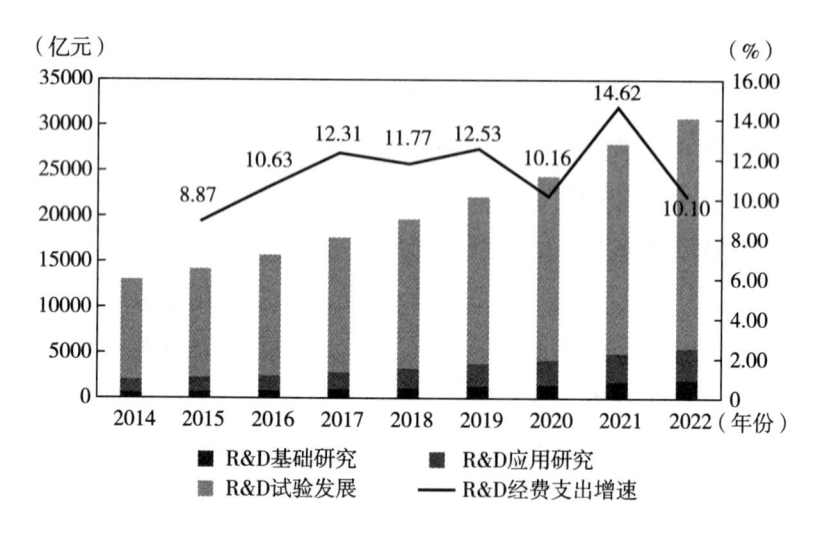

图1—20 全国研究与试验发展（R&D）经费支出情况

资料来源：根据国家统计局公开数据整理而得。

---

① 数据来自国家统计局《2022年全国科技经费投入统计公报》。

第一章　做好科技金融大文章　助力新质生产力发展

2022年，我国全年发明专利授权数为79.8万件，是2015年的2.2倍；发表科技论文214.7万篇，比2015年增长30.9%；技术市场成交合同金额达47791亿元，是2015年的4.9倍，年均增速达25.3%。而经初步测算，2023年全社会研究与试验发展经费投入达到33278.2亿元，研发经费投入强度达到2.64%，比上年进一步提高0.08个百分点。[①]

研发经费的不断增加和研发产出的显著提升，为科技金融的发展提供了政策支持和市场潜力。同时，中国在研发投入和产出上的快速增长，也意味着在国际科技竞争中的地位逐渐提升。这为国际科技合作和全球科技金融市场提供了新的机遇，中国科技企业可以通过国际合作获取更多的资源和市场，同时也为金融行业助力科技企业"走出去"提供了发展机会。因此，放眼未来，在进入创新型国家行列后，我国综合创新能力持续增强，我国研发经费投入强度仍处于稳步上升通道，仍有很大上升空间，需要政府以政府资金为抓手，以金融体系为杠杆，撬动全社会资本、劳动、土地等生产要素发展，激活数据要素价值。金融机构可以依托政策导向，开发更多符合科技企业特点的金融产品，促进科技与金融的深度融合，共同努力为科技研发提供资金支持，科技金融发展大有可为。

（四）金融体系发展成熟，资本市场规模领先

成熟完备的金融体系为发展科技金融提供了坚实的物质基础。我国金融体系经过多年发展，目前已经形成了覆盖银行、证券、保险、信托、基金、期货等领域，种类齐全、竞争充分的体

---

① 数据来自国新办2024年1月17日新闻发布会。

系结构，能够为科技企业提供包括信贷、股权融资、债券发行、风险投资、保险保障等在内的全方位金融服务。我国的银行体系全球规模最大，银行业金融机构数量多达4000多家，5家大型商业银行入选全球系统重要性银行，显示了我国银行业的国际竞争力和影响力。

近年来，随着资本市场注册制改革不断深化，我国的资本市场体制机制进一步完善。截至2023年12月，我国非金融企业境内股票余额为11.43万亿元，债券市场余额158万亿元，并且都保持了稳定增长，资本市场已经成为实体经济融资的第二大渠道。尤其是依托科创板、创业板、北交所等在内的多层次服务体系，为不同发展阶段的科技企业提供了差异化的融资服务。对科技企业与科技创新的支持力度持续加大。

此外，风险投资和私募股权基金在我国快速发展，为初创期和成长期科技企业提供了重要的资金来源；支付系统、清算结算机制、信用体系等金融基础设施的完善，为科技金融提供了坚实的运行基础；随着我国金融市场的进一步开放，跨境金融服务为科技企业提供了更广阔的国际视野和合作机会。

（五）金融科技成就卓著，赋能科技金融实践

卓越的金融科技成果为金融体系的科技创新提供了强有力的技术支持。我国在移动支付领域的发展迅速，极大地便利了人们的日常支付和商业交易，也为支持科技金融创造了丰富的应用工具和数据基础。我国数字信贷发展迅猛，利用大数据、人工智能等技术，提高了信贷服务的效率和精准度，为中小企业和个人提供了更为便捷的融资渠道。风险管理领域，金融科技也发挥着重

要作用,通过机器学习和人工智能算法,金融科技能够预测市场趋势,评估借款人的信用风险,以及模拟不同情况下的风险影响,也可以实现对金融市场的实时监控,快速响应市场变化,及时调整风险管理策略。普惠金融领域,通过降低服务成本,扩大服务范围,金融科技也使得更多的中小企业和普通民众能够享受到便捷高效的金融服务。

2018年以来,全球金融科技专利申请量突破34万件,中国金融科技专利占比为44.3%,位列第一。此外,在数据基础设施方面,我国已经建成世界上规模最大、覆盖人口最多、收集信贷信息种类最全的征信系统。截至2022年8月末,个人征信系统接入金融机构4081家,收录11.5亿自然人信息,企业征信系统接入金融机构3811家,收录9874.6万户企业和其他组织信息。2024年初,国家数据局也发布了开展全国数据资源调查的通知,旨在摸清数据资源底数,加快数据资源开发利用,更好发挥数据要素价值。随着产业数字化深入推进,还会产生更多、更有价值的数据,也会创造更加丰富的应用场景,更会衍生新的业态,推动金融机构更好利用数据服务科技创新。

第三节　科技金融的发展趋势与支持措施

随着科技创新的不断深入,科技金融的发展将迎来新的机遇与挑战。展望未来,科技金融将继续朝着多元化、专业化和国际化方向发展,不断完善金融服务体系以更好地支持科技企业的创新和成长。同时,政府和相关机构也将持续推动相关政策的实施，为科技金融的发展提供更强有力的支持措施。这些措施不仅包括进一步优化金融监管环境，促进科技金融产品的创新和普及，还包括加强对科技企业的直接支持，提升其市场竞争力。在多方努力之下，科技金融有望在未来实现更高水平的融合与发展，为经济的高质量增长提供持续动力。

一 科技金融的发展趋势预测

随着科技创新的迅猛发展和政策支持的不断加强，科技金融领域将呈现出多元化和国际化的发展态势。未来，科创债券市场将迅速扩展，为科技企业提供更多融资渠道；金融科技的深入应用将提升金融服务的智能化和效率；科技金融与绿色金融的结合将促进绿色经济的增长；多层次资本市场的完善将为不同阶段的科技企业提供多样化的融资选择；国际科技金融合作的深化将有助于全球科技资源的流动和共享。这些趋势共同勾画了科技金融未来发展的蓝图，为全球科技企业的创新和成长提供了强有力的支持。

（一）科创债快速发展

2025年科创债市场的快速发展已成为业界的共识，这一趋势的形成主要得益于政策的有力支持和市场的逐步回暖。

首先，政策层面的支持为科创债的发展提供了坚实的基础。自2022年5月上交所及深交所发布相关配套政策以来，监管层陆续推出了一系列支持措施。例如，2022年11月，中国证监会和国务院国资委联合发布了《关于支持中央企业发行科技创新公司债券的通知》，明确了对中央企业发行科创债的支持态度。

第一章　做好科技金融大文章　助力新质生产力发展

2023年4月,证监会印发了《推动科技创新公司债券高质量发展工作方案》,进一步优化了科创债的发行环境。此外,2023年7月,国务院发布《关于促进民营经济发展壮大的意见》,为民营企业发行科创债提供了政策支持。这些政策的推出,极大地激发了市场活力,为科创债的发行提供了便利条件。据数据统计,自2022年第二季度起,科创债的发行规模和数量均有了显著提升,预计2025年科创债的发行数量将平均每季度达到60只,每季度发行规模约800亿元。

其次,市场的回暖为科创债的发展提供了良好的外部环境。2021年3月至2023年11月,科创债的发行人结构显示,中央企业、地方国有企业和民营企业分别占比45.10%、53.16%和1.74%。特别是一些行业龙头企业,如TCL科技、小米通信、吉利汽车、理想汽车等,成为科创债发行的重要力量。尽管目前科创债发行仍主要集中在传统行业,但随着市场的回暖,预计2025年科创债的数量将大幅提高,特别是制造业、信息传输/软件和信息技术服务业、科学研究和技术服务业等新兴行业的科创债发行规模有望实现增长。

总之,得益于政策的大力支持和市场的回暖,2025年科创债市场将继续保持快速发展的态势。科创债作为一种创新融资工具,将为科技创新企业提供更多的资金支持,推动产业结构优化升级,促进国家经济的高质量发展

(二) 天使投资发展稳中求进

2025年,随着国内经济的稳步复苏和科技创新的持续推进,天使投资领域预计将迎来新一轮的发展机遇。如图1—21所示,

金融强国之路：如何写好做实"五篇大文章"

在过去几年经历波动后，天使投资市场自2021年起逐渐回暖，特别是在先进制造等科技领域，天使融资活动表现活跃。展望未来，经济的复苏将为天使投资注入新动力，加之国家对科技产业的不断加码支持，天使投资有望进一步聚焦科技行业，实现稳中求进的发展态势。

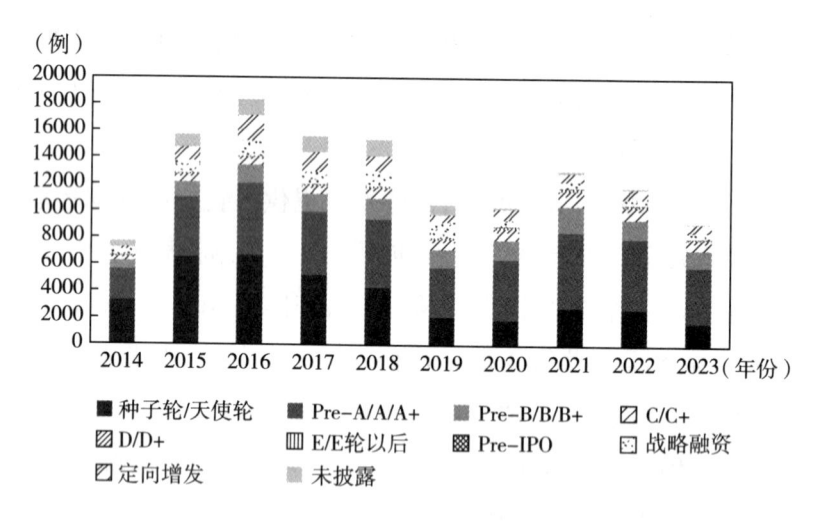

图1—21 历年企业融资数量分布

科创板的设立和完善为天使投资提供了重要的退出渠道，降低了投资风险，提高了市场吸引力。政策层面的支持也在不断加强，如科技部、财政部联合印发的《企业技术创新能力提升行动方案（2022—2023年）》，旨在通过风险投资等金融支持手段，强化企业创新能力。此外，政策鼓励天使投资和风险投资基金支持创新创业，并深入落实创业投资税收优惠政策，推动创投企业向早期、小规模、硬科技方向的投资倾斜。

同时，天使投资的发展还需要依托于风险投资机制的进一步完善和市场环境的优化。政府母基金的引导作用和市场机制的共

第一章 做好科技金融大文章 助力新质生产力发展

同推动将至关重要。此外，建立金融支持科技创新体系的常态化工作协调机制，推广新型科技金融产品和科技保险产品，以及完善金融机构与科技企业之间的信息共享机制，都将为天使投资的健康发展提供有力支撑。

在投资主体方面，多元化趋势将更加明显，包括政府引导基金、企业、个人投资者以及外资等，都将在天使投资领域发挥重要作用。退出机制的创新和国际合作的加强也将为天使投资带来新的机遇。最后，随着社会对可持续发展的重视，天使投资在选择项目时也将更加注重企业的社会责任和长期发展潜力。综上所述，2025年的天使投资将在多方面因素的积极推动下，展现出更加稳健和积极的发展趋势。

（三）风险投资趋向支持更前沿科技创新

2025年，随着全球科技竞争的加剧和国家战略的明确指向，我国的独立风险投资（IVC）市场将显著地向支持前沿科技创新转型。这一趋势的形成，可以从以下几个角度进行深入分析。

首先，市场竞争的激烈程度在后期项目中愈发显著。由于新冠疫情和地缘政治的双重影响，外资在风投市场的参与度有所减少，同时民间投资行为也趋向谨慎。在这种背景下，国有资本在风险投资中的作用日益凸显，社会各界对国资风投的期待持续升高，促使其在科技创新领域扮演更加关键的角色。

其次，早期投资在科技创新项目中展现出更高的回报潜力。随着市场对科技创新重要性认识的加深，越来越多的投资者开始将目光转向那些处于成长初期、拥有核心技术和强大研发能力的科技企业。这些企业往往能够在未来的市场竞争中占据有利地位，为投资者带来丰厚的回报。

最后，资本市场对科技创新企业的关注持续加强。如表1—9所示，2023年的数据显示，电子信息行业在融资案例数量和规模上均保持领先，尤其是半导体和人工智能等前沿科技领域，成为资本市场追逐的热点。半导体行业的快速发展，得益于国家政策的大力支持，吸引了巨额的投资，投资案例数量和规模均呈现爆发式增长。这表明，资本市场对高科技产业的倾斜趋势已经形成，并将在2025年继续加强。

表1—9　　　　　各行业投资数量与投资规模

行业	投资数量（起）	投资规模（MYMM）	投资均值（MYMM）
电子信息	2653	35621.49	13.43
医疗健康	1096	13879.7	12.66
传统制造	828	11187.23	13.51
先进制造	696	8746.12	12.57
消费	451	5210.01	11.55
能源及矿业	445	18727.82	42.08
金融	342	12832.98	37.52
汽车交通	264	8058.93	30.53
企业服务	245	5007.54	20.44
化学工业	202	2910.9	14.41
文娱传媒	179	1197.52	6.69
公用事业	165	3445.57	20.88
房地产	139	1456.48	10.48
批发零售	125	3030.53	24.24
建筑建材	123	2070.36	16.83
通信通讯	91	940.06	10.33

续表

行业	投资数量（起）	投资规模（MYMM）	投资均值（MYMM）
物流运输	85	2688.19	31.63
农林牧渔	72	499.95	6.94
教育培训	55	816.32	14.84
旅游	53	394.72	7.45
综合	20	74.77	3.74
体育	17	58.97	3.47

综上，2025年我国的风险投资市场将更加聚焦于科技创新，尤其是那些处于科技前沿、具有强大研发实力和市场潜力的企业。随着国家政策的持续推动和资本市场的积极响应，预计IVC将向更高科技含量、更具战略价值的科技创新项目注入更多资源，推动我国在全球科技竞争中取得更多突破。

（四）CVC发展将支撑企业转型升级

企业风险投资（Corporate Venture Capital，CVC）在推动企业转型升级中扮演着越来越关键的角色。CVC不仅在国内创投市场中占据了重要地位，而且其投资活动呈现出显著增长的趋势。根据贝恩咨询《2022年全球并购报告》，2021年国内CVC的投资总金额达到了242亿美元，同比增长高达137%，投资案例数量达到636起，其中超过半数集中在早期投资阶段。这一数据显示，CVC正逐渐成为创新驱动和产业升级的重要资本来源。

随着国内经济的转型，特别是互联网等行业向人工智能、大数据等高科技领域的转型，CVC的投资重点也在发生变化。当前，国内CVC机构数量已达到747家，其中互联网企业虽然只占21%，但在投资总数上却占据了58%的份额。这一现象反映出互联网企业在CVC领域的活跃程度，同时也凸显了其在推动产业转型中的潜在影响力。

然而，随着国家反垄断政策的逐步落地，互联网大厂的战略投资部门面临裁员和紧缩的压力，这在一定程度上限制了CVC的投资空间。但挑战与机遇并存，反垄断政策的实施也促使CVC投资方向向硬科技和实体经济领域转移，以适应新的市场和政策环境。例如，腾讯、小米等互联网企业巨头已经开始在科技创新、碳中和、产业数字化等领域进行深度布局。此外，比亚迪、华为、迈瑞医疗等实业系CVC也在快速崛起，成为推动实体产业转型升级的重要力量。

CVC的发展趋势表明，其正在成为连接科技创新与产业发展的桥梁。通过投资于具有高成长潜力的初创企业和科技项目，CVC不仅能够为企业带来新的增长点，还能够促进整个行业的技术进步和产业升级。未来，随着CVC投资领域的多元化和投资机构的增加，CVC将在促进企业转型升级和推动经济高质量发展中发挥更加重要的作用。

（五）GVC着力支撑战略科技力量和产业转型

在2023年，尽管市场面临寒冬，政府对科技创新的支持力度并未减弱，反而通过一系列政策和财政资金的投入，为市场注入了新的活力。国家一方面通过法规和条例的制定与完善，推动行业规范化发展；另一方面，通过加强财政资金的投入和市场资金的流动性，特别是对中小企业的扶持，有效提升了市场的自我修复能力和发展动力。在这一背景下，天使基金和创投基金的市

第一章　做好科技金融大文章　助力新质生产力发展

场份额在 2023 年显著提升，同时，母基金和引导基金的规模和影响力也在不断扩大，成为推动科技创新和产业升级的重要力量。

政府引导基金在促进地方经济转型中扮演着越来越重要的角色。自 2014—2016 年的爆发式增长以来，政府引导基金已经成为推动地方经济发展和产业转型的关键力量。这一增长的主要推动力来自《新预算法》和《国务院关于加强地方政府性债务管理的意见》等政策文件的出台。截至 2022 年 12 月，全国累计设立的政府引导基金数量达到了 2288 只，目标规模约为 12.30 万亿元人民币，其中已到位的资金规模约为 5.70 万亿元人民币。这些基金在促进地方战略性新兴产业发展、加快产业转型升级、提高财政资金使用效率等方面发挥了不可替代的作用。

此外，政府引导基金的运作模式也在不断优化，通过更加市场化和专业化的管理，提高了投资效率和资金使用效益。政府引导基金通过参股投资子基金，实现了资金的放大效应，同时，通过与市场化、专业化投资管理机构的合作，拓宽了创新资金的来源，促进了创新资源的优化配置。随着地方政府引导基金体量的扩大，如何更好地管理和掌握子基金的发展状况，也成为各地政府引导基金面临的重要课题。未来，政府引导基金将继续在推动科技创新和产业升级中发挥关键作用，同时也将面临更多的挑战和机遇。

二　推进科技金融发展的支持措施

进一步推动科技金融的发展需要采取多方面的支持措施。这些措施包括鼓励科技企业的信息共享和透明度提升，建立健全科技金融政策和制度保障体系，优化科技金融的市场环境，提升金融机构的科技金融服务能力，并推动金融产品和服务的创新。此外，还应加强对科技企业的风险管理和资金支持力度，建立完善的投融资机制，促进科技与金融的深度融合。这些综合措施旨在为科技企业的发展创造良好的金融环境，助力其创新能力的提升和可持续发展。

（一）鼓励科技企业信息共享

在当前企业数据共享的实践中，普遍面临着"不愿共享""不敢共享""不会共享"的难题，这些问题严重阻碍了数据的流通和利用，影响了数据作为生产要素的潜能发挥。为了破解这些难题，国家层面已经采取了一系列措施，积极推动信息化建设和数据共享的进程。

国务院印发的《促进大数据发展行动纲要》等政策文件，强调了打破信息壁垒和孤岛的重要性，提出了构建统一高效、互联互通、安全可靠的国家信息资源体系的明确要求。这些政策旨在通过授权使用等机制，解决信息安全问题，推动信息资源的跨部门、跨层级共享与共用，从而打通各部门信息系统，实现数据的高效流通和利用。

要有效解决科技企业在数据共享方面的问题，国家的引领作用至关重要。通过牵头建设安全、高效、分工精细的数据共享交换平台，不仅可以保障数据的安全流通，还可以促进数据资源的最大化利用。这样的平台将为科技企业提供强大的数据支撑，帮助企业实现数据驱动的决策和创新，进而推动整个行业的技术进步和产业升级。

第一章　做好科技金融大文章　助力新质生产力发展

此外，国家还鼓励和支持地方政府和企业参与到数据共享平台的建设中来，通过多方合作，形成信息资源共享交换的体系。这不仅能够促进地方经济的发展，还能够加快数据要素市场化配置的进程。随着数据共享交换平台的不断完善，科技企业将能够更加便捷地获取和使用数据资源，从而激发企业的创新活力，推动经济高质量发展。

国家在推动企业数据共享方面已经采取了一系列积极措施，通过政策引导和平台建设，为解决数据共享难题提供了有效的解决方案。未来，随着数据共享交换体系的不断成熟和完善，企业将能够更加充分地利用数据资源，实现数字化转型和创新发展。

（二）发挥政府 GVC 引导作用

投资新兴科技领域虽然存在较高风险，但这一领域的投资对于推动技术创新和产业升级具有重要意义。传统金融机构如银行往往对此类风险投资持谨慎态度，而历史上我国民间资本也显示出难以独立承担这些风险的趋势。然而，技术创新的发展需要研发、产业、资本和人才等多个环节的紧密配合与支持。风险投资不仅在资金融通方面发挥作用，它还有助于完成价值发现、商业化潜力评估、引导研发方向及促进人才流动等多重功能。

在中国，为了有效实现这些功能，需要结合国资风投的政策优势和民间风投的市场优势。政府引导基金（GVC）在其中扮演着至关重要的角色。根据我国的风投法律框架，国资参与风投主要有两种方式：一是由政府全额出资并通过国有风投公司直接进行投资决策；二是政府作为有限合伙人，委托专业的投资机构进行运作，通常通过设立政府引导基金及其控股或参股的实体进行间接投资。

我国的政府引导基金主要采用间接风投模式,即"母基金"作为有限合伙人投资于"子基金",后者是直接进行风投活动的主体。子基金的资金来源多元化,既包括国有资本,也包括其他合伙人的资本。相关数据显示,截至2022年12月,我国已累计设立超过2107只政府引导基金,目标规模约为12.84万亿元人民币,其中已认缴的金额约为6.51万亿元人民币。这些基金的有效运作不仅促进了科技创新,还带动了地方经济的发展和产业结构的优化。

政府引导基金的设立和运作,正在逐步优化和升级。一方面,政府引导基金开始探索更加市场化的运作机制,提高投资效率和资金使用效益;另一方面,通过整合现有资源、填补市场空白、接续省内政府引导基金等方式,促进了省内战略性新兴产业的发展。同时,随着政府引导基金规模的扩大,如何更好地管理和掌握子基金的发展状况,成为各地政府引导基金面临的重要课题。

此外,政府引导基金还面临优化整合的挑战。一些地方政府开始对存量基金进行优化整合,以提高政府资金的政策效果和使用效益。同时,各地政府也在积极探索构建符合当地实际情况的绩效评价机制,以形成对子基金绩效的正向激励。

总之,政府引导基金在我国风投领域中起着不可或缺的作用,通过有效的政策引导和市场运作,这些基金正在成为推动科技创新和产业升级的重要力量。未来,随着政府引导基金管理模式的不断成熟和市场化,预计将进一步促进我国新兴科技领域的蓬勃发展。

第一章　做好科技金融大文章　助力新质生产力发展

（三）推动资本市场对接发展

高科技企业，尤其是被认定为专精特新的企业，在融资过程中面临一系列挑战。这些企业通常专注于技术创新，但在将技术创新转化为商业成功方面存在短板。由于过于侧重技术性描述而忽略了市场和投资者的需求，他们的商业模式和盈利模式往往不够明确，难以直观展现其商业潜力和投资价值。

为了解决这些问题，政府在推动资本市场与科技企业的有效对接方面扮演着关键角色。首先，政府可以通过提高间接融资的供给质量来增强对科技企业的支持。这包括优化信贷政策，增加对科技型企业的贷款额度，并提供更优惠的利率。其次，政府需要采取措施促进科技企业的直接融资。这可以通过设立政府引导基金、鼓励股权投资和私募融资等方式实现，从而为科技企业提供更多元化的资金来源。

此外，创新金融服务模式也是关键。金融机构可以开发更多适合科技企业特点的金融产品，如基于知识产权质押的贷款、信用贷款等，以降低科技企业融资的门槛。同时，加强融资配套体系建设也非常必要。政府可以建立和完善科技金融服务平台，提供包括信用评估、风险补偿、担保服务等在内的全方位支持。

政府还可以通过以下措施进一步推动科技企业的发展：一是搭建跨部门、跨层级的科技金融综合化服务平台，整合各方资源，实现信息共享，促进科技创新与金融服务的深度融合。二是构建完善的信用评级体系，针对科技型企业定制信用评估方法，公正客观地反映企业的信用水平。三是针对不同发展阶段的科技企业，提供差异化的金融服务，如为孵化期企业提供交叉性金融产品，为成长期企业提供低成本资金支持，为成熟期企业提供产业链融资等。

通过这些措施，政府可以有效地提高科技企业的融资可得性，促进科技企业与资本市场的有效对接，从而帮助企业实现科技成果转化和商业化，加快实现科技自立自强的步伐。

（四）加大政府担保补贴力度

为了更有效地促进科技企业的成长与繁荣，政府已经采取了一系列措施来提供支持，特别是在融资担保和贷款贴息方面。地方政府融资担保机构正积极地为符合条件的科技企业提供必要的融资担保，确保这些企业能够及时获得金融机构的贷款支持。这种支持不仅限于传统的贷款服务，也包括确保金融机构不会对科技企业进行抽贷、压贷或断贷，从而为这些企业提供一个更加稳定的融资环境。

此外，政府还致力于将融资担保业务纳入国家融资担保基金的再担保合作范围，这样可以进一步分散风险，增强担保机构的担保能力和风险抵御能力。对于有条件的地区，政府鼓励增加对政府性融资担保机构的资本金补充，并提供担保费补贴，以此来降低科技企业的融资成本，激发市场活力和创新潜力。

为了更进一步支持科技企业，政府还计划加大创业担保贷款的贴息力度，特别是对于那些在科技创新方面有显著表现的企业。这不仅有助于降低企业的财务负担，还能激励更多的科技企业投身于技术研发和创新活动中。同时，有条件的地区还被鼓励快速推广创业担保贷款的线上业务模式，通过简化业务审批流程，提高贷款的便利性和可及性，让科技企业能够更加快捷地获得必要的资金支持。

综合来看,政府的这些措施将极大地促进科技企业的发展,通过提供融资担保、贴息贷款和简化贷款流程等手段,不仅能够解决科技企业在发展过程中遇到的资金问题,还能够激发企业的创新活力,推动科技成果转化,加快科技企业的成长步伐。这些政策的实施,无疑将为科技企业注入新的发展动力,推动经济结构的优化升级,为国家的科技进步和创新发展做出积极贡献。

(五)支持大型企业 CVC 发展

政府在推动科技创新和产业升级的过程中,可以充分利用企业风险投资(Corporate Venture Capital,CVC)的独特优势,通过政策支持和正向鼓励,促进 CVC 在高新技术产业的投资活动。与独立风险投资(Independent Venture Capital,IVC)相比,CVC 具有更长的投资期限和更高的失败容忍度,这使得 CVC 能够更加耐心地陪伴初创企业成长,尤其是在技术研发和市场验证阶段。

CVC 的投资不仅能够为初创企业提供资金支持,还能借助母公司丰富的行业经验和资源,为被投企业提供技术设备、专业人员和研发场地等深层次支持。这种支持对于 5G、生物医药、芯片等高新技术产业尤为重要,因为这些产业通常面临较高的技术门槛和较长的研发周期。CVC 的长期资金支持和母公司的全方位协助,可以有效地帮助初创企业度过技术瓶颈期,加速技术突破和产业升级。

此外,CVC 在投资策略上更倾向于探索性创新,这与政府推动科技创新的目标高度一致。CVC 通过与母公司的产业链整合和战略协同，能够更有效地识别和投资那些具有颠覆性创新潜力的初创企业。政府可以通过税收优惠、资金补贴、融资担保等政策工具，降低 CVC 的投资风险，提高 CVC 投资高新技术产业的意愿和能力。

同时，政府还可以通过建立和完善科技金融服务平台，提供包括信用评估、风险补偿、担保服务等在内的全方位支持，进一步促进 CVC 与初创企业的有效对接。通过这些措施，政府不仅能够推动 CVC 的投资活动，还能够加速科技成果的转化，促进高新技术产业的快速发展，为我国经济的高质量发展注入新动力。

（六）增加天使投资税收优惠

我国天使投资在促进科技创新和产业升级中发挥着重要作用，但现行的税收优惠政策在实施过程中仍存在一些不足之处。首先，目前的税收优惠政策主要集中在被投资企业上，而对于天使投资人的直接激励措施相对欠缺，这导致政策的精准性和针对性不足。其次，针对天使投资的税收优惠政策缺乏一个统一和系统的规划，使得政策效果难以充分发挥。此外，享受税收优惠的门槛较高，这在一定程度上限制了天使投资活动的广泛开展。

为了进一步提升天使投资的活跃度和效率，建议从以下几个方面着手进行改进和优化。首先，应增加对天使投资的财政资金配置比例，以更直接地支持天使投资活动。其次，建议降低基金返投比例，提高投资收益的让利空间，从而吸引更多的投资者参与到天使投资中来。此外，对于专注于科技创新型中

第一章 做好科技金融大文章 助力新质生产力发展

小企业的投资机构，应在完成早期、小型和科技型企业投资的核心指标后，加大政策激励力度，以促进更多的科技创新项目得到资金支持。

同时，需要协同政府、市场、学术界等多方力量，推动创新链、产业链、资金链和人才链的深度融合。地方政府和国有投资机构应积极推动天使投资机构与区域资源的深度链接，通过建立合作平台，促进投资机构与产业资本、科研院所、高校等的合作，加速科技成果的转化和产业化。此外，政府还应出台更多引导性和激励性的政策，如税收减免、风险补偿、融资便利等，以降低天使投资的风险，提高投资者的信心和积极性。

在立法层面，建议出台《中华人民共和国天使投资促进法》，明确天使投资的运作模式，建立全国性的天使投资人备案登记制度和信息对接平台，以及诚信机制和信用平台，为天使投资提供更加明确的法律保障和规范指导。通过这些措施，可以有效地激发天使投资的活力，促进科技创新和经济高质量发展。

第二章
做好绿色金融大文章
促进经济社会可持续发展

中国作为全球首个制定绿色金融顶层设计的国家，政策支持为绿色金融提供了清晰的发展方向。在国家碳达峰、碳中和战略目标的推动下，绿色金融在支持科技创新、绿色发展方面发挥了重要作用。同时，绿色金融面临政策落实、标准体系完善、环境信息披露和监管等方面的挑战。未来，绿色金融的发展将聚焦于扩大规模、创新金融产品服务、协调政策法规以及推动央地融合等方面，以促进经济社会可持续发展。

第一节　绿色发展的现状与成效

中国绿色金融体系的构建以"三大功能"和"五大支柱"为核心，通过政策引导和制度创新，促进金融资源向低碳和绿色项目倾斜。中国绿色金融的发展取得了显著成效，为实现经济社会可持续发展和应对气候变化目标提供了有力支撑。

一 绿色金融发展现状

中国已建立起包括"三大功能"和"五大支柱"的清晰的绿色金融政策框架；市场规模快速增长，尤其是绿色信贷和绿色债券市场；政策支持力度加大，推动金融资源向低碳项目倾斜；金融机构和企业对绿色转型的认识加深，环境信息披露增强，风险管理能力提升；绿色金融产品创新活跃，国际合作不断深化，共同促进绿色低碳发展。

（一）绿色金融发展顶层设计清晰明朗

2021年，中国人民银行确立"三大功能"和"五大支柱"的绿色金融发展政策思路，并创设推出碳减排支持工具，中国绿色金融体系的顶层设计与制度安排逐渐清晰完备。此背景下，围绕"双碳"目标和新发展理念，政策的示范效应不断提升，持续引导金融机构和企业加深对绿色转型意义的认识，鼓励和撬动更多金融资源流向低碳项目、转型领域，倡导绿色生产和生活方式以及循环经济等理念。

如图2—1所示，"三大功能"分别指资源配置、风险管理和碳价格发现功能。首先，通过货币政策、信贷政策、监管政策、强制披露、绿色评价、行业自律、产品创新等，引导和撬动金融资源向低碳项目、绿色转型项目、碳捕集与封存等绿色创新项目倾斜，达成绿色金融资源配置的目标。其次，通过气候风险压力测试、环境和气候风险分析、绿色和棕色资产风险权重调整等工具，完善金融体系的气候风险管理制度，增强金融体系管理气候

第二章　做好绿色金融大文章　促进经济社会可持续发展

变化相关风险的能力。最后，推动建设全国碳排放权交易市场，发展碳期货等衍生产品，通过市场的碳价格发现功能，为排碳合理定价。

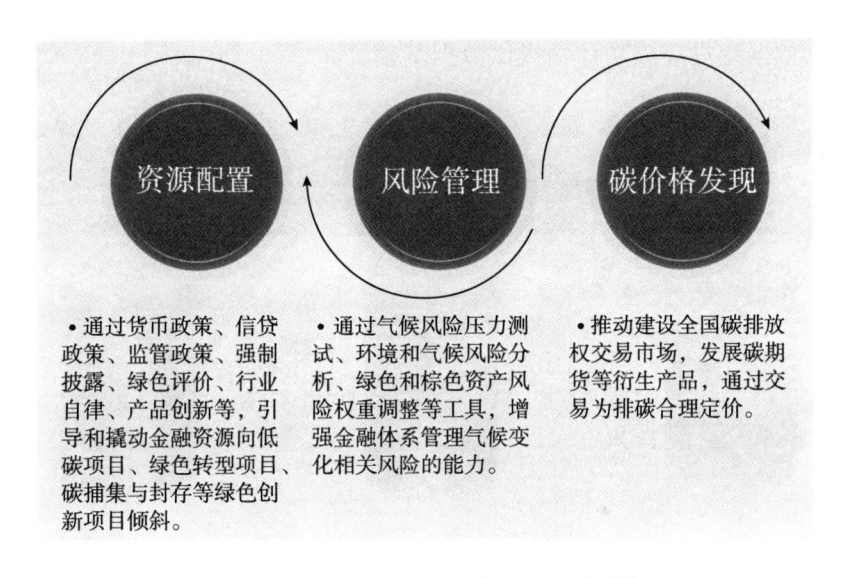

图 2—1　绿色金融发展的"三大功能"

资料来源：根据中国人民银行官网资料整理而得。

如图 2—2 所示，"五大支柱"分别指绿色金融的标准体系、信息披露、激励约束体系、产品和市场体系以及国际合作。其一，完善转型金融标准体系，做好绿色金融与转型金融的有序有效衔接。完善绿色金融标准体系是金融绿色转型与绿色金融发展的重要基础。截至 2023 年 12 月，中国人民银行已牵头起草了煤电、钢铁、建筑建材、农业四个行业的转型金融标准，湖州、重庆、天津、上海、河北已出台了地方转型金融目录或标准。2023 年 9 月，中国保险行业协会对外公布了《绿色保险分类指引（2023年版）》（以下简称《指引》），该指引旨在规范绿色保险产品、引导保险资金向绿色领域投资，并推动保险公司实现绿色运营。《指引》明确产品类别、细化产品分类、确定量化指标和数据统计规则，为保险公司推出绿色保险产品指明方向，为统计数据建设与成功评估提供数据基础。

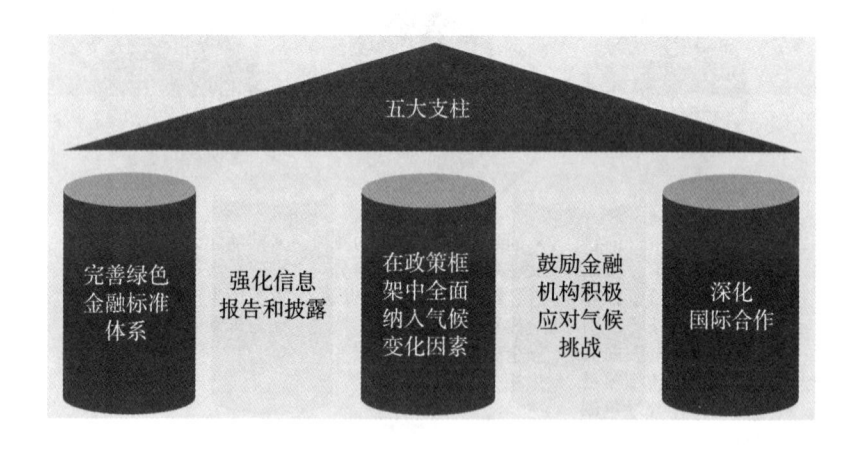

图2—2 绿色金融发展的"五大支柱"

资料来源：根据中国人民银行官网资料整理而得。

其二，强化环境信息披露，为市场、公众、监管者提供有效信息。强化环境信息披露后，金融机构与上市公司环境信息更加公开，缓解了信息不对称带来的负面影响。金融机构尤其商业银行依据《金融机构环境信息披露指南》编写环境信息披露报告，形成财务报告、ESG报告（或可持续发展报告）和环境信息披露报告三份常规报告的格局。此外，深圳、湖州等地强制要求金融机构开展环境信息披露。在上市公司披露环境信息方面，国资委办公厅转发的《央企控股上市公司ESG专项报告编制研究》成果为央企和央企控股上市公司编制报告提供了技术指引；证监

第二章　做好绿色金融大文章　促进经济社会可持续发展

会正在指导沪深交易所研究起草上市公司可持续发展披露指引，提出将遵循先自愿再强制、兼顾双重重要性等原则。在国资委和证监会的引导下，央企控股上市公司披露ESG报告或其他非财务信息披露报告比例超过七成。

其三，促进碳减排支持工具有效激励，推动政策全面纳入气候因素，如图2—3所示，碳减排支持工具主要包括清洁能源、节能环保以及碳减排技术。2023年，中国人民银行进一步扩大碳减排支持工具支持对象范围，纳入更多外资银行和地方法人银行。截至2023年12月，碳减排支持工具余额达5410亿元。在商业银行领域，中国人民银行和国家金融监管总局要求银行按季度或半年度报送绿色信贷数据，并依据《银行业金融机构绿色金融评价方案》《绿色信贷指引》《银行业保险业绿色金融指引》进行评估、监管与调控。地方监管部门还设置绿色发展目标，推动绿色贷款发放、建设绿色营业网点。

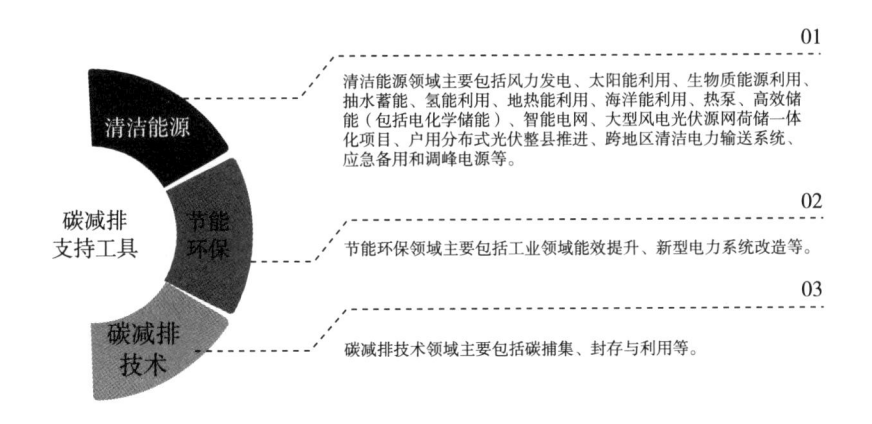

01 清洁能源领域主要包括风力发电、太阳能利用、生物质能源利用、抽水蓄能、氢能利用、地热能利用、海洋能利用、热泵、高效储能（包括电化学储能）、智能电网、大型风电光伏伏网荷储一体化项目、户用分布式光伏整县推进、跨地区清洁电力输送系统、应急备用和调峰电源等。

02 节能环保领域主要包括工业领域能效提升、新型电力系统改造等。

03 碳减排技术领域主要包括碳捕集、封存与利用等。

图2—3　碳减排支持工具

资料来源：根据中国人民银行官网资料整理而得。

其四，促进金融机构绿色转型，鼓励金融机构积极应对气候挑战。在政策和标准的引导下，2023年，我国转型金融和绿色保险市场规模有所增长。转型金融产品的创新方向主要是转型债和可持续挂钩债券或贷款。2023年，共发行转型债17只，规模为143.68亿元。在保险业的政策推动下，越来越多的保险公司迅速行动起来，探索实施覆盖保险产品、资管产品的大绿色金融战略。截至2023年12月，全国绿色保险的保费收入达2297亿元。此外，在绿色金融政策引导下，以ESG理财产品和客户碳账户为代表的"绿色+普惠"金融产品创新萌生。

其五，稳步推进绿色金融国际合作，促进绿色金融国际交流。近年来，中欧、中英等中外金融机构绿色金融国际合作稳步推进。2021年11月，可持续金融国际平台（IPSF）正式发布了中欧《可持续金融共同分类目录》，这份目录以《欧盟可持续金融分类方案——气候授权法案》和中国《绿色债券支持项目目录》为主体，形成了一套具有普适性的"绿色语言体系"。成立于2017年的中英金融机构气候与环境信息披露试点工作组（现已更名为"中英金融机构可持续信息披露工作组"）由中国金融学会绿色金融专业委员会与伦敦金融城共同领导，由中国工商银行和负责任投资原则（PRI）组织作为牵头机构共同推动，2022年12月，中英试点机构已经由最初的10家增至20家，范围覆盖银行、资管、保险、证券等多个行业。在联合国《生物多样性公约》缔约方大会第十五次会议（COP15）第一阶段会议生态文明论坛上，36家中资银行业金融机构、24家外资银行及国际组织共同发布了《银行业金融机构支持生物多样性保护共同宣示》；在COP15第二阶段会议银

第二章　做好绿色金融大文章　促进经济社会可持续发展

行业自然与气候行动主题边会上，120余家银行业金融机构及国际组织发布了《银行业金融机构支持生物多样性保护共同行动方案》。

2024年4月10日，中国人民银行、国家发展和改革委员会等七部门联合发布《关于进一步强化金融支持绿色低碳发展的指导意见》（以下简称《指导意见》）。该《指导意见》是贯彻中央金融工作会议精神，做好绿色金融大文章的具体落实，也是我国碳达峰、碳中和政策体系下的重要支撑保障政策之一，为我国金融支持绿色低碳发展提供顶层指引。

（二）绿色金融市场规模发展壮大

绿色金融市场规模逐渐壮大，绿色金融产品全面发展。如图2—4所示，在绿色信贷领域，中国人民银行的金融机构贷款投向统计报告显示，截至2023年12月，我国本外币绿色贷款余额为30.08万亿元，相较于2022年12月的22.03万亿元增长了36.54%。如图2—5所示，在绿色债券领域，2023年中国境内外绿色债券新增发行规模为10761.18亿元，相较于2022年同比增长9.37%。在绿色基金领域，万得统计数据显示，截至2023年第三季度末，Environmental，Social and Governance（ESG）投资基金规模达到5157.47亿元，较2022年末的4916.14亿元增加了240多亿元。在碳金融交易领域，2023年全国碳排放权交易市场碳排放配额成交量2.12亿吨，成交额144.40亿元，相较于2022年成交额增长了116.26亿元。在碳金融工具领域，截至2023年末，中国人民银行碳减排支持工具余额为5410.00亿元，比当年年初增加2314亿元。

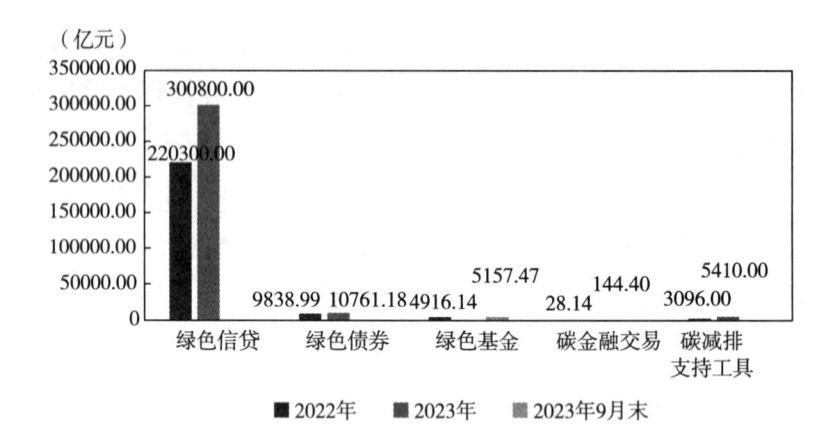

金融强国之路：如何写好做实"五篇大文章"

（亿元）

	绿色信贷	绿色债券	绿色基金	碳金融交易	碳减排支持工具
2022年	220300.00	9838.99	4916.14	28.14	3096.00
2023年	300800.00	10761.18	5157.47	144.40	5410.00

图 2—4　绿色金融市场概览

资料来源：根据中国人民银行、中央财经大学绿色金融国际研究院绿色债券数据库、万得数据库数据及 2023 年国民经济和社会发展统计公报、中国证券报·中证网资料整理而得。

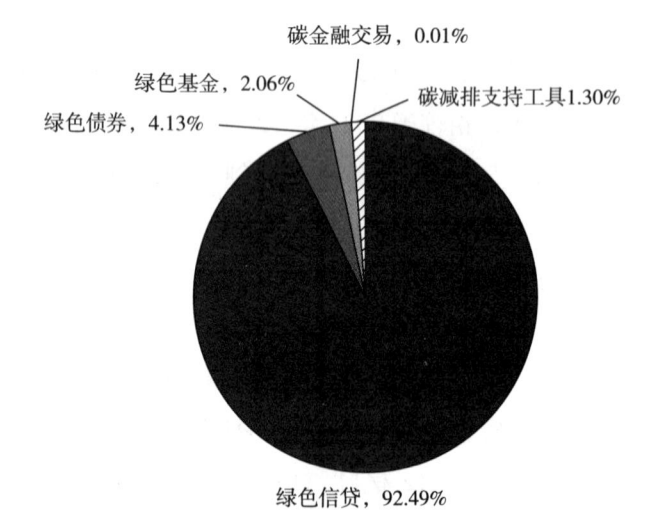

- 碳金融交易，0.01%
- 绿色基金，2.06%
- 碳减排支持工具 1.30%
- 绿色债券，4.13%
- 绿色信贷，92.49%

图 2—5　绿色金融市场概览

资料来源：根据中国人民银行、中央财经大学绿色金融国际研究院绿色债券数据库、万得数据库数据及《2023 年国民经济和社会发展统计公报》、中国证券报·中证网资料整理而得。

第二章　做好绿色金融大文章　促进经济社会可持续发展

一是绿色信贷作为最主要的融资渠道，信贷规模快速增长。截至2023年末，21家主要银行绿色信贷余额达到27.2万亿元，同比增长31.7%。如图2—6所示，截至2023年6月底，国有六大行和9家股份制商业银行的绿色信贷余额合计达19.22万亿元，其中国有六大行绿色信贷余额达16.10万亿元，相较于2022年底12.55万亿元增长了28.27%。其中最高的是中国工商银行，2023年6月末绿色信贷余额达到了5.02万亿元；中国建设银行和中国农业银行均超过了3万亿元，分别为3.48万亿元和3.62万亿元；中国银行、中国交通银行和邮储银行的绿色信贷余额分别为2.62万亿元、0.80万亿元和0.57万亿元。如图2—7所示，在股份制商业银行方面，截至2023年6月底，其中9家股份制商业银行的绿色信贷余额达3.12万亿元，相较于2022年12月末的2.64万亿元增长了18.18%，其中在0.2万亿元规模的有7家银行，分别是兴业银行、浦发银行、招商银行、中信银行、华夏银行、光大银行和民生银行，分别为0.75万亿元、0.50万亿元、0.39万亿元、0.40万亿元、0.28万亿元、0.26万亿元和0.24万亿元。

二是绿色债券领域，在市场快速发展下，绿色债券规模持续扩大，我国成为全球最大的绿色债券发行国家。据中国证券登记结算有限责任公司数据、同花顺iFinD数据，在绿色债券规模方面，2023年境内绿色债券新增发行规模为8388.70亿元，中资机构境外绿色债券新增发行规模约2372.48亿元。2023年中国境内"贴标"绿色债券累计发行481只，发行规模8548.54亿元，其中，发行碳中和债发行规模为1707.91亿元，占绿色债券整体规模的19.98%。从绿色债券类型来看，2023年绿色资产支持证券

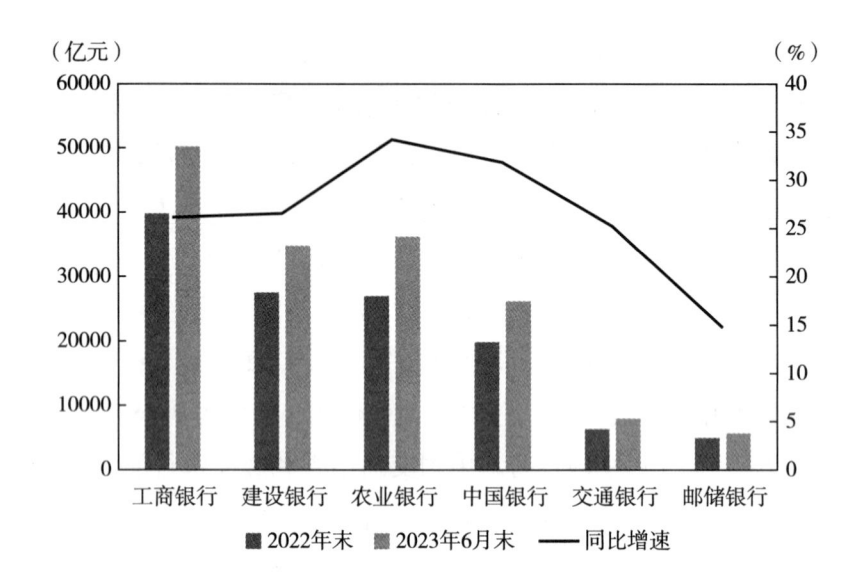

图 2—6　六大行绿色信贷余额和增速

资料来源：根据上市公司披露的 ESG 报告或社会责任报告整理而得。

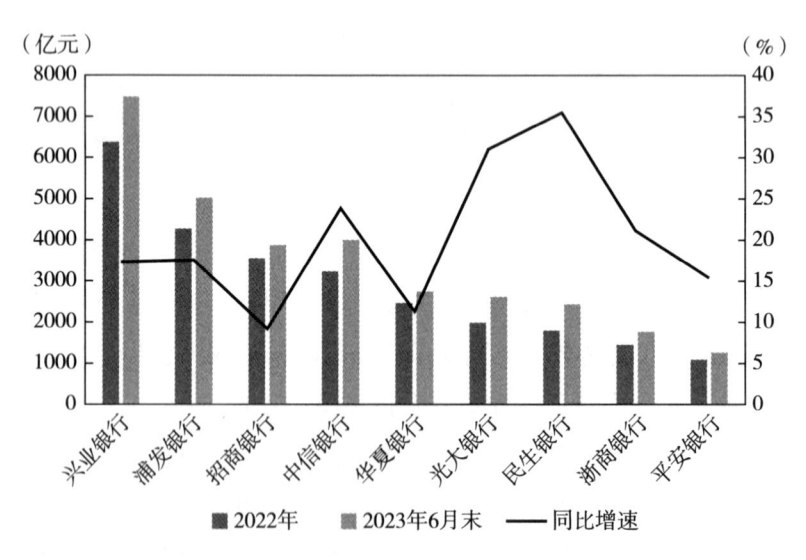

图 2—7　股份制商业银行绿色信贷余额和增速

资料来源：根据上市公司披露的 ESG 报告或社会责任报告整理而得。

第二章　做好绿色金融大文章　促进经济社会可持续发展

发行数量最多，共发行144只，数量占比29.94%；2023年绿色金融债券发行规模最高，发行规模为4058.00亿元，规模占比达到47.47%；2023年绿色资产支持证券、绿色金融债券和绿色非公开定向债务融资工具（PPN）在规模上较2022年均有正向增长。

三是绿色基金领域，绿色基金发展迅速，持续赋能绿色发展。据中央财经大学绿色金融国际研究院发布的《中国地方绿色发展报告（2022）》显示，2021年我国共新增121只绿色基金，较2020年增长26.04%，一转之前两年新增绿色基金数量下降的趋势。万得的统计数据表明，截至2023年第三季度，ESG投资基金总额已攀升至5157.47亿元人民币，与2022年12月末相比，增长了超过240亿元人民币，当时规模为4916.14亿元人民币。同花顺iFinD数据显示，截至2023年9月20日，市场共有碳中和主题基金68只，ESG主题基金55只，此外，57只产品的名称中含"低碳"字样，33只产品名称中含"绿色"字样。

四是绿色保险领域，绿色保险发展态势良好，积极助推绿色低碳转型。中国保险行业协会的统计数据显示，截至2023年6月末，绿色保险半年保费收入1159亿元。保险资金在绿色发展相关产业的投资余额达到了1.67万亿元人民币，与2022年同期相比增长了36%。根据国家金融监管总局数据，2023年，我国绿色保险保费收入达2297亿元，赔款支出达1214.6亿元，绿色保险规模实现增长。2023年，中国保险行业协会推出了《绿色保险分类指引（2023年版）》，成为全球首个全方位涉及绿色保险产品、保险资金的绿色投资以及保险公司的绿色经营的行业自律性规范文件。这为绿色保险规范稳定发展提供了保障,展现了保险行业发展方式绿色转型的决心。

五是碳金融工具领域,碳金融市场规模快速增长,碳金融工具成效显现。据 2023 年国民经济和社会发展统计公报显示,2023 年全国碳排放权交易市场碳排放配额成交量 2.12 亿吨,成交额 144.4 亿元,相较于 2022 年的 28.14 亿元增长了 4 倍,全国碳市场的规模迅速扩大。截至 2023 年 12 月,中国人民银行碳减排支持工具余额为 5410 亿元,比当年年初增加 2314 亿元,积极鼓励了金融机构对清洁能源、节能环保和碳减排技术三个碳减排领域内的企业提供优惠利率贷款。据统计已有中国工商银行、交通银行、中国邮政储蓄银行、中信银行、广发银行、南京银行等 17 家银行公布 2023 年第四季度碳减排贷款信息。2023 年,这 17 家银行累计向 1353 个项目发放碳减排贷款 1387.09 亿元,带动年度碳减排量达 3779.93 万吨。

(三)在绿色金融国际合作中扮演重要角色

中国在绿色金融国际合作中扮演着愈发关键的角色,通过倡议发起、网络组建和准则发布等举措,积极推动全球绿色金融发展,为构建全球可持续金融体系作出了重要贡献。从 2016 年担任 G20 主席国倡议设立绿色金融研究小组,到 2017 年中国人民银行参与发起设立央行与监管机构绿色金融网络(NGFS),再到 2018 年共同发布《"一带一路"绿色投资原则》(GIP),中国展现了在绿色发展方面的领导力和承诺。此外,中国金融机构积极采纳国际准则,如"赤道原则"和联合国《负责任银行原则》(PRB),进一步加强了在全球绿色金融合作中的参与度。

第二章　做好绿色金融大文章　促进经济社会可持续发展

2021 年，中国人民银行担任 G20 可持续金融工作组联合主席，牵头起草《G20 可持续金融路线图》和《G20 可持续金融综合报告》，获得 G20 财长和中国人民银行行长会议核准，再次表明了我国在这一领域的引领地位。2023 年，中国人民银行继续作为 G20 可持续金融工作组的联合主席，围绕转型金融、影响力投资和能力建设三大主题组织研究，形成《2023 年 G20 可持续金融报告》。同时，中欧双方持续深化《可持续金融共同分类目录》（CGT），促进市场主体利用共同分类目录设计金融产品。

二　绿色金融发展成效

绿色金融发展成效显著，供给侧结构性改革持续深化、绿色金融政策体系不断完善。中国绿色金融市场规模迅速壮大，绿色信贷、债券、基金和保险等全面发展。政策引导下，金融资源有效支持了低碳项目和绿色转型，促进了经济结构的转型升级。同时，在绿色金融国际合作不断加强的过程中，中国在全球绿色金融发展中扮演了关键角色，为全球可持续发展贡献了中国智慧和中国方案。

（一）供给侧结构性改革持续深化，绿色金融政策体系不断完善

发展绿色金融，是实现绿色发展的重要举措，也是供给侧结构性改革的重要内容。习近平总书记在党的二十大报告中全面总结了新时代十年的伟大变革，指出"我们提出并贯彻新发展理念，着力推进高质量发展，推动构建新发展格局，实施供给侧结构性改革，制定一系列具有全局性意义的区域重大战略，我国经

金融强国之路：如何写好做实"五篇大文章"

济实力实现历史性跃升"。① 在"绿水青山就是金山银山"理念的引领下，我国绿色金融相关政策框架日臻完善，已成为全球首个制定绿色金融顶层设计的国家。绿色金融政策体系的发展历程可分为起步阶段（20世纪90年代至2006年）、逐步发展阶段（2007—2015年）和快速发展阶段（2016年至今）三个阶段。

1. 起步阶段（20世纪90年代至2006年）

该阶段内绿色金融在我国被提出、接受、认可到形成，但相关政策文件尚未出台，绿色金融概念还不明晰。1992年8月，国务院发布《中国关于环境与发展问题的十大对策》，强调"经济建设、城乡建设、环境建设同步规划，同步实施，同步发展"的指导方针，切实将环境保护目标和措施纳入国民经济和社会发展中长期规划和年度计划，实现经济建设、城乡建设与环境建设同步协调发展，是中国所制定的第一份环境与发展方面的纲领性文件。1995年2月，中国人民银行《关于贯彻信贷政策与加强环境保护工作有关问题的通知》中强调各级金融部门在信贷工作中要重视自然资源和环境保护，把支持国民经济发展和环境资源保、改善生态环境结合起来，促进经济建设和环境保护事业的协调发展。2001年12月，《国家环境保护"十五"计划》中明确将政府调控与市场机制相结合，增加环境保护投入。

2005年12月，国务院发布的《关于落实科学发展观加强环境保护的决定》是我国首个绿色信贷政策，标志着我国绿色金融的开始，该《决定》强调要把环境保护摆在更加重要的战略位

---

① 习近平：《高举中国特色社会主义伟大旗帜 为全面建设社会主义现代化国家而团结奋斗——在中国共产党第二十次全国代表大会上的报告》，《人民日报》2022年10月16日第1版。

第二章　做好绿色金融大文章　促进经济社会可持续发展

置，为建立健全有利于环境保护的信贷制度提供有力支持。次年，国务院发文，推进保险业改革发展助力绿色金融发展，明确发展环境污染责任保险业务。2006年12月，中国人民银行、国家环境保护总局发布的《关于共享企业环保信息有关问题的通知》中充分认识将企业环保信息纳入企业信用信息基础数据库的必要性，并于2007年4月1日起正式展示在企业信用报告中。

绿色金融政策体系发展的起步阶段标志着绿色金融的初步认识和探索。在这一时期，中国开始意识到环境问题的重要性，相关政策开始探索如何将环境保护与金融活动结合起来，但相关的政策和产品较为有限，绿色金融概念尚待进一步明确。

2. 逐步发展阶段（2007—2015年）

2007年，我国开始进一步重视环境问题和能源问题，对环境污染的危害有了更深刻的认识，并开始多方位出台政策，采取措施推进环保。例如，2007年7月，国家环境保护总局、中国人民银行和中国银行业监督管理委员会联合发布的《关于落实环保政策法规防范信贷风险的意见》中，充分认识利用信贷手段保护环境的重要意义，明确要求加强环保和信贷管理工作的协调配合，强化环境监督管理，严格信贷环保要求，促进污染减排，防范信贷风险。同年11月，原中国银监会发布《节能减排授信工作指导意见》进一步明确对不符合产业政策和环境违法的企业和项目进行信贷控制，督促银行业金融机构调整和优化信贷结构与国家经济结构紧密结合，确保信贷资金能够流向真正符合节能减排要求的企业和项目。次月，针对环境污染责任保险工作部署，国家环境保护总局和中国保险监督管理委员会再次发文，就开展环境污染责任保险工作提出相关意见，助推我国绿色保险制度的逐步建立。

此外,绿色金融发展相关信息共享工作也在逐步完善。2009年6月,国家环境保护部办公厅、中国人民银行办公厅发布《关于全面落实绿色信贷政策进一步完善信息共享工作的通知》,正式在全国实施绿色信贷制度,将企业的环境绩效信息纳入人民银行征信管理系统,银行业金融机构加强对企业环境违法信息和环保奖惩信息的查询与运用,对于不符合环保要求、存在环境风险的项目应严格限制或拒绝贷款,以体现信贷政策的绿色导向,旨在推动绿色信贷政策的全面落实,并进一步完善信息共享工作机制。2013年7月,中国银行业监督管理委员会《关于报送绿色信贷统计表的通知》中,制定了"绿色信贷统计表",要求各政策性银行、国有商业银行、股份制商业银行、邮政储蓄银行按境内分支机构汇总报送银监会统计部;各银监局负责组织开展辖内银行业金融机构"绿色信贷统计表"的报送工作,进一步规范信息披露流程。

相关部门针对绿色金融发展可能存在的风险,逐步落实各项规定防范化解风险。2012年2月,中国银行业监督管理委员会发布《绿色信贷指引》提出,要推动银行业金融机构以绿色信贷为抓手,积极调整信贷结构,有效防范环境与社会风险,应当有效识别、计量、监测、控制信贷业务活动中的环境和社会风险,建立环境和社会风险管理体系,完善相关信贷政策制度和流程管理。2014年6月,中国银行业监督管理委员会发布《绿色信贷实施情况关键评价指标》以服务绿色金融风险管理工作的开展。

相关部门致力于进一步规范绿色金融发展相关资金流向。

第二章　做好绿色金融大文章　促进经济社会可持续发展

2015年1月，中国银行业监督管理委员会、国家发展和改革委员会发布《能效信贷指引》，从能效项目特点、能效信贷业务重点、业务准入、风险审查要点、流程管理、产品创新等方面，提出可操作性的指导意见，鼓励银行业金融机构在有效控制风险和商业可持续的前提下，重点支持符合国家产业政策或行业规划的能效项目。2015年12月，中国人民银行发布的《在银行间债券市场发行绿色金融债券的公告》中，明确了绿色债券的定义及发行主体，同时指出发行绿色债券需采取备案制管理，并设置了更便利的发行时间，不仅有助于引导资金流向绿色产业，促进绿色发展和生态文明建设，同时也有助于推动经济结构的转型升级和经济发展方式的转变，构建一个更加透明、高效和可持续的绿色债券市场。同时，国家发展和改革委员会发布《绿色债券发行指引》，积极探索利用专项建设基金等建立绿色担保基金，加强与相关部门在节能减排、环境保护、生态建设、应对气候变化等领域项目投融资方面的协调配合，努力形成政策合力，破解资源环境瓶颈约束，推动发展质量和效益提高，加快建设资源节约型、环境友好型社会。

党中央针对绿色金融发展基调作出整体方案。2015年5月，中共中央、国务院发布《关于加快推进生态文明建设的意见》，要求全面促进资源节约循环高效使用，推动利用方式根本转变；加大自然生态系统和环境保护力度，切实改善生态环境质量；健全生态文明制度体系；加强生态文明建设统计监测和执法监督；加快形成推进生态文明建设的良好社会风尚；切实加强组织领导。同年9月，中共中央、国务院再次发布《生态文明体制改革总体方案》，首次明确提出搭建好绿色金融体系战略的基础性制度框架，以建设美丽中国为目标，以正确处理人与自然关系为核心，以解决生态环境领域突出问题为导向：健全自然资源资产产权制度，建立系统完整的生态文明制度体系，健全环境治理和生态保护市场体系，推行节能量、碳排放权、排污权、水权交易制度，建立吸引社会资本投入生态环境保护的市场化机制，推行环境污染第三方治理，推动形成人与自然和谐发展的现代化建设新格局。

逐步发展阶段是绿色金融政策体系逐渐成熟和扩展的时期。在这一阶段，绿色金融概念与重要性得到明确，相关政策框架逐步建立，相关资金流向得到规范，为绿色发展提供资金支持。

3. 快速发展阶段（2016年至今）

随着政策的不断出台，政策框架的不断完善和政策协调配合的不断合力，我国已成为全球首个建立了系统性绿色金融政策框架的国家。

我国发展并完善碳排放权交易工作。2016年1月，国家发展和改革委员会《关于切实做好全国碳排放权交易市场启动重点工作的通知》中明确工作目标，结合经济体制改革和生态文明体制改革总体要求，以控制温室气体排放、实现低碳发展为导向，充分发挥市场机制在温室气体排放资源配置中的决定性作用，国家、地方、企业上下联动、协同推进全国碳排放权交易市场建设，确保2017年启动全国碳排放权交易，实施碳排放权交易制度。提出拟纳入全国碳排放权交易体系的企业名单；对拟纳入企业的历史碳排放进行核算、报告与核查；培育和遴选第三方核查机构及人员；强化能力建设。2021年10月，《中共中央、国务院关于完整准确全面贯彻新发展理念做好碳达峰碳中和工作的意见》中

第二章　做好绿色金融大文章　促进经济社会可持续发展

清晰界定了实现碳达峰和碳中和的关键任务，涵盖了以下几个方面：全面促进经济社会的绿色转型，深入调整和优化产业结构，加速构建一个清洁、低碳、安全且高效的能源系统，推动低碳交通基础设施的快速发展，提升城乡建设在绿色低碳方面的质量，强化绿色低碳技术的创新和应用，持续增强碳汇能力和提升其效能，在对外开放中提升绿色低碳发展水平，完善法律法规、标准和统计监测体系，以及优化政策机制。2022年4月，中国证监会发布《碳金融产品》（JR/T 0244—2022）行业标准，文件指出健全碳金融标准体系，推动碳排放合理定价是发展绿色金融的重要环节。制定和完善碳金融产品标准有利于建立全国统一的碳排放权交易市场和碳定价中心，有助于发展碳远期、碳期权、碳债券等碳金融产品。2023年4月，国家标准委、国家发展和改革委员会、工业和信息化部、自然资源部、生态环境部、住房和城乡建设部、交通运输部、中国人民银行、中国气象局、国家能源局、国家林草局11个部门联合发布《碳达峰碳中和标准体系建设指南》，进一步加快构建结构合理、层次分明、适应经济社会高质量发展的碳达峰碳中和标准体系。重点围绕基础通用标准、碳减排标准、碳清除标准和市场化机制标准建立碳达峰碳中和标准体系。其中，市场化机制标准体系中提到了建立绿色金融标准和碳排放交易相关标准规范。重点制定和修订绿色金融术语、金融机构碳核算、银行企业和个人碳账户管理、气候投融资和转型金融分类目录等基础通用标准，绿色贷款、绿色债券、绿色保险、碳金融衍生产品交易等绿色金融产品服务标准。制修订碳排放配额分配、调整、清缴、抵销等标准规范。完善碳排放权交易实施规范，以及碳排放权交易机构和人员要求相关标准规范。

金融强国之路：如何写好做实"五篇大文章"

　　中央针对绿色金融体系的构建再次作出强调与指导，规范并引导资金流向。2016年8月，中国人民银行、财政部、国家发展和改革委员会、环境保护部、银监会、证监会、保监会《关于构建绿色金融体系的指导意见》（以下简称《意见》）中强调，绿色金融在引导资金流向环保、节能、清洁能源等领域的重要作用，提出一系列具体措施，如大力发展绿色信贷、推动证券市场支持绿色投资、设立绿色发展基金、发展绿色保险等。此外，《意见》注重完善环境权益交易市场、丰富融资工具，支持地方发展绿色金融，并推动绿色金融国际合作，以形成全面、多元化的绿色金融支持体系。债券市场上，2017年3月，中国银行间市场交易商协会发布《非金融企业绿色债券融资工具业务指引》指出，要继续推动绿色金融体系建设，动员和引导更多社会资本投资于绿色产业，支持非金融企业绿色、循环、低碳发展，规范非金融企业发行绿色债务融资工具的行为。同年10月，中国人民银行、中国证券监督管理委员会发布《绿色债券评估认证行为指引（暂行）》，正式将绿色债券评估认证行为纳入了监管和自律框架，对绿色债券认证评估进行全面规范，将绿色债券市场引入持续健康发展的快车道。此外，2017年6月，中国人民银行、银监会、证监会、保监会、国家标准委发布《金融业标准化体系建设发展规划（2016—2020）》，将绿色金融标准化工程作为重点工程，包括金融风险防控标准化工程、绿色金融标准化工程、互联网金融标准化工程、金融标准认证体系建设工程和金融标准化基础能力建设工程。通过这些工程，规划旨在实现金融业标准体系进一步优化，制修订国家标准和行业标准达到110项以上，推动金融业标准水平明显提升，并确保新发布的重点金融业国家

第二章　做好绿色金融大文章　促进经济社会可持续发展

标准开展质量及效益评估的比例达到50%以上，是一份全面指导金融业标准化体系建设的纲领性文件。在股票市场上，2018年4月，上海证券交易所发布《上海证券交易所服务绿色发展推进绿色金融愿景与行动计划（2018—2020年）》中，进一步加强了绿色证券指数产品的开发和维护，鼓励资产管理机构设立跟踪绿色证券指数的ETF产品和其他多样化的绿色基金产品。2022年11月，中央国债登记结算有限责任公司发布的《中债绿色债券环境效益信息披露指标体系》中，对绿色债券环境效益信息披露指标体系进行了梳理、提炼和总结，提出了绿色债券募集资金所投绿色项目应披露的环境效益定量和定性指标，区分必选和可选指标，形成了中债绿色债券环境效益指标体系。该文件有利于提高绿色债券环境效益信息披露的可计量性、可核查性和可检验性，提高绿色债券环境效益信息披露的公开性和透明度，规范发行人及认证机构的信息披露，为其他市场主体参与绿色债券市场提供决策依据，推动了我国绿色债券市场健康发展。2023年12月，中国证监会、国务院国资委联合发布《关于支持中央企业发行绿色债券的通知》强调，为进一步提升资本市场服务绿色低碳发展能力，要鼓励符合条件的中央企业设立绿色发展基金或低碳基金发行绿色债券，发展节能降碳、环境保护、资源循环利用等绿色升级等产业；支持中央企业开展绿色领域基础设施REITs试点，拓宽资金来源；证监会和国务院国资委协调配合，加强对中央企业发行绿色债券的服务支持和政策引导，保障资本市场服务绿色领域融资。通过支持中央企业绿色低碳转型，带动民营经济绿色低碳发展，促进经济社会全面绿色转型。

银行业作为绿色金融发展重要推动主体，在业务方面面临更

金融强国之路：如何写好做实"五篇大文章"

高要求。2018年3月，中国银行业协会发布《中国银行业绿色银行评价方案》，强调了绿色银行评价的重要性，明确了评价遵循"专业、独立、公正"的原则，全面、审慎、客观地评价参评银行的绿色银行工作情况，明确了绿色金融业务的定义和范围，以及绿色金融评价指标体系和权重设置，旨在引导银行业积极支持绿色、循环、低碳经济，有效防范环境和社会风险，提升银行机构自身环境和社会表现，推动经济社会的可持续发展。2020年7月，中国人民银行《关于印发〈银行业存款类金融机构绿色金融业绩评价方案〉的通知（征求意见稿）》中对原有的绿色信贷业绩评价体系进行了全面升级，扩展了考核业务的覆盖范围，不仅考虑了绿色贷款，还纳入了绿色债券等业务，并为未来可能出现的绿色股权投资、绿色信托等新业态预留了空间。同时明确了绿金业绩评价的实施原则、责任主体、被考核对象、评价周期、数据来源、评价方法以及评价结果的应用场景等内容。这将有助于引导银行业存款类金融机构更加积极地参与绿色金融业务，推动绿色信贷、绿色债券等绿色金融产品的创新与发展，为我国绿色金融体系的完善和经济社会的绿色转型提供有力支持。

对绿色产业作出进一步明确，党中央强化绿色经济体系建设指导。2019年3月，国家发展和改革委员会、工业和信息化部、自然资源部、生态环境部、住房和城乡建设部、中国人民银行以及国家能源局发布《绿色产业指导目录（2019年版）》，明确绿色产业发展重点，为绿色产业的发展提供明确的指导，也为政策制定、产业投资、科技创新等方面提供了重要参考。2021年2月，国务院《关于加快建立健全绿色低碳循环发展经济体系的

第二章　做好绿色金融大文章　促进经济社会可持续发展

指导意见》中强调，为加快建立健全绿色低碳循环发展的经济体系，促进经济社会发展全面绿色转型，要大力发展绿色金融。发展绿色信贷和绿色直接融资，加大对金融机构绿色金融业绩评价考核力度；统一绿色债券标准，建立绿色债券评级标准；发展绿色保险，发挥保险费率调节机制作用；推动国际绿色金融标准趋同，有序推进绿色金融市场双向开放。强调要培育绿色交易市场机制。进一步健全排污权、用能权、用水权、碳排放权等交易机制，降低交易成本，提高运转效率。2021年3月，《"十四五"规划纲要》中强调，要提升绿色金融服务实体经济的质效，加大对绿色产业、清洁能源、节能环保等领域的支持力度，要推动绿色金融与科技创新深度融合，鼓励金融机构开发符合绿色发展趋势的金融产品和工具，如绿色债券、绿色基金、绿色保险等，以满足多样化的绿色投融资需求。同时，要注重完善绿色金融基础设施和制度建设，包括建立健全绿色金融标准体系，推动绿色金融统计监测和评估体系建设，完善绿色金融激励约束机制，以及加强绿色金融风险防控等。这些体现了国家对绿色金融发展的高度重视，也展示了我国推动绿色发展的坚定决心，为构建人类命运共同体贡献中国力量。2022年2月，中国人民银行、市场监管总局、银保监会、证监会联合印发《金融标准化"十四五"发展规划》，强调标准是绿色金融可持续发展的重要支柱，要遵循"国内统一、国际接轨"原则，建立健全一套严格、明确、细致、可操作的标准。具体工作包括：统一绿色债券标准、丰富和完善绿色金融产品与服务标准、加快制定上市公司和发债企业环境信息披露标准、研究制定并推广金融机构碳排放核算标准、建立ESG评价标准体系、建立可衡量碳减排效果的贷款统计标准、探索制定碳金融产品相关标准、加快研究制定转型金融标准。

此外，2023年10月，生态环境部、市场监管总局《温室气体自愿减排交易管理办法（试行）》，明确了全国温室气体自愿减排交易及相关活动的监督管理原则，强调市场导向，并遵循公平、公正、公开、诚信和自愿的原则，通过市场机制控制和减少温室气体排放，推动实现碳达峰、碳中和目标的重要制度创新，标志着我国在推动温室气体减排和构建全国温室气体自愿减排交易市场方面迈出了重要一步，对于促进绿色低碳发展、实现可持续发展目标具有重要意义。

这一阶段是绿色金融政策体系快速发展和深化的时期，绿色金融已经成为金融体系的重要组成部分，政策支持和市场参与度显著提高，相关政策更加完善，市场规模迅速扩大。具体政策总结见附录部分。

（二）绿色金融市场发展迅速，助力经济结构转型升级

金融资源是产业升级转型的重要动力。通过有效的机制设计，金融机构可以向符合绿色和可持续发展标准的企业提供资金支持，从而促使这些企业更加积极地进行产业升级和转型。

绿色信贷作为绿色金融市场中规模占比最大的组分，为我国实现"双碳"目标提供了强大动力。根据人民银行2024年1月26日发布的数据，绿色信贷余额超30万亿元，在规模和增长上都保持较高的增速，信贷资金的加速涌入为产业升级转型提供了强大的支持，如表2—1所示。

第二章　做好绿色金融大文章　促进经济社会可持续发展

表 2—1　　　　　　　　　　绿色信贷具体数据情况

绿色信贷拆分视角	截至 2023 年末数据（万亿元）	规模变化
本外币绿色贷款余额	30.08	同比增长 36.5%，高于各项贷款增速 26.4 个百分点，比 2023 年初增加 8.48 万亿元
投向具有直接碳排放效益项目的贷款	10.43	与投向间接碳减排效益项目的贷款合计占绿色贷款的 67.3%
投向具有间接碳减排效益项目的贷款	9.81	与投向直接碳减排效益项目的贷款合计占绿色贷款的 67.3%
基础设施绿色升级产业	13.09	同比增长 33.2%，比 2023 年初增加 3.38 万亿元
清洁能源产业	7.87	同比增长 38.5%，比 2023 年初增加 2.33 万亿元
节能环保产业	4.21	同比增长 36.5%，比 2023 年初增加 1.23 万亿元
电力、热力、燃气及水生产和供应业	7.32	同比增长 30.3%，比年初增加 1.82 万亿元
交通运输、仓储和邮政业	5.31	同比增长 15.9%，比年初增加 7767 亿元

资料来源：根据中国人民银行官网资料整理而得。

绿色金融产品与服务不断创新完善，规模持续扩大，涌现出七大类别，合力赋能企业绿色发展。目前绿色金融产品主要包括：绿色贷款、绿色债券、绿色资产证券化产品即绿色 ABS、绿色保险、绿色基金、绿色信托、绿色股权。同时，绿色金融领域还涌现出许多新的技术创新，如可持续金融评估、碳交易等，这些技术的不断推进，为绿色金融的发展提供了新的动力和支持。根据《新时代的中国绿色发展》白皮书显示，截至 2021 年 12 月，我国已累计建成绿色工厂 2783 家、绿色工业园区 223 家、绿色供应链管理企业 296 家，如表 2—2 所示。

表 2—2　　　　　　　　　绿色产品类型及发展情况

产品类型	产品理念	发展态势
绿色贷款	环保部、人民银行、银监会三部门联合提出的信贷政策，引导银行根据一定环境标准和绿色理念开展信贷业务	保持着较高增速，截至 2023 年底，本外币绿色贷款余额达 30.08 万亿元
绿色债券	将所得资金专门用于资助符合规定条件的绿色项目或为这些项目进行再融资的债券工具	2023 年，我国共发行 802 只，共计 11180.5 亿元的绿色债券，境内新增绿色债券 479 只，新增发行规模约 3.62 万亿元。随着绿色信贷投放的不断增加，金融机构也在发行绿色债券补充资金来源，2023 年发行的绿色债券中，绿色金融债有 60 只，其发行额度高达 3988 亿元
绿色基金	专门针对节能减排战略、低碳经济发展、环境优化改造项目而建立的专项投资基金，其目的在于通过资本投入促进节能减排事业发展	在"双碳"目标和绿色金融战略引领下，ESG 投资大有可为，根据《2023 中国 ESG 发展白皮书》的统计，截至 2023 年第三季度，国内 ESG 公募基金的累计管理规模达到 2650 亿元，ESG 类公募基金数量及规模占比不足 5%，仍有较大提升空间
绿色信托	信托公司为支持环境改善、应对气候变化和资源节约高效利用等经济活动，通过信托贷款、股权	仍处于起步阶段，根据《中国信托业社会责任报告（2022—2023）》，2022 年我国绿色信托存续规模 3133.95 亿元，全部信托资产规模 21.14 万亿元，占比约为 1.48%
绿色 ABS	在资产证券化的基础上，要求特定的基础资产属于绿色项目及其相关资产未来产生的现金流，或者筹集到的资金运用于绿色环保产业	统计显示，2023 年共发行全市场绿色 ABS 产品 351 只，规模 2438.8 亿元，是 2022 年的 1.1 倍。其中，交易所 ABS 发行规模占比最高，为 52.18%，银行间绿色 ABS 占比 30.34%，绿色信贷 ABS 占比 17.48%
绿色股权	作为一种新型可持续金融产品，为全球投资者提供了新的可供选择的资产类别	目前绿色股权的融资规模较小，未来有望与绿色基金发展形成合力，为企业增加绿色股权融资

第二章　做好绿色金融大文章　促进经济社会可持续发展

续表

产品类型	产品理念	发展态势
绿色保险	成为进行环境风险管理的一项手段，例如环境污染责任险	截至2023年6月末，绿色保险半年保费收入1159亿元；保险资金投向绿色发展相关产业余额1.67万亿元，同比增长36%。随着《绿色保险分类指引（2023年版）》的发布，对绿色保险行业作出规范，有利于配合监管方提升在绿色低碳领域配置资金的准确性

资料来源：根据中华人民共和国生态环境部、中国人民银行等官方网站资料整理而得。

（三）牵头凝聚绿色发展共识，促进全球可持续发展

首先，中国作为全球绿色金融引领国之一，积极构建全球绿色金融合作桥梁，为全球绿色经济发展提供中国方案，促进全球可持续发展。2016年，中国担任二十国集团（G20）主席国，首次将绿色金融引入G20议程；在中国的积极倡导和推动下，绿色金融议题一直是G20峰会的重要议题，助推全球绿色发展成为共识。其次，中国与欧盟等经济体共同发起可持续金融国际平台（IPSF），在深化绿色金融和可持续金融领域开展国际合作，动员私人部门参与可持续投资，促进了全球可持续发展。此外，双方在第26届联合国气候变化大会期间发布的《可持续金融共同分类目录》，提升了国际可持续金融分类标准的可比性、兼容性和一致性，奠定了中欧绿色债券市场互联互通、绿色跨境投融资的基础，为世界贡献了中国方案。

金融强国之路：如何写好做实"五篇大文章"

第二节 绿色金融发展的挑战与机遇

绿色金融面临的挑战包括政策力度与落实方式需进一步协调，绿色金融标准体系尚需统一和完善，环境信息披露和监管机制需加强，以及绿色金融产品和资金在结构和总量上存在待优化的问题。尽管如此，绿色金融也迎来众多发展机遇，如通过创新金融产品和服务满足企业绿色转型需求，协调统一多方政策法规以建立健全的绿色金融体系，以及推动央地融合，实现优势互补，促进有效市场与有为政府的结合。这些机遇有助于推动绿色金融的深入发展，支持经济向更加可持续的方向发展。

一 绿色金融发展面临的挑战

绿色金融发展面临的挑战主要包括政策执行力度与落实方式需协调一致，避免"运动式"减碳和"漂绿式"减碳问题；绿色金融标准体系尚需统一和完善，提高可操作性；环境信息披露机制需加强，扩大覆盖范围，提高透明度；监管机制需优化，增强监管办法的可执行性；绿色金融产品和资金结构需优化，解决期限错配和资本结构失衡问题。这些挑战需要通过政策协调、标准完善、信息披露和监管强化等措施来克服，以实现绿色金融的健康可持续发展。

（一）政策力度与落实方式仍需协调相配

央地推行落实政策时仍需加强协调，"运动式"减碳影响短期经济与就业，"漂绿式"减碳浪费资源、降低效率，"冲高峰"

第二章　做好绿色金融大文章　促进经济社会可持续发展

减碳导致能耗强度不降反升。

实践层面上，2021年以来部分地区推行的"运动式"减碳策略，对完成"双碳"目标存在诸多不利。"运动式"减碳主要表现为两方面，一方面是过度行动，有些地方未能把握碳达峰、碳中和工作需循序渐进、先立后破的要求，提出超出当前发展阶段的目标，采取简单粗暴不切实际的措施，例如"一刀切"关停高能耗项目，盲目对煤电、煤炭等项目抽贷断贷等。这种"运动式"减碳缺乏统筹和可持续性，未能兼顾去煤减碳与经济发展协调发展的目标，无法最优化减排成本和效益，甚至对经济造成了较大冲击。另一方面表现为虚喊口号、蹭热度。有些地方只是空喊口号，缺乏实质性的转型和规划，未能深入学习、研究和落实中央决策，部分地区能耗强度降低率未能达到进度要求，严重干扰了短期内的经济增长和就业市场，对当地的绿色发展造成了巨大冲击。部分企业虚假夸大披露环保绩效，误导投资者，大量购买碳汇抵消自身碳排放，这些"漂绿式"减排未能切实减少碳排放，严重破坏了绿色金融体系的诚信并导致资金错配，降低了资源配置效率，阻碍了企业绿色转型的进程。此外，部分地区还存在冲高峰现象，即在碳达峰前盲目上马一批高能耗、高排放的"两高"项目，试图以此获取更多碳排放指标。这种做法不仅背离了减碳的初衷，而且导致能耗强度上升。据统计，2021年上半年全国有9个省（区）的能耗强度不降反升，严重影响了减碳目标的达成。若不能妥善协调绿色发展与经济发展的关系，引导企业实现绿色转型，推动绿色技术进步，那么"双碳"目标的推进和实现将面临巨大挑战。

研究层面上，首先，政策效果对不同企业存在异质性差异。

关于绿色信贷政策效果的研究表明，政策具备的结构性资金调控效果带来的污染减排效应其发挥作用的机制在不同规模的企业间存在差异。大公司通过绿色投资，采取生产线改进、污染处理升级等减排技术的提升来降低排放强度，而小公司则通过减少生产实现减排。其次，研究表明绿色信贷政策对不同地区企业的债务融资影响存在明显差异。绿色信贷对经济发达地区企业的债务融资影响强于经济欠发达地区企业，对经济发达地区绿色企业债务融资成本降低作用强于经济欠发达地区，对经济发达地区"两高"企业债务融资成本惩罚作用强于经济欠发达地区。最后，绿色金融政策的实施对不同产权性质的重污染企业约束作用存在差异。相较于非国有企业，绿色金融政策对国有重污染企业全要素生产率的抑制效应更加显著。故在制定和实施绿色金融政策时应考虑到企业规模、地区差异、产权性质等因素的影响，对不同企业采取差异化政策支持措施，高效引导企业绿色低碳转型。

因此，绿色金融政策若想更好地达到预期效果，还需要进一步做好政策的协调配合和政策的稳步推进。

（二）绿色金融标准体系仍需完善统一

随着绿色金融理念的深入人心和实践的不断推进，相应的绿色金融标准体系也日趋完善。近年来，我国政府对绿色金融标准体系的建设给予了极大的重视，并致力于构建多维度、全方位的绿色金融标准框架。自 2017 年 5 月以来，中国人民银行将绿色金融标准化列入"十三五"时期金融业标准化体系建设的重要工程。《绿色产业指导目录（2019 年版）》界定了我国绿色经济活动的范围。2022 年 7 月出台的《中国绿色债券原则》，标志着

第二章　做好绿色金融大文章　促进经济社会可持续发展

国内初步统一、与国际接轨的绿色债券标准正式建立。2023年4月发布的《碳达峰碳中和标准体系建设指南》为建立适应经济社会高质量发展的碳达峰碳中和标准体系指明方向。我国绿色金融标准体系建设进展迅速，但也存在绿色金融标准体系尚未形成一套完整的、普遍适用的标准体系，各部门之间推行的标准不一、分类不细、责任不清，绿色金融标准体系的实际可操作性有待提高，绿色技术的界定、标准化和认证亟待完善和绿色金融评估标准有待完善等挑战。

我国绿色金融标准体系的标准化程度尚显不足，亟待在多个方面进行优化和完善。首先，绿色金融标准体系尚未形成一套完整的、普遍适用的标准体系。各部门之间也存在标准不一致、分类不够细致清晰、责任划分不够明确的问题，标准体系的制定和实施也存在一定的难度。其次，绿色金融标准体系的可操作性还有待提高。绿色金融标准体系的制定需要考虑到实际操作的可行性。目前一些绿色金融标准难以落地实施，主要原因是标准体系的制定过于理论化，缺乏实际操作的考虑。因此，需要加强绿色金融标准体系的实际操作性，使其更能够适应市场需求。再次，绿色技术的界定、标准化和认证亟待完善。缺少识别绿色技术、绿色项目的具体技术标准，导致金融机构识别评估绿色项目的难度增大，资产定价和资源配置效率降低。故需完善绿色技术的界定、标准化和认证，使得金融机构能准确识别绿色项目。最后，绿色金融评估标准有待完善。一是我国绿色金融评估体系建设相对滞后，绿色金融评估标准不完善，定量指标不够科学，行业分类不够精细，无法统一衡量从事绿色金融活动机构或项目的环保性和社会贡献程度，导致投资者和市场面临的风险增加，阻碍绿色金融发展。二是绿色金融评估标准还存在评估机构不规范、评价结果不透明评估成本高等问题，因此，需要不断完善绿色金融评估标准，促进市场可持续发展。三是绿色金融标准体系的评估方法还需进一步研究。为了更好地评估绿色金融标准的实施效果，需要综合考虑绿色金融的特殊性和可持续性，同时兼顾市场需求和监管要求，通过不断探索和创新评估方法，更准确地评估标准体系的实际效果，为绿色金融发展提供有力支撑。此外，评估方法方面需要考虑到绿色金融的特殊性和可持续性，同时也需要考虑到市场需求和监管要求。

（三）环境信息披露机制和绿色金融监管体制仍需加强

环境信息披露机制覆盖范围不够大、要求披露内容不够全、执行力度不够强，环境信息披露机制亟须完善。目前，我国环境信息披露机制尚不规范，主要体现在缺乏统一标准的环境信息披露机制，不同机构企业披露的信息差异较大；强制性环境信息披露的行业覆盖范围较小，中小型金融机构环境信息披露意识淡薄；部分金融机构信息披露透明度不高，存在信息不全、不实描述等问题。这些问题将引起企业与商业银行、投资者之间信息不对称，妨碍绿色金融领域投融资活动。企业环境信息披露不全不实导致投资者获取信息成本变高，难以准确评估项目风险与收益，投资者面临的风险增大，限制资金流入绿色项目，抑制了商业银行在绿色金融领域的投资与创新。此外，环境信息披露机制不成熟还会导致金融监管和舆论监督无法充分发挥作用，我国金融机构环境信息披露总体水平较低、披露内容较少，使得监管部

第二章　做好绿色金融大文章　促进经济社会可持续发展

门无法有效追踪绿色项目实施情况，绿色金融健康发展得不到保证。因此，仍需加强环境信息披露机制，推动环境信息披露机制标准化建设，提高环境信息披露框架的一致性，构建公开透明的绿色信息披露平台。

绿色金融监管体制不完善，绿色金融健康发展得不到保证，需从多方面优化监管体制。绿色金融监管机制的问题主要体现在以下几个方面。第一，缺乏清晰完整、分工明确、可执行性强的监管办法，各部门监管协调不足，降低监管效率。各监管机构在职责、信息共享和政策执行等方面存在分歧和不足，限制了监管效果。第二，缺少定量考核指标，对金融机构发展绿色金融的激励性不足。当前监管机制主要依靠引导，没有引入强制性的考核和激励措施，导致金融机构发展绿色金融的动力不足。第三，未做到事前、事中、事后全流程监管，使得绿色项目资金未得到有效使用。由于披露标准不完善，企业披露内容不完整，监管机构未同步跟踪审批通过的绿色项目资金使用情况等原因，一些企业将绿色信贷等资金挪用，转而开发不符合绿色发展的项目，这与绿色发展目标背道而驰。因此，仍需加强建立健全的绿色金融标准体系和监管机制，规范绿色金融认定、披露、评估等流程，加强事前、事中、事后全流程监管，监管部门高效合作、协调分工，为绿色金融健康发展保驾护航。

（四）绿色金融产品和资金在结构和总量方面仍待优化

一是绿色企业短债长投现象突出，资金期限不匹配。企业推行绿色项目往往需要大量长期资金的支持，然而由于难以对未来进行稳定的预期,期限溢价较小,绿色企业存在短债长投的问题。这种期限错配问题对于企业来说是一种被迫的选择,仍然需要在绿色金融产品的设计上进行优化完善,并着力提升非债券融资、非信贷融资的比重,丰富可供选择的绿色金融产品。

二是碳达峰目标实现面临资金短缺的严峻挑战,现有资本结构失衡问题亟待解决。据国家发展和改革委员会价格监测中心的研究估算,要实现2030年碳达峰,每年需投入3.1万亿—3.6万亿元,而当前每年资金的供给约5256亿元,资金缺口巨大。然而,单靠政府力量难以填补"双碳"目标的资金缺口,如何吸引私人和社会资金投入绿色项目成为当务之急。因此,需加快构建和完善绿色金融政策体系,引导激励金融体系积极支持绿色投融资,以弥补资金缺口,推动碳达峰目标顺利实现。此外,碳达峰投资中股权投资占比较低,绿色金融市场融资以间接融资为主,资本结构失衡问题亟待解决。截至2023年12月,我国本外币绿色贷款余额为30.08万亿元,中国境内绿色债券累计发行规模约3.62万亿元,我国绿色债券存量仅占绿色信贷余额的12.03%,绿色基金、绿色保险、碳金融工具等绿色金融工具的市场规模更小,直接融资规模占比明显偏低,资本结构严重失衡。

三是高碳行业转型需资金支持,绿色投资应更全面支持可持续发展。当前我国存在能源结构偏煤、产业结构偏重、能源利用效率偏低,碳中和窗口期偏短、新能源关键技术仍需进一步突破等问题,在转型的过程中,高碳行业的融资空间更易受限,融资收缩过快则更易引发风险,高碳行业的转型升级非常需要资金的支持,但是绿色投资多集中于可再生资源、节能、新能源领域,

第二章　做好绿色金融大文章　促进经济社会可持续发展

对于传统重污染行业转型的支持严重不足，这与可持续发展的目标相背离。若高碳行业转型无法获得有效的资金支持，就没有资金引入新的技术和设备降低碳排放，将严重阻碍"双碳"目标顺利实现；没有足够的资金绿色转型将导致部分高碳企业破产倒闭，增加投资者面临的金融风险，引发裁员危机影响社会稳定。故需重视为高碳行业绿色转型提供资金支持，建立转型金融框架，提供政策激励引导社会资金支持高碳行业低碳转型。

四是提升绿色金融收益率，推进绿色发展，共享可持续发展红利，是绿色金融的关键。绿色项目通常需要较大的初始投资并具有较长的投资回报周期，投资风险较高，收益率偏低。由于市场的逐利性，在市场化推进绿色金融支持可持续发展的过程中，投资收益率是一个非常重要的决定因素，在没有可观收益的情况下，金融机构较难主动开展绿色投资，所以如何提升绿色金融产品的收益率，如何推进绿色发展，并切实让投资者能够分享可持续发展带来的收益，对于绿色融资而言非常关键。

五是绿色金融产品发展不均衡，绿色金融产品创新能力有待加强。目前，我国绿色金融产品大部分集中于绿色信贷，且绿色债券、绿色基金、绿色保险等产品具有单一化问题，这些产品的规模相较于绿色信贷较小，绿色金融产品发展不均衡问题凸显，阻碍了绿色金融市场化进程。故需要加强绿色金融产品服务创新能力，为市场主体提供丰富个性化的绿色金融工具，激发市场活力。特别是在降低绿色投资成本，支持中小企业绿色转型金融服务等方面进一步创新。同时，由于传统金融产品设计经验不适用于绿色金融产品，产品设计方面缺乏相关专业知识和技能，绿色金融产品的风险评估和管理更加复杂，绿色金融产品创新更加艰难。因此，绿色金融产品创新仍需多方面共同努力，促进绿色金融市场多元健康发展。

二 绿色金融发展的机遇

绿色金融发展的机遇在于通过创新金融产品和服务，满足企业绿色转型需求，提高融资效率，并引导资金支持可持续发展。金融机构可以推出多样化的绿色金融工具，如绿色债券、可再生能源项目融资等，以降低绿色项目的融资成本。同时，政府的政策支持和税收优惠可以激励更多投资者参与绿色经济，促进环保和气候变化风险的管理。此外，金融科技的应用，如区块链和人工智能，将提升绿色金融的效率和透明度，推动绿色经济的发展。

（一）创新丰富金融产品服务，助力企业绿色转型需求

在当今迅速发展的经济环境中，创新并丰富金融产品与服务是引领企业绿色转型的重要一环。通过持续的创新，金融机构能够更好地提供企业在绿色发展方面的更灵活、更具针对性的资金支持，为投资者和企业提供了更多的投资和融资渠道，从而降低了绿色项目的融资成本，为金融机构自身的可持续性发展打下了坚实基础，从而实现环境保护和经济发展的双赢局面。

一是创新金融产品与服务有助于提高绿色项目的融资效率。传统金融产品在满足绿色项目融资需求方面存在不足，因其缺乏灵活性和特定的环保相关投资标准，难以满足不同阶段项目的资金需求，而通过引入更具弹性和适应性的金融工具，金融机构能

第二章 做好绿色金融大文章 促进经济社会可持续发展

够更好地满足绿色企业的资金需求，从而提高融资效率，例如，推出绿色债券、可再生能源项目融资、碳交易等多样化的金融产品，更好地匹配绿色项目的特性和发展阶段，为投资者提供更多样化的投资选择，从而降低绿色项目的融资成本，提高融资效率。创新金融服务也可以为绿色企业提供更灵活的融资方案，根据绿色项目的具体情况和需求推出定制化的金融服务，提供个性化的融资解决方案，满足企业在不同阶段的融资需求。创新金融产品与服务能够更好地支持绿色项目的发展，提高项目的可持续性和竞争力，为绿色经济的发展和可持续发展做出重要贡献。金融机构应当积极创新，推出更具创新性和适应性的金融产品与服务，为绿色项目提供更好的融资支持和保障。

二是创新金融产品与服务有助于引导资金更加有针对性地助力绿色转型。通过制定与环保、可持续发展相关的金融激励政策，金融机构可以在市场中引导资金流向绿色产业。例如，政府可以推出环保补贴、税收优惠等政策，鼓励金融机构增加对绿色项目的贷款额度或降低贷款利率，进而吸引更多资金投入环保产业中。通过绿色转型，金融机构不仅可以为保护环境、推动绿色发展贡献力量，还可以实现自身的可持续发展和长期繁荣。金融机构也可以通过金融奖励机制激发更多投资者参与到绿色经济的发展中，通过设立绿色基金、发行绿色理财产品等方式，吸引更多投资者参与到环保产业中，推动资金流向绿色产业，促进绿色转型的深入发展。这不仅包括对符合环保标准的企业提供更有利的融资条件，还可以通过金融奖励机制激发更多投资者参与到绿色经济的发展中。政府和金融机构应积极采取措施，制定相关政策和推出创新产品，为绿色产业提供更好的金融支持和保障，推动经济向绿色、可持续的方向发展，实现经济、环境和社会的可持续发展。

三是创新金融产品与服务能够促进金融体系的可持续性。随着社会对环保和可持续发展的重视程度不断提高，传统金融业务中存在的环境风险、气候变化风险等问题日益凸显，给金融系统的稳定性和安全性带来挑战。因此，通过引入与环保相关的金融创新，金融机构可以更好地应对气候变化、环境风险等挑战，促进绿色产业的兴起，推动经济结构的调整和升级，提高整个金融系统的抗风险能力。例如，通过发行环境责任债券、设立碳交易平台等方式，引导企业加大环保投入，降低环境风险，从而减轻金融机构的不良资产压力，增强金融体系的稳定性。这种可持续的金融体系有助于构建更加稳定、安全的金融环境，为长期的经济繁荣提供坚实的基础。金融机构应积极采取措施，加大对环保产业的支持和投资，推动可持续发展理念的深入实施，为构建稳定、安全的金融环境作出积极贡献，促进长期的经济繁荣和社会发展。

四是创新金融产品与服务对于推动金融业的转型升级具有重要意义。随着经济结构调整和产业升级，传统金融业务的盈利模式和经营模式已经不再适应当前经济发展的需求。而创新金融产品与服务的引入，能够激发金融机构的创新活力，推动其业务模式和经营方式的转型升级。例如，随着金融科技的快速发展，为金融机构提供了更加智能化、个性化的服务手段，提高了金融业务的效率和便利性，促使金融机构更加灵活地满足客户需求，同时也拓展了金融业务的发展空间，推动了金融业的创新与发展。创新金融产品与服务不仅能够激发金融机构的创新活力，促进业

第二章　做好绿色金融大文章　促进经济社会可持续发展

务模式和经营方式的转型升级，还能够助力金融业适应新的市场环境和挑战，推动金融业持续健康发展。因此，各级金融机构应当积极借助科技创新和市场需求，不断推出更具竞争力和适应性的金融产品与服务，为经济社会发展提供更好的金融支持和服务。

（二）协调统一多方政策法规，建立健全绿色金融体系

协调统一多方政策法规不仅是建立健全的绿色金融体系的重要元素，也是促进可持续发展和实现环境目标的至关重要的一步。统一的政策法规不仅能够降低金融机构和企业在遵循多个标准时的成本，还能够提高信息的透明度，为投资者提供更加准确和可比较的信息，从而吸引更多的资金流入绿色金融领域，从而推动可持续项目的迅速发展，推动绿色金融体系的发展。健全的绿色金融体系不仅能够确保各方合作与努力得到有效整合和协同，还能够显著提升绿色发展的效率。通过跨部门、跨行业、跨国家的协同合作，绿色金融体系将通过促进资源的合理配置和绿色技术的创新应用，为环保和经济发展之间的平衡提供重要支持，引导企业和投资者共同投身于可持续发展的伟大事业中。

一是协调统一多方政策法规有助于建立一致性和透明性的绿色金融标准。通过制定统一标准，可以降低金融机构和企业在遵循不同标准时的成本，提高信息透明度，为投资者提供更为清晰和可比较的信息。这种一致性的标准化有助于投资者更容易理解和评估绿色投资的风险和回报，从而增加他们对这一领域的信心

金融强国之路：如何写好做实"五篇大文章"

和投入，从而消除因标准不一致而导致的混乱和不确定性，从而吸引更多的资金流入绿色金融领域，进而推动可持续项目的发展。

二是协调统一政策法规还能够降低行业风险，进而加强金融体系的稳定性。通过制定一致的监管政策，监管机构可以更加有效地监督和管理金融机构的绿色投资，减少不当行为和潜在的风险。这一举措将有助于建立健康的绿色金融生态系统，为金融机构提供明确的指导和规范，促使它们更加谨慎地进行绿色投资，并有效监测和管理相关风险，提高金融体系的抗风险能力。金融机构在清晰的政策指引下能够更有效地识别、评估和管理相关风险，可以更加谨慎地投资，从而保障投资者的利益，推动绿色金融市场的健康发展。这样的规范性监管不仅有助于更好地规避风险提高行业抗风险能力，也有利于金融机构的长期稳健发展，进而增强了整个金融体系的稳定性和可持续性，为可持续发展提供有力支撑。

三是协调统一多方政策法规也有助于促进国际合作与交流。在全球范围内建立共同的绿色金融标准和规则，有助于促使各国共同努力，推动全球绿色金融体系的建设。这样的国际合作将为跨境绿色投资提供更为有利的环境，更加明确投资方向和风险评估标准，增强投资信心，促进跨境资金流动，实现资源的优化配置，推动全球可持续发展目标的共同实现，也为我国新能源等一系列企业发展创造更加包容开放的环境。通过共同遵循绿色金融标准和规则，各国之间将更加容易进行合作与交流，促进技术、经验和资源的共享，将促进绿色金融产品和服务的创新与推广，为全球绿色金融市场的繁荣做出更大贡献。通过共同遵循绿色金

第二章 做好绿色金融大文章 促进经济社会可持续发展

融标准和规则，国际合作不仅有利于解决全球性环境问题，也有助于促进各国之间的经济互利和共同繁荣。

（三）推动央地融合优势互补携手共赢，促进有效市场与有为政府相结合

推动央地融合优势互补携手共赢，促进有效市场与有为政府相结合，是实现均衡可持续发展、促进绿色发展的重要路径。在这一理念下，各级政府可以充分发挥自身在政策引导、产业扶持、环境保护等方面的职能作用，与中央政府的宏观战略相衔接，形成政策的协同配合和有机衔接，从而更好地发挥央地双重支撑的作用。央地合作不仅仅是各级政府之间的协同，更是各方力量的深度融合，旨在充分发挥各自优势，共同推动全局繁荣。通过央地融合和市场与政府相结合的模式，不仅有助于实现全国范围内的绿色均衡发展，提高政策设计水平，发挥政策真实效能，也可为中国经济持续健康发展提供有力支撑。

央地融合的核心在于优势互补。央地融合不仅可以充分发挥中央政府的统筹协调作用，也可以激发地方政府的积极性和创造力。中央政府通常拥有更为宏观的视角和资源分配能力，而地方政府则更具地域特色和深入了解本地情况。通过互相借鉴和整合各自的资源和经验，实现优势互补，能够更加高效地应对复杂多变的社会经济挑战，推动全国各地的协同发展。深入分析可以发现，中央政府可以向地方政府提供政策支持和资金保障，帮助其解决资金、技术和人才等方面的困难，推动地方经济社会的发展；而地方政府则可以通过深入挖掘本地资源和优势产业，积极响应中央政策，加大投资力度，推动当地经济增长，实现央地互

利共赢。央地融合的优势互补模式有助于实现资源的有效整合和高效利用，推动全国各地区的协同发展，为全面建设社会主义现代化国家提供了坚实的基础和有力支撑。

在央地融合的过程中，推动有效市场与有为政府相结合显得尤为关键。市场机制存在一些局限性和不足之处，例如市场失灵、信息不对称、外部性等问题，这些问题可能导致资源配置的不合理和市场秩序的混乱。针对这些情况，政府可以通过制定相关政策和法规，加大监管和执法力度，规范市场秩序，保护消费者权益，维护公平竞争的市场环境，促进市场的健康发展。有效市场与有为政府相结合，能够充分释放社会创造力，激发各类市场主体的活力，促进市场的良性循环和持续健康发展。通过在市场与政府之间找到合适的平衡点，保障了市场的公平、公正、透明，既推动了市场的有效运作，又有效解决了市场失灵和社会不公的问题。只有在市场与政府相结合的模式下，才能够实现经济的稳定增长和社会的全面进步。

（四）提高各方绿色发展意识与能力，推动绿色发展自觉性与主动性

提高全社会各方绿色发展意识与能力，是推动可持续未来的不可或缺。在全球范围内，加强绿色发展的自觉性与主动性，不仅关乎个体和企业的长期利益，更关系到整个地球环境的可持续性。为实现这一目标，我国需要在多个层面采取积极的举措，通过教育、政策支持、技术创新和社会参与等多方面的努力，以引导社会各方更为积极地融入绿色发展的大潮之中。

提高绿色发展的意识是推动可持续发展的关键的一步。政府

第二章 做好绿色金融大文章 促进经济社会可持续发展

可以通过加强环保教育、制定绿色政策等方式推动绿色理念的普及。企业应积极履行社会责任，倡导绿色生产与消费。个人则应当从日常生活做起，节约能源、减少污染。同时，媒体、学术机构等也应该加强宣传，引导公众关注绿色发展。通过广泛的宣传教育，政府、企业和个人都能更全面地了解到绿色发展的紧迫性和必要性。因为只有内心建立绿色发展的价值观，才会认同绿色发展的理念，并为此采取符合可持续发展的行动，唤起社会各界对可持续发展的共识，能使人们更加了解自身行为对环境的影响，并激发积极行动的动力。绿色意识的形成将有助于营造良好的绿色发展氛围，推动更多人加入可持续发展的行列中来。

提高各方的绿色发展能力是实现自觉性和主动性的关键一环。政府可以通过制定支持绿色技术创新的政策，其中包括提供资金支持、税收优惠和研发补贴等措施，降低企业转型成本，为企业提供绿色技术转型的支持与奖励，鼓励促进其绿色健康发展。同时，培养绿色领域专业人才，完善相关教育体系，设立专业课程，提供奖学金和资助，吸引更多人才投身于绿色产业，从而实现提高技术水平这一目标，这对于推动绿色发展自觉性至关重要。企业也应该积极投资绿色技术研发，建立绿色技术研发中心或实验室，与科研院所和高校开展合作，加速绿色技术的转化和应用，最终提升生产和经营的环保水平。

建立多方合作机制，形成共同推动绿色发展的合力。政府、企业、学术机构和社会组织之间的紧密合作是实现绿色发展的关键。各方可以共同制定并实施绿色发展规划和政策，协调资源，共享信息，形成合力。通过分享经验、共同研究解决方案，各方能够共同推动创新和发展，促进资源的有效整合和优化利用，避免重复建设，形成全社会参与的良好氛围。多方合作可以充分发挥各方的优势，实现资源的有效整合和优化利用，从而推动绿色发展的步伐更加坚实、稳健。

第三节 绿色金融的发展趋势与支持措施

预测绿色金融规模将会不断扩大，其支持措施主要包括政策支持、产品创新、风险管理、国际合作、技术应用、完善市场机制等，这些措施将共同推动绿色金融体系的成熟，为实现碳达峰和碳中和目标提供坚实的金融支持。

一 绿色金融的发展趋势预测

绿色金融规模将会持续扩大，引领作用不断加强。预计绿色信贷将继续蓬勃发展，发挥主导作用，同时绿色债券的标准和认证机制将进一步完善，提高市场信任度和透明度。绿色基金市场也将随着对"碳中和"和"碳达峰"目标的重视而增长。此外，绿色保险和碳金融工具的发展将得到政策的支持和市场的需求推动，展现出广阔的发展空间。科技的融合，如区块链和人工智能的应用，将提高绿色金融的效率和透明度，促进其创新发展。

（一）绿色金融规模扩大，引领作用持续加强

第一，绿色信贷方面，绿色信贷将蓬勃发展持续发挥主导作用，加大对环保和可持续发展领域的信贷支持。中国经济飞速发展的同时，金融业所发挥的作用愈发凸显，已成为推动中国经济发展的关键行业。近些年来，金融业中不断涌现各种绿色的产品

第二章 做好绿色金融大文章 促进经济社会可持续发展

与服务，各类绿色金融交易平台也接踵出现，而绿色信贷的发展态势亦良好。自2021年以来，中国人民银行、银保监会各金融机构相继出台绿色贷款指引、绿色金融评估方案等文件，为促进绿色信贷提供了制度保障。2024年1月31日，习近平总书记在中共中央政治局第十一次集体学习时强调"发挥绿色金融的牵引作用"。[1] 目前，我国绿色金融顶层设计已逐步建立，绿色金融市场不断繁荣，进入蓬勃发展期。绿色信贷占据主导位置，绿色债券发展迅速。绿色信贷作为绿色金融市场中规模占比最大的组分，预计在2025年将在国家的政策支持下继续蓬勃发展。如图2—8所示，根据中国人民银行数据显示，2019—2023年，我国绿色信贷余额规模逐年增长，分别为10.22万亿元、11.95万亿元、15.90万亿元、22.03万亿元及30.08万亿元，预计于2025年，我国的绿色信贷规模也将逐步扩大。2019—2023年，我国绿色信贷余额规模增长率也呈"先增长、后平稳"的趋势，分别为5.80%、16.93%、33.05%、38.55%及36.54%，预计近几年我国绿色信贷规模也将较为平稳地增长。除此之外，分用途看，如图2—9，节能环保产业、清洁能源产业和基础设施绿色升级产业的绿色贷款余额在总体绿色贷款余额中占比很高，这三个行业的绿色贷款余额在2021—2023年实现持续增长。就节能环保而言，其2021—2023年的绿色贷款余额分别为1.94万亿元、3.08万亿元、4.21万亿元，2022年余额、2023年余额分别同比增长58.76%、36.67%，仍在不断逐年攀升；对于清洁能源产业，2021年至2023年，其绿色贷款余额逐年增加，分别为

---

[1]《习近平在中共中央政治局第十一次集体学习时强调 加快发展新质生产力 扎实推进高质量发展》，2024年2月1日。

金融强国之路：如何写好做实"五篇大文章"

4.21万亿元人民币、5.68万亿元人民币和7.87万亿元人民币，在2022年和2023年，余额的年增长率分别为34.92%和38.56%，显示出持续稳定的增长态势；就基础设施绿色升级产业而言，2021—2023年的绿色贷款余额分别为7.40万亿元、9.82万亿元、13.09万亿元，2022年和2023年余额分别同比增长32.70%、33.30%，呈现着逐年稳步上升的趋势。根据这三大产业的绿色贷款余额情况分析，预计2025年我国会持续加强对环保和可持续发展领域的信贷支持，持续推动银行保险机构大力发展绿色金融，创新绿色金融产品与服务、积极支持绿色产业发展、促进经济社会发展全面绿色转型，为落实碳达峰、碳中和目标提供有力的金融支持。

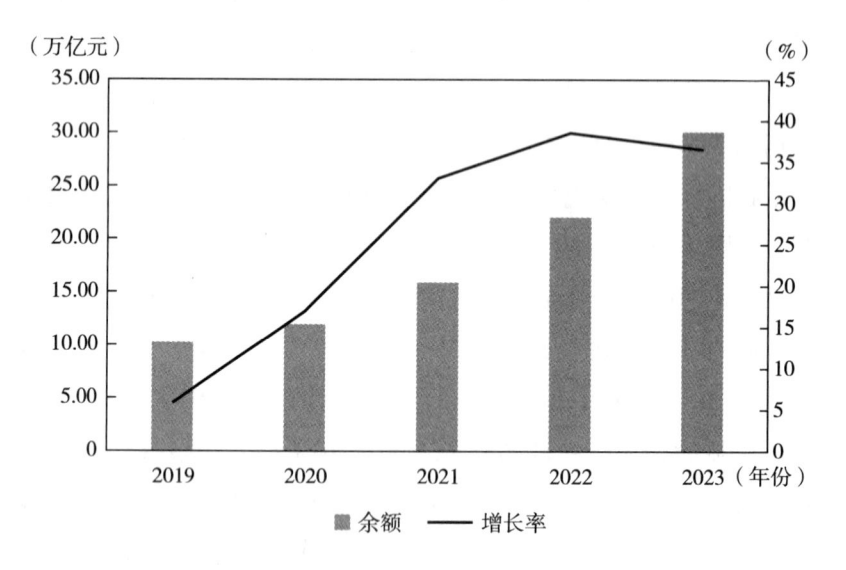

图2—8　2019—2023年我国绿色信贷余额规模和增长率

资料来源：根据中国人民银行官网数据整理而得。

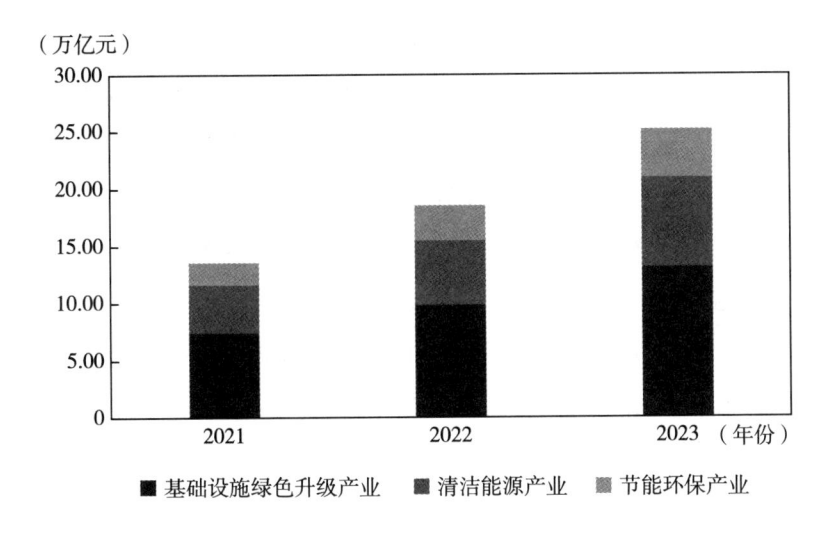

第二章 做好绿色金融大文章 促进经济社会可持续发展

图 2—9 2021—2023 年我国绿色信贷的产业投向结构

资料来源：根据中国人民银行官网数据整理而得。

第二，绿色债券方面，绿色债券的标准和认证机制将进一步完善，提高投资者对绿色债券的信任度和透明度，促进市场规模的扩大。2022 年 7 月 29 日，绿色债券标准委员会发布《中国绿色债券原则》，这意味着国内初步统一且与国际接轨的绿色债券标准正式构建起来，大体上达成了国内绿色债券市场标准的趋向一致，显示出我国推动绿色债券市场高质量发展的信心以及行动，对于推动国家绿色金融发展具有重要的意义。2023 年，《绿色债券存续期信息披露指南》等政策的发布，进一步丰富了我国绿色金融标准体系建设，我国绿色债券存续期信息披露标准逐步统一，有望提高绿色债券信息披露透明度，增强投资者信心，从投资端推动绿色债券发展。在中国市场中，绿色债券的发行规模与影响力颇为瞩目。中国政府于绿色发展及应对气候变化方面所作出的坚定承诺,并予以有力推动,为绿色债券市场的迅速发展给予了有力保障。中国不但积极投身于国际绿色债券市场的发行之中,而且还踊跃推动国内绿色债券市场的建设与发展。就发行品种而言,中国绿色债券市场已然包含了政府债券、企业债券、金融债券等诸多类型。从发行人类型来看,不单单有大型国有企业和金融机构,更有众多的中小企业与民营企业。这般广泛的参与程度彰显了中国绿色债券市场的吸引力与活力。伴随全球对环境保护和可持续发展的重视程度持续提升,绿色债券市场的发展前景必将更为广阔。如图2—10所示,2021—2023年我国境内外绿色债券新增发行规模持续增长,分别为7532.1亿元、9839亿元、10761.18亿元,分别同比增长170.3%、30.6%和9.4%,预计2025年绿色债券发行规模将会增加。预计未来几年内,绿色债券市场规模将继续保持增长态势,并有望于多领域、行业得到应用。除此之外,随着技术的不断进步和市场的日益成熟,绿色债券的发行品种和发行人类型也将进一步丰富。

第三,绿色基金方面,市场对"碳中和""碳达峰"等高度重视、予以助力,"绿色基金"规模蓬勃发展。2021年9月,《关于深化生态保护补偿制度改革的意见》正式颁布,这表明发展绿色股票指数正式纳入国家战略,加快构建全国用能权、碳排放权交易市场的战役已然开启。与此同时,伴随绿色指数的发展,绿色基金也迈入了快车道。在绿色基金方面,越来越多的个人投资者和机构投资者开始将目光投向绿色基金,期望借由投资达成资本增值与社会责任目标的双重成就;因应市场的需求,绿色基金市场持续浮现创新性的产品及服务;国际社会在环保范畴的合作会进一步获得强化,助力拟定更多有益于绿色投资的国际

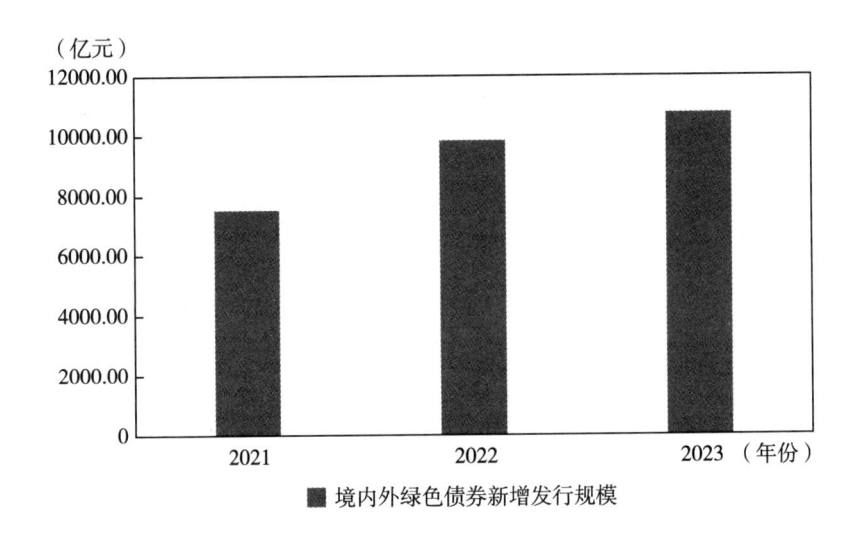

第二章 做好绿色金融大文章 促进经济社会可持续发展

图 2—10 2021—2023 年我国境内外绿色债券新增发行规模

资料来源：根据万得数据库数据、中央财经大学绿色金融国际研究院数据整理而得。

政策及标准，与此同时，各国政府也会增强对绿色基金的扶持力度，借助税收优惠、政府引导基金等方式推动绿色基金的发展。从 2022 年 12 月末到 2023 年第三季度末，ESG 投资基金的规模增加了 240 多亿元，呈增长趋势，随着 2025 年经济不断复苏，预计 2025 年绿色基金的规模将持续增长。

第四，绿色保险方面，国家不断出台政策规范，支撑行业健康高速发展、促进规模扩张。"十三五"时期，保险业蓬勃发展，《中华人民共和国标准化法》维持保险业稳健发展，保护保险消费者权益；针对保险行业新产品等发布《电子保单业务规范》等标准，对农业保险、巨灾保险、健康保险领域等进行规范，加强技术投入。2022 年 5 月，中国银保监会发布《中国保

金融强国之路：如何写好做实"五篇大文章"

险业标准化"十四五"规划》，推动了绿色保险的高质量规范建设。企业对绿色保险的认知也在持续加深，越来越多的企业开始购置绿色保险产品，进而促使市场规模不停扩张。近些年来，中国绿色保险市场的规模一直保持着快速增长，现已成为全球绿色保险市场的关键组成部分。中国保险行业协会的数据表明，在绿色保险的保障规模方面，如图2—11所示，2018—2022年，绿色保险的保额和赔付金额呈现出持续增长的态势。自2020年9月"双碳"目标被提出后，绿色保险的风险保障功能进一步得到增强。在2022年，中国绿色保险的保额高达31.67万亿元，相较于2021年，其保额增长了26.69%，呈现高速增长的态势。2023年上半年，绿色保险保费收入1159亿元，保险资金投向绿

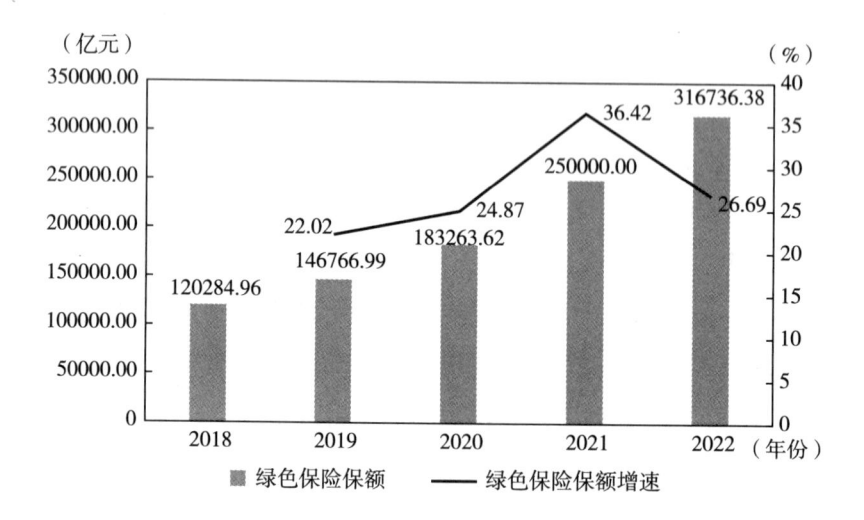

图2—11 2018—2022年我国保险业绿色保险保额（左轴）和增速（右轴）

资料来源：根据中国保险行业协会、中央财经大学绿色金融国际研究院数据整理而得。

第二章　做好绿色金融大文章　促进经济社会可持续发展

色发展相关产业余额1.67万亿元，同比增长36%，这种快速增长的态势估计在未来的一段时间里仍会延续。"双碳"目标下的产业增长，推动绿色保险的创新发展；气候变化和环境风险不断加剧，预计绿色保险市场将迎来增长机遇。

第五，碳金融工具方面，随着绿色金融市场的快速发展，也将迎来更广阔的发展空间。2022年4月，证监会发布《碳金融产品》金融行业标准，将碳金融产品明确分为碳市场交易工具、碳市场融资工具、碳市场支持工具，并对三类工具进一步细分金融衍生产品，有助于各类碳金融产品的健康发展。中国人民银行推出碳减排支持工具，引导经济主体改变行为方式，支持金融机构依据市场化原则，为清洁能源等三个领域中的企业提供具有优惠利率的贷款，进一步推动碳核算以及环境信息的披露。2022—2023年中国人民银行碳减排支持工具余额增长了2314亿元，碳排放支持工具成效显现，预计碳金融工具将迎来更广阔的发展空间。

（二）以绿色金融为着力点，支持循环经济发展

绿色金融将协同支持企业平稳高效地进行新旧动能转换，提高企业运行效率、提振企业投资信心，持续推动经济结构优化、产业转型升级，加快培育和发展新质生产力。2024年3月7日，国务院印发《推动大规模设备更新和消费品以旧换新行动方案》，重点将实施设备更新、消费品以旧换新、回收循环利用、实施标准提升"四大行动"，旨在积极促进先进设备的生产应用，推动先进产能比重不断提升，促使高质量耐用消费品更多地融入居民生活，打通资源循环利用的链条，从而显著提高国民经

济循环的质量与水平。在方案中，还提出了一系列展望：预计到2027年，工业、农业、建筑、交通、教育、文旅、医疗等领域的设备投资规模相较于2023年将增长25%以上；重点行业的主要用能设备能效基本达到节能水平，环保绩效达到A级水平的产能比例将大幅提高，规模以上工业企业数字化研发设计工具普及率将超过90%，关键工序数控化率将超过75%；报废汽车回收量相较于2023年将增加约一倍，二手车交易量较2023年将增长45%，废旧家电回收量较2023年将增长30%，再生材料在资源供给中的占比也将得到进一步提升。随着全球对可持续发展的需求日益增加，循环经济和绿色金融的结合呈现出了相互促进、互惠共赢的发展趋势。循环经济强调资源的有效利用和再利用，而绿色金融则注重在环保、清洁能源等领域的投资和资金支持。二者相辅相成，将为实现经济社会可持续发展开启新的可能性。

（三）科技应用发展融合，助推绿色金融发展

科技的发展将为绿色金融提供新的发展机遇，包括区块链技术在碳排放权交易中的应用、人工智能算法在绿色项目评估中的应用等，将进一步提高绿色金融的效率和透明度。区块链技术的去中心化和不可篡改的特性使其成为透明和安全的碳排放权交易平台的理想选择。通过将碳排放权信息记录在区块链上，可以确保数据的真实性和完整性。此外，区块链技术还可以简化碳交易流程，加速结算速度，并降低交易成本。这将有助于推动更多的企业和机构参与到碳市场中，促进低碳经济的发展。人工智能（AI）算法可以通过分析大量数据和模式识别，帮助金融机构和投资者评估绿色项目的可行性和风险水平，还可以通过智能合约

第二章 做好绿色金融大文章 促进经济社会可持续发展

等技术手段,简化绿色项目的投资流程,提高效率并降低成本。这将吸引更多的资金流入绿色项目中,推动绿色经济的发展和可持续发展目标的实现。未来政府和监管机构应制定和完善相关政策和标准,为金融科技在绿色金融中的应用提供支持和保障;同时,加大对绿色金融领域的投入和支持,鼓励金融科技创新,推动绿色金融的发展,实现金融科技与绿色金融的良性互动,共建可持续未来。

(四)绿色消费升级完善,促进需求稳步增长

随着绿色消费需求的增加和企业、消费者观念的改善,市场对于绿色金融产品和服务的需求也将迎来较大增长。消费在我国经济增长中占据着主要的推动作用。提升全民的节约意识,推动消费向绿色低碳转型,这对于降低碳排放来说意义非凡。发展绿色消费不仅能够在消费领域促进碳减排,同时也有助于激励供给端实现绿色低碳转型,进而推动碳减排。随着消费者对于绿色消费需求的日益增加,必然会推动供给端的企业生产更多的绿色低碳产品,通过产品市场的作用,迫使更多企业实现绿色转型,进一步推动绿色产业链的发展和完善。近年来,我国的绿色消费理念逐渐得到普及,绿色消费的未来发展空间也在持续扩大。比如,人们对新能源汽车、环保家居、可再生能源等绿色产品的需求呈现出不断增长的趋势。

一是新能源汽车产销遥遥领先,预计实现稳步增长。我国新能源汽车全年产销连续 9 年位居全球第一,如图 2—12 所示,2022 年新能源汽车产量较 2021 年同期增长 531.2 万辆,同比增长 337.27%,呈现高速增长态势;2023 年,新能源汽车产销分

别完成958.7万辆、949.5万辆，同比分别增长35.8%、37.9%，市占率达31.6%，高于上年同期5.9%。2023年12月，新能源汽车产销分别完成117.2万辆和119.1万辆，同比增长47.5%和46.4%，市场占有率达到37.7%；其中新能源乘用车产销市场份额达40.9%和40.4%。在政策和市场的双重作用下，各企业推出了很多适合消费者需求的车型，再加上充、换电基础设施的不断完善，预计未来新能源汽车将持续快速增长。

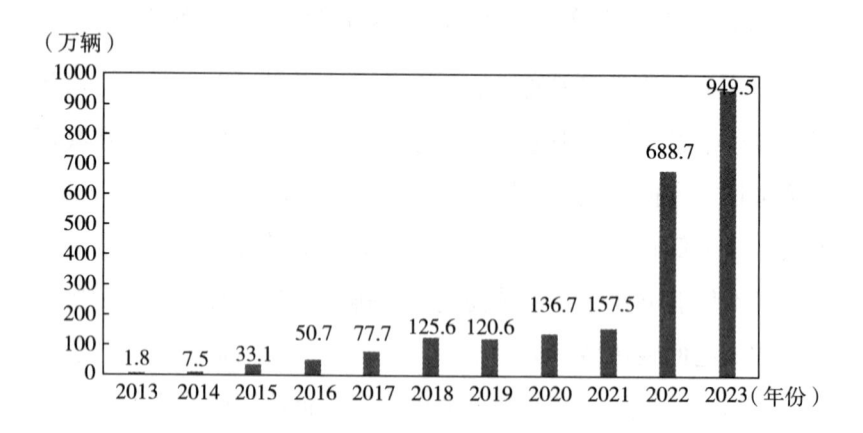

图2—12　2013—2023年新能源汽车销量

资料来源：根据中国汽车工业协会数据整理而得。

二是消费者及企业重视家居环保，需求扩张前景向好。环保家居产业方面，伴随消费升级和健康意识增强，中国家居产品已经从功能驱动消费转入追求品质、注重环保的阶段。红星美凯龙家居集团股份有限公司与中国质量认证中心联合发布的《中国家居绿色环保竞争力白皮书》显示，伴随消费升级和健康意识增强，97.76%的消费者在选购家居产品时会考虑绿色健康因素对

第二章　做好绿色金融大文章　促进经济社会可持续发展

身体的影响；同时，家居建材企业的环保意识不断提升，在高行业标准下，绿色环保已经成为企业在激烈的同质化竞争中脱颖而出的关键因素。在消费端和供给端的协力下，环保家居的前景一片向好。

三是在可再生能源领域，我国在全球实现"可再生能源增加两倍"这一目标的过程中起着极为关键的作用。中国积极地开发和利用可再生能源，从"天上"到"地下"，不断推动着用能结构的优化。到 2023 年 12 月，中国可再生能源装机在全国发电总装机中的比重已经突破了 50%，这一比重在历史上首次超过了火电装机。可再生能源的发电量大约占到全社会用电量的 1/3，其中风电和光伏发电量保持着两位数的增长态势。根据国际能源署发布的《2023 年可再生能源》年度市场报告显示，在 2023 年，中国风能新增装机容量相较于上年增长了 66%，而中国太阳能光伏新增装机容量相当于 2022 年全球太阳能光伏新增装机容量。

四是消费者倾向绿色产品，促进产品创新与企业绿色转型。随着绿色环保理念的普及，创新消费端绿色金融产品、丰富绿色金融服务体系已成为推动我国经济加快绿色低碳转型的重要举措。消费者更愿意选择符合环保标准的产品，推动了绿色产品市场的扩大，从而带动了相关绿色金融产品的需求增长。为了提升品牌形象、降低环境风险、满足消费者需求，企业愿意投入更多资源来推动生产过程的绿色化，扩大绿色产品生产。这种企业转型升级的过程需要大量的资金支持，而绿色金融可以提供相应的融资服务，帮助企业实现绿色转型。

二　推进绿色金融发展的支持措施建议

为推进绿色金融发展，首先，政府须构建与经济效益和社会效益相结合的可持续绿色金融体系，确保政策自上而下和自下而上的有效执行。其次，须加强绿色金融与双碳目标的整合，支持低碳技术发展。再次，须完善绿色标准，提高信息披露质量，增强企业透明度。此外，须协调绿色金融政策与产业、环境和财税政策，以及提升企业环境信息披露水平，促进经济和社会的可持续发展。最后，须创新绿色金融产品和服务，为绿色转型提供资金支持，拓宽投资渠道。

（一）秉持循序渐进的绿色发展步调，构建可持续的绿色金融体系

一是加强经济效益与社会效益的有效结合，推动产业结构优化及经济持续增长。做好绿色金融大文章，需要金融机构在投资决策和管理过程中实现经济效益、社会效益和环境效益的协调统一，也需要所支持的实体企业切实推进科研创新，推动生产方式变革，推动产业调整升级，同时带来预期回报，形成良性的投资闭环，实现全社会范围的合作与共赢。有效结合经济效益与社会效益有助于通过将社会价值纳入企业战略的考量中，企业将更加倾向寻求创新的商业模式和解决方案，以满足社会的需求。这种创新不但能推动产业结构的优化和发展，还能为经济带来更为可持续的增长。

二是加强绿色金融自上而下推广方式与自下而上落实方式的有效结合，将绿色转型政策稳步推行。绿色发展需与经济发展进

第二章 做好绿色金融大文章 促进经济社会可持续发展

程相适应，在经济、社会和环境三个方面实现协调发展，需要考虑到各种因素的影响，寻求最佳的平衡点。目前中国仍处于快速工业化的进程，与发达国家相比，我国经济将在未来较长的一段时间中保持高速增长，对于绿色发展应当在科学部署的框架中稳步推进，应在"1+N"，即《中共中央、国务院关于完整准确全面贯彻新发展理念做好碳达峰碳中和工作的意见》和包括《2030年前碳达峰行动方案》以及十大重点领域和行业的政策措施与行动一同构成的政策体系下，在碳减排的约束框架内，积极响应号召，主动钻研文件，科学设计政策，充分引导产业，向着绿色生产、绿色转型稳步迈进。

三是加强绿色金融与"双碳"目标的联系，在低碳技术推行下促进金融业可持续发展。面临日益严峻的气候变化挑战，加强绿色金融与"双碳"目标的联系显得尤为重要。绿色金融是一种可持续发展的金融模式，旨在推动环保和低碳经济的发展；"双碳"目标旨在实现经济发展的同时减少碳排放，力争实现碳中和。加强绿色金融与"双碳"目标有机结合，有助于推动低碳技术的创新与应用，也为企业、金融机构提供更多参与可持续发展的进程的机会。绿色金融为实现"双碳"目标提供了坚实的金融支持，可以引导资金流向清洁能源、环保技术和可再生资源等更加环保和气候友好的领域，推动产业结构升级。同时，加强绿色金融与"双碳"目标的联系也提供了更好的风险管理工具，投资于符合"双碳"目标的项目能为投资者提供更加稳健的长期回报。这种长期的发展取向有助于构建更为可持续的金融体系。

（二）完善绿色标准建设，加强信息披露质量

一是研究统一绿色标准，形成科学明确框架。首先，政府应该充分考虑环境保护和可持续发展的要求，制定更加严格的绿色标准。例如，制定更加严格的废水、废气排放标准，推广绿色产品和技术，以减少污染和资源浪费。其次，加强绿色标准的执行力度，建立完善的监督和检查机制，对不符合绿色标准要求的企业进行处罚和惩罚。再次，加强绿色标准的信息披露，要求企业及时公开环保数据和报告，增强企业的透明度和公信力，督促企业绿色环保等社会责任承担。最后，对企业的绿色评估和认证提供支持，譬如新加坡金融管理局于2021年1月1日实行的绿色和可持续性贷款授予计划（GSLS），通过聘用独立三方顾问公司来审核公司提供的绿色和可持续性贷款项目。政府可以帮助企业取得客观的外部评估，确保其中涉及的绿色标准符合国家以及国际标准，并对产生的费用予以抵消和减免，加强支持力度。

二是促进绿色金融指引政策与产业、环境、财政税收政策协调合力，有效落实绿色金融。2024年3月6日，十四届全国人大二次会议记者会上，中国人民银行行长潘功胜表示，促进绿色金融发展需要政策层面的协同合作。首先，政府可以通过明确支持绿色产业发展的政策和措施，制定明确的绿色产业标准和认证体系，以便金融机构更加精准地识别和支持符合绿色发展标准的项目，推动资源有针对性地引导到可持续和环保的产业中。其次，重视绿色金融与环境政策的协同合力，政府可以通过强化环境监管和激励措施，促使企业注重环境友好型经营，将环保和金融的发展步调更好地同步起来。最后，政府可以通过建立激励绿色投

第二章　做好绿色金融大文章　促进经济社会可持续发展

资的税收政策，引导企业和投资者更积极地参与绿色金融领域这种协调合力可以降低绿色金融市场的运营成本，同时吸引更多的资金流入可持续发展领域。

三是提高企业环境信息披露质量，推动企业社会责任落实及经济可持续发展。首先，通过主动公开企业的环境政策、目标、实际表现以及采取的环境保护措施，能够建立企业透明度、赢得消费者及投资者信任。其次，提高环境信息披露质量可以明确展示其对环境可持续性的承诺和努力，促进企业更加主动地履行社会责任。此外，高质量的环境信息披露能够为投资者和政策制定者一样的决策者提供更全面、真实客观的信息，帮助其评估风险和机会，从而做出更为明智的决策。

（三）丰富创新绿色金融产品服务，引导更多资金助力绿色发展

一是探索高质量绿色低碳转型融资工具与金融服务，引导资金支持企业绿色低碳转型。首先，设计并引入高质量的绿色低碳融资工具可以更有针对性地流向符合绿色标准的项目，为企业提供更广泛、灵活的融资选择，降低转型融资成本。其次，金融机构可以通过为企业提供定制化的绿色金融服务，降低企业融资风险，满足不同企业的特殊需求，推动更广范围的企业参与到绿色低碳转型中来。此外，进一步开拓碳交易市场，丰富碳金融工具的研发设计，可以降低企业在绿色转型中承担与面临的风险，引导产业升级，促进绿色创新，推动能源结构、产业结构、绿色技术等领域的变革，实现碳达峰、碳中和的软着陆。

二是提供回报可观的绿色金融资产，吸引投资者参与，促使

金融强国之路：如何写好做实"五篇大文章"

资金更加有力地支持可持续经济和绿色项目。首先，提供回报可观的绿色金融资产有助于吸引更多的投资者。绿色金融产品的设计在兼顾环保和可持续性的同时，要确保可以为投资者提供可观合理的回报，这种双赢的设计可以吸引更多的资金流向绿色经济领域。其次，提供回报可观的绿色金融资产有助于促使企业更积极地参与绿色转型。绿色金融资产的设计在为投资者提供可观回报的同时，应考虑如何激励企业采取更环保的商业模式和实践，形成企业与投资者之间的共同努力，这将有助于形成长期的金融支持机制，为未来的可持续发展提供可靠的金融支持。

三是拓宽绿色投资可选渠道，帮助投资者更灵活地参与和支持绿色经济的发展。首先，需要在不同资产类别中推出更多的绿色投资产品，多样化的产品为投资者提供更广泛的绿色投资选择，促使更多资金流向可持续发展项目。其次，可以探索与新兴技术和创新业务模式相关的绿色投资渠道，通过支持新能源、清洁技术等新兴领域的绿色投资，激发创新动力，为投资者提供更具吸引力的投资机会。此外，需要鼓励企业开发更多的绿色债务融资工具，这不仅为企业提供了资金支持，还确保了投资者认可项目的透明度，进而推动企业更积极地参与绿色转型。此外，政府可以通过制定更加优惠的税收政策和奖励机制，鼓励企业和金融机构参与绿色投资，推动整个社会向更加可持续的方向发展。

第三章
做好普惠金融大文章推进金融服务实体经济

普惠金融是一种以提高金融服务的普及性和可及性为目标的金融体系，旨在为所有社会成员，特别是低收入群体、小微企业和农村地区居民提供公平、便捷、合理的金融服务。我国普惠金融服务体系在提升金融服务普及性、降低成本、增强便利性方面取得了显著进展，特别是在支持小微企业和农户方面发挥了重要作用。尽管存在服务同质性、竞争压力和客户流失等挑战，金融机构需通过差异化竞争和创新服务提升市场覆盖和客户满意度。加强金融基础设施和政策支持，是实现普惠金融高质量发展和促进经济现代化的关键。

第一节 普惠金融发展现状和成效

本节概述了我国普惠金融的发展现状成效，包括金融机构的组织体系完善、基础金融服务的普及、数字金融服务的创新以及金融科技与普惠金融的深度融合。通过各种金融机构的广泛分布和业务拓展，金融服务覆盖面不断扩大，特别是农村地区和小微企业的金融服务可及性得到了显著提升。同时，数字金融的快速发展，移动支付、网上银行等创新服务方式的普及，为城乡居民提供了更加便捷高效的金融服务。此外，金融科技的融合创新，为普惠金融的基础设施建设和服务手段的多元化提供了强有力的支持。本节还概述了普惠金融的服务质量和风险状况。

一 普惠金融发展成效

我国在构建普惠金融服务体系的进程中，已经取得了显著的成就，包括金融机构的组织体系完善、数字金融服务的创新、基础金融服务的普及以及金融科技与普惠金融的深度融合。

（一）金融机构组织体系日益完善，普惠覆盖率不断提高

一是各类型金融机构广分布，显著提高普惠覆盖率。随着普惠金融发展战略的深入推进，我国形成了较为完备的多层次普惠金融机构体系。该体系涵盖大型商业银行、股份制银行、城商行、农商行、农信社、邮储银行、外资银行、村镇银行、小额贷款公司、担保公司、典当行、小微企业融资租赁公司等在内的各类银行及非银行金融机构。上述机构通过在城市和农村广泛设置了业务网点，不断扩大金融服务覆盖面，显著提升了普惠金融的可及性。截至2023年12月末，全国农村中小银行3862家，其中逾70%以上的法人机构设于县域，营业网点总数近8万家。村

第三章　做好普惠金融大文章　推进金融服务实体经济

镇银行作为支农支小的新型农村金融机构，发展态势尤为强劲。数据显示，截至2023年12月末，全国村镇银行机构数量达1642家，营业网点数量达6826个。图3—1显示了从2020—2023年村镇银行机构数（家）和村镇银行营业网点数的变化趋势。具体来看，村镇银行机构数（家）从2020年的1633家小幅增长到2023年的1642家，总体较为稳定，四年间仅增加了9家。而村镇银行营业网点数则呈逐年上升趋势，从2020年的6472家增长到2023年的6826家，四年间新增了354家网点。2021年和2022年网点数增长较多，分别新增239家和216家，2023年增速有所放缓，新增网点数为99家。总的来说，近四年村镇银行机构数基本保持平稳，而营业网点数持续增长，表明村镇银行不断拓展业务范围，服务半径和服务能力得到提升。这有

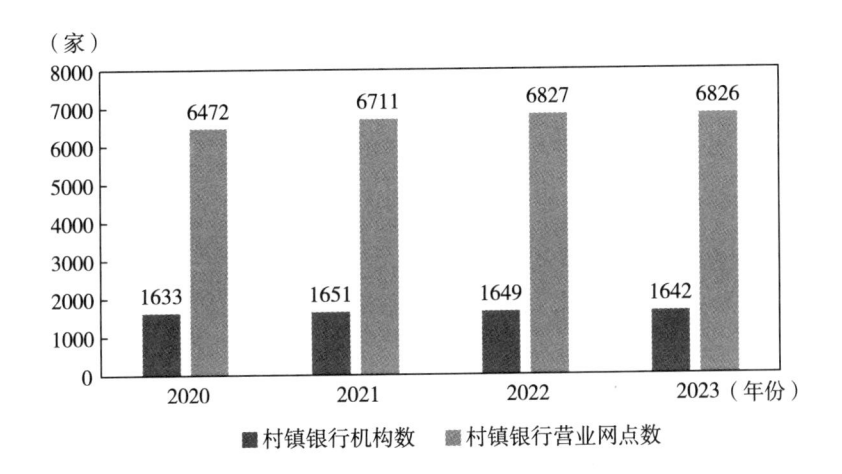

图3—1　2020—2023年村镇银行机构及营业网点数

资料来源：根据国家金融监督管理总局官网数据整理而得。

利于改善农村地区的金融服务水平，支持农村经济发展。近年来村镇银行无论从机构数量还是网点数量来看，均保持了稳步增长的发展势头，印证了国家政策对于村镇银行发展及完善普惠金融体系的大力支持。国家金融监督管理总局资料显示，截至2024年1月23日，全国县域实现银行机构100%覆盖；乡镇银行机构覆盖率达97.93%；行政村基本实现金融服务全覆盖。可以预见，在相关支持政策的持续发力和市场主体的积极参与下，未来我国普惠金融的可获得性将进一步提升，为城乡居民和小微企业提供更加便利优质的金融服务。

二是商业银行市场下沉不断增强，构筑多层次发展体系，持续提高普惠力度。大型商业银行加大对小微企业和"三农"的金融支持力度，拓展了普惠金融业务，普惠型小微企业贷款占比持续提高。2023年第四季度末，国有大型商业银行的普惠小微贷款余额从2019年末2.25万亿元增加到11.6万亿元，增长4倍，市场占比接近41%。图3—2展示了2021年第一季度到2023年第四季度国有大型商业银行的普惠小微贷款余额变化趋势。具体来看，2021年第一季度国有大型商业银行的普惠小微贷款余额为5.61万亿元，之后逐季稳步增长。2022年第四季度增长至8.60万亿元。2023年普惠小微贷款余额继续保持增长势头。2021年初至2023年第三季度，国有大型商业银行的普惠小微贷款余额从5.61万亿元增长到11.31万亿元，两年半增幅高达101.6%，年均复合增长率达26.9%，反映出国有大行大力发展普惠金融，加大对小微企业的信贷支持。这对于缓解小微企业融资难题，促进实体经济发展具有积极意义。

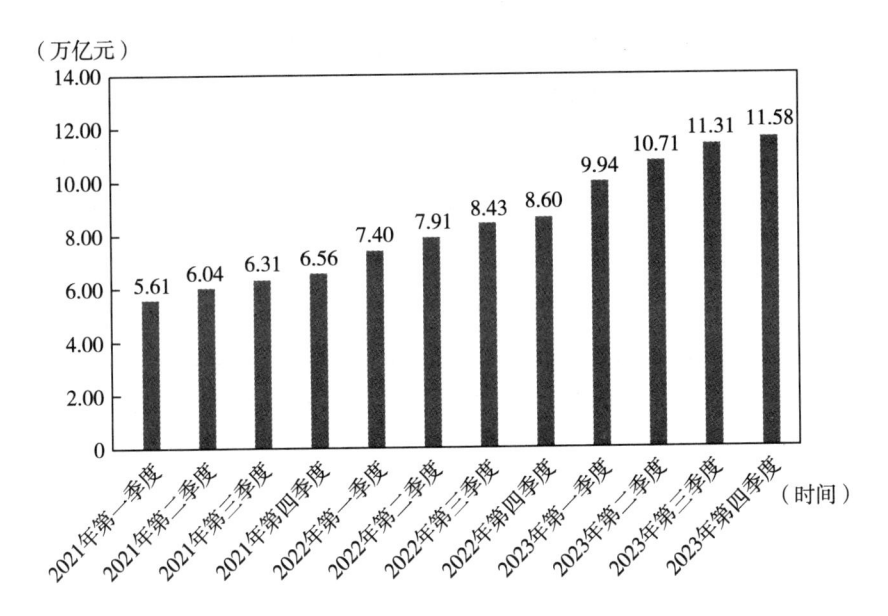

第三章　做好普惠金融大文章　推进金融服务实体经济

（万亿元）

季度	余额
2021年第一季度	5.61
2021年第二季度	6.04
2021年第三季度	6.31
2021年第四季度	6.56
2022年第一季度	7.40
2022年第二季度	7.91
2022年第三季度	8.43
2022年第四季度	8.60
2023年第一季度	9.94
2023年第二季度	10.71
2023年第三季度	11.31
2023年第四季度	11.58

图 3—2　国有大型商业银行的普惠小微贷款余额

资料来源：根据国家金融监督管理总局官网数据整理而得。

全国性股份制商业银行进一步加大对普惠金融的支持，普惠小微贷款余额从 2019 年第一季度末 1.8 万亿元增加到 2023 年第四季度末 4.7 万亿，增长 1.5 倍。图 3—3 展示了 2021 年第一季度到 2023 年第四季度中国股份制商业银行的普惠小微贷款余额的变化趋势，总体来看，近十年来股份制商业银行的普惠小微贷款余额实现了稳健增长。2021 年第一季度贷款余额为 3.0 万亿元，到 2023 年第四季度增长至 4.7 万亿元，增幅达 56.7%。其间虽经历 2020 年第一季度受新冠疫情影响出现小幅回落，但很快恢复增长态势。2019 年第四季度首次突破 4 万亿元，达 4.29 万亿。2020 年第四季度已回升至 4.45 万亿元，超过疫情前水平。2021—2022 年贷款余额继续保持良好增长，2022 年第四季

金融强国之路：如何写好做实"五篇大文章"

度达到 4.05 万亿元的峰值。2023 年增速略有放缓，前三季度分别为 4.29 万亿元、4.45 万亿元和 4.58 万亿元。总的来说，股份制商业银行持续加大对小微企业的信贷支持力度，普惠小微贷款规模不断扩大，在促进民营经济和实体经济发展中发挥了重要作用。

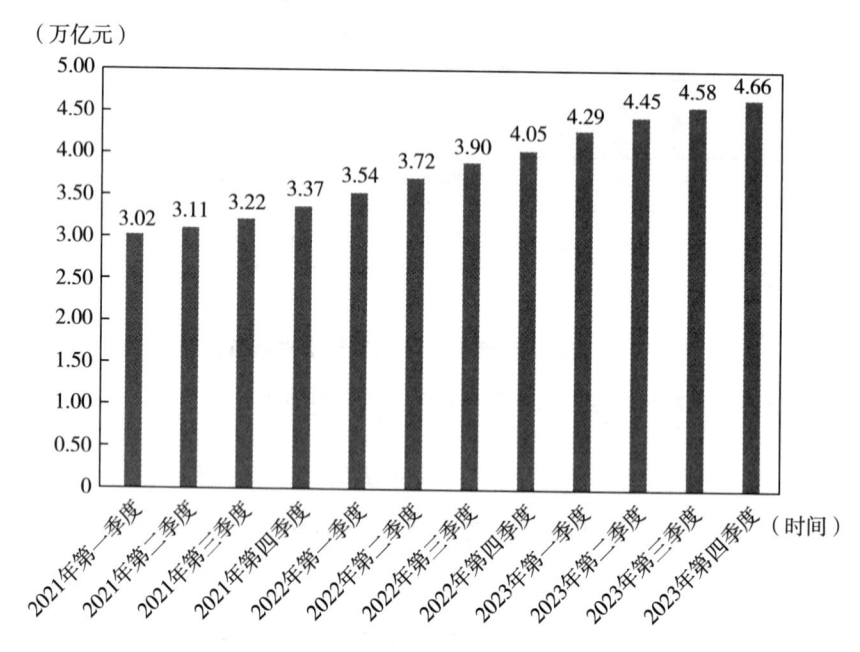

图 3—3　股份制商业银行的普惠小微贷款余额

资料来源：根据国家金融监督管理总局官网数据整理而得。

三是城市商业银行、农村商业银行、农村信用社等农村金融机构利用本地化优势，深耕县域市场，成为普惠金融的重要提供者。国家金融监督管理总局统计资料显示，2023 年 12 月末，银行业金融机构普惠型小微企业贷款份额中，城市商业银行和农村金融机构提供的贷款份额合计达到 43%，如图 3—4 所示，充分

第三章 做好普惠金融大文章 推进金融服务实体经济

体现了商业银行在支持实体经济、服务小微企业方面的积极作用。值得关注的是，近年来在银行业整体物理网点数量减少的大背景下，农村金融机构网点总量持续增长，尤其是农村商业银行网点增长迅速。2023年农村商业银行网点数量达到61713个，城市商业银行达到20212个，如图3—5所示，体现了其立足县域、扎根基层的发展定位。从2016年到2023年12月末，全国农村金融机构资产总额实现了大幅增长，从27.8万亿元增长至54.6万亿元，增幅近一倍，在传统银行业金融机构中稳居首位。农村金融机构立足"三农"，着力解决金融服务"最后一公里"问题，在促进金融服务下沉、提升金融服务可获得性方面发挥了关键作用。根据《中国普惠金融指标分析报告（2022年）》，截至2022年12月末，我国平均每万人拥有银行业存款类金融机构网点1.59个，全国助农取款服务点达74.06万个，以银行卡助农取款服务为主体的基础支付服务已实现村级行政区99.99%的覆盖率，极大地便利了广大农村地区居民的金融生活。

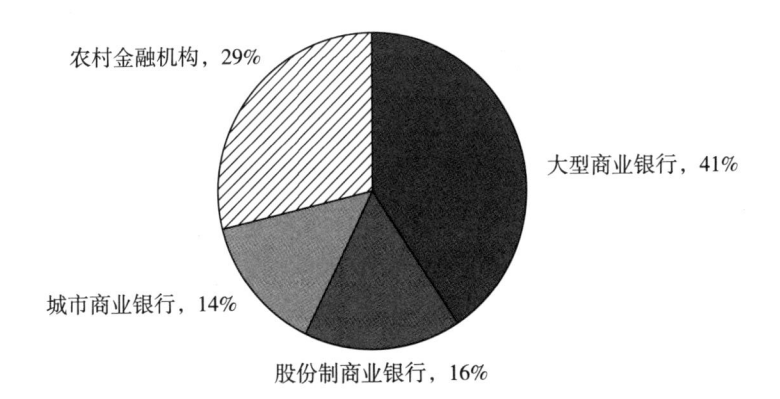

图3—4 截至2023年12月末银行业金融机构普惠型小微企业贷款份额

资料来源：根据国家金融监督管理总局官网整理而得。

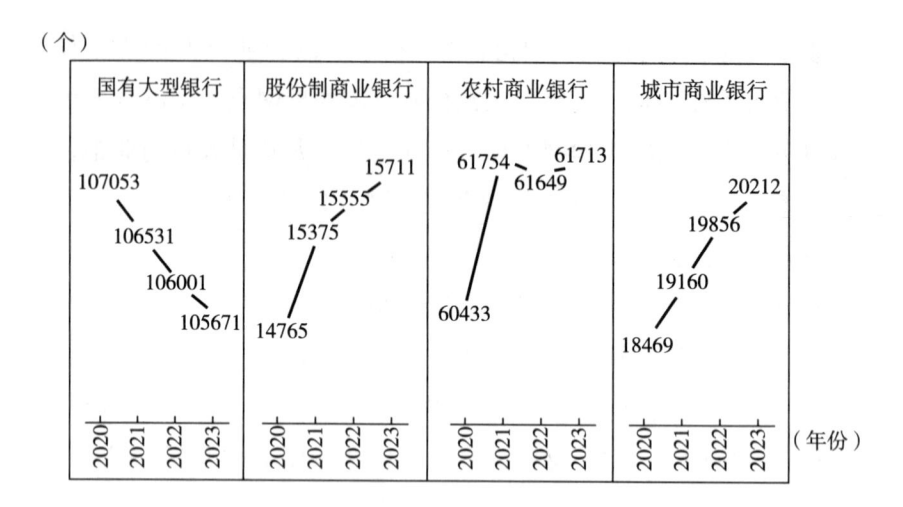

金融强国之路：如何写好做实"五篇大文章"

(个)

国有大型银行	股份制商业银行	农村商业银行	城市商业银行
107053 (2020)	14765 (2020)	60433 (2020)	18469 (2020)
106531 (2021)	15375 (2021)	61754 (2021)	19160 (2021)
106001 (2022)	15555 (2022)	61649 (2022)	19856 (2022)
105671 (2023)	15711 (2023)	61713 (2023)	20212 (2023)

图 3—5 2020—2023 年不同类型银行网点数量增长状况

资料来源：根据国家金融监督管理总局官网数据整理所得。

四是非银金融机构优势互补，共同完善普惠服务体系。各类非银金融机构在普惠金融服务中发挥着各自优势，共同构建了更为完善的普惠金融服务体系。小额贷款公司、担保公司依托其专业化服务能力，为小微企业和个人提供了重要的融资支持。与此同时，典当行凭借其免担保、免抵押、低门槛的特点，为普惠金融客户群体提供了灵活便捷的融资渠道。中国人民银行数据显示，截至 2023 年 6 月末，全国小额贷款公司法人机构数量已达 5688 家，实收资本总额为 7422.33 亿元，贷款余额高达 8270.21 亿元，体现了小额贷款公司在支持普惠金融发展方面的重要贡献。此外，融资租赁公司也日益成为普惠金融服务体系的重要补充力量。以平安租赁为例，截至 2022 年 9 月底，该公司已累计服务全国 31 个省份的 5.8 万余

第三章　做好普惠金融大文章　推进金融服务实体经济

家小微企业，累计投放资金规模接近 700 亿元，有力支持了小微企业的设备升级和业务拓展需求。非银金融机构与传统银行体系形成了分工合作、优势互补的良性发展格局，共同推动普惠金融向纵深发展。

自 2018 年以来，全国支农支小再贷款额度持续上升，有力地引导和鼓励金融机构加大对"三农"和小微企业的信贷投放。图 3—6 展示了中国全国支农支小再贷款额度从 2018 年 3 月到 2023 年 12 月的变化趋势。图中包含两条折线，分别为表示支农再贷款额度和支小再贷款额度。整体来看，两项再贷款额度均呈现快速增长态势，尤其是 2020 年以来增长更为明显。支农再贷款额度从 2020 年 9 月的约 3784 亿元起步，到 2023 年 12 月增长至约 6562 亿元，3 年多增长了近 2778 亿元。支小再贷款额度起点更低，2018 年 3 月仅约 928 亿元，但增速更快，2023 年 12 月达到约 17000 亿元，5 年多增长了 17 倍多。值得关注的是，2020 年两项再贷款额度的增长曲线变得更加陡峭，反映出疫情发生后，央行加大了对涉农、小微企业等领域的再贷款支持力度，以帮助稳定经济、就业、民生。总体看，持续扩大支农支小再贷款额度，是金融支持经济社会发展、弥补小微企业特别是涉农企业融资短板的重要举措。未来支农支小再贷款规模有望继续增长，更好地服务乡村振兴和小微企业发展。数据显示，截至 2023 年 11 月末，全国支持小微企业和支持"三农"的再贷款、再贴现余额分别达到 6292 亿元、15850 亿元和 524 亿元，支农支小贷款在各项贷款中的占比长期保持在 80% 左右的高位，充分彰显了再贷款政策在引导金融资源流向方面的显著成效。值得注意的是，在再贷款政策的引导下，金融机构新增可贷资金的 90% 都投放在当地，极大地促进了县域普惠金融的发展，农村金融机构已然成为支农支小的主力军和县域金融的排头兵。

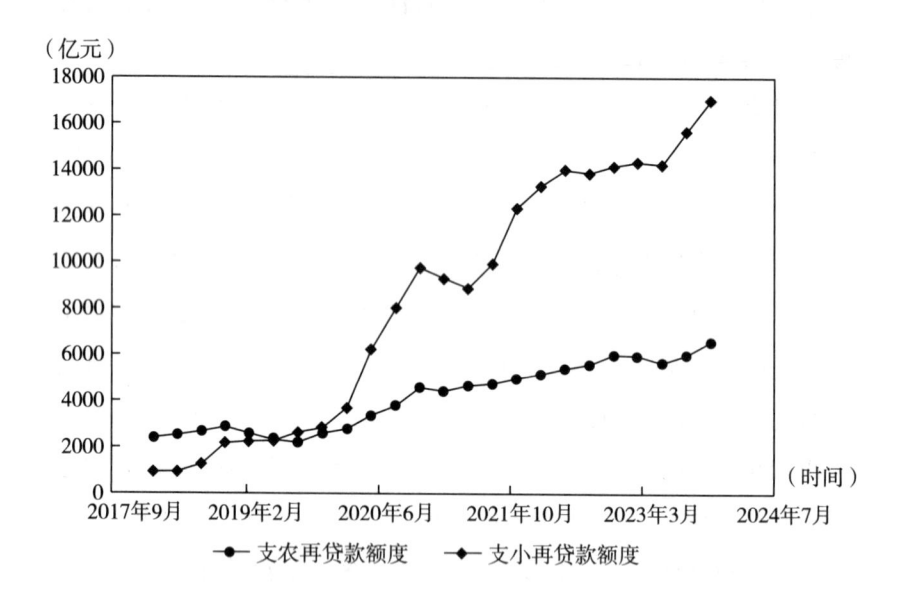

图3—6 全国支农支小再贷款额度

资料来源：根据国家金融监督管理总局官网数据整理而得。

（二）数字金融服务多层次，普惠渗透率更趋完备

一是现代信息技术手段提高普惠金融服务渗透率。随着互联网、云计算、大数据等先进技术与金融业务的深度融合，数字金融突破了传统金融服务的地域限制，显著提升了金融服务效率，进一步拓展了金融服务的覆盖范围和触达能力。在这一过程中，移动支付、网上银行、数字货币等创新型金融服务方式不断涌现，为广大人民群众提供了更加便捷、高效、安全的

第三章　做好普惠金融大文章　推进金融服务实体经济

金融服务。以移动支付为例，仅需一部智能手机，用户即可随时随地完成支付、转账、理财等各项金融操作，极大地方便了人们的日常生活，彰显了数字金融的普惠属性。数字金融的蓬勃发展，也为偏远地区、农村地区的居民提供了更多获得金融服务的机会。过去，由于物理网点覆盖有限，这些地区的居民往往难以享受到优质的金融服务。而现在，通过手机银行、网上银行等数字化渠道，偏远地区的居民也能享受到与城市居民同等品质的金融服务，金融服务的可获得性得到了显著提升。这一变化对于促进区域协调发展、缩小城乡差距具有重要意义。

普惠金融服务渗透率的不断提高，也得到了权威数据的有力印证。北京大学普惠金融中心的数据显示，2011年以来，我国数字金融普惠总指数、普惠金融覆盖广度指数、普惠金融使用深度指数均呈现逐年上升的良好态势。数字金融普惠总指数由2011年的20.76上升至2022年的371.95，增长超过16倍；普惠金融覆盖广度指数由172.37上升至384.54，使用深度指数由58.51上升至342.77，指标数量上的显著提升反映出普惠金融在服务广度和使用深度两个维度上都取得了卓越进展，普惠金融生态系统日趋完善，如图3—7所示。

可以预见，展望未来，随着5G、区块链、云计算、人工智能等新兴技术在金融领域的深入应用，以及相关法律法规、监管政策的进一步完善，普惠金融有望实现从"广覆盖"到"深服务"的战略转型，将金融服务触角向更深层次延伸，让更多的社会成员，尤其是长期处于金融服务盲区的弱势群体，能够享受到优质、高效、个性化的普惠金融服务。可以预见，科技赋能下的

金融强国之路：如何写好做实"五篇大文章"

普惠金融，必将在服务实体经济、助力共同富裕的道路上阔步前行，以高质量、可持续的发展姿态，为全面建设社会主义现代化国家贡献更大力量。

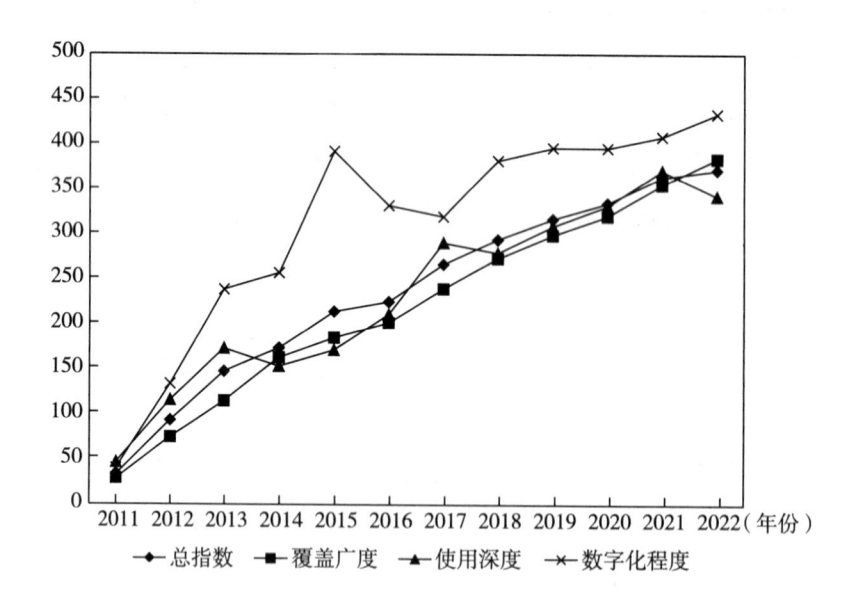

图3—7　2011—2022年数字普惠金融指数积分指数的省级中位值

资料来源：根据北京大学数字普惠金融指数整理而得。

二是线上线下渠道融合发展促进普惠金融服务。一方面，移动支付、网上银行、手机银行等数字化服务取得长足发展，手机银行活跃用户数超过9亿户，移动支付渗透率超过80%。数字化服务提供了全天候、低成本、易获得的普惠金融服务，有力推动了金融包容性的提升。越来越多的人可以通过数字化渠道享受到便捷高效的金融服务，农村地区和低收入人群也能更容易获得金融资源。中国银行和中国建设银行的披露数据显示，近十年来，

第三章 做好普惠金融大文章 推进金融服务实体经济

中国银行手机银行客户数从 1705 万户到 2023 年 6 月末的 2.6 亿户，建设银行手机银行客户数从 4695 万户到 2023 年 6 月末的 4.5 亿户，增长了近十倍，如图 3—8 所示。疫情防控期间，数字金融更是发挥了重要作用，保障了居民和小微企业的基本金融服务需求。数字化服务打破了时空限制，有效缓解了物理网点覆盖不足的问题，为推进普惠金融注入了新动力。

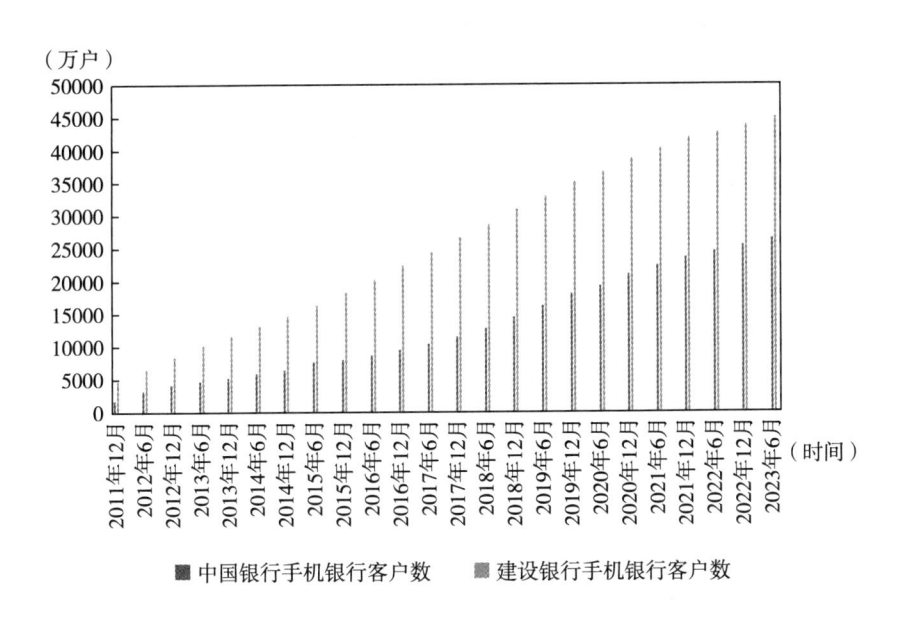

图 3—8 中国银行和建设银行近 10 年来手机银行客户数量变化
资料来源：根据万得数据库数据整理而得。

另一方面，银行机构也在加强线下网点的智能化升级，实现线上线下无缝对接。在传统线下渠道方面，各类金融机构都在加强网点智能化建设，引入人工智能、AR/VR 等新技术，实现智能化网点管理、智能化客户服务，大大提升了服务效率。智能机器人可以为客户提供7×24小时不间断的咨询服务，智能ATM机可以提供存取款、转账、理财等多种功能。VR/AR技术应用，让客户足不出户就能"走进"营业网点，实现身临其境般的交互体验。生物识别、人脸识别等技术运用，让网点服务更加安全便捷。这些新技术的应用，提升了网点服务能力，让传统网点焕发新的生机活力。

同时，地方政府也在打造提供多种业务的综合化服务网点，如设立理财中心、创业服务中心等，实现"一站式"服务。这些综合化网点集金融服务、政务服务、创业指导等多种职能于一体，让市民能在同一地点享受多样化的服务，真正实现了"进一扇门，办多种事"，有效提升了服务质量和效率。如浙江省农村"一站式"综合金融服务站，整合了银行、保险、证券、期货等多种金融服务，为广大村民提供全方位的金融服务；重庆市的"金融超市"将银行、担保、小贷、典当等机构集中到一个地点办公，为企业提供一揽子融资服务。这些创新的线下渠道建设，让普惠金融服务更加贴近群众生活，拓宽了服务触达的广度和深度。

（三）普惠服务手段多元化，普惠精准性日趋提升

一是普惠性贷款产品更加丰富，贷款余额增长快速。随着普惠金融理念的深入人心，金融机构不断丰富和创新普惠性贷款产品，以更好地满足小微企业、个体工商户、农户等普惠金融重点服务对象的多元化融资需求。针对小微企业的融资需求，金融机构开发了专项小微企业贷款、科技型小微企业贷款、青年创业贷款、绿色贷款等特色产品，为小微企业的创业创新和转型升级提

第三章 做好普惠金融大文章 推进金融服务实体经济

供了有力支持。同时，金融机构也在积极拓展供应链融资、知识产权质押贷款、账收贷款等新型业务模式，探索更加灵活、便捷的普惠金融服务路径。

从供给端来看，金融机构持续加大小微信贷产品的供给力度，产品种类日益丰富。图3—9展示了2020年以来小微企业融资供给指数的季度走势。得益于金融机构的大力支持，普惠小微贷款余额实现了快速增长，从2018年的8万亿元增长至2023年末的29.4万亿元，年均增速保持在25%左右，大幅领先于同期整体贷款余额增速，在缓解疫情冲击下小微企业及个体工商户的运营压力方面发挥了关键作用，如图3—10所示。

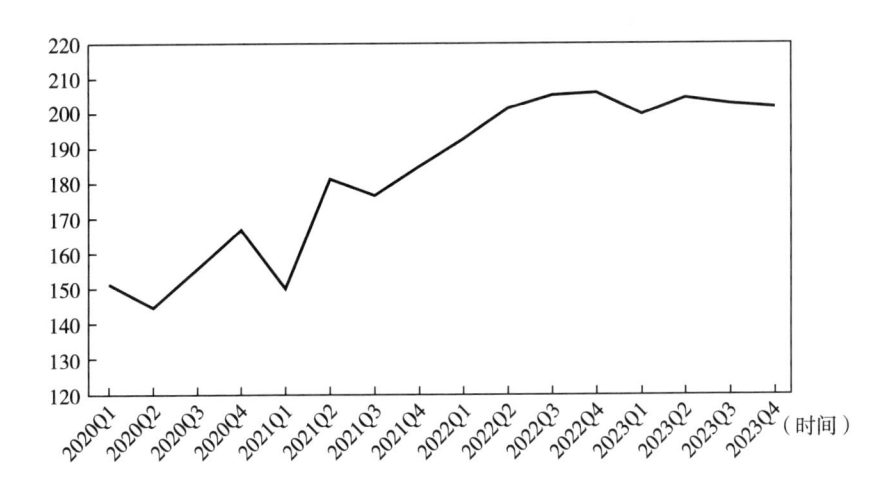

图3—9 小微企业融资供给指数

资料来源：根据中国经济信息社公开数据整理而得。

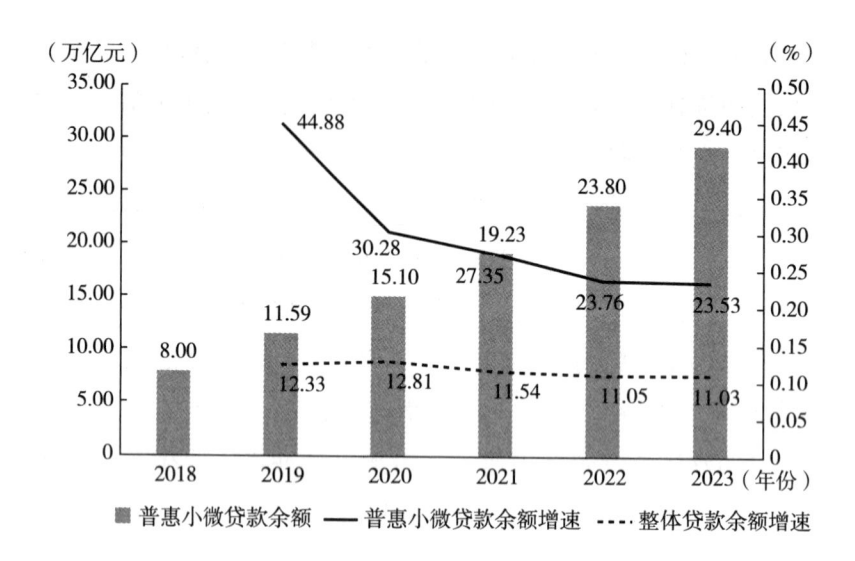

金融强国之路：如何写好做实"五篇大文章"

图 3—10　普惠小微贷款余额与增速

资料来源：根据中国人民银行官网数据整理而得。

根据《中国普惠金融指标分析报告（2022年）》数据，截至 2022 年 12 月末，小微企业互联网流动资金贷款余额达9363 亿元，创业担保贷款余额达 2679 亿元，体现了互联网金融和政策性金融工具在支持小微企业融资方面的积极作用。2020年以来，普惠金融在助学、创业担保和农户生产经营三个重点领域的贷款余额都呈现稳定上升趋势。其中，农户生产经营贷款余额增长尤为显著，截至 2023 年 12 月末已经达到 9.24 万亿元，如图 3—11 所示，为广大农户的生产经营活动提供了强有力的金融支撑。金融机构还针对新型农业经营主体量身定制了一系列特色化贷款产品，加大了对现代农业的金融支持力度。2018 年以来，我国金融机构涉农贷款余额当季同比增速一直保持在 10% 以上的较高水平，涉农贷款余额从 2018 年第一季度的 31.6 万亿元

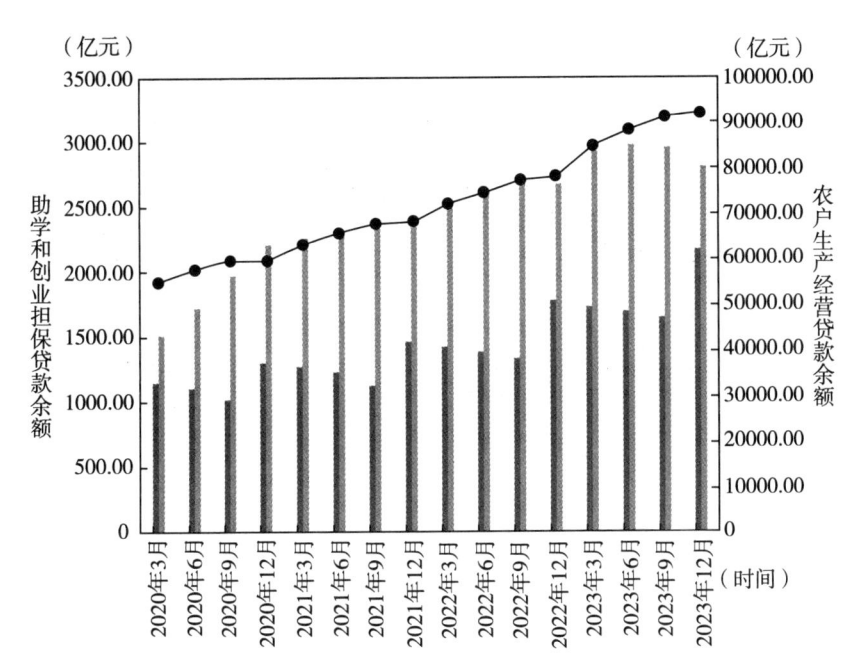

第三章　做好普惠金融大文章　推进金融服务实体经济

图 3—11　金融机构人民币普惠金融领域贷款余额

资料来源：根据中国人民银行官网数据整理而得。

增加到 2023 年 12 月末的 56.6 万亿元，如图 3—12 所示，为乡村振兴和农业农村现代化注入了强劲动力。

二是其他普惠金融产品创新增强，满足多元化普惠需求。在支持小微企业融资方面，除了传统的信贷支持外，股权融资和债券融资也为小微企业的发展壮大提供了新的资金来源。一方面，各地政府积极搭建科创板、创业板、新三板等多层次资本市场，为优质小微企业提供了直接融资渠道；另一方面，商业银行、证券公司等金融机构积极开展小微企业债券承销、投资等业务，盘

（万亿元） （％）

图例：
■ 金融机构本外币涉农贷款余额
— 金融机构本外币涉农贷款余额当季同比

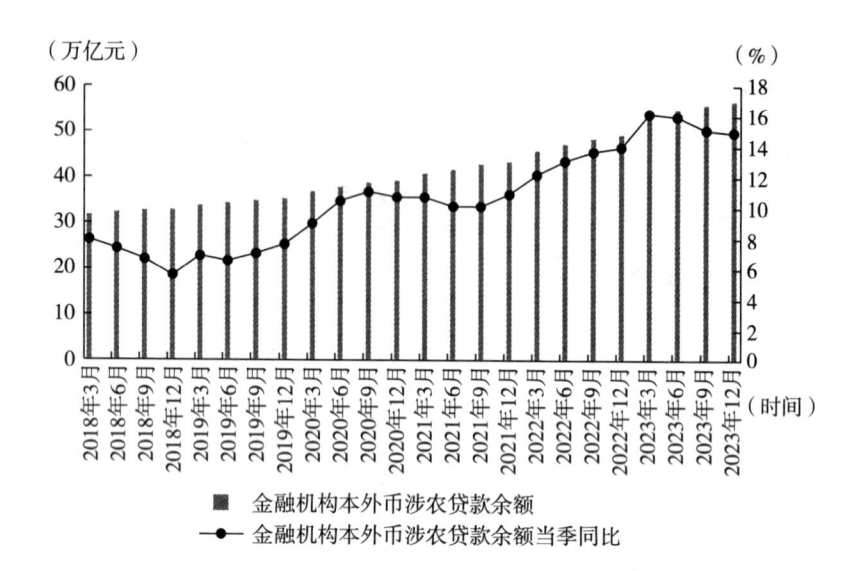

图3—12　金融机构本外币涉农贷款余额与增速

资料来源：根据万得数据库数据整理而得。

活了更多社会资本支持小微企业发展。农业保险作为分散农业生产经营风险的重要工具，在促进农业现代化、保障农民收入稳定方面发挥了不可替代的作用。近年来，农业保险品种不断丰富，已经涵盖了粮食生产、种植养殖等多个领域，有力地保障了农业生产的连续性和农民收入的稳定性。国家金融监督管理总局的数据显示，2023年1—8月，我国农业保险保费收入达到1204亿元，同比增长20%；参保农户达1.4亿户次，提供风险保障高达3.72万亿元。这一系列数据充分彰显了农业保险在支农惠农方面的显著成效。在提高农村地区医疗卫生服务可及性方面，保险公司发挥了积极作用。针对农村地区医疗服务供给不足、农民医疗负担较重等问题，保险公司推出了预防性医疗保险、重疾保险

第三章 做好普惠金融大文章 推进金融服务实体经济

等创新型健康险产品，以低成本、高保障的方式满足了农村居民的医疗保障需求，为缓解因病致贫、因病返贫问题提供了有益尝试。

在满足居民日益增长的投资理财需求方面，银行、基金、保险等金融机构积极发挥专业优势，设计了丰富多样的理财产品。银行及基金公司重点推出了权益类、混合类、固定收益类等不同风险收益特征的理财产品，满足了不同风险偏好居民的理财需求。保险公司则重点推广了养老金保险等长期理财型产品，迎合了居民养老保障的需求，助力多层次、多支柱养老保险体系建设。2023年，全国保险密度达到3635元，同比增加309元，反映出保险产品在居民财富管理中的重要地位日益凸显。

（四）金融科技融合更深入，普惠基础设施更完善

金融科技的融合与创新为普惠金融带来了显著的效益。随着金融科技在各地的广泛应用，我国逐步构建起了覆盖全国的普惠金融服务网络体系。金融机构网点、ATM机、POS机等金融基础设施逐渐向经济欠发达地区延伸，极大地改善了当地的金融服务可得性，让更多的低收入群体享受到了便捷高效的现代金融服务。自2018年起，在金融科技赋能下，我国针对普惠金融领域中小微企业的授信户数增长速度持续保持在较高水平，如图3—13所示。具体来看，这一指标在2020年初时为2787万户，而到了2023年12月末，已显著增长至6166万户，增幅超过120%，充分彰显了金融科技在破解小微企业融资难题、提升金融包容性方面的巨大潜力。除了支持小微企业融资

外，金融机构还积极运用金融科技手段，针对流动性就业群体简化开户流程，为农民工、进城务工人员等新市民群体提供专属银行卡，有效提高了金融服务的普及率和便利性。这些创新举措有力促进了普惠金融向纵深发展，让越来越多的弱势群体分享到金融发展的红利。

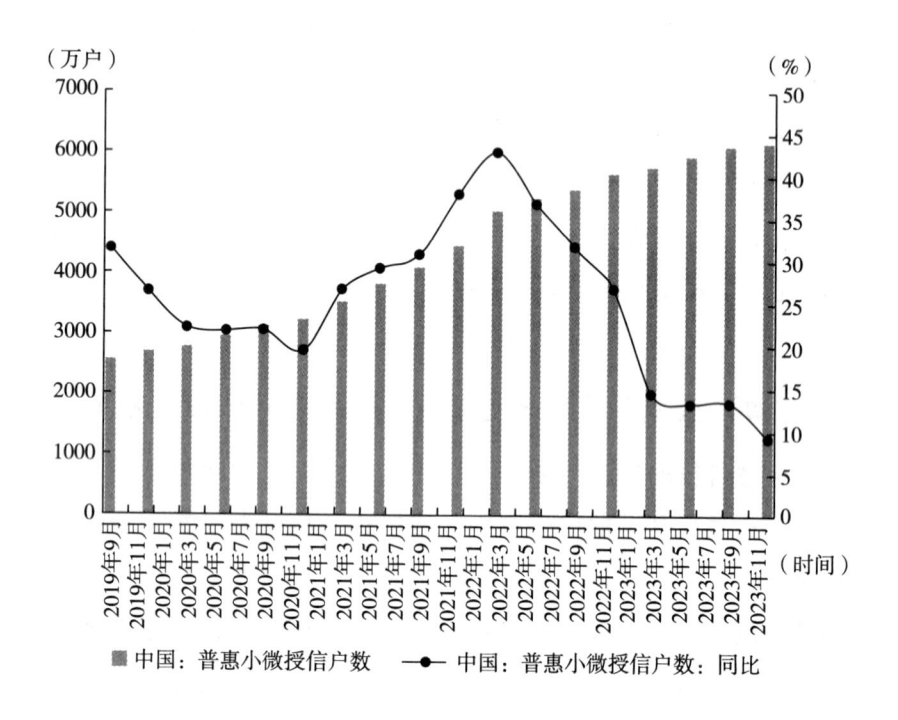

图3—13 普惠小微授信户数

资料来源：根据万得数据库数据整理而得。

中国人民银行的权威数据进一步印证了普惠金融服务广度和深度的显著提升。截至2023年第三季度末，全国银行机构网点已覆盖97.9%的乡镇，实现了对偏远地区的有效渗透；银行卡交

第三章 做好普惠金融大文章 推进金融服务实体经济

易量达到 71426.19 亿笔,同比增长 14.27%,反映出银行卡在居民日常支付中的广泛使用;每万人拥有 ATM 机 6.00 台,联网 POS 机 304.89 台,环比分别增长 21.27% 和 2.52%,体现了金融服务触点的不断下沉和普惠金融设施的持续完善;个人银行账户数量达到 142.73 亿户,环比增长 0.59%,单位银行账户达到 10017.87 万户,环比增长 2.52%,表明越来越多的个人和企业纳入了现代金融服务体系,金融排斥问题得到了有效缓解。

金融科技与普惠金融的融合发展,正在为构建人人共享、惠及全民的普惠金融生态体系提供源源不断的创新动力。未来,随着大数据、云计算、人工智能、区块链等前沿科技在金融领域的深度应用,普惠金融服务的效率、质量、安全性、可持续性将得到进一步提升,必将在服务实体经济、促进共同富裕的道路上发挥越来越重要的作用。作为普惠金融的重要参与者和推动者,金融机构应积极顺应技术变革趋势,加大金融科技投入,深化技术融合应用,不断开拓服务半径,优化服务模式,为建设普惠共享的金融生态贡献更大力量。

二 普惠金融服务质量现状

随着我国普惠金融体系的不断深化与完善,金融服务的可得性、成本效益和便利性均实现了显著提升。特别是在支持小微企业和农户方面,普惠金融展现出强大的生命力和广泛的社会影响力。本部分将综合分析当前普惠金融服务质量的现状,展现其在促进经济结构转型升级、降低融资成本、提高服务便利性等方面的积极作用,以及金融科技在推动普惠金融发展中的关键贡献。

（一）普惠金融服务可得性全面提高

一是金融服务可得性持续提升，小微企业和农户贷款呈现快速增长的态势。通过加大对小微企业和农户的贷款支持力度，在促进其发展的同时助推经济结构的转型升级。根据中国人民银行公布的数据，如图3—14所示，截至2023年12月底，全国普惠型小微贷款余额达到29.4万亿元，同比增长23.5%，增速较上年末略有下降，全年新增额达5.61万亿元，同比多增1.03万亿元。农户贷款余额为16.86万亿元，同比增长12.5%，增速较上年末提升1.3个百分点；全年新增额达1.88万亿元，同比多增3158亿元。根据各银行公布的报告显示，13家上市银行2023年普惠型小微企业贷款余额均同比增长。具体而言，在六大国有行中，中国建设银行普惠型小微企业贷款余额为30400亿元，排名第一，中国农业银行和中国工商银行紧随其后，中国银行、邮储银行普惠型小微企业贷款余额也达万亿级，交通银行在国有行中规模最小。在股份制银行中，招商银行和中国民生银行普惠型小微企业贷款余额最大，分别为8042.79亿元和6122.69亿元。平安银行、中信银行和兴业银行普惠型小微企业贷款余额均超过5000亿元。此外，金融机构推动金融"活水"惠及田间地头，涉农贷款规模均同比增长。具体来看，国有行是金融支农的"主力军"，农业银行2023年涉农贷款余额最高，为65500亿元，同比增长18.40%；中国工商银行、中国建设银行紧随其后，分别为42400亿元、38200亿元，分别同比增长19.27%、27.11%。中国银行、邮储银行涉农贷款余额均超两万亿元规模，交通银行位于最后。在股份制银行中，2023年涉农贷款余额排名前三的是

第三章　做好普惠金融大文章　推进金融服务实体经济

兴业银行2023年涉农贷款余额为6647.60亿元，同比增长21.59%，排名第一，中信银行和光大银行紧随其后，分别为5604.46亿元和4501.49亿元，分别同比增长15.10%和8.55%。在公布了普惠型涉农贷款余额的银行中，中国建设银行、中国银行普惠型涉农贷款余额最高，分别为6052.06亿元、3765.21亿元，涨幅也最高，分别为49.59%、44.64%，如表3—1、表3—2所示。股份制银行的普惠型涉农贷款余额则不超过千亿元规模。

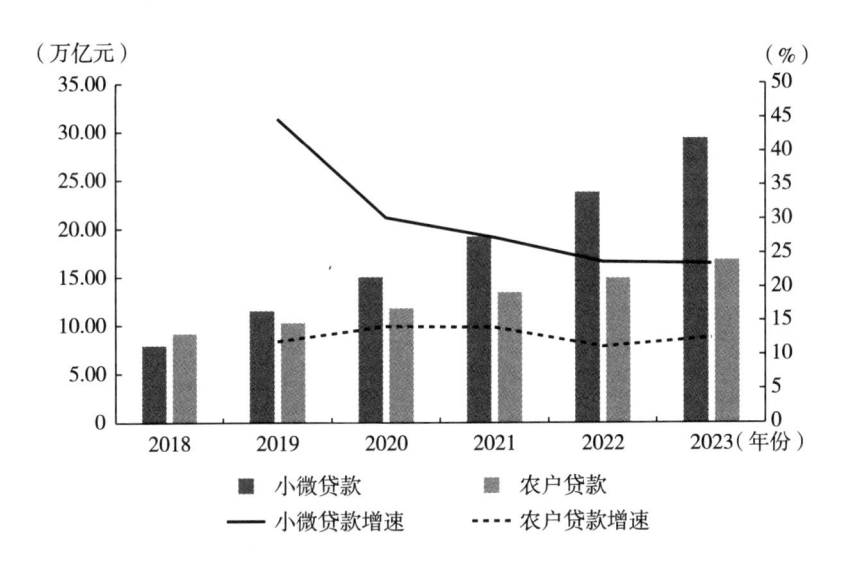

图3—14　普惠金融对小微企业和农户的贷款余额

资料来源：根据中国人民银行官网数据整理而得。

表3—1　　　　上市银行普惠型小微企业贷款状况

银行简称	普惠型小微企业贷款余额（亿元）		2023年贷款余额变动幅度（%）	2023年普惠型小微企业贷款客户（万户）
	2022年	2023年		
工商银行	15503.16	22277.52	43.70	146.70

续表

银行简称	普惠型小微企业贷款余额（亿元） 2022年	普惠型小微企业贷款余额（亿元） 2023年	2023年贷款余额变动幅度（%）	2023年普惠型小微企业贷款客户（万户）
建设银行	23500.00	30400.00	29.40	317.00
农业银行	17689.94	24583.22	39.00	353.80
中国银行	12283.00	17585.43	43.17	107.00
交通银行	4562.39	5902.79	29.38	34.15
邮储银行	11818.94	14567.02	23.25	216.54
民生银行	6490.51	6122.69	11.51	51.33
招商银行	6783.49	8042.79	18.56	100.45
兴业银行	4041.61	5009.65	23.95	23.19
光大银行	3053.17	3791.33	24.18	42.97
中信银行	4459.92	5450.76	22.22	28.36
平安银行	5282.26	5720.80	8.3	103.22
浙商银行	2772.86	3201.28	15.45	13.98

资料来源：根据各银行官网数据整理而得。

表3—2　　　　上市银行普惠型涉农贷款状况

银行简称	2023年涉农贷款余额（亿元）	变动幅度（%）	2023年普惠型涉农贷款余额（亿元）	变动幅度（%）
工商银行	42400.00	19.27	—	—
建设银行	38200.00	27.11	6052.06	49.59
农业银行	65500.00	18.40	—	—
中国银行	26600.00	28.53	3765.21	44.64
交通银行	9781.37	24.80	—	—
邮储银行	21546.84	19.16	—	—
民生银行	3735.76	12.66	—	—

第三章　做好普惠金融大文章　推进金融服务实体经济

续表

银行简称	2023年涉农贷款余额（亿元）	变动幅度（%）	2023年普惠型涉农贷款余额（亿元）	变动幅度（%）
招商银行	2692.82	15.43	178.21	29.73
兴业银行	6647.60	21.59	560.84	42.63
光大银行	4501.49	8.55	276.74	30.45
中信银行	5604.46	15.10	412.39	24.72
平安银行	1316.80	24.20	—	—
浙商银行	2207.83	10.43	—	—

资料来源：根据各银行官网数据整理而得。

二是基础金融服务可得性总体显著提升。随着城市金融服务供给的增加，行政村基本实现了基础金融服务的全面覆盖，银行网点覆盖率不断提高，网点智能化和适老化改造快速推进，银行结算账户和银行卡交易量持续增长。根据中国人民银行公布的数据，如表3—3所示，截至2023年第三季度末，全国银行机构网点已覆盖97.9%的乡镇；全国银行卡交易总量达到1426.19亿笔，同比增长14.27%；平均每万人拥有6.00台ATM机；平均每万人拥有304.89台联网POS机，环比增长21.27%。全国个人银行账户数量达到142.73亿户，环比增长0.59%；单位银行账户数量达到1.001787亿户，环比增长2.52%。截至2023年第一季度，中国各收入群体的贷款获得性持续改善，如图3—15所示。普惠金融向基层延伸，为低收入群体提供基本金融服务，使得年收入不足10万元的居民更容易获得贷款，普惠贷款条件得到迅速改善。

表 3—3　　　　　　　　基础金融服务变化情况

时间		银行卡交易（亿笔）	平均每万人拥有ATM机（台）	平均每万人拥有联网POS机（台）	个人银行账户（亿户）	单位银行账户（万户）
2022	第一季度	941.81	6.63	264.53	138.21	8607.25
	第二季度	1079.00	6.48	259.83	138.86	8837.42
	第三季度	1248.05	6.44	280.28	140.02	9066.43
	第四季度	1250.58	6.35	251.89	140.74	9246.26
2023	第一季度	1118.39	6.25	234.44	141.26	9517.38
	第二季度	1273.97	6.11	251.42	141.89	9771.34
	第三季度	1426.19	6.00	304.89	142.73	10017.87

资料来源：根据中国人民银行官网数据整理而得。

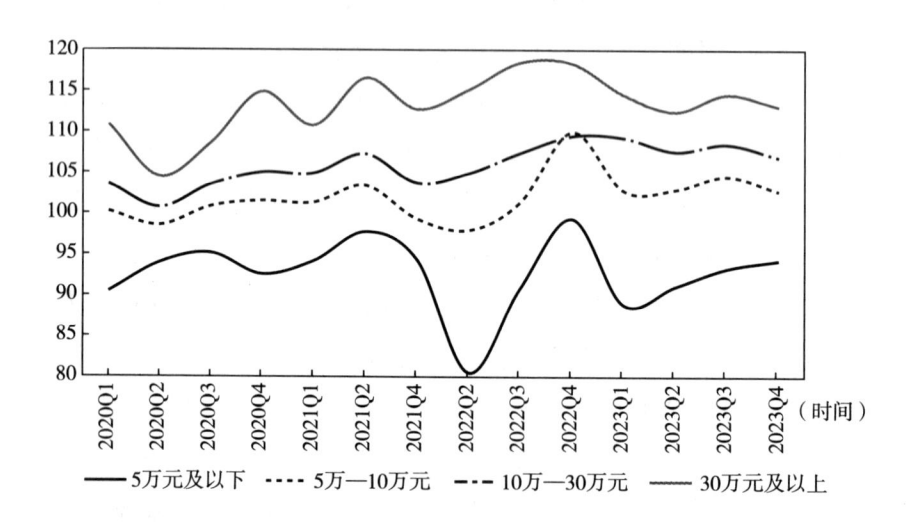

图 3—15　不同收入人群消费贷获取可得性指数

资料来源：根据《中国家庭财富变动趋势（2024-Q1）——中国家庭财富指数调研报告》相关数据整理而得。

第三章　做好普惠金融大文章　推进金融服务实体经济

三是政策引导下的普惠金融服务质效持续提升，可得性不断提高。为践行金融工作的人民性和政治性，国家金融监督管理总局于3月12日开展"普惠金融推进月"活动，行业协会和各金融机构积极响应这一政策，普及金融服务，惠及千企万户，不断增强普惠金融服务的获得感和安全感：中国邮政储蓄银行打造了"3+2"科技金融特色模式，为中国驰名商标、江苏省著名商标、国家级专精特新企业提供了创新性的产品服务，在银企双向奔赴中结出"双赢之果"；新疆农村信用社紧紧围绕粮油、棉花和纺织、绿色有机果蔬、优质畜产品等集群建设，2024年1—3月新增"八大产业集群"贷款649.38亿元，全力支持涉农产业集群发展壮大；浙商银行围绕"发展新质生产力"，为小微企业提供技术升级、设备更新、转型发展等方面的资金，截至3月末，"浙银设备贷"已累计发放近30亿元；中国民生银行在普惠金融月广泛开展银企对接活动，倾听小微企业诉求，将特色产品送到小微企业身边，截至3月28日，全行组织开展相关活动354场次，惠及小微企业及客户近万家。此外，随着我国乡村振兴战略和脱贫攻坚取得显著成就，普惠金融的可得性进一步提高。中国人民银行公布的数据显示，截至2023年12月末，我国脱贫贷款余额为1.16亿元，同比增长12.62%，如图3—16所示；我国助农取款服务点为74.06万个，数量呈现下降趋势，但随着金融科技不断发展，每一助农取款服务点办理的支付业务数量呈上升趋势，如图3—17所示，服务效率不断提高。

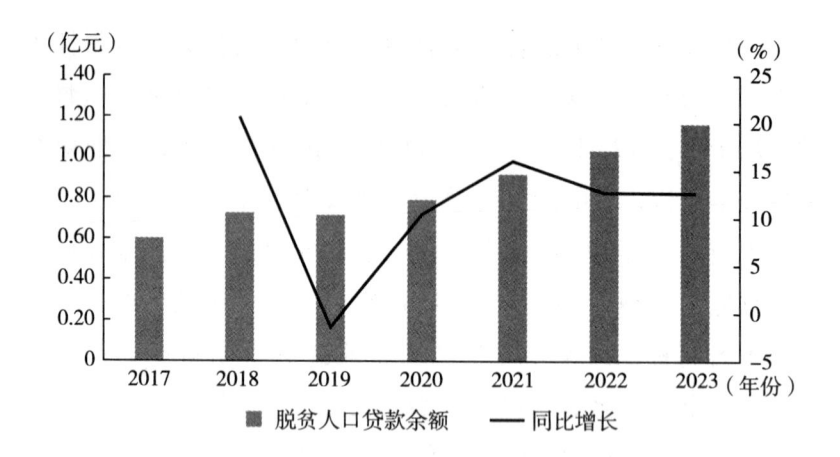

金融强国之路：如何写好做实"五篇大文章"

图 3—16 脱贫人口贷款余额及其增长

资料来源：根据中国人民银行官网数据整理而得。

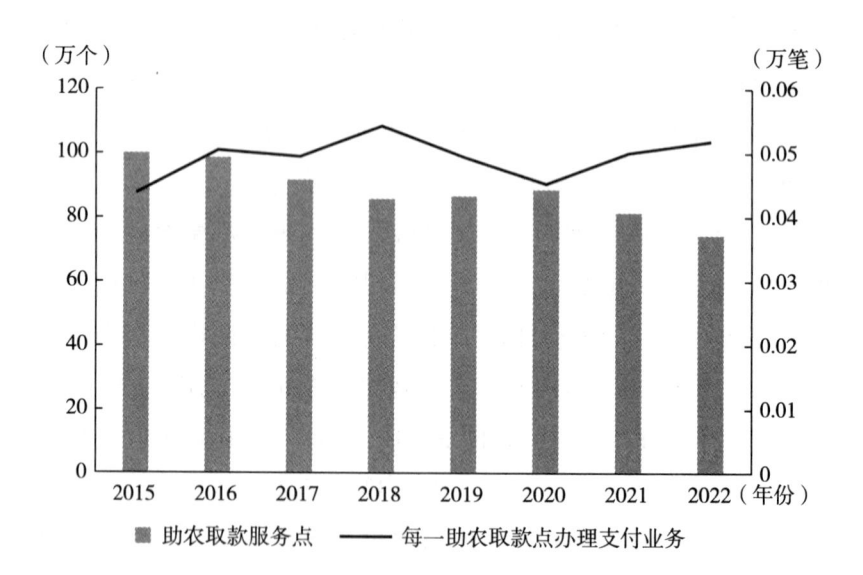

图 3—17 助农取款服务点及其业务办理

资料来源：根据中国人民银行官网数据整理而得。

164

第三章 做好普惠金融大文章 推进金融服务实体经济

（二）普惠金融服务成本逐渐降低

一是利率市场化改革取得良好成效，推动普惠金融服务成本下降。2019年8月，央行按照国务院的部署，改革和完善了LPR形成机制，畅通了货币政策的传导渠道，推动了贷款利率的降低，各类主体的实际贷款利率呈现稳中有降的趋势。由于通胀和经济表现的差异，2022年我国采取了与主要发达国家不同的宽松货币政策，政策利率引导市场利率下行，根据全国银行间同业拆借中心公布的数据显示，截至2023年底，1年期LPR报价利率和5年期及以上LPR报价利率分别为3.45%和4.20%，自2019年8月以来分别下降了0.75个和0.65个百分点，如图3—18所示。这使得金融机构的成本显著降低了普惠金融服务的成本，小微企业融资价格指数也不断下降，如见图3—19所示。

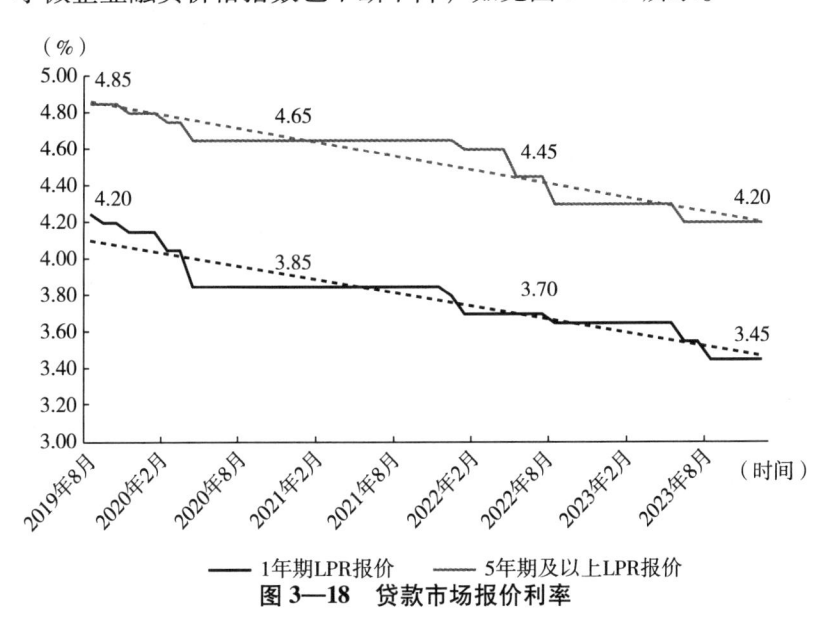

图3—18 贷款市场报价利率

资料来源：根据全国银行间同业拆借中心数据整理而得。

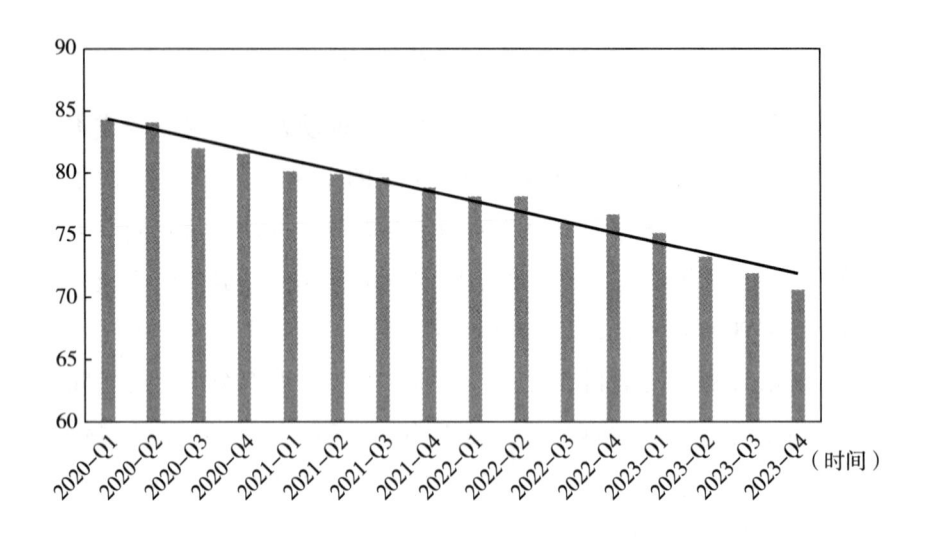

图 3—19 小微企业贷款价格指数

资料来源：根据中国经济信息社数据整理而得。

降准有助于银行业释放长期低成本资金，推进实体经济综合融资成本下降。2024年1月24日，央行宣布将下调金融机构存款准备金率，在稳定银行负债成本和净息差的同时，增加金融机构流动性。根据中国人民银行公布的数据，自2024年2月5日起，大型金融机构存款准备金率为10%，中小金融机构存款准备金率为7%，与上一期相比二者都下降了0.5个百分点，如图3—20所示；从总体来看，中国人民银行不断下调存款准备金率，大型金融机构和中小金融机构的存款准备金率自2012年以来下降了10%，促进了货币信贷的稳步增长，支持了经济质的有效提升和量的合理增长，较大地推动了农业和小微企业的发展。此外，国有银行发挥支持小微企业"排头雁"作用，新发放普惠型小微企业贷款平均利率普遍下降，交

第三章 做好普惠金融大文章 推进金融服务实体经济

通银行、中国银行、中国工商银行,平均利率达 3.55%;中国农业银行、中国建设银行分别为 3.67%、3.75%。一些影响力较大的股份银行新发放普惠型小微企业贷款平均利率也呈现下降趋势,兴业银行和光大银行的平均利率均低于 4%,招商银行和民生银行平均利率分别下降了 0.67 个和 0.12 个百分点,如表 3—4 所示。

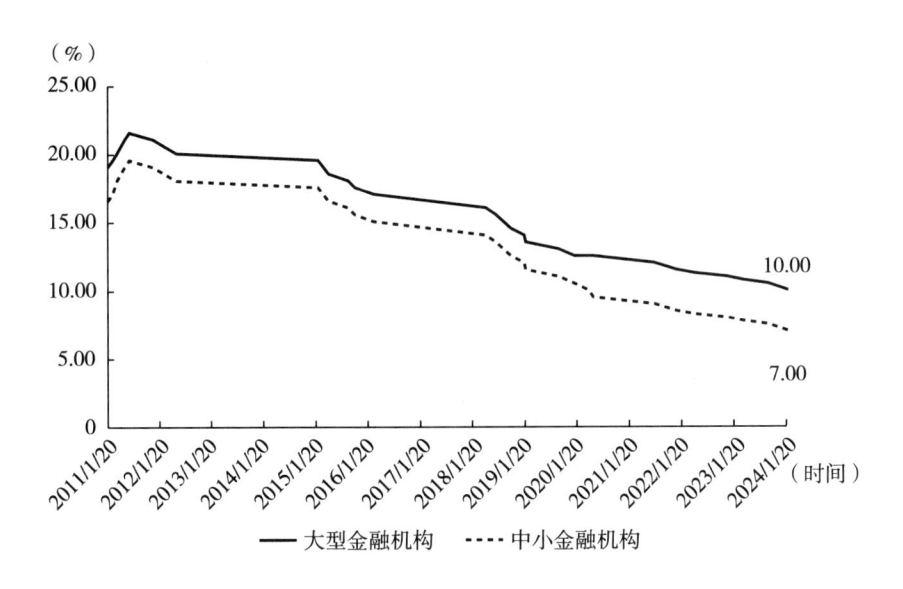

图 3—20 我国金融机构存款准备金率

资料来源:根据中国人民银行官网资料、国家统计局数据整理而得。

表 3—4　上市银行普惠型小微企业贷款平均利率

银行简称	2023 年新发放普惠型小微企业贷款平均利率(%)	变动幅度
工商银行	3.55	下降 0.29 个百分点

金融强国之路：如何写好做实"五篇大文章"

续表

银行简称	2023年新发放普惠型小微企业贷款平均利率（%）	变动幅度
建设银行	3.75	下降0.25个百分点
农业银行	3.67	下降0.23个百分点
中国银行	3.54	下降0.27个百分点
交通银行	3.43	下降0.32个百分点
邮储银行	4.61	下降0.24个百分点
民生银行	4.65	下降0.12个百分点
招商银行	4.48	下降0.67个百分点
兴业银行	3.87	下降0.27个百分点
光大银行	3.97	下降0.47个百分点

二是金融机构将科技融入新产品和新服务，小微企业和农户融资成本降低。金融科技是金融业高质量发展的重要抓手，我国金融科技市场规模和投融资规模持续扩大，金融科技企业加快发展，企业融资规模持续增长，如图3—21所示。《中国金融科技与数字金融发展报告》显示，2023年前三季度中国金融科技投融资总额达到1181.26亿元，融资事件总数达到907笔，与2022年相比有很大提升；金融科技融资活动主要集中在第一季度，其后投融资活动规模逐步趋于稳定。随着大数据技术的推广，众多银行愈发重视数据资产管理和数字技术研发等，纷纷成立金融科技相关部门，如中国工商银行2019年3月设立的工银科技、农业银行2020年7月设立的农银金科等，通过数字平台连接多方主体，挖掘客户信息进行精准营销，降低获客成本，使得银行自身成本下降。各银行还加大对金融科技的投入和金融人

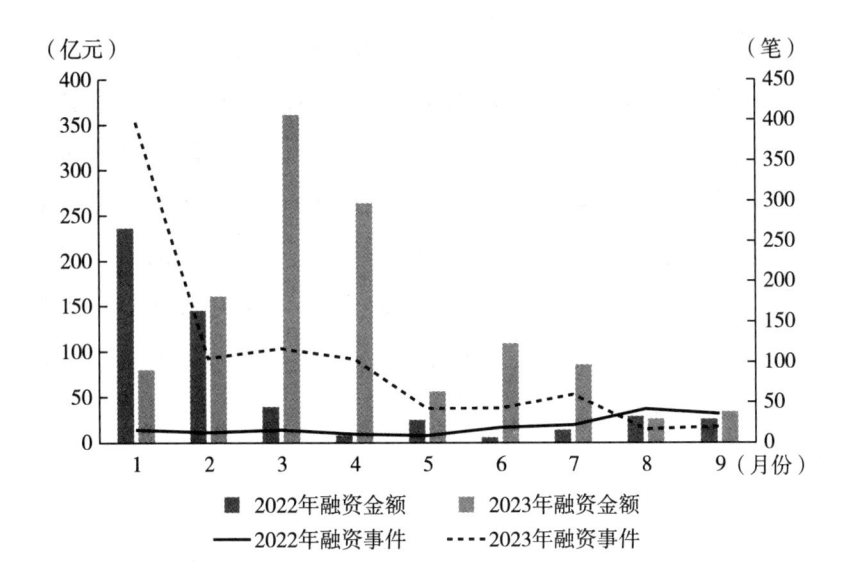

第三章 做好普惠金融大文章 推进金融服务实体经济

图 3—21　1—9 月中国金融科技企业投融资金融及数量

资料来源：根据中关村互联网金融研究院、中关村金融科技产业发展联盟《中国金融科技与数字金融发展报告（2024）》相关数据整理而得。

才的引进，大力发展数字技术。从各银行已披露数据来看，2023 年头部上市银行科技投入金额仍在稳步扩大。"四大行"科技投入平均超过 200 亿元位居行业前列，中国工商银行以 272.46 亿元科技投入居于全行业第一，同比增加 3.9%；在诸多股份制银行中，2023 年中信银行科技投入突飞猛进，达到 121.53 亿元，同比增加 38.91%，首次超过交通银行、中国邮政储蓄银行等国有大行。数字技术需要高学历、年轻化、复合型的金融科技人才，如图 3—22 所示。除了未披露相关数据的平安银行外，截至 2023 年 12 月，11 家上市银行科技人员数合计已超过 12 万人，较 2022 年增加 10328 人。中国工商银行近

金融强国之路：如何写好做实"五篇大文章"

两年科技人员总数始终以 36000 人维持行业第一，中国农业银行和交通银行科技人员数量大量增加，2023 年科技人员总数达到 13150 人，同比增加 31.22%，交通银行的科技人员数量在 2023 年末达到 7814 人，同比增加 33.3%。数字技术的去中心化特征打破了普惠金融营业时间和实体网点分布的限制，降低了"皮鞋成本"。此外，科技的发展和平台化的服务简化了烦琐的流程和手续，极大缩短了业务办理的时间，降低了融资过程小微企业和农户的选择成本和机会成本。金融机构"支农助小"产品中融合金融科学技术，产品更加丰富，服务效率更高，成本更低，如表 3—5 所示。

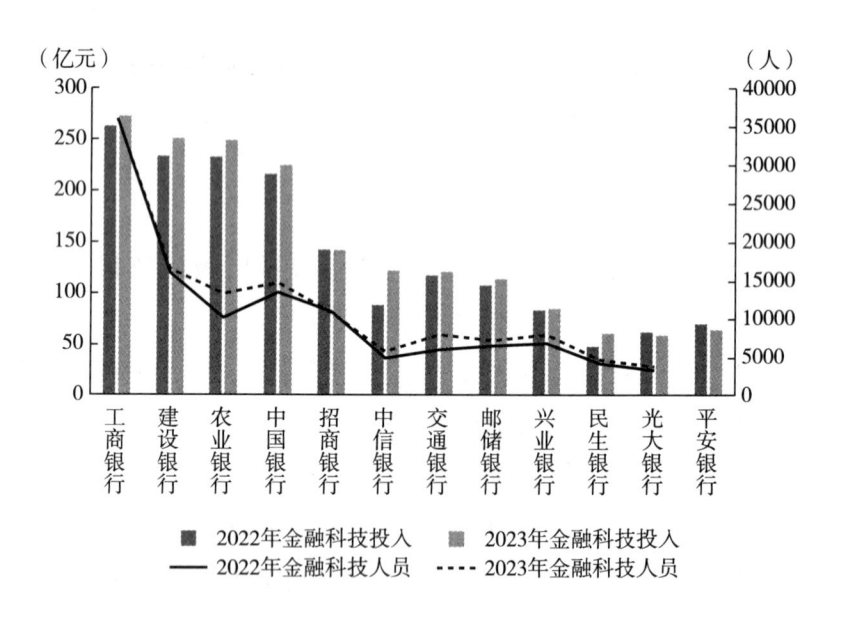

图 3—22　中国金融科技企业投融资金融及数量

资料来源：根据各银行官网数据整理而得。

第三章　做好普惠金融大文章　推进金融服务实体经济

表 3—5　　　　代表性金融机构"支农助小"新产品

机构	产品	特点
中国建设银行	裕农快贷·重庆信易贷	申请、审批、授权签约、放款全线上，无须再提供任何纸质材料，农户贷款耗时时间大大缩减
中国银行	创新积分贷	材料简化、放款快，科学根据企业"创新积分"所处档次，在 LPR 的基础上进行"减点"，有效降低企业融资成本
中国农业银行	"惠农 e 贷"	手续简单、申请便捷、授信精准、线上易操作、办贷效率高
微众银行	供应链贷款	纯信用，无抵押，无结算留存、代发工资等附加要求，支持按需提款、按日计息，不提款不计息，提前还款不收取手续费
中国民生银行	"易创 e 贷"	全流程线上化授信产品，企业通过线上流程完成授信申请，系统自动为企业核定综合授信额度，可在线签署合同，补充流动性

资料来源：根据各银行官网数据整理而得。

（三）普惠服务便利性快速提高

金融科技的应用提升了普惠贷款服务的便利性。通过数字技术，金融机构将金融服务与场景深度融合，促进各产业间的关联，引导资源共享与流动。根据中国人民银行公布的数据，截至 2023 年底，人均持有银行卡 6.93 张，同比增长 3.3%，如图 3—23 所示；银行卡渗透率也在稳步提高。在推动金融机构数字化转型方面，优化了网上银行、手机银行、微信小程序等功能和业务流程，为小微企业、农户提供在线测额、快速申贷、线上放款等服务。小微企业普惠融资效率不断上升，如图 3—24 所示，截至 2023 年第三季度，小微企业融资效率为

金融强国之路：如何写好做实"五篇大文章"

203.86%，同比增长 21.37%。数字普惠金融通过大数据、互联网、人工智能等技术，为金融机构解决了获取信息和评判风险的难题，提高了农户信贷可得性和农村金融服务的便利性。金融机构依靠涉农政务数据能对农户家庭的人口、收入、就业等作出较为精确的画像；利用农户生产状况信息和线上社会行为信息对其信用水平进行判断，提供金融服务。网商银行与县域政府合作，共享农户可公开的数据资源，利用数字技术建立专属数字风控模型，为农户提供线上信用贷款，无须担保。截至 2022 年底，网商银行已为全国 2239 万县域农村客户提供数字信贷服务，并与 28 个省（自治区、直辖市）的 1230 个县域签署合作协议。

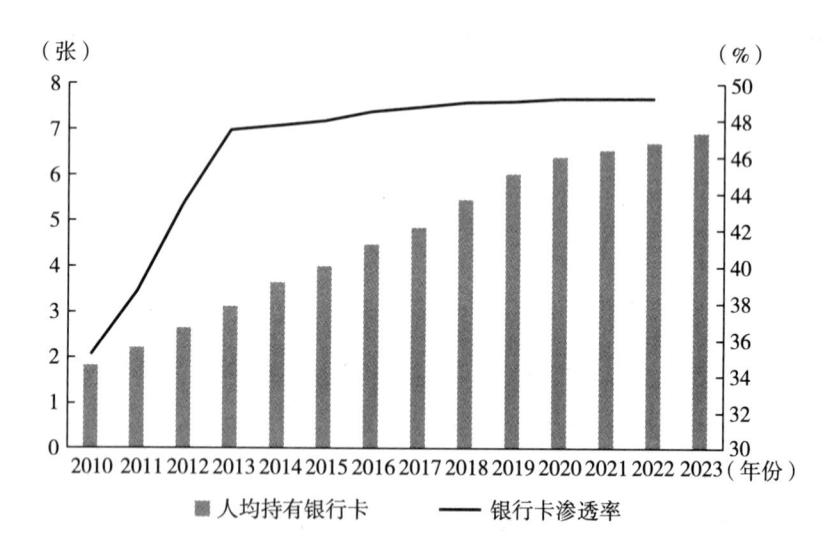

图 3—23 人均银行卡持有量及银行卡渗透率

资料来源：根据中国人民银行官网数据整理而得。

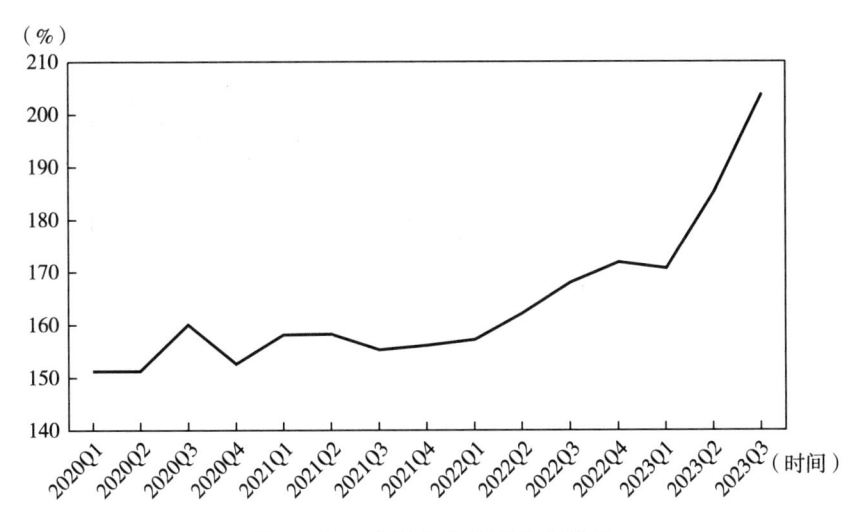

第三章　做好普惠金融大文章　推进金融服务实体经济

图 3—24　小微企业普惠融资效率

资料来源：根据中国经济信息社数据整理而得。

现代信息技术的发展提高了非银普惠金融服务的便利性。截至 2022 年，中国互联网财富管理用户数量已达 6.7 亿人，规模迅速增长如图 3—25 所示。数字理财、智能投顾等互联网财富管理服务不断涌现，能够个性化管理用户需求，具备低门槛、广泛覆盖、便捷操作、节省成本、无时间地域限制、高度标准化等优势。这些优势有助于更好地满足长尾用户的金融需求。与此同时，消费金融与汽车金融作为普惠金融的重要组成部分具有小额、分散的特点，其功能定位以市场需求为导向，以促消费、惠民生为立足之本。消费金融与汽车金融响应数字化发展趋势，持续推进数字化转型，满足消费者多元化线上化服务需求，提升金融服务的覆盖面和便捷性。2023 年，中国狭义消费信贷余额为 19.77 万亿元，同比增长 10.45%；自 2014 年以来我国狭义消费信贷渗透率稳步提升，2022 年已经达到 31.8%，如图 3—26 所示。新能源汽车作为

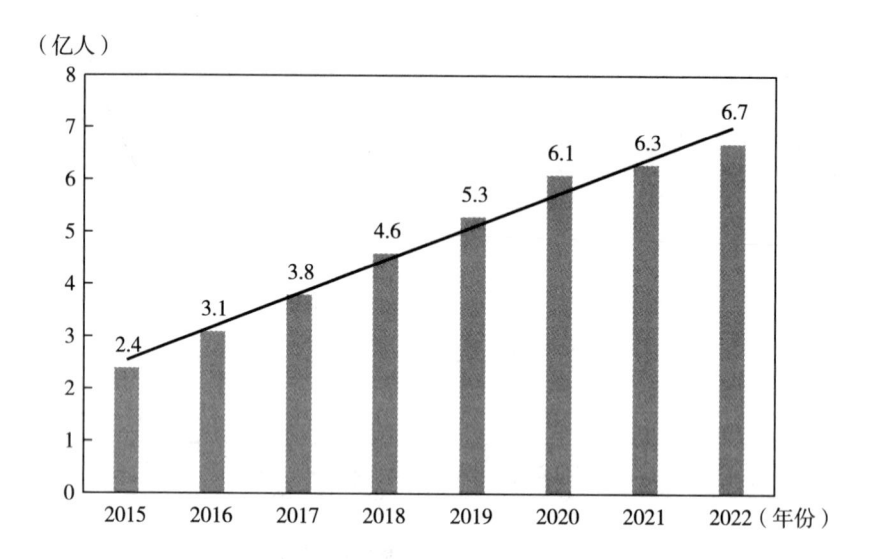

图 3—25 中国互联网理财用户规模

资料来源：根据中国互联网络信息中心数据整理而得。

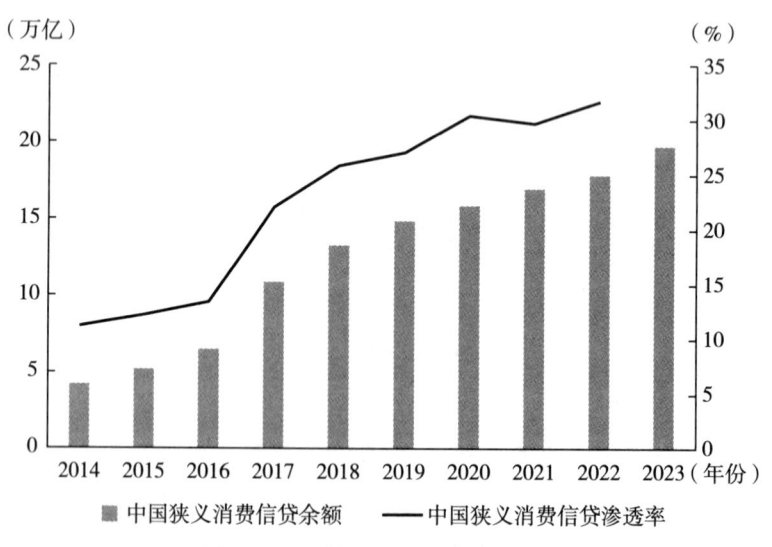

图 3—26 中国消费金融信贷状况

资料来源：根据艾瑞咨询《中国普惠金融行业洞察报告》相关数据整理而得。

第三章 做好普惠金融大文章 推进金融服务实体经济

中国汽车市场的重要组成部分，其销售量的高速增长为互联网汽车金融注入新活力，成为发展新引擎。根据乘联会公布的数据显示，截至2023年中国新能源汽车销售量达949.5万辆，同比增长37.87%，中国汽车金融市场规模达2.9万亿元，同比增长11.54%，汽车金融渗透率稳定在50%的水平，如图3—27所示。

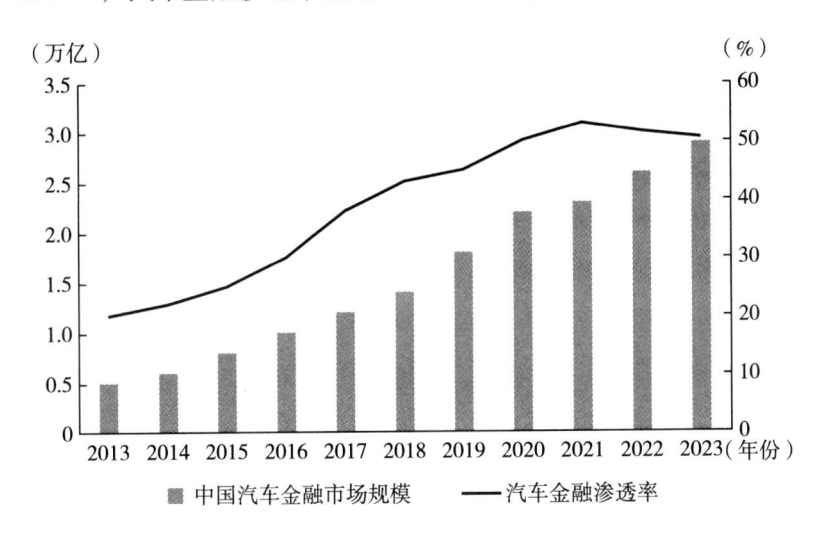

图3—27 中国汽车金融市场规模及渗透率

资料来源：根据21世纪经济报道新汽研究院：《2023中国汽车（金融）年鉴》相关数据整理而得。

三 普惠金融风险状况

近年来，我国银保监会通过实施灵活的监管策略和鼓励技术创新，有效提升了小微金融服务的质效和风险管理能力。本部分除了概述普惠金融的总体风险情况外，还将探讨数字金融、融资担保和政策支持在普惠金融发展中的作用，以及它们如何共同促进风险控制。

(一) 普惠金融总体风险情况

一方面，普惠小微信贷发展迅速，普惠小微信贷风险整体可控。近年来，银保监会坚持"促发展"与"防风险"并重的监管导向，引导银行健全"敢贷、愿贷、能贷、会贷"的长效机制，提升有效管控信用风险的能力。为促进小微金融服务质效，监管层降低了贷款不良率适度和监管容忍度标准的同时，高度关注其发展变化，严防其异化。依据银保监会2019年3月14日印发的《关于2019年进一步提升小微企业金融服务质效的通知》要求，商业银行在目前小微企业信贷风险总体可控的前提下，将普惠型小微企业贷款不良率容忍度放宽至不高于各项贷款不良率3个百分点。根据银保监会数据，截止至2022年4月末，普惠小微贷款不良率为2.18%[①]，较年初持平；较2021年末的商业银行披露的整体不良率，插值不超过1个百分点，优于相关规定的要求。商业银行虽没有直接披露普惠贷款的不良率，仅披露的整体贷款不良率，如表3—6所示。由于普惠小微贷款近年来增长迅速，普惠贷款户均规模和余额小，整体不良率不能够敏捷地反映普惠小微贷款不良率的变化，因此无法直接评估各家商业银行的普惠贷款风险情况。

表3—6 国有银行及股份制银行近年来商业贷款不良率

序号	银行	2019Q4	2020Q4	2021Q4	2022Q4	2023Q3
1	邮储银行	0.86	0.88	0.82	0.84	0.81
2	中国银行	1.37	1.46	1.33	1.32	1.27
3	交通银行	1.47	1.67	1.48	1.35	1.32

---

① 《银保监会：普惠型小微企业贷款信用风险可控》，2022年5月18日。

第三章　做好普惠金融大文章　推进金融服务实体经济

续表

序号	银行	2019Q4	2020Q4	2021Q4	2022Q4	2023Q3
4	农业银行	1.40	1.57	1.43	1.37	1.35
5	工商银行	1.43	1.58	1.42	1.38	1.36
6	建设银行	1.42	1.56	1.42	1.38	1.37
7	招商银行	1.16	1.07	0.91	0.96	0.96
8	平安银行	1.65	1.18	1.02	1.05	1.04
9	兴业银行	1.54	1.25	1.10	1.09	1.07
10	中信银行	1.65	1.64	1.39	1.27	1.22
11	光大银行	1.56	1.38	1.25	1.25	1.35
12	浙商银行	1.37	1.42	1.53	1.47	1.45
13	浦发银行	2.05	1.73	1.61	1.52	1.52
14	民生银行	1.56	1.82	1.79	1.68	1.55
15	华夏银行	1.83	1.80	1.77	1.75	1.72
16	广发银行	1.55	1.55	1.41	1.64	
17	渤海银行	1.78	1.77	1.76	1.76	
18	恒丰银行	3.38	2.67	2.12	1.81	

资料来源：根据各商业银行财报数据整理而得。

另一方面，监管机构如银保监会在促进金融发展的同时，也加强了风险管理以确保银行系统的稳定性。为了进一步优化金融服务，银保监会鼓励商业银行采用大数据、人工智能等现代科技改进信贷产品和服务，降低运营成本和信贷风险，提高服务的效率和精确性。在监管策略方面，通过对不良贷款容忍度的适度放宽，银保监会采取了更灵活的监管手段，以支持银行更好地适应市场变化并支持实体经济，尤其是小微企业。此外，银保监会还通过定期发布普惠小微贷款的相关数据和风险指标，增强了市场的透明度，使政府机构、金融机构及公众能够及时了解市场动态。这种策略的调整和信息的公开是监管透明化和市场健康发展的重要组成部分，确保了普惠小微信贷的持续健康发展并有效防范了系统性金融风险的出现。

（二）数字金融助力普惠金融风险控制

大科技信贷是我国数字技术支持普惠金融发展的重要模式。大科技公司发放的信贷规模迅速增长，经营性贷款增长尤为迅速；同时信贷规模小，周期短，面向用户存在大量"信用白户"。以微众银行为例，相较于个人消费贷，微众银行的企业贷款、个人经营贷起步较晚，但近年来增长迅速如图3—28所示。微众银行提供的多种纯线上的信贷产品扩展了贷款申请支用的时间和场景便利性，较低的笔均贷款金额与较短的较短贷款支用周期一方面满足了多样化、灵活性强的需求，另一方面降低了实际

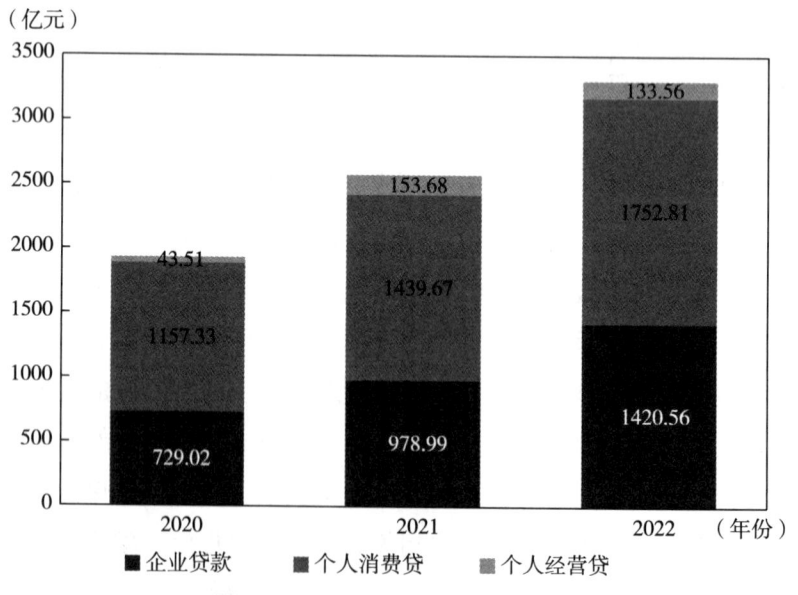

（亿元）

年份	企业贷款	个人消费贷	个人经营贷
2020	729.02	1157.33	43.51
2021	978.99	1439.67	153.68
2022	1420.56	1752.81	133.56

图3—28　微众银行新发贷款情况

资料来源：根据微众银行财报数据整理而得。

第三章 做好普惠金融大文章 推进金融服务实体经济

成本，例如，向无央行征信记录的商户核发贷款不仅满足了这些群体的实际需求，更将其接入征信系统，为进一步的金融服务提供可能，如表3—7所示。不过，虽然贷款整体不良率相对可控，但近年微众银行不良贷款率抬头趋势需要关注，如图3—29所示。

表3—7　　　　　　　微众银行典型信贷业务①

	微粒贷	微业贷		微户贷		
	笔均贷款（万元）	笔均贷款（万元）	户均授信（万元）	平均存续期（天）	无人民银行经营贷款记录	无人民银行经营性信用贷款
2021	0.8	27	88	27	32%	43%
2022	0.76	20	99	39	27%	37%

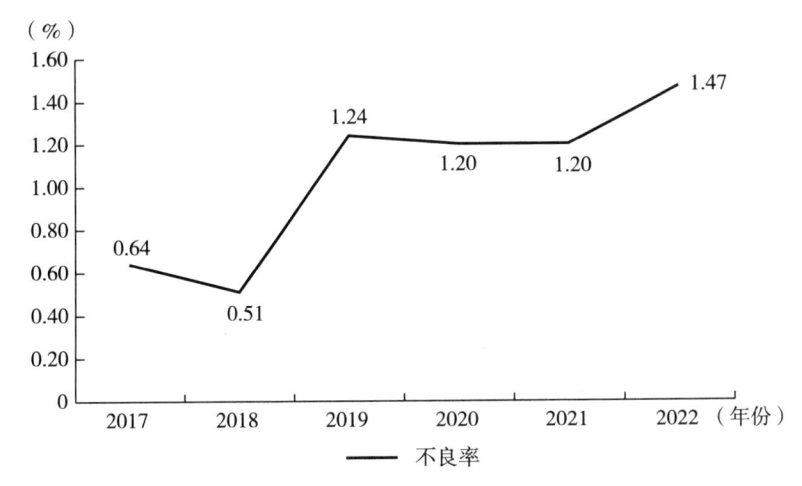

图3—29　微众银行近年贷款不良率

资料来源：根据微众银行财报数据整理所得。

---

① 表中业务定义："微粒贷"围绕微信等App，向大众提供标准化"一次授信、循环使用"的纯线上小额信用贷款产品；"微业贷"为综合运用信息技术，推出了全国首个全线上、无须抵质押、无须纸质资料、随借随用的企业流动资金贷款产品；"微户贷"为"微粒贷"存量客户中的小微经营类客户提供最高授信不超50万元、用于生产经营活动的全线上个人经营性贷款服务。

大科技信贷作为数字技术支持普惠金融的重要模式，快速发展并在推动金融服务普及方面起着关键作用。以微众银行为例，其个人经营贷和企业贷款虽然起步较晚，但近年来增长迅速，显示出数字金融服务的市场潜力和满足市场对灵活、低成本金融产品的需求。微众银行提供的纯线上信贷产品极大地方便了贷款申请和资金支用，其较低的笔均贷款金额和短的贷款周期有效应对了市场对多样化和灵活性的需求，同时将未纳入传统征信体系的商户纳入现代金融服务体系，为他们未来获取更多金融服务提供了可能。然而，微众银行的不良贷款率逐年上升的趋势需要引起重视，这一趋势表明，随着贷款规模的扩大，风险管理和信贷质量控制成为银行未来发展中需要特别关注的领域，银行需要加强风险评估机制和优化信贷管理流程，以确保信贷市场的健康稳定发展。

（三）融资担保助力普惠金融增长与风险控制

第一，融资担保与再担保助力控制普惠小微贷款风险，成为推动普惠金融发展的重要一环。再担保业务迅速发展，普惠金融占比接近100%。国家融资担保基金成立于2018年9月，成立五年以来已与1500家融资担保机构达成合作，业务覆盖2608个区县，再担保业务规模快速增长，支小支农业务占比历年维持在98.5%以上；单户500万元以下的业务也保持增长，有力地支持了国家政策的落地实现，有效缓解了相关客群的贷款需求与银行等金融机构的风险管理之间的矛盾，如图3—30所示。同时，风险处于可控状态，截至2021年12月31日，担保基金合作项目

第三章 做好普惠金融大文章 推进金融服务实体经济

的整体代偿比率仅为1.75%。[1]

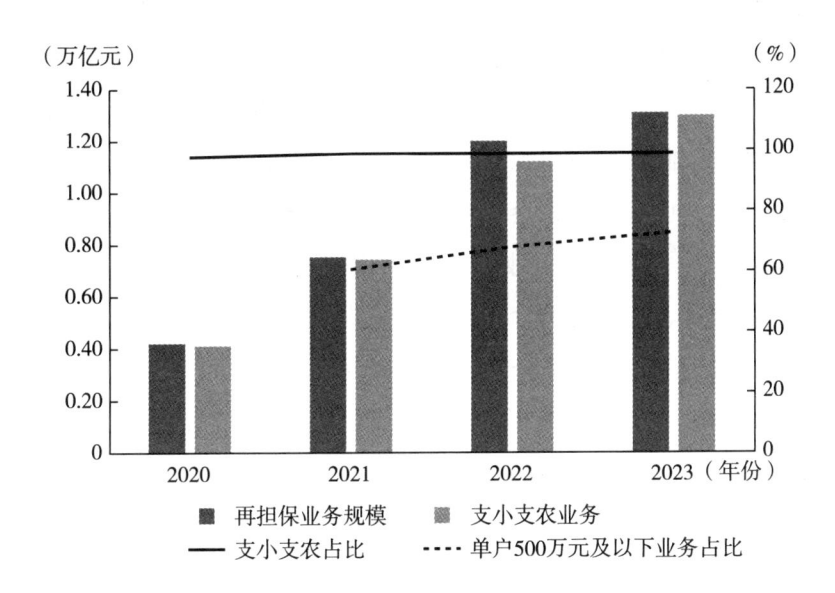

图3—30 国家融资担保基金再担保业务规模与小微占比

资料来源：根据国家融资担保基金官网数据整理而得。

此外，融资担保和再担保机构通过提供担保，降低了银行和其他金融机构在小微贷款中的潜在损失，提高了金融机构对小微企业的信贷供给，不仅增强了小微企业的借贷能力，也增加了金融机构的信贷扩展意愿。通过这种方式，融担基金和合作机构成为桥梁，连接金融机构与广大小微企业之间的需求与供给。在经济下行压力增大的背景下，这种模式特别重要，因为它帮助保持了市场的流动性和小微企业的运营活力，进一步而言，融资担保

---

[1] 国家融资担保基金：《国融担基金再担保合作业务继续快速发展》，国家融资担保基金官网，2022年1月20日，www.gjrdjj.com，2024年2月18日。

金融强国之路：如何写好做实"五篇大文章"

与再担保机构的有效运作，不仅在短期内缓解了小微企业的资金紧张状况，还在长期促进了地方经济的发展和就业的增加。统计数据显示，通过这些机构支持的小微企业，能够在获得贷款后扩大生产、增加就业、提升创新能力，从而在更广泛的层面推动经济发展。因此，融资担保与再担保机构不仅是金融安全网的重要组成部分，也是推动社会经济发展的关键力量。

第二，"总对总"业务充分利用银行的技术积累与网点延伸，批量化、自动化的合作机制极大提升了审批效率与贷款人的福利。"总对总"即国家融资担保基金与银行总行在总部层面建立合作协议，之后满足相关条件（支小支农、单笔不超过1000万元等）的贷款，银行通过审批后，相关担保机构、再担保机构即给予相关配套担保服务，即"见贷即担"。这一业务模式充分利用了银行在金融科技上的技术沉淀与丰富的网点触达用户，简化相关流程，形成了优势互补，更加高效、精准地服务小微客户，践行了国家相关政策要求。2022年，"总对总"业务规模相比上年增长3倍有余，且2023年继续保持较高规模，如图3—31所示。在"总对总"业务模式的推动下，国家融资担保基金与银行总行之间的合作不仅加深了金融机构与担保机构的协同效应，还极大地提高了服务小微企业的能力。这种合作模式使得银行能够在获得担保支持的同时，扩大对小微企业的信贷投放，从而降低贷款的风险并提升信贷的可及性。此外，自动化的审批流程大幅度减少了贷款的处理时间，使企业能够更快获得资金，支持其业务的快速发展和扩展。随着"总对总"业务的发展，担保机构也开始探索更多创新的担保产品，以满足市场的多元化需求，例如，一些担保机构已经开始推出针对特定行业或者特定区

第三章 做好普惠金融大文章 推进金融服务实体经济

域的定制化担保方案，这些方案考虑了行业特性和区域经济条件，更加符合当地小微企业的实际需求。这种定制化服务不仅提高了担保的有效性，也进一步提升了客户满意度和忠诚度。进一步来看，"总对总"模式的成功实施有助于构建更为健全的小微企业金融生态系统。在这一系统中，银行、担保机构以及政府相关部门能够更好地协作，共同推动小微企业的稳健成长。特别是在当前经济下行压力增大的背景下，这种模式的有效运作对于稳定经济、保障就业具有重要意义。随着"总对总"业务规模的持续扩大，预计未来几年内，该模式将进一步优化，可能引入更多的技术支持，如区块链和人工智能，这些技术的应用有望进一步提升审批流程的透明度和效率，同时增强整个金融服务体系的安全性和可靠性。

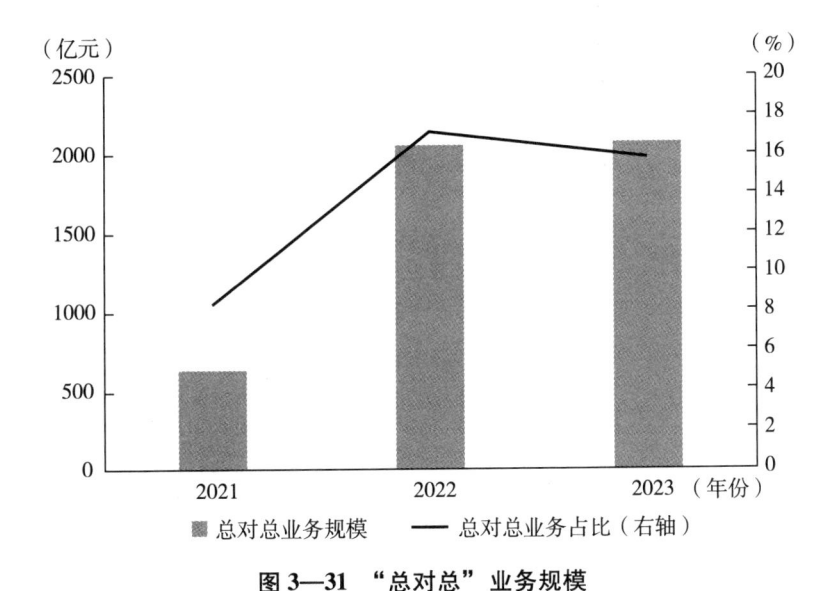

图 3—31 "总对总"业务规模

资料来源：根据国家融资担保基金官网数据整理而得。

（四）促进普惠金融发展的政策支持现状

一是普惠金融发展成为国家战略，政策重视程度不断提升。2013年，《中共中央关于全面深化改革若干重大问题的决定》正式提出发展普惠金融，鼓励金融创新，丰富金融市场层次和产品。这一重大决策把普惠金融发展上升为国家战略，为之后一系列政策的出台奠定了基础。2015年，国家层面进一步明确了普惠金融的实施战略。2015年12月，国务院发布《关于印发推进普惠金融发展规划的通知（2016—2020年）》，以国务院名义对"普惠金融"给出了官方定义，系统阐述了2016—2020年普惠金融发展的总体目标、主要任务和保障措施，为各地区各部门推进普惠金融发展提供了基本遵循和行动指南，标志着普惠金融顶层设计进一步完善，政策支持体系更加健全。2016—2018年，国务院相关部委和地方政府密集出台支持普惠金融发展的配套政策，从机构准入、财税支持、货币信贷、监管考核等多个方面，全方位推动普惠金融加快发展，强化了金融服务实体经济特别是小微企业和"三农"的导向，有力促进了普惠金融从总体规划走向具体实施。

2023年9月，国务院印发《关于推进普惠金融高质量发展的实施意见》，提出把发展普惠金融放在服务经济社会发展全局的战略高度，强化服务小微企业、"三农"、创业就业等普惠领域金融供给的要求，促进普惠金融与绿色金融、科创金融协调发展，加强金融科技赋能，优化考核激励机制，进一步完善了新时期推动普惠金融发展的顶层设计。2023年10月，中央金融工作会议把发展普惠金融列为加快建设金融强国的"五篇大文章"

第三章　做好普惠金融大文章　推进金融服务实体经济

之一,为新时代普惠金融发展指明了前进方向。2024年,国家金融监督管理总局办公厅发布《关于做好2024年普惠信贷工作的通知》,从增速、利率、对象、期限等方面对年度普惠信贷工作提出了明确要求,引导银行业金融机构加大对小微企业特别是首贷、续贷的支持力度,体现了监管部门扎实推进普惠金融、提升金融服务质效的坚定决心。

党的十八大以来,以习近平同志为核心的党中央高度重视普惠金融的发展,作出一系列重大决策部署。"十三五"时期,普惠金融政策体系加快构建,发展环境持续优化;"十四五"时期,普惠金融已进入提质增效、创新发展的新阶段。一系列政策措施的陆续出台,体现了国家发展普惠金融的战略意图,是新时代加快普惠金融改革发展的重要保障,对于深化金融供给侧结构性改革,增强金融服务实体经济能力,推动实现共同富裕具有重大而深远的意义。

普惠金融发展目标和要求写进近十年国务院《政府工作报告》,政策支持力度持续加大。2014年,国务院《政府工作报告》首次提及发展普惠金融,将其列入"深化金融体制改革"的重要目标。而后至2024年,普惠金融在《政府工作报告》中的分量和篇幅逐年增加,相关表述也日益丰富和具体,彰显了国家推动普惠金融发展的坚定决心和不懈努力。2015年的《政府工作报告》提出要大力发展普惠金融,让所有市场主体都能分享金融服务的雨露甘霖;2016年的《政府工作报告》首次将养老服务纳入了普惠金融覆盖的范围;2017年的《政府工作报告》提出鼓励大中型商业银行设立普惠金融事业部,引导金融机构加大对普惠领域的资源投入和组织保障。2018年的《政府工作报

金融强国之路：如何写好做实"五篇大文章"

告》提出支持金融机构扩展普惠金融业务，为商业银行开展普惠金融提供了政策激励。

2019—2020 年，《政府工作报告》连续两年对商业银行特别是大型国有银行的普惠金融贷款增速提出明确要求，引导金融机构加大对小微企业、"三农"等普惠领域的信贷支持。2021 年的《政府工作报告》提出健全具有高度适应性、竞争力、普惠性的现代金融体系，将发展普惠金融提升到优化金融治理、完善现代金融体系的战略高度。2022 年的《政府工作报告》强调用好普惠小微贷款支持工具，增加支农支小再贷款，优化监管考核，推动普惠小微贷款明显增长、信用贷款和首贷户比重继续提升；2023 年的《政府工作报告》提出对普惠小微贷款阶段性减息，并明确列出普惠小微贷款余额增速要求，丰富了普惠金融的政策工具，完善了相关配套机制。2024 年的《政府工作报告》强调大力发展普惠金融，彰显了持续推进普惠金融的坚定意志。

纵观十年《政府工作报告》对普惠金融的阐述可以看出，国家发展普惠金融的决心始终坚如磐石，政策支持力度不断加大，顶层设计日臻完善。从将普惠金融作为深化金融改革的重要抓手，到支持金融机构加大普惠领域投入；从量化普惠贷款增速要求，到优化考核激励机制；从拓宽普惠金融服务对象，到丰富差异化政策工具，国家推动普惠金融发展的政策体系更加成熟完备，治理手段更加精准有力。这一系列政策举措，充分体现了党中央、国务院站在实现人民对美好生活向往的战略高度谋划普惠金融，是新时代加快普惠金融改革发展的根本遵循，也是推动经济社会高质量发展、促进共同富裕的必然要求。

二是多部门联合，多措并举促进普惠金融发展。2016 年，

第三章 做好普惠金融大文章 推进金融服务实体经济

中国人民银行、民政部、银保监会、证监会联合印发了《关于金融支持养老服务业加快发展的指导意见》，首次将养老服务纳入了普惠金融覆盖的范围，这一政策突破了传统普惠金融服务"三农"和小微企业的限制，拓宽了普惠金融的边界。2017年，国务院常务会议部署推动大中型商业银行设立普惠金融事业部，以期发挥资金量大、信贷管理经验丰富的头部金融机构在下沉金融服务、培育普惠金融市场方面的引领作用。同年，中国人民银行发布《关于对普惠金融实施定向降准的通知》，在用好差别存款准备金率、差异化监管等逆周期调节工具的同时，增加了普惠金融领域贷款投放的正向激励机制。定向降准政策的实施，有助于进一步引导金融资源向普惠领域倾斜，优化信贷结构，纠正资金脱实向虚倾向。

2018年，《中国银保监会办公厅关于2018年推动小微企业金融服务高质量发展的通知》将单户授信1000万元以下的小微企业贷款作为监管考核的重点，提出"两增两控"的量化目标：力争实现普惠型小微企业贷款同比增速高于各项贷款同比增速，有贷款余额户数高于上年同期水平，合理控制小微企业贷款资产质量水平和综合成本。以"两增两控"为抓手，通过差异化监管引导金融机构加大小微企业信贷投放，成为近年来小微企业金融服务持续改善的重要推动力。同年，中国人民银行、银保监会、证监会、发展改革委、财政部联合发布《关于进一步深化小微企业金融服务的意见》，聚焦民营和小微企业融资难融资贵问题，提出了23条政策措施。在货币政策上，加强与财政、监管等政策的协调配合，综合运用定向降准、再贷款、再贴现等多种工具，加大对民营和小微企业的金融支持力度；在监管考核上，

金融强国之路：如何写好做实"五篇大文章"

将小微企业贷款业务与资本、拨备、同业等监管要求挂钩，完善小微企业金融服务的差异化监管体系；在财税激励上，将符合条件的小微企业贷款损失准备金税前扣除比例提高至3%，落实小微企业融资担保降费奖补政策。一系列政策的密集出台，既有短期应急举措，也有中长期制度安排，为普惠金融的持续发展夯实了政策基础。

2019年，财政部修订了《普惠金融发展专项资金管理办法》，进一步完善了资金分配、使用、管理、监督等方面的制度设计，更好地发挥了财政资金引导撬动作用，提高了资金使用效率，更加精准地支持深度贫困地区普惠金融发展，为打赢脱贫攻坚战提供有力保障。与此同时，人民银行印发《金融科技（FinTech）发展规划（2019—2021年）》，把发展数字普惠金融作为重点任务，提出运用移动互联网、大数据、云计算、人工智能、区块链等新兴技术手段，创新"三农"和偏远地区的金融产品和服务模式，让数字普惠金融成为拓展金融服务广度、深度的新引擎，这标志着我国普惠金融进入了科技赋能、数字驱动的新阶段。

在党中央、国务院的统一部署下，我国金融管理部门会同相关职能部门，坚持问题导向、目标导向，针对不同时期普惠金融发展面临的突出矛盾和薄弱环节，从顶层设计到配套措施，不断创新和完善普惠金融政策体系，有力促进了普惠金融的快速发展和持续深化。展望未来，随着新一轮科技革命和产业变革的深入推进，数字经济、平台经济、共享经济蓬勃兴起，普惠金融发展面临新的机遇和挑战。金融管理部门将在前期政策实践的基础上，继续深化部门协同，优化政策组合，推动构建适应数字时代

第三章 做好普惠金融大文章 推进金融服务实体经济

特征的普惠金融政策和监管框架，引导更多的市场主体积极参与，促进金融科技与传统金融深度融合，不断增强人民群众的金融获得感、幸福感，为全面建成小康社会、实现第一个百年奋斗目标提供更多普惠金融助力。

附录一详细列举了自2013年以来，我国支持普惠金融发展的主要政策。十多年来，我国普惠金融政策经历了从顶层设计到具体落实、从总体布局到重点突破、从鼓励创新到规范管理的发展过程。这一连串政策组合拳，为普惠金融的发展提供了强有力的政策支持和制度保障，一方面，政策重视程度不断提升，支持力度持续加大，激励约束并重，释放了金融机构服务小微企业、"三农"等普惠领域的内生动力；另一方面，政策导向更加精准，聚焦重点领域和薄弱环节，注重发挥市场在资源配置中的决定性作用，更好发挥政府作用，增强政策的精准性和有效性。此外，金融供给侧结构性改革持续推进，多层次、广覆盖、可持续的普惠金融政策体系加快构建，普惠金融发展的制度环境得到极大改善。

第二节 普惠金融发展面临的挑战与机遇

在我国普惠金融的快速发展中，金融机构组织体系互补性不足的问题逐渐显现，成为制约服务质量提升的关键因素。尽管各类银行及非银行机构在扩大普惠金融服务方面取得了积极进展，但服务同质性强、客群覆盖重叠度高的问题依然存在。本部分将深入探讨普惠金融服务在组织体系互补性、地区发展不平衡以及银行业与非银行业金融机构发展差异等方面的挑战，并分析如何通过差异化竞争、风险管理创新和监管政策优化，提升普惠金融服务的覆盖率、精准性和客户满意度，以实现更加均衡和高质量的普惠金融发展。

一　普惠金融发展面临的挑战

（一）普惠金融机构组织体系互补性不充分

各类金融机构开展惠普金融服务的互补性不够充分。各银行及非银行机构都积极扩大普惠金融业务，但由于普惠金融服务获客难、风控难、成本高的天然特点，金融机构提供的金融产品同质性仍较高，服务的普惠客群范围重叠度较大。这不仅加大了金融机构在同类产品、同类客群间的行业竞争压力，也不利于提高普惠金融的覆盖率和精准性。大型全国性商业和中小型商业银行在开展普惠业务时，结合自身特点提供差异性服务的能力还不够。特别是在监管政策的引导下，随着金融科技的发展，大型银行下沉服务重心，凭借资金成本优势，贷款利率普遍比地方中小银行优惠。因此，中小银行面临优质客户流失的压力。2021年第一季度到2023年第一季度，大型商业银行普惠型小微企业贷款占比已从33.37%上升至38.36%。而在2023年第一季度，城商行和农商行的资产利润率分别为0.72%和0.7%，均显著低于0.81%的行业均值。因此，金融机构需要提升破解普惠金融本质难题的能力，根据自身优势和特色实现差异化竞争，提升市场份额和客户覆盖面，开发符合目标客户需求的金融产品和服务，提高服务质量和效率，增强客户体验和满意度，同时加强品牌建设和营销推广，提升市场影响力和美誉度。

第三章　做好普惠金融大文章　推进金融服务实体经济

普惠金融发展存在多重不平衡。一是地区之间的发展不平衡。虽然金融科技的发展可以扩大金融服务的覆盖范围，但在一些偏远地区和贫困地区，金融服务的普及仍面临困难。基础设施的缺乏、信息不对称、金融文化观念等问题都制约着普惠金融服务的发展，例如，根据北京大学数字普惠金融指数，2022年，我国东部地区的数字普惠金融指数均值为415.5，中部地区均值为381.9，西部地区为354.9，东西部地区的差距达到14.6个百分点，如图3—32所示，中西部地区的差距达到7个百分点。从各维度来看，东部地区在数字金融覆盖广度、数字金融使用深度和普惠金融数字化程度方面都明显高于中西部地区。

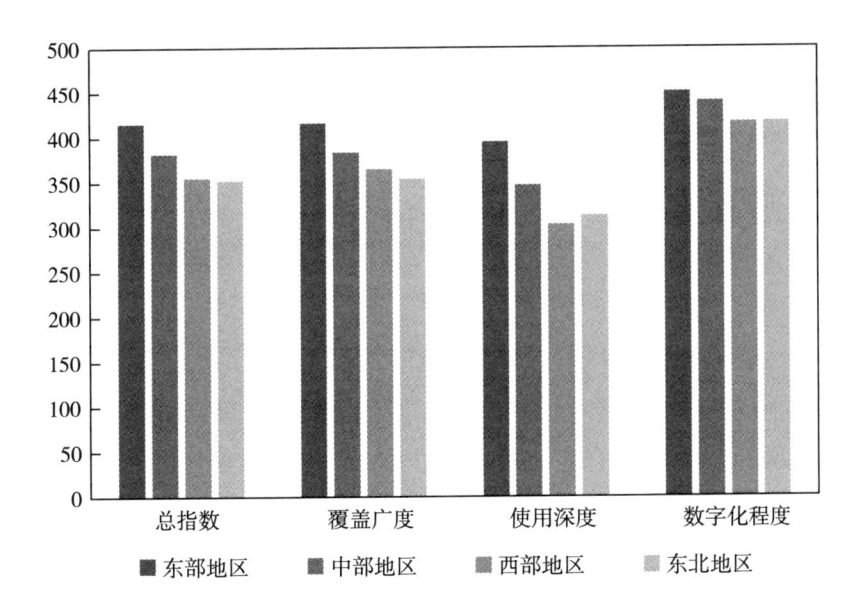

图3—32　2022年不同地区数字普惠金融指数积分指数均值

资料来源：根据北京大学数字普惠金融中心数据整理而得。

二是银行业金融机构与非银行业金融机构的发展存在差异。通常传统银行业金融机构通常采用传统的柜台服务和线下渠道，注重信用评级和抵押担保，拥有较为完善的风险管理体系和监管机制，对客户的准入门槛较高，但对于中小微企业和普通消费者的服务能力相对较弱。而非银行业金融机构则更倾向于采用互联网和移动端等新兴技术手段，注重大数据风控和信用评分，面临着监管不足和风险管理能力相对较弱的挑战，对客户的准入门槛较低。

（二）普惠金融服务不平衡性

金融机构提供服务没有满足日趋多元的普惠金融服务需求。在新的发展阶段，单一信贷服务无法满足重点群体综合多元化金融需求，例如，规模种植的新型农业经营主体对防灾减灾、平滑收入波动等多元化金融需求日趋旺盛；科创型小微企业对股权融资、债券融资、保险服务等需求水平不断上升；老年人口对健康保险、大病保险、财富管理服务等金融需求不断增加。国家统计局公布的数据显示，2023年12月，我国60岁及以上人口已接近3亿人，占全国人口的21.1%，65岁及以上人口接近2.2亿人，占全国人口的15.4%，进入"中度老龄化"阶段；国家卫生健康委员会的预测显示，预计到2035年前后，60岁及以上的老年人口数量将超过4亿，占总人口的比例将达到或超过30%，届时社会将迈入所谓的"重度老龄化"时期。截至2022年12月末，全国65周岁及以上老年人口抚养比为21.8%，同比增长4.8%，呈现稳步上升的趋势，如图3—33所示。老年人作为普惠金融重点服务群体，也是激活"银发经济"的主力军。虽然持续增长

第三章 做好普惠金融大文章 推进金融服务实体经济

的老年群体带来巨大的金融需求,但当前老年人金融机构开发的针对老年人的金融产品仍相对较少,现有产品也大多是根据传统信贷模式开发出来的,个性化不强,不能充分满足老年人的金融需求。

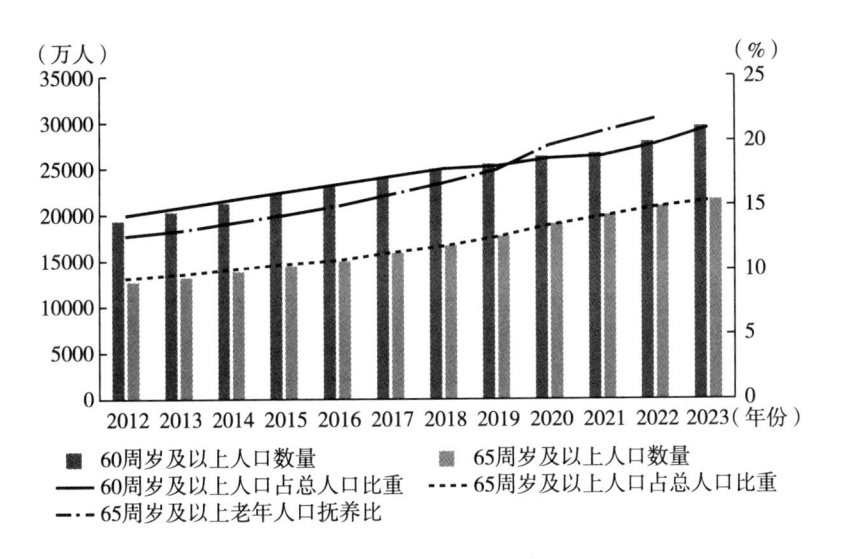

图3—33 我国人口老龄化

资料来源:根据国家统计局官网数据整理而得。

普惠金融服务存在不公平、不透明、加剧数字鸿沟问题。一方面,普惠金融服务的服务内容和服务质量不公平。一些金融机构在向低收入人群和小微企业提供金融服务时,往往存在服务内容单一、服务质量低下的情况。与此同时,一些金融机构在风险评估和信用评级方面存在偏见,对受众群体采取较为严苛的标准,导致他们难以获得公平的金融服务。另一方面,尽管技术的普及程度在不断提高,但仍有一部分人群因为缺乏相关技能或者无法获得相关设备而无法享受到普惠金融服务带来的便利，从而造成不公平现象。中国互联网信息中心（China Incernet Network Information Center，CNNIC）第 52 次《中国互联网络发展状况统计报告》显示，城乡之间网民数量及普及率差异较大。截至 2023 年 6 月，中国农村地区的网民总数达到 3.01 亿，占总网民的 27.9%。农村互联网普及率从 2021 年 6 月的 59.2% 上升到 2023 年 6 月的 60.5%，增长了大约 1.3 个百分点，平均每半年增长 0.33 个百分点。与此同时，城市网民数量约为 7.77 亿，占总网民的 72.1%。城市互联网普及率从 2021 年 6 月的 78.3% 上升到 2023 年 6 月的 85.1%，提升了 6.8 个百分点，平均每半年提升 1.7 个百分点，如图 3—34 所示。

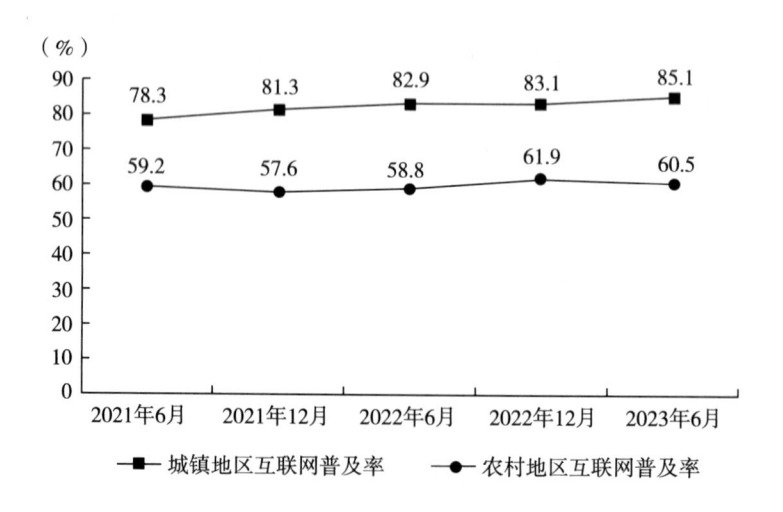

图 3—34　城乡地区互联网普及率

资料来源：根据中国互联网络发展状况统计调查相关数据整理所得。

第三章 做好普惠金融大文章 推进金融服务实体经济

（三）普惠金融风险防范仍需增强

一是普惠金融风险评估难，对金融机构风控能力提出更高要求。由于中小微企业信息不透明，新的经营模式层出不穷，金融机构难以准确评估其经营状况和还款能力，增加了风险的不确定性。同时农业生产也受到自然条件等诸多随机因素的影响，其经营与收益变动大，带来的风险难以评估。这就需要金融机构改进风险管理手段，利用大数据、云计算、人工智能等技术提高风险识别、监测、预警和处置能力，同时通过风险分担补偿机制，降低风险损失。图 3—35 显示了大银行占据小微贷款的比重逐年提升。

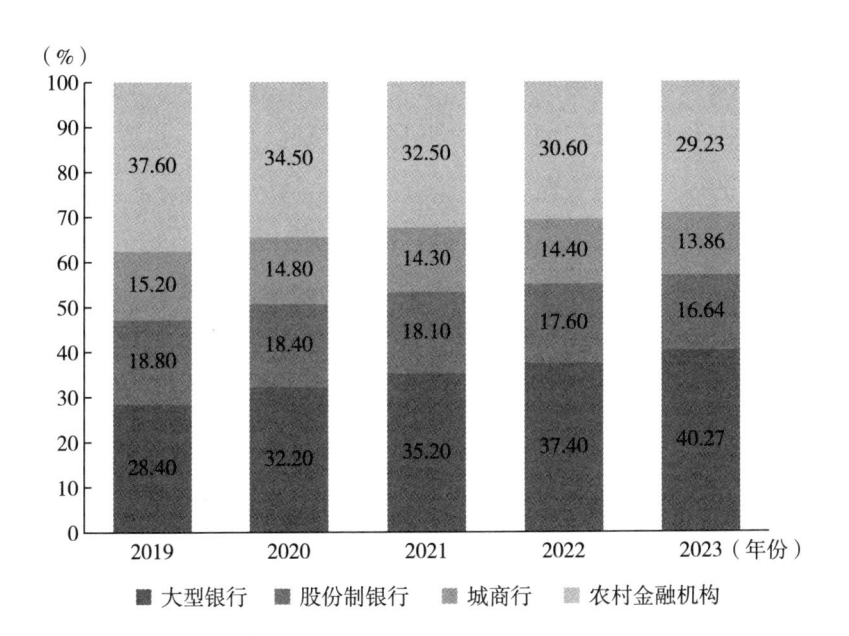

年份	大型银行	股份制银行	城商行	农村金融机构
2019	28.40	18.80	15.20	37.60
2020	32.20	18.40	14.80	34.50
2021	35.20	18.10	14.30	32.50
2022	37.40	17.60	14.40	30.60
2023	40.27	16.64	13.86	29.23

图 3—35　各类银行机构小微贷款市场占比情况

资料来源：根据国家金融监管总局数据整理而得。

金融强国之路：如何写好做实"五篇大文章"

面对普惠金融领域的风险评估难题，金融机构正在积极采用先进技术手段改善风控系统。当前，通过整合大数据分析、云计算资源和人工智能算法，金融机构能够更加深入地分析和理解中小微企业的经营模式和财务状况，从而准确评估其还款能力和潜在风险。例如，一些银行已经开始利用机器学习模型来预测贷款违约概率，这些模型能够处理和分析大量历史交易数据，识别出潜在的风险信号。此外，对于农业生产的不确定性和风险，金融机构也在尝试利用卫星图像和气象数据来预测作物收益，从而更好地评估与农业贷款相关的风险。这种方法不仅提高了风险管理的准确性，也帮助银行制定更符合实际情况的贷款条件和利率。金融机构还在积极探索风险分担和补偿机制，例如与保险公司合作推出信贷保险产品，这些产品可以为贷款提供保险保障，降低因客户违约导致的损失。此外，通过与政府和私营部门的合作，共同承担贷款风险，也是金融机构常用的风险管理策略。

二是普惠金融发展面临技术开发过程中的信息安全问题和监管挑战。随着金融服务向互联网和移动端的转移，用户的个人信息和财务数据面临着更大的风险。一旦出现信息泄露或者被黑客攻击，将给用户带来严重的损失，甚至可能引发社会不稳定因素。另外，普惠金融服务技术的发展也可能会带来金融监管方面的挑战。随着金融服务的数字化和网络化，监管部门可能面临着更加复杂和难以监管的状况。因此，监管部门不断提升自身的监管水平和技术能力，以应对新形势下的监管挑战。金融机构和技术提供商必须重视加强信息安全措施，以保护用户的个人和财务数据。这包括采用先进的加密技术、持续

第三章 做好普惠金融大文章 推进金融服务实体经济

更新的防火墙和入侵检测系统,以及实施严格的数据访问控制。此外,为了减少数据泄露的风险,金融服务提供商还需要对员工进行常规的安全培训,提高他们对信息安全的意识和能力。在监管方面,随着金融服务的数字化程度不断提高,传统的监管框架可能不再适应新的市场环境。因此,监管机构正在努力更新和完善相关法律法规,以覆盖更多的数字金融活动。例如,增加对金融科技公司的监管力度,确保它们符合与传统银行相同的合规标准。同时,监管机构也在探索利用技术手段,如区块链和大数据分析,来增强监管效率和透明度,这些技术可以帮助监管机构实时监测金融市场的动态,及时发现并处理潜在的风险问题。此外,国际合作在普惠金融的监管中也变得越来越重要。由于许多金融科技公司的业务跨越国界,国际监管机构需要合作,共同制定跨国监管政策,共享监管信息,以有效应对跨境金融活动可能带来的风险。总的来说,随着普惠金融服务的不断发展和技术的日益进步,监管框架和信息安全策略也需要不断调整和改进,以确保金融市场的健康稳定发展,同时保护消费者的利益不受侵害。

个人消费贷、经营贷余额快速增长,住房贷款三年"零增长",应谨防普惠贷款化为"低价房贷",违背普惠初衷,加剧风险累积。住房贷款长期占据我国居民个人贷款的最大比重,个人住房贷款余额年均增速在2012—2019年都大于同年个人经营贷余额增速。而2020年之后,经营贷增速首次超越房贷;2021、2022年房贷增速趋近于0,2023年房贷"逆增长",而同期经营贷增速保持在15%以上,如图3—36所示。2021—2023年全国商品房销售额分别为18.2万亿、13.3万亿、

11.6万亿元①，累计增加42万亿元。由于相关政策的影响，原本服务于小微经营的抵押经营贷利率低于存量房贷，将经营贷转化为房贷的这种"贷款置换"，既有悖于国家发展普惠小微贷款的初衷，又极大地放大了风险，必须加以严查。

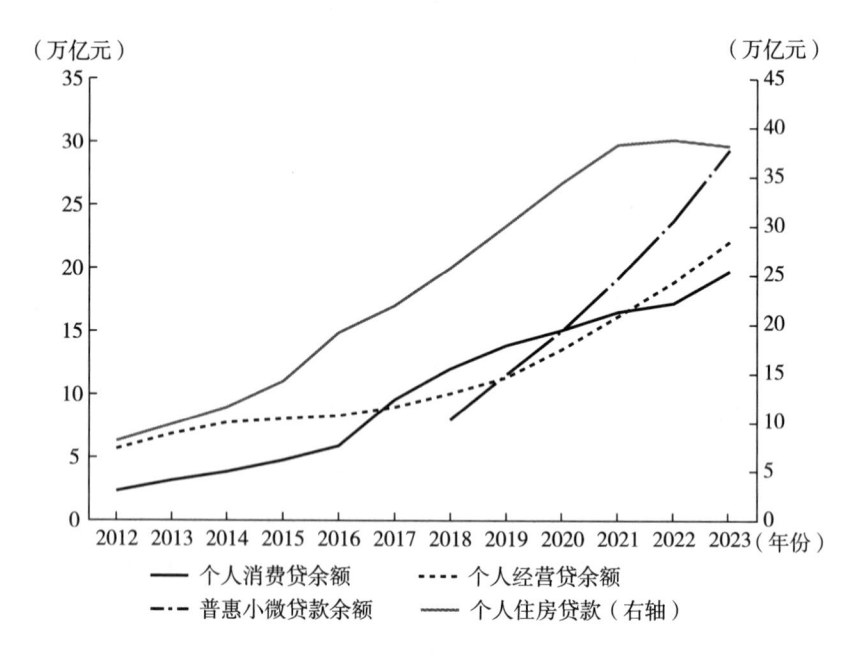

图 3—36　个人贷款余额变化

资料来源：根据中国人民银行官网数据整理而得。

分析这一现象的原因，一方面是由于近年来房地产市场的调控政策，使得住房贷款的需求和增速受到压制；另一方面是由于

---

① 国家统计局：《2024 年全国房地产市场基本情况》，国家统计局官网，2025 年 1 月 17 日。

第三章 做好普惠金融大文章 推进金融服务实体经济

经营贷款的利率通常低于个人住房贷款，一些借款人可能会通过提供住房作为抵押，申请经营贷款来代替传统的房贷，这种"贷款置换"的行为虽然在短期内可以降低借款成本，但却违背了普惠金融支持小微企业发展的初衷。

这种现象的出现提示监管部门和金融机构必须更加严格地审核贷款的用途，确保贷款产品真正服务于小微企业和个人的合法经营需求，而非被用作规避成本的工具。同时，也需要加强对普惠金融产品设计的监管，确保其不被滥用且符合国家的发展战略。

未来，监管部门应该通过加强对金融机构的指导和监督，优化贷款产品和服务，避免普惠金融产品被用于非预期的用途，从而降低由此带来的系统性风险。此外，加强金融消费者教育，提高他们对金融产品的理解和正确使用，也是确保普惠金融健康发展的重要措施。

三是金融科技公司的算法未必适用于银行业。过去十年，中国金融科技得到了快速发展，特别是在小微贷款领域，微信、蚂蚁成长为了全球瞩目的大科技公司。在对小微客户乃至信用白户风险管理技术积累相对不足又面临普惠金融贷款较重的贷出业务的银行，往往使用"拿来主义"，借鉴学习、消化吸收科技公司的算法模型、管理流程进行相关业务的操作。但需要注意的是，科技公司释放的信贷，在利率、周期、额度上都与银行的贷款有着极大的不同；同时，即便不考虑微信具有的社交数据、蚂蚁所掌握的电商数据与封闭场景，仅在支付流水方面银行相较科技公司仍有数据短板，因此，不应将一些在轻量化场景下得到验证的算法在银行场景下快速复制。图3—37展示了近年来银行业IT

金融强国之路：如何写好做实"五篇大文章"

投入的快速增长，这在一定程度上说明了银行在相关领域的追赶的决心与动作。

金融科技已经验证的算法的局限性可能体现在如下方面：

首先，科技公司在设计信贷产品时，通常依赖于其庞大的用户数据和复杂的数据分析能力。例如，微信和蚂蚁金服拥有丰富的社交和电商数据，这使得它们能够精准地评估用户的信用状况和贷款需求。然而，这些数据和分析能力并不是所有银行都具备的。因此，当银行简单复制这些科技公司的算法时，可能会因为数据质量和类型的不匹配导致信贷评估得不准确，增加信贷风险。

其次，科技公司的信贷产品通常具有更高的灵活性，如更短的贷款周期、更小的贷款额度和更快的审批速度。这些特点使得它们能够更好地满足特定用户群体的需求，但这些特点在银行传统的贷款产品设计中可能难以复制。如果银行盲目追求科技公司的产品特性而忽视自身的业务特性和风险管理能力，可能会对银行的稳定性造成威胁。

最后，图3—37所示的银行业IT投入的快速增长，表明银行正努力通过技术投资来弥补这些短板。这包括建立更完善的数据收集和分析系统，提高对金融科技的理解和应用能力，以及加强内部风险管理和合规检查机制。这种追赶虽然体现了银行的决心与投入，但也较为真实地展现了银行相较于科技公司的差距。

四是融资担保三层担保可能成为风险的三次打包。依据《国家融资担保基金银担"总对总"批量担保业务操作指引》（下简称《指引》），批量业务中一笔贷款20%风险由银行承担，80%

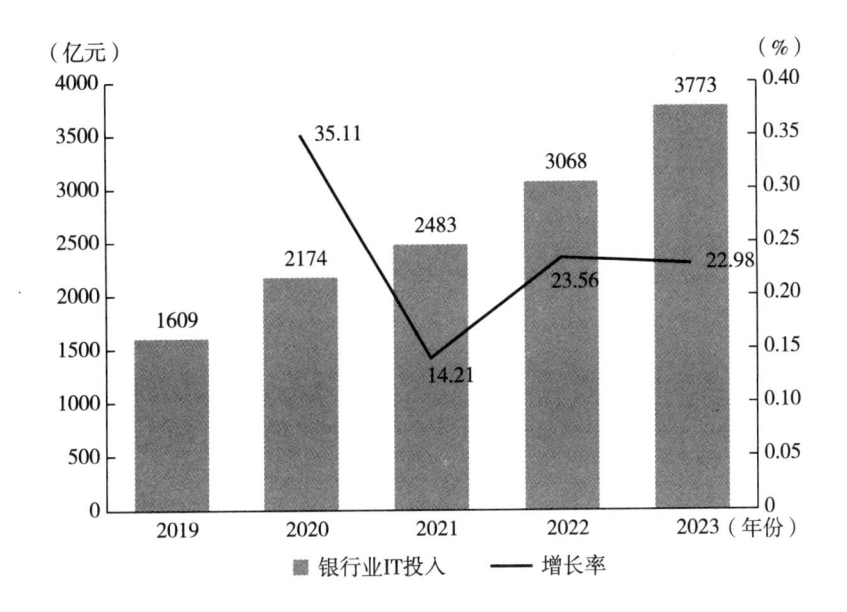

第三章　做好普惠金融大文章　推进金融服务实体经济

图 3—37　银行业 IT 投入与增长率

资料来源：根据 36 氪网站数据整理而得。

由政府性融资担保体系承担。而政府性融资担保体系中，承办担保机构、省再担保机构、国家融资担保基金分别承担不高于 30%、不低于 20% 的风险责任；而担保机构、省再担保、国家融资担保的费率则是每年 1%、0.1%、0.1%。如果普惠金融贷款业务压力过大，道德风险与逆向选择难免在"见保即担"的"保护"下存在。《指引》同时规定担保代偿率上限为 3%，且担保代偿金额上限不得超过累计收取担保费的 2.4 倍，但当代偿率逼近红线时，各地方机构、对接银行可能出现"风险挤兑"进一步加速不良贷款的爆发。国家融资担保基金仅在一次公开披露中提到代偿率："截至 2021 年 12 月 31 日，担保基金合作项目的

金融强国之路：如何写好做实"五篇大文章"

累计代偿比率是 1.75%。"① 需要说明的是，不论是融资担保体系的建立、发展，还是其政策性的定位以及"总对总"的业务模式在正常环境下可以平稳运行，在底层贷款质量恶化、银行客观技术存在不足的环境下，层层担保可能演变成风险的层层累积。

例如，美国次贷危机的核心问题之一是高风险资产，特别是次级抵押贷款的重复打包和重新证券化。在房地产市场繁荣期间，银行和贷款机构放宽贷款标准，大量发放次级抵押贷款给信用记录较差的借款人。为了将这些高风险贷款转移出自己的账面，金融机构将这些贷款打包成抵押贷款支持证券（MBS），再通过金融市场销售给投资者。这些 MBS 通常由数百或数千笔个别抵押贷款组成，旨在通过分散风险来提高证券的信用等级。

随着市场对这类资产需求的增加，金融工程师开发出更复杂的金融产品，如债务担保证券（CDO）。CDO 通常包含了各种各样的资产债务，包括 MBS。通过将这些已经是打包产品的 MBS 进一步组合并分层，创建出新的金融产品，银行能够将原本评级较低的资产重新打包，并通过复杂的金融结构使得部分层级的证券获得更高的信用评级。这种结构的复杂性和不透明性使得评估真实风险变得极其困难。

然而，这种依赖于房地产市场持续增长的模型并未考虑到房市可能的下滑。当房地产市场开始衰退，房价下跌，许多借款人无法承担日益增长的抵押贷款利息或重新融资，导致违约率激

---

① 国家融资担保基金：《国家融担基金再担保合作业务继续快速发展》，国家融资担保基金官网，2022 年 1 月 20 日 www.gjrdjj.com，2024 年 2 月 18 日。

增。由于CDO和MBS的价值严重依赖于这些抵押贷款的表现，一旦这些贷款开始违约，支撑这些金融产品的资产价值急剧下降，引发了连锁反应，最终导致了金融市场的崩溃，触发了全球范围的金融危机。

二　普惠金融发展面临的机遇

随着数字技术与普惠金融的深度融合，普惠金融服务的触达和风险控制得到了显著提升。本部分首先概述了数字技术如何助力普惠金融，通过精准识别和定制化服务，拓宽了金融服务的覆盖范围，特别是在偏远地区，数字化金融有效弥补了传统服务的不足。其次，分析了随着居民收入和消费的增长，对优质普惠金融服务需求的不断扩大，以及金融机构如何通过创新满足这一需求。最后，本部分强调了金融基础设施的完善对普惠金融发展的支撑作用，包括征信系统、支付体系等，为金融服务的普及和风险管理提供了坚实的基础。

（一）数字技术融合有助破解普惠风控和触达难点

普惠金融数字化发展机遇充分。党的二十大报告指出"要加快建设数字中国，加快发展数字经济"。中央金融工作会议提出做好数字金融文章。金融机构可以通过金融科技手段，实现对普惠对象的精准识别和定位，提供定制化的金融产品和服务，拓展服务渠道和覆盖范围。尤其是在偏远地区，数字化金融可以弥补传统金融服务的不足，让更多人能够享受到金融服务。区块链技术、智能合约等新技术的应用可以为普惠金融带来更多的创新产品和服务，同时提高金融交易的安全性和透明度。图3—38展示了中国近年来数字支付的发展情况,在线消费与线下数字支付的快速发展,让数字技术接触到更多的人群,给普惠金融触达这部分群体以有力支撑。数字化金融的扩展特别对偏远地区的影响尤为显著。在这些地区,传统金融服务常常因地理和经济条件限制而难以覆盖,而数字化金融可以通过互联网和移动通信技术弥补这一不足。例如,通过移动支付和在线银行服务,远程地区的居民能够进行日常的金融活动,如转账、支付和申请小额贷款等,大大提升了他们的金融可及性和便利性。

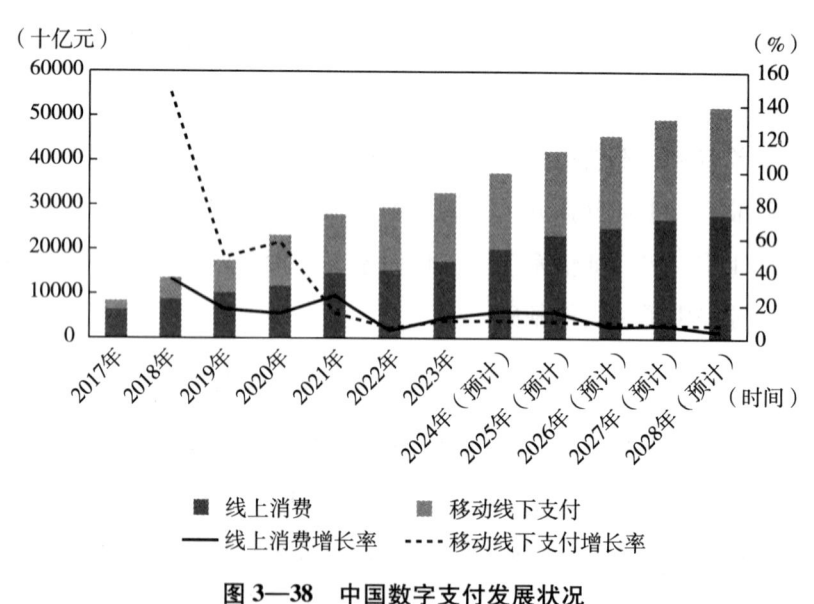

图3—38 中国数字支付发展状况

资料来源:根据 statistia 数据库数据整理而得。

(二)优质普惠金融服务的需求不断扩大

我国居民人均可支配收入和人均消费支出的增加,对优质普

第三章 做好普惠金融大文章 推进金融服务实体经济

惠金融服务的需求正在不断扩大。我国境内的总储蓄率也呈现上升趋势，激励各金融机构创新储蓄类金融产品和服务，以满足不断增长的需求。如图3—39所示，根据《2023年国民经济和社会发展统计公报》的数据，2017年我国人均拥有的可支配收入达到25974元，而人均消费支出为18322元。到了2023年，我国的人均可支配收入增长至39218元，人均消费支出也提升至26796元。两项指标的数值分别扩大为原来的1.51倍与1.46倍，并在报告期内保持着逐年递增的变化趋势，逐年扩增的居民收入水平为普惠金融的发展打下了良好的基础。居民人均消费率由2017年的70.5%下降至2022年的66.5%，整体下降4个百分点，

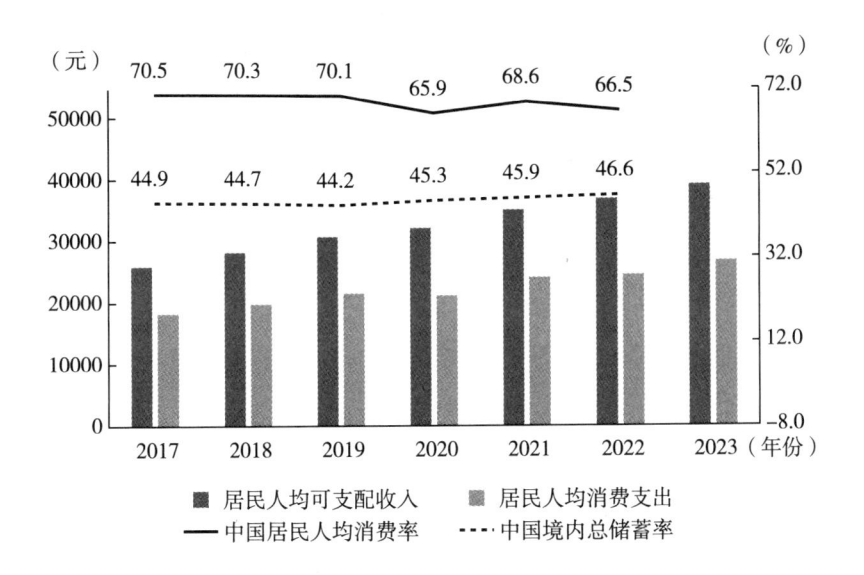

图3—39 中国居民人均可支配收入与消费支出、消费率及中国境内总储蓄率

资料来源：根据中国人民银行官网、世界银行数据整理而得。

但在2020年至2021年间出现了阶段性上升的趋势反转。同时，根据世界银行公布的2017—2022年中国境内总储蓄率数据，中国境内总储蓄率在2017—2019年微幅下降，由2017年的44.9%下降至2019年的44.2%，随后在2019—2022年间，变化趋势由降转升，于2022年达到46.6%。综合来看，我国境内整体储蓄率的提升同样为普惠金融的发展提供了增长契机。

我国普惠金融的需求主要来源于中小微企业和农户。小微企业多样化发展的金融需求需要金融机构提供更多"精准专"的优质服务。如图3—40所示，与大中型企业相比，小微企业对贷款的需求更为迫切，这促使金融机构从需求端出发，积极创新，提供更便捷高效的金融服务，以更好地支持实体经济和满足民众需求。战略性新兴小微企业对中长期信贷的需求不断增长，而传统小微企业在设备更新和绿色转型方面也需要中长期资金支持。此外，从需求端来看，我国消费贷款占比的提升表明消费者金融需求不断增加，如图3—41所示。具体来看，小微企业贷款需求指数历年均高于60，并于2020年Q2达到最大值78.6；中型企业需求指数介于54.2—68.2之间，并于2023年Q1达到最大值68.2；而大型企业需求指数在报告期内均低于65，并于2023年Q2达到最大值64.9%。在纵向比较层面，不同规模企业由于受到宏观经济环境等因素的影响，贷款需求指数波动幅度较大；但从纵向比较来看，小微企业的融资需求在不同时期均远超于其他规模企业。从2015—2023年中国金融机构人民币境内贷款余额规模结构情况来看，经营贷的占比>消费贷占比>其他贷款占比，其中经营贷占比多达70%以上，而消费贷占比约为20%—30%，其余则为其他贷款。从趋势来看，经营贷的占比经历了先减少后

第三章 做好普惠金融大文章 推进金融服务实体经济

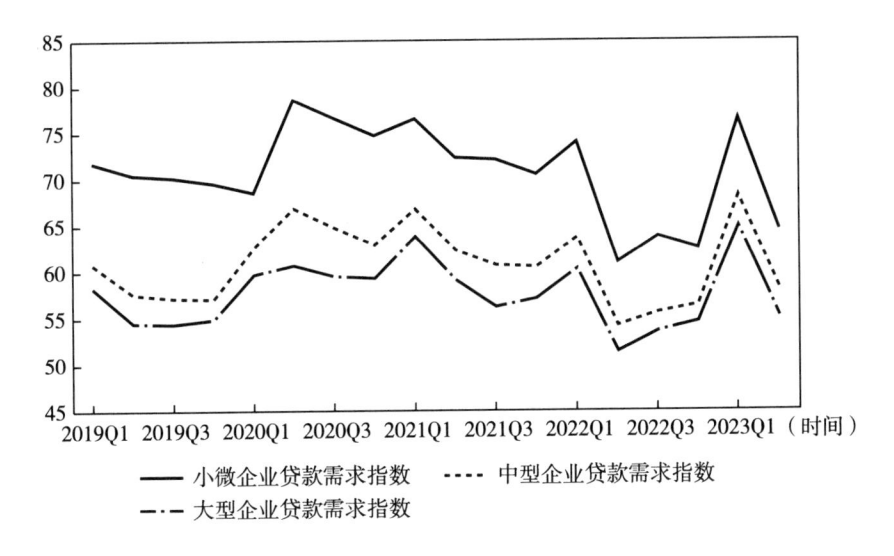

图 3—40 不同规模企业贷款需求指数

资料来源：根据中国人民银行官网资料、艾瑞咨询研究院《2023年中国普惠金融行业洞察报告》整理而得。

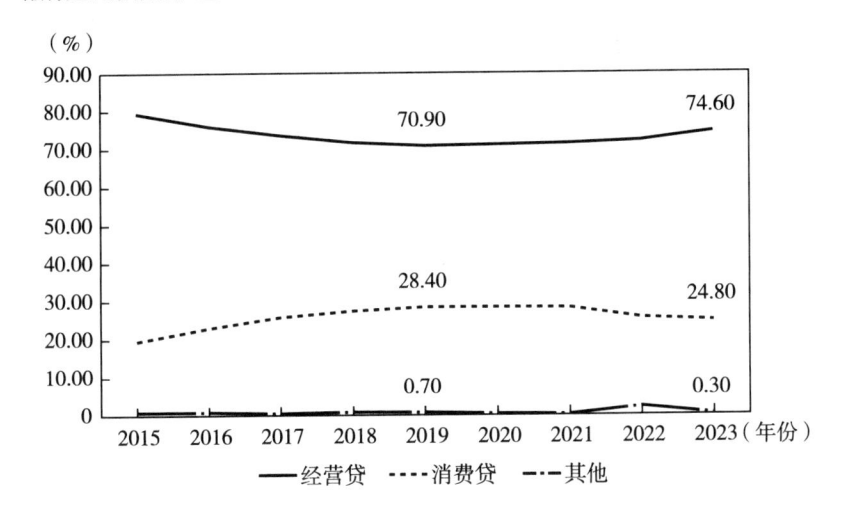

图 3—41 中国金融机构人民币境内贷款余额规模结构

资料来源：根据中国人民银行官网数据整理而得。

递增的变动趋势，于 2019 年达到最低值 70.90%。而相对地，消费贷的占比则呈现先增加、后减少、再持平的变动趋势，并于 2019 年达到最大值 28.40%。这同样也表明了普惠金融的进一步落地对消费需求端有着重要意义。

（三）金融基础设施为普惠金融发展提供不断支撑

金融基础设施不断完善，为普惠金融向基层延伸创造了良好条件。诸如征信系统建设、注册登记平台、银行卡支付体系等金融基础设施向基层延伸，使普惠金融有了更好的土壤。《国务院关于金融工作情况的报告》披露，截至 2023 年 12 月，全国已建成省级地方征信平台 31 家，合计连通数据源单位 2657 家，收录当地企业 1.44 亿户，接入金融机构 4741 家，进一步提升对实体经济的服务质效。根据中国人民银行公开资料，截至 2023 年第二季度末，全国共开立银行卡 96.21 亿张，环比增长 0.50%。其中，借记卡 88.34 亿张，环比增长 0.59%，人均持有银行卡 6.81 张。支付、税务体系的完善为信贷风险管理提供有力支撑。银联、网联基本覆盖了中国境内数字支付的全面数据，为更好地贷前征信与贷后管理提供了坚实基础。据网联清算有限公司公布，网联清算 2023 年日均处理 25 亿笔网络支付交易，并在系统成功率、资金清算准确率、资金清算及时率等方面达 100%。

金融基础设施的不断完善为普惠金融的发展提供了坚实支撑。随着征信系统的覆盖范围扩大和银行卡支付体系的普及，金融机构能够更准确地评估借款人的信用状况，并为更多人提供金融服务。这些基础设施的建设还有助于降低金融交易的成本和风险，促进金融资源的更有效配置。未来，随着技术的不断进步和

第三章　做好普惠金融大文章　推进金融服务实体经济

金融基础设施的进一步完善，普惠金融服务将进一步深化和拓展。例如，随着区块链技术的应用，金融交易的安全性和透明度将得到进一步提升，为普惠金融提供更加可靠的技术支持。同时，人工智能和大数据分析等技术的广泛应用，将使金融机构能够更加精准地识别客户需求，提供个性化的金融产品和服务。

除了技术层面的创新，政府和金融机构还应加强对金融基础设施的投入和管理，确保其稳定运行和安全性。同时，还需要加强对金融基础设施建设的监管和规范，防范潜在的风险和安全隐患，保障金融系统的稳健运行。综上所述，金融基础设施的不断完善为普惠金融的发展提供了重要支撑，未来还将在技术创新和政策支持的双重推动下，进一步促进普惠金融服务的提升和拓展，为更多人提供更好的金融服务。

第三节　普惠金融发展预测及政策建议

普惠金融服务的健康发展是实现全体人民共同富裕、促进经济高质量发展的关键一环，做好普惠金融大文章是加快建设金融强国，推动金融高质量发展，服务中国式现代化的重要任务。我们需要在机构体系、产品服务、数字化转型、风险防范、协同治理、政策支持以及金融发展环境等方面制定一系列有力的政策，以促进金融服务的全面普及和提升。

一　普惠金融的发展预测

一是普惠金融生态圈迈向成熟，协同合作激发发展潜力。普惠金融将呈现出多元化、科技驱动和严格监管的综合发展趋势，

金融强国之路：如何写好做实"五篇大文章"

普惠金融生态圈将更加成熟。金融服务网络将继续深入农村和偏远地区，通过增设县域银行和村镇银行，结合线上线下渠道，实现金融服务的无死角覆盖。数字金融技术的应用将进一步深化，移动支付、在线银行和智能投顾等创新服务将变得更加普及，使得金融服务的效率和便捷性得到显著提升。金融机构将致力于开发更多创新的普惠金融产品与服务，涵盖专项贷款、供应链融资、绿色贷款和农业保险等领域，以满足小微企业、农户以及老年人、残疾人等特殊群体的多元化金融需求。同时，金融机构将通过与科技公司、电商平台等各类市场主体的战略合作，充分利用合作伙伴在大数据积累、场景应用等方面的优势，共同打造开放、共享、互利共赢的普惠金融生态圈。这些发展将共同推动普惠金融更好地服务于社会各阶层，特别是那些传统金融服务难以覆盖的群体，从而支持经济的均衡和可持续发展，为构建更加包容和繁荣的社会经济环境做出重要贡献。

二是金融科技的深度融合将为普惠金融服务带来革命性的变化。大数据、人工智能和区块链等前沿技术将在风险管理、智能客服和自动化信贷审批等方面发挥重要作用，为普惠金融提供坚实的技术支撑，同时降低运营成本，提高服务效率。在风险管理方面，金融机构将采纳更加科学和精细化的风险评估工具，提升风险预警和处理能力。例如，通过机器学习算法对客户的信用历史、行为模式等多维度数据进行深入挖掘和分析，银行可以更加准确地识别潜在风险，并及时采取应对措施。金融监管部门也将加强对普惠金融领域的监管力度，确保整个行业的健康和稳定发展，特别是在防范金融欺诈和保护消费者权益方面将有更为严格的措施。监管科技的应用将有助于提高监管的有效性和敏捷性，

第三章　做好普惠金融大文章　推进金融服务实体经济

实现对普惠金融活动的实时监测和动态管理。

三是中小微企业金融服务体系更加完善，风险防控能力持续增强。在2025年，金融监管部门将致力于强化中小微企业的金融服务体系，并提升其风险防控的能力。监管部门将推动中小银行坚守其服务实体经济、县域经济、"三农"以及乡村振兴的战略定位，并不断优化覆盖贷前、贷中、贷后全流程的风险管理机制。监管部门将鼓励银行建立专门服务中小微企业的事业部或团队，配备专业的客户经理，提供个性化、差异化的金融服务。此外，监管部门还将推动建立中小微企业信用信息共享平台，促进各类金融机构、征信机构之间的信息共享和业务协同，提高对中小微企业信用状况的评估能力。科技在中小微信贷中的风控作用会更加突出。借助大数据、人工智能等前沿技术，银行将提升其风险识别、预警和处置的能力。例如，通过运用机器学习算法对历史贷款数据进行深入分析，银行能够更准确地预测市场趋势，及时调整信贷策略，有效降低不良贷款率。同时，银行还可以利用区块链技术构建可信的供应链金融生态，降低中小微企业融资过程中的信息不对称和交易成本。

四是绿色普惠金融融合发展，助力"双碳"目标实现。截至2023年12月末，我国金融机构绿色贷款余额达到28.6万亿元，同比增长36.8%。预计2025年有望突破30万亿元，其中基础设施绿色升级、清洁能源、节能环保等领域贷款增速均将超过40%。2024年将进一步丰富绿色普惠金融产品供给，推广绿色债券、碳中和债券、可持续发展挂钩债券等创新品种。金融机构将加强与环保部门、第三方认证机构的合作，建立绿色项目评估体系，确保资金流向真正的绿色项目。此外，还将探索开发面向个人和家庭的绿色消费信贷产品，鼓励购买节能家电、新能源汽车等绿色产品。同时，发展绿色小额信贷、消费信贷等，加速绿色金融与普惠金融的深度融合。通过升级线上线下服务渠道，扩大老年人、低学历人群的数字普惠金融服务覆盖，构建绿色普惠金融生态体系。

五是普惠金融服务对乡村振兴作用更加突出，脱贫人口贷款余额继续适度增长。2025年，重点保障主粮生产、加工、流通、仓储全产业链的信贷需求是普惠金融的重要服务内容。通过精准测算和分析，加大小额信贷的精准投放，支持农业机械化、种子培育等现代农业建设，引导金融资源配置，支持县域特色农业、乡村旅游、绿色产业发展，并加大对农村养老、教育、医疗等民生领域的低息普惠型信贷供给，以提高农村居民的生活质量。金融机构将与农业科研院所、农业技术推广部门等加强合作，为农户提供农业技术培训、市场信息等配套服务，提高农户的生产经营能力和风险抵御能力。此外，推出针对农村创业青年的"乡村创客"贷款计划，鼓励年轻人回乡创业，带动乡村经济发展。同时，加强与农村电商平台的合作，为农产品销售提供在线支付、供应链金融等服务，拓宽农产品销售渠道。2023年12月末全国脱贫人口贷款余额达到1.16万亿元，预计2025年将持续适度增长，重点支持脱贫人口发展生产、就业创业，巩固拓展脱贫攻坚成果。

二 做好普惠金融大文章的政策建议

本部分将探讨如何通过强化机构定位、促进技术创新、优化监管政策和改善发展环境，推动普惠金融的高质量发展。重点包

第三章　做好普惠金融大文章　推进金融服务实体经济

括银行机构的专业化服务、数字普惠金融的创新应用、风险管理和政策协同，以及法治环境的优化，旨在实现金融服务的广泛覆盖和精准触达。

（一）健全多层次普惠金融机构组织体系

一是引导各类银行机构坚守定位、良性竞争。深化普惠金融服务体系构建，需引导各类银行机构明确定位、维持良性竞争态势。这不仅有助于最大限度发挥不同机构的比较优势，提供专业化且差异化的普惠金融服务，更将推动普惠金融向纵深领域拓展，实现供给侧与需求侧的精准契合。首先通过深化内部治理机制变革，优化绩效考核与资源配置体系，鼓励大型银行与股份制银行继续增强下沉，持续加大对中小微企业的信贷投放力度，更有力地支持实体经济高质量发展与乡村振兴战略实施。

同时，优化政策性银行与开发性银行创新普惠金融领域转贷款业务模式，提升精细化管理水平，并积极探讨风险分担机制，稳步推进面向小微企业等重点领域的直接贷款业务，充分发挥政策导向作用。充分发挥地方性中小银行与金融机构分支机构自身独特的地缘优势，深耕本土市场，专注支农支小，持续完善普惠金融的经营模式与服务质量。

二是发挥其他金融机构在普惠金融服务中重要补充作用。利用小额贷款公司、消费金融公司等机构灵活、便捷的业务特点与专业化优势，不断拓宽普惠金融的服务广度与深度。大力扩大融资担保机构的支农支小业务规模，进一步规范收费标准，降低服务门槛，切实发挥其风险缓释功能。积极鼓励引导金融租赁公司协助小微企业与农业企业盘活存量设备资产，助力传统产业转型升级。并促进商业保理公司、典当行等地方性金融组织立足自身主营业务，精准对接重点领域的普惠金融需求。

三是要加强对金融机构的监管和引导，防范潜在风险。监管部门应当完善相关法律法规，明确各类机构的市场定位和业务边界，加强市场准入和退出管理，规范经营行为。要引导这些机构坚持服务小微、服务"三农"的市场导向，聚焦主业，精耕细作，提高专业化水平。鼓励其与银行、保险等传统金融机构开展多种形式合作，实现优势互补、错位发展。支持其运用大数据、人工智能等金融科技手段，提高风险管理和服务效率。

（二）有序推进数字普惠金融发展

继续推进普惠金融服务的数字化转型，提升普惠金融科技水平。加强推动人工智能、大数据分析、区块链等新技术在普惠金融中的创新，提高金融服务的效率和普及性，降低服务成本，提高用户体验，更好地满足不同群体的金融需求。加大对金融科技研发和应用的支持力度，鼓励金融科技企业创新，推动普惠金融服务的科技化升级。政府也要不断健全信息整合共享机制，建立普惠金融改革示范区，引导中小金融机构稳步推进数字化转型，提供特色的普惠金融产品和服务，满足人们的差异化、个性化需求。引导中小银行与科技公司合作，获得技术支持，避免对科技的过度依赖，确保金融服务的安全性和稳定性。

随着普惠金融服务的不断发展，数字化转型已成为提升服务效率、降低成本并提高用户体验的关键途径。通过整合和应用人工智能、大数据分析、区块链等前沿科技，不仅可以创新金融产品和服务，还能更精准地满足不同群体的需求，确保金融服务更

第三章　做好普惠金融大文章　推进金融服务实体经济

加公平和普及。这种技术的融入使得金融服务能够穿透传统的地域和社会阻碍，达到之前服务不到的用户群体，例如，通过大数据分析，金融机构能够识别出之前未被覆盖或被误判的信用良好的借款人，为他们提供适当的贷款产品，这样既扩大了服务的广度，也提高了资金的使用效率。

此外，增强金融科技的研发和应用是必要的。通过支持和鼓励金融科技企业的创新，可以推动普惠金融服务的科技化升级，使得金融服务不仅限于传统的银行体系，而是通过更广泛的技术平台提供支持。支持金融科技的发展不仅可以帮助现有金融机构改进服务，提高效率，还能促进新兴金融企业的成长，推动整个行业的创新和竞争。政府和私营部门应当提供资金支持、政策指导和市场准入便利，以促进这一领域的健康发展。

政府的角色在这个过程中同样关键，需要建立和完善信息整合共享机制，这不仅可以提升金融服务的效率，还能确保数据的安全和隐私保护。同时，通过建立普惠金融改革示范区，政府可以实验新的金融技术应用，为全国范围内的推广提供成功案例和经验教训。这些示范区可以作为金融创新的孵化器，不仅吸引科技公司和金融机构合作，还可以测试新的监管框架，确保新技术在不妨碍金融市场稳定的前提下得到有效应用。

此外，中小金融机构在数字化转型的过程中面临着特殊的挑战。与科技公司的合作可以为这些机构提供必要的技术支持和资源，使它们能够开发和提供满足特定需求的普惠金融产品和服务。这种合作应当着眼于建立长期的伙伴关系，而不仅仅是技术的短期获取。通过这种方式，中小机构不仅能够增强自身的服务能力，还能在保持金融服务安全性和稳定性的前提下，减少对外部科技的过度依赖。这种策略能够帮助这些机构在竞争日益激烈的市场中保持竞争力，同时确保他们能够提供符合监管要求的安全、可靠服务。

（三）着力防范化解普惠金融重点领域金融风险

一是适当调整普惠金融总量目标，兼顾发展和质量。避免制定过严过急迫的总量型要求，避免层层传递后在基层出现扭曲，使得以普惠、发展为目的的贷款异化为尽可能完成贷款任务。要在更长周期中验证和试错，以控制算法风险，避免在短周期、小体量、特殊场景有效的风控算法未经更大规模验证便在更大、更复杂领域应用。

二是注重跨部门风险传递和套利。严查抵押经营贷流入房地产市场，严打相关中介、过桥资金，降低存量房贷利率。抵押经营贷流入房地产市场不仅使得普惠贷款的促进小微发展的初衷落空，更给后续贷款到期、出现大规模不良时埋藏了巨大违约风险。应积极引导银行采取技术手段，识别并拒绝相关贷款申请；联合经侦部门，严打相关中介、过桥资金，切断风险传播途径。考虑引导银行降低存量房贷利率，一方面避免因宏观环境恶化偿还房贷压力变大的普通人选择抵押经营贷"铤而走险"；另一方面切实减轻最广大人群的最重负担，促进消费，提振信心。

三是健全普惠金融服务监管体系，防范化解金融风险。全面纳入普惠金融监管，建立健全风险预警响应机制，强化事前防范、事中监管、事后处置的全链条工作机制。制定相关政策和法规，严厉打击非法金融活动，保护用户权益，切实维护金融市场秩序和社会大局稳定。加强金融服务的信息披露和透明度，让用

第三章　做好普惠金融大文章　推进金融服务实体经济

户清晰了解金融产品和服务的费用、利率、风险等信息，对披露不完善、不积极的行为加以打击，确保用户能够做出明智的选择。

(四) 加强政策引导和治理协同

一是优化普惠金融政策体系，完善差异化监管政策。构建协调发展的政策体系，发挥财政政策、货币政策、产业政策的共同促进作用。通过优化税收结构、提高财政补贴力度等措施加大对普惠金融的政策支持力度，减轻中小微企业和农村地区的财务负担；通过调整存款准备金率、利率等货币政策工具，引导金融机构加大对中小微企业和农村地区的信贷支持力度；结合国家发展战略和地区实际情况，制定针对性的产业扶持政策，推动中小微企业和农村地区实现产业升级和转型发展。此外，政府要完善法规标准，强化金融监管，根据不同金融机构的风险状况和业务特点，调整市场准入条件、信贷规模约束、注册资本金限制等，引导金融资源流向重点领域和薄弱环节。同时，还需要加强对金融市场的监测和分析，及时发现化解风险。

二是强化货币政策引领，用好财税政策支持工具。政府在支持普惠金融领域的发展方面，应该采取分层措施。首先，积极利用支农支小再贷款、再贴现以及普惠小微贷款支持等货币政策工具，精准施策，引导金融机构扩大对普惠金融领域的信贷投放，以发挥货币政策总量与结构的双重调节作用。其次，人民银行需不断完善市场化利率机制，提高货币政策传导效率，降低社会融资成本。另外，不断优化财政支持普惠金融发展政策工具，继续实施普惠金融相关的税收优惠政策，通过设立普惠金融发展示范区，探索普惠金融发展的新路径、新模式，形成可复制推广的经验。同时，政府应鼓励政策性银行和保险机构开展普惠金融服务，满足多元化金融需求，实现金融资源的优化配置。

三是积极参与普惠金融全球治理。我国要在国内普惠金融"提质增效"的基础上积极促进普惠金融领域的对外开放，深化与其他国际组织和多边机制的交流合作，通过合作与对话分享中国经验、提出中国方案，推动全球普惠金融治理体系的完善和发展。政府还应主动参与普惠金融领域的规则制定和治理机制创新，推动建立更加公平、透明、有效的国际金融规则体系，为国际金融生态系统的发展贡献中国力量。

（五）优化普惠金融发展环境

一是优化普惠金融发展环境，提高普惠金融法治水平。为提升普惠金融发展的环境质量，必须着力于提高普惠金融领域内的法治化水平。完善普惠金融相关法律法规是构建法治化环境的基础。这包括推动我国《人民银行法》《银行业监督管理法》《商业银行法》《保险法》等法律的修订，以及加快《金融稳定法》的出台。同时，制定地方金融监督管理条例等法规，明确普惠金融的战略导向和监管职责，确保金融消费者权益得到有效保护，并推动数字普惠金融等新业态的法规建设，以防范和化解金融风险。

此外，还需要加强普惠金融立法的前瞻性和系统性，围绕促进竞争、防范风险、保护消费者等重点领域，制定专门的法律法规。要坚持问题导向，针对普惠金融发展中面临的突出矛盾和挑战，完善相关法律制度，为普惠金融的可持续发展提供有力的法

第三章　做好普惠金融大文章　推进金融服务实体经济

治保障。同时，要加强普惠金融法治宣传教育，提高社会公众的法治意识和风险防范能力，营造全社会共同支持和参与普惠金融的良好氛围。

二是在完善普惠金融相关法律法规的基础上，应加快补齐规则和监管短板。针对小额贷款公司、融资担保公司等非银行金融机构，应完善监管规则，探索不良资产处置的司法途径，建立适应新业态、新产品的监管体系，提高监管适应性和效率。通过顶层设计强化信用信息共享，推广"信易贷"模式，利用全国中小企业融资信用服务平台，深化"银税互动"与"银商合作"，提升信息共享效率，增强金融服务的可获得性和精准性。

同时，要加强监管科技的应用，运用大数据、人工智能等技术手段，提升监管的精准性和有效性。建立健全风险监测预警和处置机制，加强对重点领域、重点机构的风险排查，及时发现和化解潜在风险隐患。引导金融机构加强合规经营和内控管理，提高风险防控能力。推动行业自律，发挥行业协会在制定行业规范、开展从业人员培训等方面的积极作用。加强监管协调，建立监管部门与司法机关的有效衔接机制，形成监管合力，共同维护普惠金融市场秩序。

三是缩小城乡金融服务差距，关键在于加强农村支付基础设施和信用环境建设。政策应聚焦完善农村支付系统，推广移动支付等创新支付方式，作为提升乡村治理和信用体系建设的一环。这将扩大农户信用记录覆盖，丰富应用场景，并依法完善失信惩戒机制，净化信用环境。同时，应推进融资登记基础设施建设，改进动产和权利担保统一登记系统，提升知识产权质押信息平台功能，增强应收账款融资服务平台服务质量和效率。完善农村产权流转、抵押和登记体系，提供全面的融资服务解决方案，提升金融服务便捷性和安全性，确保农村经济活动获得必要金融支持。

此外，还要加大对农村地区金融基础设施的投入力度，改善农村金融服务网点布局，提高农村地区ATM机、POS机等设备的普及率。鼓励金融机构与农村电商、物流等平台合作，拓宽农村地区金融服务渠道。加强农村金融消费者教育，提高农民金融知识水平和风险防范意识。支持农村资源要素的市场化配置，盘活农村闲置资产，为农村普惠金融发展创造有利条件。推动农村普惠金融与乡村振兴战略相结合，服务农业农村现代化，助力农民增收致富，为全面建设社会主义现代化国家提供有力支撑。

四是优化普惠金融发展环境，提高普惠金融法治水平，是推动普惠金融高质量发展的重要保障。这需要从完善法律法规、补齐监管短板、加强信用体系建设、改善农村金融基础设施等多个方面入手，形成政策合力，共同营造有利于普惠金融持续健康发展的良好生态。在这个过程中，要坚持问题导向和目标导向相结合，立足国情和发展阶段，借鉴国际经验，探索符合中国实际的普惠金融发展道路。要发挥政府的引导作用，调动市场主体的积极性，鼓励金融创新，提高金融服务的覆盖面和可得性。同时，要加强风险防范，守住不发生系统性金融风险的底线，确保普惠金融行稳致远。加快建设普惠金融法治环境，不断提升普惠金融发展水平，对于促进社会公平正义、推动共同富裕具有重要意义，如表3—8所示。

第三章 做好普惠金融大文章 推进金融服务实体经济

表 3—8　　　　　　　　普惠金融相关政策梳理

时间	相关政策文件	支持普惠金融内容
2005 年	联合国正式提出"普惠金融概念"，央行、商务部、国开行等与联合国开发计划署合作开展"建设中国普惠金融体系"项目	"建设中国普惠金融体系"项目
2013 年 11 月	《中共中央关于全面深化改革若干重大问题的决定》	正式提出发展普惠金融，鼓励金融创新，丰富金融市场层次和产品
2014 年 3 月	国务院《政府工作报告》	在"深化金融体制改革"的表述中增加"发展普惠金融"
2015 年 3 月	国务院《政府工作报告》	提出要大力发展普惠金融，让所有市场主体都能分享金融服务的雨露甘霖
2015 年 12 月	国务院发布《关于印发推进普惠金融发展规划的通知（2016—2020 年）》	首次从国家层面确立普惠金融的实施战略。该通知首次对普惠金融给出了中国官方的定义
2016 年 3 月	国务院《政府工作报告》	强调大力发展普惠金融和绿色金融。保障财政对农业投入，建立全国农业信贷担保体系，完善农业保险制度和农村金融服务，引导带动更多资金投向现代农业建设
2016 年 3 月	中国人民银行、民政部、银保监会、证监会联合印发了《关于金融支持养老服务业加快发展的指导意见》	首次将养老服务纳入了普惠金融覆盖的范围
2017 年 3 月	国务院《政府工作报告》	促进金融机构突出主业、下沉重心，增强服务实体经济能力，坚决防止脱实向虚。鼓励大中型商业银行设立普惠金融事业部，有效缓解中小微企业融资难、融资贵问题
2017 年 7 月	全国金融工作会议	习近平总书记在全国金融工作会议上，再次强调发展普惠金融的重要意义，并且首次提出建设普惠金融体系，为我国普惠金融的下一步发展指明了方向

金融强国之路：如何写好做实"五篇大文章"

续表

时间	相关政策文件	支持普惠金融内容
2017年8月	11部门关于印发《大中型商业银行设立普惠金融事业部实施方案的通知》	通过在大中型商业银行建立适应普惠金融服务需要的事业部管理体制，构建科学的普惠金融事业部治理机制和组织架构，健全普惠金融专业化服务体系，提高普惠金融服务能力
2017年9月	中国人民银行官方网站发布《中国人民银行关于对普惠金融实施定向降准的通知》	增加普惠金融领域贷款投放的正向激励机制，有助于促进金融资源向普惠金融倾斜，优化信贷结构
2018年3月	国务院《政府工作报告》	改革完善金融服务体系，支持金融机构扩展普惠金融业务，规范发展地方性中小金融机构，着力解决小微企业融资难、融资贵问题
2018年6月	《中国银保监会办公厅关于2018年推动小微企业金融服务高质量发展的通知》	以单户授信1000万元以下的小微企业贷款为考核重点，努力实现"两增两控"目标，即普惠小微贷款增速高于各项贷款增速，有贷款余额户数高于年初，合理控制小微企业贷款资产质量水平和贷款综合成本
2018年6月	人民银行 银保监会 证监会 发展改革委财政部发布《关于进一步深化小微企业金融服务的意见》	提出引导金融机构将更多资金投向小微企业等经济社会重点领域和薄弱环节
2019年3月	国务院《政府工作报告》	对金融机构特别是大型国有银行的普惠金融提出明确要求，要求其每年普惠金融贷款增速不低于30%
2019年8月	人民银行印发《金融科技（FinTech）发展规划（2019—2021年）》	明确提出面向"三农"和偏远地区提供安全、便捷、高效的特色化金融科技服务，推动数字普惠金融发展
2019年9月	修订颁发2015年公布的《普惠金融发展专项资金管理办法》	优化完善财政支持普惠金融发展方式，更好发挥财政资金引导撬动作用，切实提高普惠金融服务水平

第三章　做好普惠金融大文章　推进金融服务实体经济

续表

时间	相关政策文件	支持普惠金融内容
2020年4月	《中国银保监会办公厅关于做好2020年银行业保险业服务"三农"领域重点工作的通知》	支持"三农"领域补短板。提升金融服务乡村振兴能力，探索建立城乡普惠金融服务体系；借助现代科技手段发展线上业务，改善农村网络信贷等普惠金融发展环境，为农民提供足不出村的便捷金融服务
2020年5月	国务院《政府工作报告》	国有大型银行上半年普惠型小微企业贷款余额同比增速要力争不低于30%
2021年3月	国务院《政府工作报告》	健全具有高度适应性、竞争力、普惠性的现代金融体系，增强金融普惠性
2022年3月	国务院《政府工作报告》	强调用好普惠小微贷款支持工具，增加支农支小再贷款，优化监管考核，推动普惠小微贷款明显增长、信用贷款和首贷户比重继续提升
2022年3月	国务院《政府工作报告》	引导金融机构增加信贷投放，降低融资成本，对普惠小微贷款阶段性减息。普惠小微贷款余额从8.2万亿元增加到23.8万亿元、年均增长24%
2022年4月	中国银保监会印发《关于2022年进一步强化金融支持小微企业发展工作的通知》	持续改进小微企业金融供给。围绕"六稳""六保"战略任务，巩固完善差异化定位、有序竞争的金融供给格局，进一步提升金融服务质量和效率，稳步增加银行信贷并优化结构，丰富普惠保险产品和业务，促进综合融资成本合理下降
2022年6月	《中国银保监会办公厅关于进一步做好受疫情影响困难行业企业等金融服务的通知》	各级监管部门、银行保险机构和相关行业协会要坚持金融服务的普惠性、人民性，切实增强社会责任感，采取针对性的有效纾困措施，支持暂时遇困行业企业渡过难关、恢复发展
2023年9月	《国务院关于推进普惠金融高质量发展的实施意见》	提出深化金融供给侧结构性改革，促进普惠金融和绿色金融、科创金融等融合发展，提升政策精准度和有效性

续表

时间	相关政策文件	支持普惠金融内容
2024年3月	《国家金融监督管理总局办公厅关于做好2024年普惠信贷工作的通知》	力争实现普惠型小微企业贷款增速不低于各项贷款增速的目标、合理确定普惠型小微企业贷款利率水平。增强对小微企业法人服务能力,加大首贷、续贷投放
2024年3月	国务院《政府工作报告》	强调大力发展科技金融、绿色金融、普惠金融、养老金融、数字金融

第四章
做好养老金融大文章
助力银发经济高质量发展

第一节 养老金融发展的现状与成效

在中国，随着人口老龄化的加速，养老金融的发展受到了前所未有的关注。当前，中国已经步入了人口老龄化的阶段，65岁及以上的老年人口比例不断上升，这对养老保障体系提出了新的挑战。为了应对这一挑战，中国政府和社会各界都在积极探索和推动养老金融的发展。

一 中国人口老龄化背景

根据法国人口学家皮撒（B. Pichat）提出的老龄化社会划分标准，当社会中65岁及以上人口数量占总人数比例超过7%时，即认为该社会进入老龄化社会。2000年，我国65岁及以上人口数量达到9062万人，占总人口比例为7.10%，标志着我国正式进入老龄化社会阶段。近年来，随着中国第一次婴儿潮（1949—1957年）出生人口年纪增长，我国65岁及以上人口数量迅速增加，同时受出生率降低以及寿命延长的影响，我国65岁及以上人口数量占比大幅上升，社会老龄化程度日益加深，我国政府也面临着较大的社会老龄化应对压力。

（一）中国人口老龄化现状

目前，我国人口老龄化主要表现为老年人口数量庞大、老龄化进程逐步加快以及老龄化程度较高。首先，我国老年人口数量庞大。1982—2023年，我国65岁及以上人口数量由4991.21万人上升至2.17亿人，老年人口占比由4.91%上升至15.40%。根据世界银行统计数据，2023年全球65岁及以上人口数量为7.80亿人，占比为9.81%。由此计算，2023年中国老年人口占全球老年人口的27.82%，远超其他国家和地区。其次，我国老龄化进程正在逐步加快。1992—2000年，我国65岁及以上人口数量年均增幅为2.72%，2001—2010年年均增幅为3.03%，2011—2020年年均增幅为4.83%。未来二十年，中国第二次婴儿潮（1962—1976年）的出生人口也即将进入老龄化阶段，我国人口老龄化进程预计会进一步加快。2021年，我国65岁及以上人口占比为14.20%，超过14%的标准正式进入深度老龄化社会。从老龄化社会到深度老龄化社会，我国仅用21年，远远快于世界其他发达经济体。英国、法国、德国、日本分别于1975年（14.05%）、1990年（14.04%）、1972年（14.16%）、1995年（14.30%）进入深度老龄化社会，从老龄化社会到深度老龄化社

第四章 做好养老金融大文章 助力银发经济高质量发展

会分别用时46年、126年、40年和24年。[①] 对比来看，我国人口老龄化进程明显较快。最后，中国人口老龄化程度较高。世界银行统计的世界各国社会老龄化情况显示，2020年中国65岁及以上人口数量为1.91亿人，老年人口占比为13.50%，高于全球9.30%的平均水平，全球排名第63位。从老年抚养比数据来看，2022年我国老年抚养比为21.80%，高于全球（15.10%）以及中高等收入国家（17.06%）的水平，如图4—1所示。

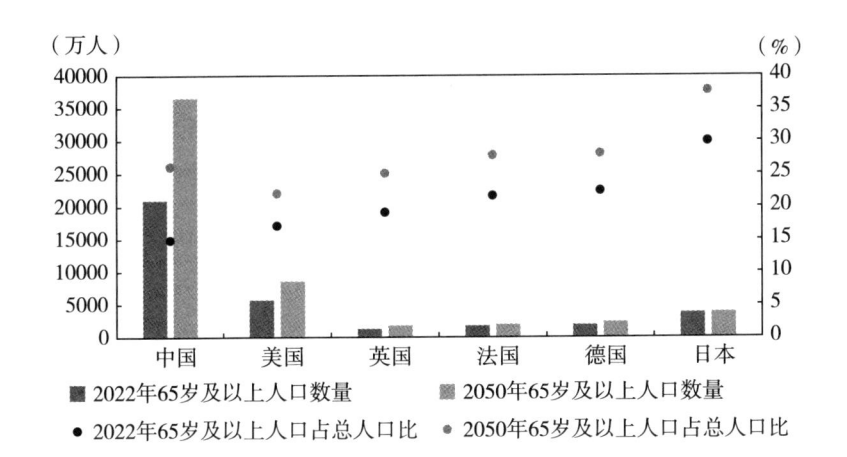

图4—1 世界各国社会老龄化情况

资料来源：根据万得数据库整理而得，其中2050年数据为经济合作与发展组织（OECD）预测数据。

（二）中国人口老龄化特点

中国人口老龄化的特点深刻影响着社会经济的各个层面，主

[①] 巴曙松、龚书豪、李妮娜、李成林：《我国养老产业发展"拐点"研判——基于多案例研究的典型事实》，《西南金融》2024年第4期。

金融强国之路：如何写好做实"五篇大文章"

要表现在以下几方面：首先，中国面临"未富先老"的问题，即在人均收入水平尚未达到发达国家标准时，老年人口比例已经迅速上升，这给养老保障体系带来了较大的压力。其次，近年来中国的人口出生数量减少，这不仅影响了劳动力市场的供给，也加剧了人口老龄化的速度。再次，中国的老龄化呈现出一种"高原"态势，即老年人口的增长速度在一段时间内保持相对稳定，但总量持续增加，这要求社会必须不断适应和调整以满足老年人口的需求。最后，随着老年人口的增加，老年抚养比持续上升，这意味着劳动力人口需要承担更多的养老负担，这对家庭和社会都构成了不小的挑战。

1. "未富先老"问题突出

与世界发达经济体相比，中国人口老龄化具有"未富先老"的特点。我国于 2000 年进入人口老龄化阶段时，人均 GDP 仅为 959.36 美元，远远落后于世界发达经济体进入人口老龄化阶段的水平。21 世纪初期正是我国经济高速发展的时期，在经济不发达的情况下提前进入老龄化社会，势必对我国的经济发展形成一定的阻碍，尤其是劳动力市场的变化和消费模式的转变，将对我国的经济结构产生显著的影响。如图 4—2 显示，2010 年以来，我国经济增速显著放缓。2011—2017 年我国 GDP 平均增速为 10.61%，低于 2001—2010 年 15.26% 的平均增速。2017 年，党的十九大报告指出，我国经济由高速增长阶段转向高质量发展阶段，经济增速进一步下滑。2018—2023 年，我国 GDP 平均增速下滑至 7.23%。在经济增速显著放缓的情况下，我国于 2021 年 65 岁及以上人口比例超过 14%，正式进入深度老龄化社会阶

第四章 做好养老金融大文章 助力银发经济高质量发展

段。同时，预计在未来我国人口老龄化的速度会进一步加快。由此可见，我国"未富先老"的问题日益突出。

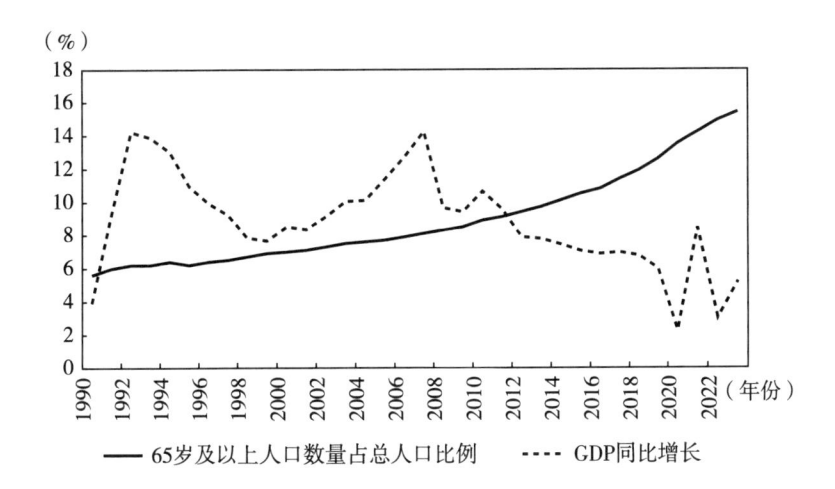

图4—2 1990—2023年中国社会老龄化程度及GDP同比增长

资料来源：根据万得数据库数据整理而得。

2. 人口出生数量降低，人口总量有所下降

我国虽为人口大国，但近年来年出生人口减少。历史上我国曾出现过三次婴儿潮：第一次是1949—1957年，连续9年，年出生人口超过2000万人；第二次是1962—1975年，连续14年；第三次是1980—1997年。为控制人口增长速度，1982年我国将"计划生育"确定为基本国策，写入《中华人民共和国宪法》。1991年中共中央、国务院作出《关于加强计划生育工作严格控制人口增长的决定》，明确贯彻现行生育政策，严格控制人口增长。在计划生育的严格执行下，自21世纪以来，我国年出生人口总数已经下降至1800万人以下，基本保持在1500万—1700万

人的水平。2011年起，为应对我国人口老龄化不断加重的问题，我国对计划生育政策进行调整，政策逐渐由"双独二孩""单独二孩""全面二孩放开"演变至如今的"三孩政策"。但是，政策放松对刺激出生人口增长的效果有限。随着城市化进程的不断推进、受教育程度不断提升，在年青一代观念改变、养育成本逐渐上升等背景下，年青一代的不婚主义、生育意愿降低，生育推迟等因素进一步加剧了我国人口结构的老龄化。

随着新生人口数量下降，我国总人口数量近两年也有所下降。从图4—3可以看出，2022年是我国人口发展史上的一个转折点，全国年末人口总数达到了14.11亿人，但自然增长率却降至-0.6%，这是自中华人民共和国成立以来首次记录到的人口总量减少现象。进入2023年，这一趋势并未得到缓解，年末人口总数进一步降至14.09亿人，自然增长率更是下降至-1.48%。人口总量减少趋势对我国的人口结构产生了深远的影响，尤其是对社会老龄化问题产生了巨大的冲击。随着适龄劳动人口的减少和老年人口的增加，社会老龄化问题愈发突出，给社会医疗、养老等领域带来了严峻的挑战。

3. 老龄化呈现"高原"态势

我国人口老龄化水平在未来很长时间内将保持较高水平。"中国养老金融50人论坛"秘书长、中国人民大学公共管理学院原院长董克用曾表示：中国人口老龄化不是面临"高峰"，而是将面对"高原"。2010年开始，我国65岁及以上人口数量增长明显加快，2021年突破2亿人。2027年起，我国第二次婴儿潮出生人口将进入老龄化阶段，未来我国老龄化人口数量将持续保持在较高水平。据国家卫生健康委员会测算，"十四五"时期，

第四章　做好养老金融大文章　助力银发经济高质量发展

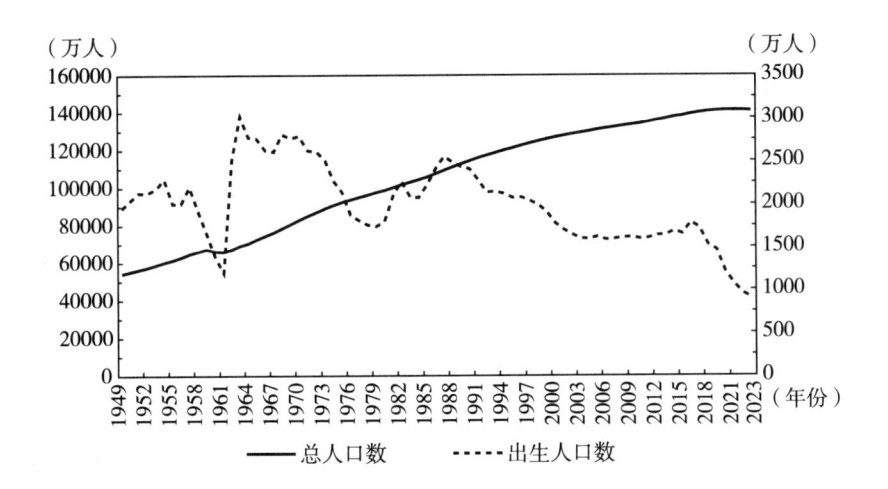

图4—3　1949—2023年中国总人口数与出生人口数

资料来源：根据万得数据库数据整理而得。

我国60岁及以上老年人口总量将突破3亿人，占比将超过20%，进入中度老龄化阶段。预计到2035年前后，我国60岁及以上的老年人口数量将显著增加，达到4亿人以上，占总人口的比例将超过30%。这一人口结构的转变预示着我国将正式迈入重度老龄化的社会阶段。此外，根据联合国《世界人口展望》预测，在未来相当长的一个时期内，中国65岁及以上人口占比将保持在30%左右。如经济合作与发展组织（OECD）预测的中国65岁及以上人口数量所示，2024—2035年，我国65岁及以上人口数量将快速增长，随后在较长一段时间内保持在3.5亿—4亿人的水平，如图4—4所示。这也意味着，我国社会老龄化并不是一个短期的现象，而是一个在未来半个世纪甚至更长时间内需要持续应对的问题。

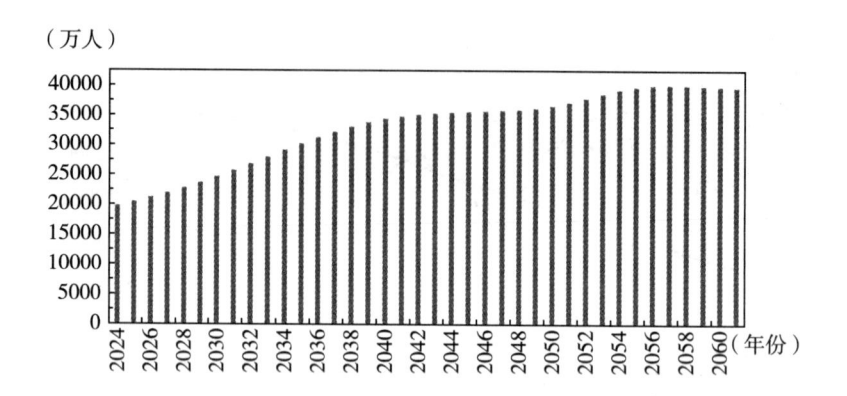

图 4—4　经济合作与发展组织（OECD）预测中国 65 岁及以上人口数量

资料来源：根据万得数据库数据整理而得。

4. 老年抚养比持续上升，养老负担增加

从抚养比数据来看，我国老年抚养比逐年上升，而少年抚养比逐渐下降。2022 年我国老年抚养比为 21.80%，较上年同期增长 4.81%；少年抚养比为 24.80%，较上年同期下降 3.13%。整体来看，我国老年抚养比自 1990 年起呈现上升趋势，2022 年老年抚养比创造了历史新高，少年抚养比则自 1990 年起整体呈现波动下降的态势。世界各国老年人抚养比如图 4—5 所示，根据 2022 年数据，我国老年抚养比低于英国（30.25%）、法国（35.42%）、德国（35.23%）、日本（51.19%）等世界其他发达经济体。但值得注意的是，根据人力资源和社会保障部介绍，中国劳动年龄人口数量减少幅度正在加大，预计"十四五"时期将减少 3500 万人。同时在老年人口快速增加、新生人口急剧下降的背景下，未来我国的老年抚养比将会进一步上升。又由于我国经济目前的发展水平与发达国家存在较大差距，养老体系和制

第四章 做好养老金融大文章 助力银发经济高质量发展

度方面仍存在较大完善空间,未来我国社会的养老负担也将会同步增加。

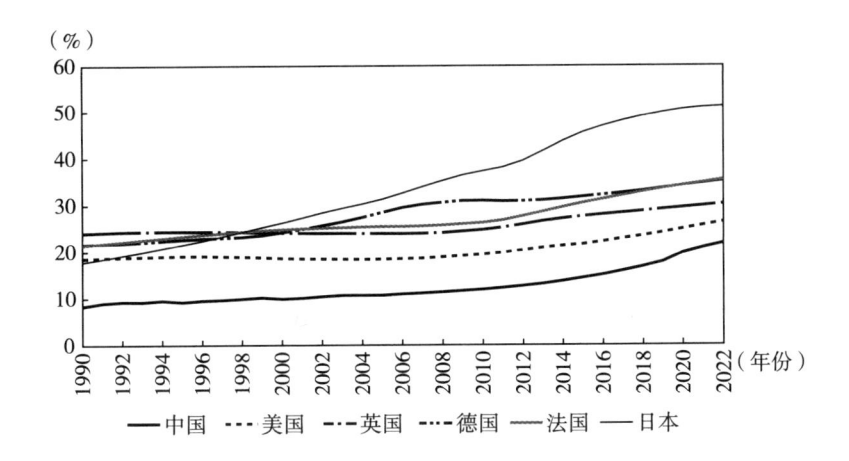

图4—5 世界各国老年人抚养比

资料来源:根据万得数据库数据整理而得。

二 养老金融发展现状

养老金融是指为了应对人口老龄化挑战,围绕社会成员的各种养老需求所进行的金融活动的总和,具体可以分为经济保障和服务保障两大类,其中经济保障包括养老金金融和养老服务金融,服务保障包括养老产业金融。

养老金金融是指运用投资、理财等金融手段实现养老金的管理与增值,涉及养老金的积累、管理以及增值等多个方面。具体来看,养老金金融包含了养老金制度安排和养老金资产管理两方面。养老金制度安排是指国家为保障公民在退休或丧失劳动能力后能够维持正常生活水平而制定的养老金制度体系,目前世界大多数国家均采用"三支柱"的养老金制度体系,即政府、企业和个人责任分担,保证养老金制度能够覆盖到需要保障的公民,并在长期内保持稳定运行。养老金资产管理则是指对养老金基金进行有效的投资和运营,以实现资金的保值增值,保障养老金的正常支付。这一过程通常包括资产配置、投资管理、投资决策以及监督评估等。

养老服务金融是指金融机构通过提供具有针对性、创新性的金融产品和服务,满足老年群体在养老阶段的投资、理财、消费及其他衍生需求。养老服务金融是养老金融的重要组成部分之一,也是对国家养老金体系的有效补充。养老服务金融主要包括养老财富管理和养老财富消费两方面。养老财富管理是指公民在中青年时期便以养老为目的进行财富积累和增值,以满足老年时期的消费需求等。养老财富管理需要开发跨生命周期的金融产品,属于长期的投资规划,并根据个人的偏好变化以及市场环境的变化不断进行调整和优化。养老财富消费是指将公民在中青年时期积累的养老财富用于消费的过程。这一过程同样需要金融机构的参与,为老年群体的消费提供针对性的指导和帮助,如图4—6所示。

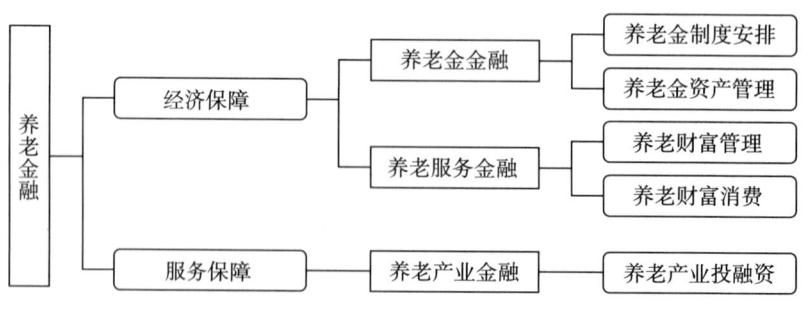

图4—6 养老金融的内涵

第四章　做好养老金融大文章　助力银发经济高质量发展

养老产业金融是指通过金融手段为养老相关产业提供投融资支持，进而促进养老产业的健康发展。养老产业金融属于养老金融服务保障的部分。随着家庭养老功能逐渐弱化，社会化养老功能逐渐兴起，养老产业的需求也在同步增加。由于养老产业投资具有投资额度大、回报周期长等特点，为保证养老产业的供应与需求匹配，养老产业的发展需要金融业的大力支持。

（一）养老金金融发展现状

我国养老金金融领域近年来取得了显著的发展和进步。首先，全国社会保障基金规模持续增长，其投资运营和风险管理均表现出审慎稳健的特点，确保了基金的安全性和增值潜力。其次，基本养老金基金运行平稳，通过实施全国统筹制度，有效缓解了地区间的不平衡问题，增强了养老金制度的公平性和可持续性。再次，年金基金规模稳步上升，覆盖面不断扩大，为更多的职工提供了更广泛的养老保障。个人养老金制度的正式启动，标志着我国养老金体系更加多元化和个性化，满足了不同群体的养老需求。最后，政策的先行引导和支持，为养老金金融的发展提供了坚实的基础和动力，推动了整个行业向着更加成熟和完善的方向发展。总体来看，养老金金融在保障老年人口福祉、促进社会和谐稳定方面发挥了重要作用。

1. 全国社保基金规模呈上升趋势，投资运营和风险管理审慎稳健

第一，全国社保基金储备规模稳步扩大。我国社保基金资产从2019年的2.63万亿元增长到2021年12月末的3.02万亿元，但2022年12月末略有降低，为2.88万亿元。扣除短期负债，

金融强国之路：如何写好做实"五篇大文章"

社保基金权益总额从 2019 年 12 月末的 2.42 万亿元增长到 2021 年 12 月末的 2.7 万亿元，但 2022 年 12 月末也略有下降，为 2.60 万亿元。财政性拨入全国社保基金资金和股票累计值则一直稳步提升，从 2019 年 12 月末的 0.96 万亿元上升到 2022 年 12 月末的 1.09 万亿元，① 如图 4—7 所示。

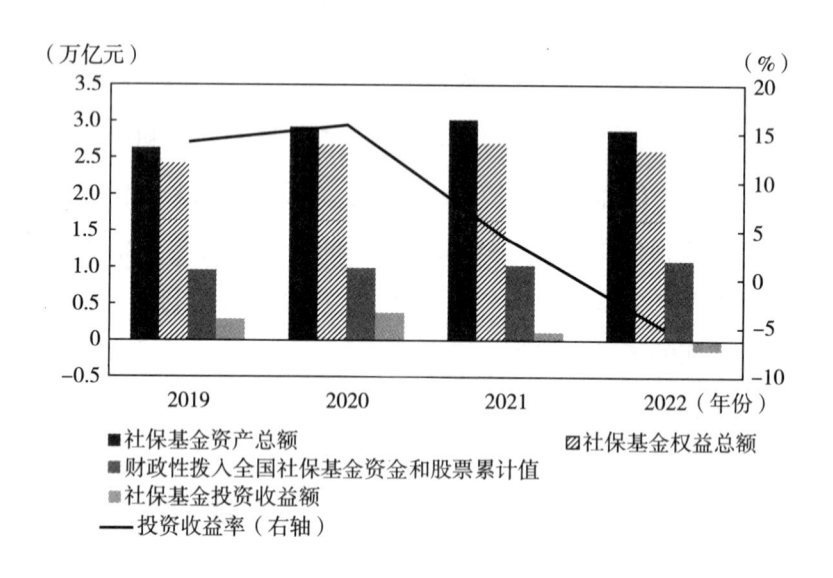

图 4—7　社保基金规模与投资情况

第二，审慎稳健开展投资运营和风险管理。社保基金会充分发挥基金长资金、大资金、稳资金优势，践行可持续投资理念，着眼获取长期较好收益进行布局，审慎开展投资运营管理。社保基金投资收益受疫情影响有所下降，但总体平稳。2019 年 12 月

---

① 董克用、施文凯：《加快建设中国特色第三支柱个人养老金制度：理论探讨与政策选择》，《社会保障研究》2020 年第 2 期。

第四章　做好养老金融大文章　助力银发经济高质量发展

末至2022年12月末，社保基金投资收益额分别为：2917.18亿元、3786.6亿元、1131.8亿元和-1380.9亿元；对应投资收益率分别为：14.06%、15.84%、4.27%和-5.07%。[1]

2. 基本养老金基金运行平稳，全国统筹缓解地区不平衡

第一，基本养老保险参加人数持续增加。我国基本养老保险人数从2019年开始持续增加，增速从2020年开始有所下降。2019年12月至2023年12月，基本养老保险参加人数分别为：9.6754亿人、9.9865亿人、10.2871亿人、10.5307亿人、10.6643亿人；增长率分别为：2.61%、3.22%、3.01%、2.37%、1.27%，如图4—8所示。图4—9则展示了城镇职工和城乡居民基本养老保险参保情况，在养老保障体系中，城镇职工基本养老保险的参保人数呈现稳定增长的趋势。然而，城乡居民基本养老保险的参保人数在2023年出现了小幅下降。从2019年12月至2023年12月，城镇职工基本养老保险参保人数逐年递增，分别为4.3482亿人、4.5638亿人、4.8075亿人、5.0349亿人和5.2121亿人。增长率分别为：3.90%、4.96%、5.34%、4.73%、3.52%。城乡居民基本养老保险的参保人数经历了逐步增长后，增长幅度小幅下降的趋势。2019年12月参保人数为5.3266亿人，随后几年参保人数逐年增加，2021年达到5.4797亿人的峰值。然而，2022年参保人数略有下降至5.4952亿人，到了2023年12月，参保人数进一步减少至5.4522亿人。在这五年中，参保人数的年增长率分别为1.67%、1.84%、1.02%、0.28%和-0.78%，显示出增长速度在逐年放缓，最终转为负增长。

---

[1] 董克用、张栋：《中国养老金融：现实困境、国际经验与应对策略》，《行政管理改革》2017年第8期。

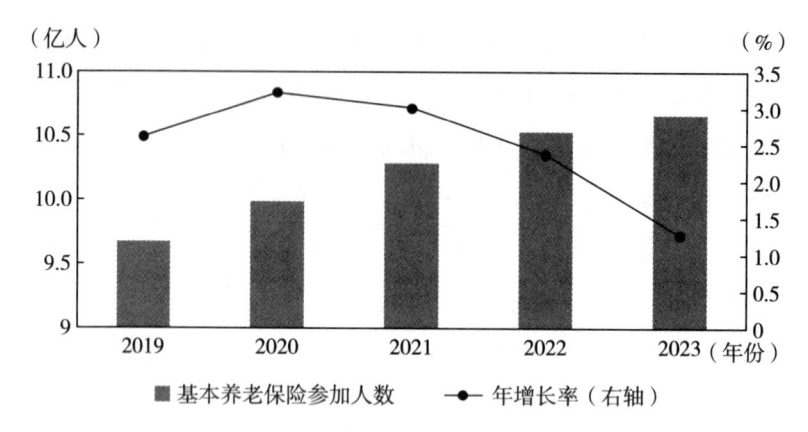

图 4—8 基本养老保险参加人数

资料来源：根据《国民经济和社会发展统计公报》数据整理而得。

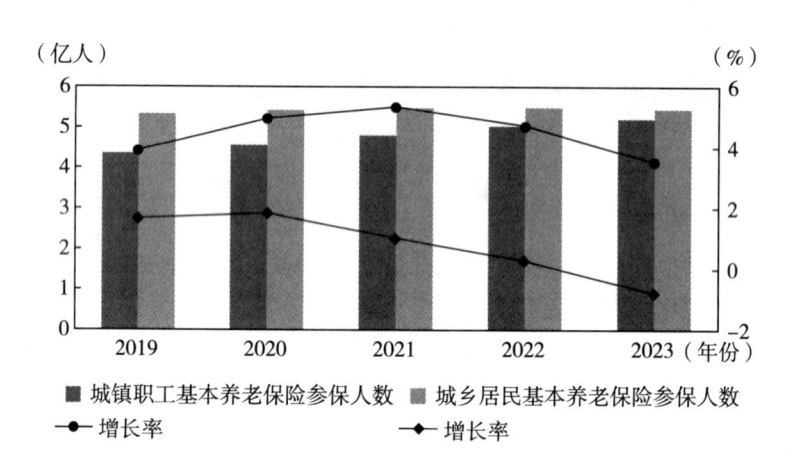

图 4—9 城镇职工和城乡居民基本养老保险参保情况

资料来源：根据国家统计局官网数据整理而得。

第二，养老保险基金收支总体平衡。2019—2023 年（2020 年除外），城镇职工基本养老保险基金收支相抵有盈余。我国城镇职工和城乡居民养老保险基金收支情况如图 4—10 所示，

第四章　做好养老金融大文章　助力银发经济高质量发展

2019—2023年，城镇职工基本养老保险基金的收入和支出均呈现出波动性增长。2019年12月，该基金收入为52063.1亿元，随后在2020年有所下降至43971.8亿元。但此后几年内，基金收入显著增加，2021年达到60040.4亿元，2022年增长至63122.3亿元，并在2023年达到70115.4亿元的高点。与此同时，基金支出也呈现逐年增长的趋势，2019年12月支出为48783.3亿元，2020年上升至51189亿元。随后，支出继续增加，2021年为56500.3亿元，2022年为59030.3亿元，到2023年12月增至63594.8亿元。2019—2023年，城乡居民基本养老保险基金相抵有盈余。2019年12月至2023年12月，城乡居民基本养老保险基金收入分别为：4020.2亿元、4770.2亿元、5207.2亿元、5570.5亿元、6060亿元；支出分别为：3113.9亿元、3374亿元、3724.5亿元、4044.5亿元、4619亿元。

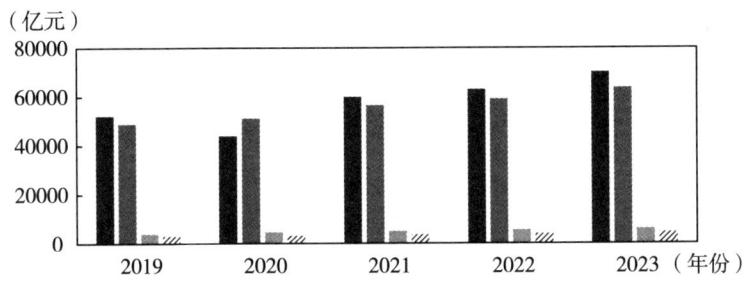

图4—10　城镇职工和城乡居民养老保险基金收支

资料来源：根据人力资源和社会保障部官网数据整理而得。

第三，全国统筹缓解地区间不均衡，中央地方保障基本养老金发放。为了提升养老保险制度的整体公平性和持续性，确保养老金的稳定发放，自 2022 年起，我国开始对各地区的养老保险基金结余进行有效的调剂。通过在全国范围内实行统筹管理，2023 年，全国统筹调剂资金的规模达到了 2716 亿元。这一措施有效地解决了地区间养老负担的不均衡以及基金结余分布的不平等，为平衡各地区养老保障能力、促进养老保险制度的健康发展提供了有力支持。中央地方协同发力，中央财政 2023 年安排基本养老保险补助资金约 1 万亿元，重点向基金收支困难的中西部地区和老工业基地倾斜；地方各级财政积极落实相关支出责任，确保及时足额发放基本养老金。

3. 年金基金：规模稳中有升，覆盖面逐步增加

第一，企业年金参与企业数量超过 13 万家，参与职工数超过 3100 万人。我国从 2019 年 12 月末到 2023 年第三季度，企业年金的参与企业数量呈现出稳步增长的趋势。2019 年 12 月末，参与企业数量为 9.6 万家，随后每年增长率分别为 9.84%、9.58%、11.69%、8.94% 和 8.36%，至 2023 年第三季度，企业数量增至 13.87 万家。同时，参与企业年金的职工人数也逐年增加。2019 年 12 月末职工数为 2547.94 万人，增长率为 6.69%。随后几年，职工增长率分别为 6.66%、5.80%、4.69% 和 3.09%，到 2023 年第三季度，参与职工数达到了 3102.95 万人，如图 4—11 所示。

第二，企业年金积累基金和建立计划总数逐步增长。如图 4—12 显示，2019 年 12 月末至 2023 年第三季度，企业年金积累基金分别为：1.8 万亿元、2.25 万亿元、2.64 万亿元、2.87 万亿元、3.12 万亿元；建立计划总数分别为：0.1673 万个、0.1752 万个、0.1802 万个、0.186 万个、0.1884 万个。

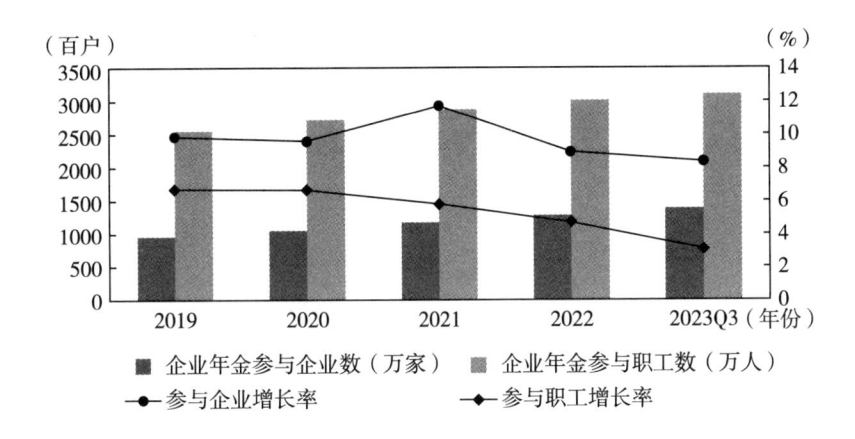

第四章 做好养老金融大文章 助力银发经济高质量发展

图 4—11 企业年金参与规模

资料来源：根据人力资源和社会保障部：《企业年金基金业务数据摘要》整理而得。

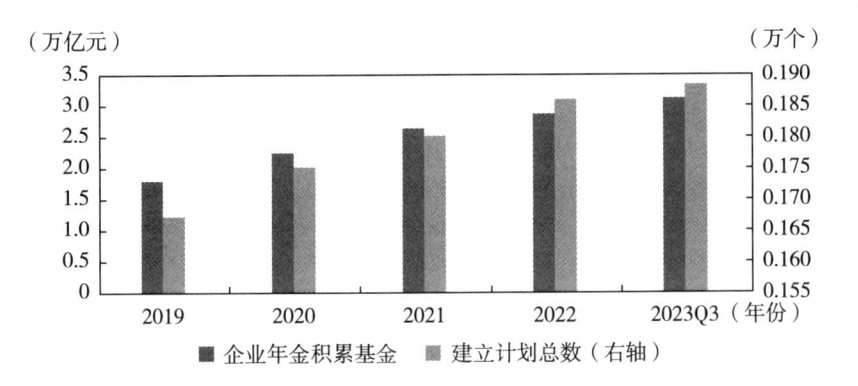

图 4—12 企业年金积累基金和计划规模

资料来源：根据人力资源和社会保障部：《企业年金基金业务数据摘要》整理而得。

第三，企业年金投资资产净值逐步增加，但增速有变化。如图 4—13 所示，2019 年 12 月末至 2023 年第三季度，企业年金投资资产净值分别为：1.77 万亿元、2.21 万亿元、2.61 万亿元、

2.83 万亿元、3.09 万亿元；增速分别为：22.07%、24.86%、18.10%、8.43%、9.19%。

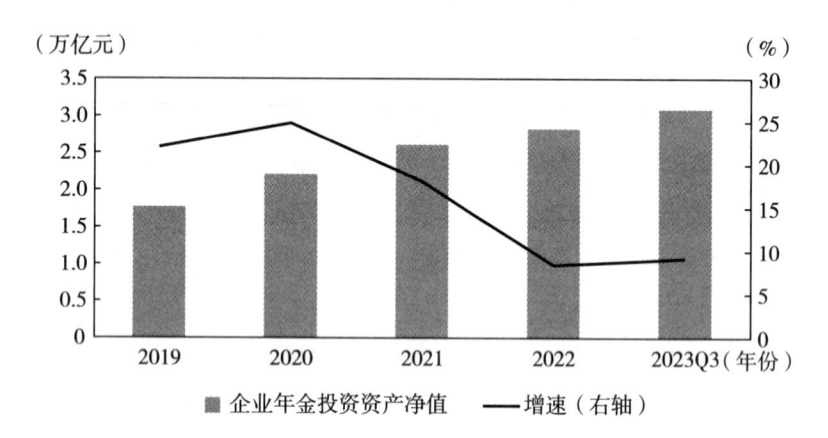

图 4—13　企业年金投资资产净值与增速

资料来源：根据人力资源和社会保障部：《企业年金基金业务数据摘要》整理而得。

第四，职业年金投资运营规模近年在上升。如图 4—14 所示，2020 年 12 月至 2022 年 12 月，我国职业年金投资运营规模分别为：1.29 万亿元、1.79 万亿元、2.11 万亿元。

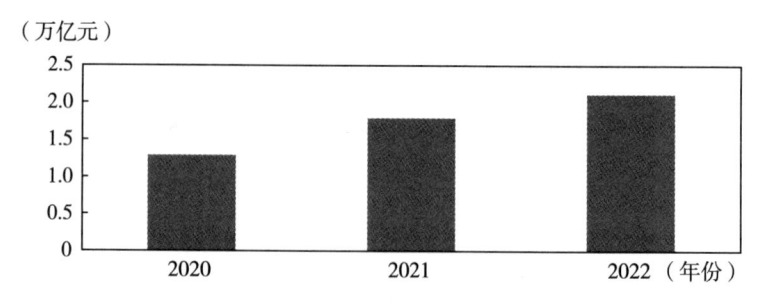

图 4—14　职业年金投资运营规模

资料来源：根据人力资源和社会保障部：《全国职业年金基金市场化投资运营情况》整理而得。

第四章　做好养老金融大文章　助力银发经济高质量发展

4. 个人养老金制度正式启动

第一，试点运行启动，开户人数超4000万。2022年11月25日，人力资源和社会保障部宣布个人养老金制度启动实施，在北京、上海、广州、西安、成都等36个城市或地区试点运行。可通过国家社会保险公共服务平台、全国人社政务服务平台、电子社保卡、"掌上12333" App等全国统一线上服务入口或商业银行等渠道，建立个人养老金账户，通过商业银行开立个人养老金资金账户。截至2023年6月底，全国36个先行城市（地区）开立个人养老金账户人数4030万人。[①]

第二，参与人数有待提升。当前个人养老金开户人数与城镇职工基本养老保险参与人数相比还有很大差距。截至2023年6月底，全国36个先行城市（地区）开立个人养老金账户人数4030万人，但2023年12月，城镇职工基本养老保险参保人数已经达到5.2121亿人。

第三，缴费金额有提升空间。截至2023年第二季度，个人养老金总缴费金额182亿元，人均缴费金额距离政策设定的1.2万元上限还有差距。

5. 政策先行，推动养老金金融发展

早在1951年，我国通过的《中华人民共和国劳动保险条例》就对职工老年保险办法进行了明确规定。20世纪90年代以后又通过了一系列政策条例，为企业职工养老保险、企业职工基本养老保险、企业年金、新型农村社会养老保险、城镇居民社会养老保险、城乡居民基本养老保险、机关事业单位职业年金、企业职

---

① 韩强：《个人养老金融高质量发展新生态》，《中国金融》2023年第12期。

金融强国之路：如何写好做实"五篇大文章"

工基本养老保险基金中央调剂、个人养老金等方面的发展提供了政策保障，推动了养老金金融的发展。

1991年，国务院发布了《企业职工养老保险制度改革的决定》（以下简称《决定》），标志着我国养老保险体系改革的开始。该《决定》旨在逐步构建一个由三个主要部分组成：基本养老保险、企业补充养老保险以及职工个人储蓄型养老保险构成的多元化的养老保险体系。这一改革实现了养老保险责任从以往主要由国家承担，过渡到由国家、企业和个人三方共同承担的分担机制的转变，从而促进了养老保险制度的可持续发展和公平性。

2004年，人力资源和社会保障部发布《企业年金办法》，对企业建立企业年金的条件、企业年金方案应该包括的内容、企业年金基金应该包括的内容、企业年金基金管理方式等进行了规定。

2009年，国务院发布《国务院关于开展新型农村社会养老保险试点的指导意见》，对试点工作的基本原则、任务目标、参保范围、基金筹集、建立个人账户、养老金待遇、养老金待遇领取条件、待遇调整、基金管理、基金监督、经办管理服务等方面进行了规定。

2011年，国务院发布《国务院关于开展城镇居民社会养老保险试点的指导意见》，试点工作的任务目标是：建立个人缴费、政府补贴相结合的城镇居民养老保险制度，实行社会统筹和个人账户相结合，与家庭养老、社会救助、社会福利等其他社会保障政策相配套，保障城镇居民老年基本生活。

2014年，国务院发布《国务院关于建立统一的城乡居民基

第四章　做好养老金融大文章　助力银发经济高质量发展

本养老保险制度的意见》。在总结新型农村社会养老保险（以下简称新农保）和城镇居民社会养老保险（以下简称城居保）试点经验的基础上，国务院决定，将新农保和城居保两项制度合并实施，在全国范围内建立统一的城乡居民基本养老保险（以下简称城乡居民养老保险）制度。

2016年，人力资源和社会保障部和财政部联合发布《职业年金基金管理暂行办法》，对建立职业年金的机关事业单位应当履行的管理职责、基金投资、收益分配及费用、计划管理及信息披露、监督检查等作出明确规定。

2022年，人力资源和社会保障部、财政部、国家税务总局、银保监会、证监会联合发布《个人养老金实施办法》，对个人养老金的参加流程、信息报送和管理、个人养老金资金账户管理、个人养老金机构与产品管理、信息披露、监督管理等方面做出具体规定。①

（二）养老服务金融发展现状

养老服务金融领域正展现出多元化和专业化的发展态势。首先，养老财富管理方面，银行、保险公司、基金公司以及其他金融机构正共同发力，提供多样化的产品和服务，以满足不同投资者的需求。商业银行在养老财富管理中扮演着重要角色，特别为偏好低风险的投资者提供安全稳健的投资选择。保险公司则利用其产品差异化的优势，为市场带来具有保障和储蓄双重功能的养老金融产品。基金公司则专注于长期稳健增值，推出以养老为目标的基金产品，帮助投资者实现资产的长

---

① 侯明、熊庆丽：《我国养老金融发展问题研究》，《新金融》2017年第2期。

期增长。

在养老财富消费方面，市场供给正在积极探索，尽管取得了一定进展，但仍有巨大的发展空间。随着人口老龄化的加剧和居民养老需求的日益增长，养老服务金融领域有望进一步扩大服务范围，提升服务质量，以更好地满足老年人口的多元化金融需求。整体来看，养老服务金融正处于快速发展期，通过不断创新和完善，将为老年人提供更加全面和个性化的金融服务。

1. 养老财富管理——四类金融机构共发力提供多样化产品

目前我国养老金融产品主要由四类金融机构提供。表4—1展示了我国养老金融产品分类与特点比较：第一，商业银行养老金融产品主要包括储蓄存款和特定养老储蓄，特点是类型多样、收益率略高于普通存款，主要为低风险偏好的投资者提供安全稳健的投资收益。第二，理财公司发行的养老理财产品主要以固收类资产为主，相对稳健，适合中低风险偏好的投资者。第三，保险公司推出的养老金保险产品具有保障和储蓄的双重特性。与银行存款和理财产品相比，这些保险产品在设计上更为灵活，提供既保本又具有弹性的收益，并且包含风险保障机制。这些特点赋予了保险产品独特的市场优势，尤其对于偏好中低风险的投资者来说，具有更大的吸引力。第四，基金行业提供的养老服务金融产品主要分为两类：养老目标风险基金和养老目标日期基金。其中，养老目标基金产品占据主导地位，他们的主要目标是实现养老资产的长期稳定增长，为投资者的退休生活提供财务支持。

第四章　做好养老金融大文章　助力银发经济高质量发展

表 4—1　　　　养老金融产品分类与特点比较

	养老金储蓄	养老金理财	养老金保险	养老金基金
作用	收益率较低但安全稳健	收益率高于储蓄、风险抵御能力强于基金	兼具保障与储蓄，收益率既有保证利率也有弹性	长期稳健增值，收益率波动较大但上限较高
风险等级	低风险	中低风险—中风险	中低风险—中风险	中风险
管理人/发行方	22家商业银行	10家银行理财公司	22家保险公司	61家公募基金公司
产品名录	465款产品	56款产品	95款产品	461款产品
类型	特定养老储蓄	储蓄存款	·中低风险为主 ·"固收+"为主 ·开放式净值型居多	·专属商业养老保险 ·年金保险 ·税收递延型养老年金保险 ·两全保险	·养老目标基金
期限	5年、10年、15年、20年期	7天—5年期不等	最短持有期为1—3年，部分为5年	普遍不短于5年	以1年和3年持有期为主
费率	无	无	总体费率较低	寿险预订费率包含在产品定价中	在四类产品中偏高，但普遍低于FOF产品A份额
平均收益率	2.05%—4.0%	1.80%—2.90%	5.0%—8.0%	2.1%—4.25%	2023年净值变动平均-2.83%

资料来源：根据人社部、国家金融监督管理总局、万得、券商中国、金融界、普益标准相关数据整理而得。

2. 商业银行养老财富管理——为低风险偏好的投资者提供安全稳健的投资收益

商业银行养老财富主要包括养老储蓄与其他养老理财产品。养老金储蓄产品包括商业银行所发行的储蓄存款和特定养老储蓄，主要为低风险偏好的投资者提供安全稳健的投资收益，更适合低风险偏好的投资者。主要特点是类型多样、收益率略高于普通存款，提供安全稳健的收益。特定养老储蓄是一种专为退休生活而设计的储蓄方式，它本质上是一种长期定期存款。这类储蓄产品以较长的存款期限、稳定的收益以及本金和利息的保障为特点，非常适合那些偏好低风险的居民来规划他们的养老金。根据国家金融监督管理总局最新公布的数据，截至 2024 年 1 月底，选择特定养老储蓄的存款人数已达到约 20 万人，而存款总额已接近 400 亿元人民币。此外，22 家银行共计发行 421 款个人养老金存款产品，产品类型包括定活两便、通知存款、零存整取、整存整取等，产品期限从 7 天到 5 年期不等。银行推出的养老理财产品通常采取以固定收益类资产为主导的多元化资产配置策略，这种策略注重安全性和稳定性。通过在不同类型的资产之间进行合理分配，这些产品旨在为投资者提供一个相对保守且风险较低的养老资金增值途径。总体来看，养老金理财产品收益率高于储蓄、风险抵御能力强于基金，更适合中低风险偏好的投资者。养老理财产品设置了风险缓释机制，包括风险准备金、平滑基金、减值准备措施等，以提升持有体验。相比其他养老金融产品，养老理财产品具备普惠性特征，托管费和管理费较低，已发行的产品托管费率为 0.01%—0.02%，管理费率为 0%—0.1%。在满足收益分配条件下，产品管理人可以定期分红，以鼓励大家长期投

第四章　做好养老金融大文章　助力银发经济高质量发展

资。从各养老理财产品的投资收益情况来看，截至2024年1月底，存续的56只养老理财产品实际收益率算术平均值为2.28%，中位数为2.20%。①

3. 保险公司养老财富管理现状——具有差异化优势

第一，养老金保险产品融合了保障和储蓄的双重特性，相较于传统的银行储蓄和理财产品，这些保险产品在设计上展现出更高的灵活性。它们不仅提供保本的收益，还允许收益具有一定的弹性，同时融入了风险保障机制。这些特点使得养老金保险产品在市场上具有独特的竞争优势，尤其对于偏好中低风险的投资者来说，更具吸引力。第二，养老金保险产品包括专属商业养老保险、商业养老金、年金保险、税收递延型养老年金保险和两全保险四类，保险期限普遍不短于5年。保险公司是参与第三支柱建设的先驱，从商业养老保险开发到个人税收递延型养老年金保险试点，在产品设计、风险保障、资产管理和附加服务等方面具备先发优势。对于中低风险偏好的投资者而言，保险公司在投资能力方面与银行及其理财子公司的差异不大。但在资管新规下，银行理财产品净值化管理、无法实现保本保收，而保险产品遵循定价利率，普通寿险产品有保底收益率、专属商业养老保险也有保证利率。同时，保险产品除了获取生存保险金给付、满期给付等收益外，也可以获取银行理财所无法提供的身故、全残、失能等风险保障，且领取方式更加多样化。此外，保险公司的健康管理和养老产业等布局不断完善，保险产品在提供风险保障、长期领取、稳健收益的同时，能够将寿险产品与健康管理、养老社区和

---

① 胡继晔：《养老金融：理论界定及若干实践问题探讨》，《财贸经济》2013年第6期。

养老服务等附加服务相连接，具备差异化优势。

4. 基金公司养老财富管理现状——长期稳健增值为目的

目前基金业养老服务金融产品的主体是养老目标基金产品，是指以追求养老资产的长期稳健增值为目的，鼓励投资者长期持有，采用成熟的资产配置策略，合理控制投资组合波动风险的公开募集证券投资基金，包括养老目标风险基金和养老目标日期基金两种产品。根据规定，在未达到国家规定的领取条件前，个人养老金资金账户封闭运行，这无疑凸显了其长期投资、稳定配置的属性。公募基金公司具有较强的资产配置能力和权益投资能力，是资本市场最成熟的专业机构投资者；同时，参与社保基金、基本养老金和年金业务较早，在养老金投资管理上具备专业投研优势、业务经验丰富，有能力进行精细化、多元化资产配置，助力个人养老金保值增值。在四类产品中，个人养老金基金产品直接参与权益市场投资，投资风险偏大、收益弹性也较大，预计目标客群主要是偏好通过长期投资平滑风险以获取穿越周期的长期稳健收益的中青年个人客户和中高收入客户。截至2023年12月末，共有61家基金管理人已发行养老目标基金，约1/3的基金管理公司参与到了养老目标基金运作与管理中。受到2023年股债双双表现不佳的影响，基金产品业绩承压，截至2023年12月，养老目标基金管理规模710.72亿元，较上年下降19.42%。在养老目标基金中，目标风险基金的规模达到了494.22亿元，占据了69.54%的市场份额，其中稳健型基金占据了绝大多数，比例高达77.78%。另外，目标日期基金的规模为216.5亿元，市场份额为30.46%，主要以2035年为目标日期的产品为主，占该类基金的24%。从管理数量上来看，共有461只

第四章　做好养老金融大文章　助力银发经济高质量发展

养老目标基金成立,其中目标日期基金193只,目标日期年份范围从2025—2060年,以2035年、2040年的产品为主,合计占比45%;养老目标风险基金268只,分为保守型、稳健型、平衡型以及积极型四类,以稳健型产品为主,占比61%。

5. 养老财富消费方面——市场供给积极探索仍有较大空间

银行业、保险业和信托业对养老财富消费进行了实践探索。各金融行业养老财富消费的实践探索情况如图4—15所示。

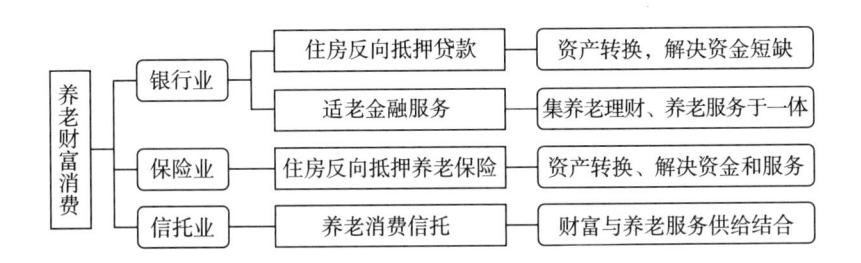

```
                ┌─ 银行业 ─┬─ 住房反向抵押贷款 ── 资产转换,解决资金短缺
                │          └─ 适老金融服务    ── 集养老理财、养老服务于一体
养老财富消费 ───┼─ 保险业 ─── 住房反向抵押养老保险 ── 资产转换、解决资金和服务
                │
                └─ 信托业 ─── 养老消费信托 ── 财富与养老服务供给结合
```

图 4—15　各金融行业养老财富消费的实践探索情况

资料来源:根据中国养老金融50人论坛《中国养老金融发展报告(2023)》,社会科学文献出版社2023年版相关资料整理而得。

一是银行业推出住房反向抵押贷款和适老金融服务。首先,通过住房反向抵押贷款,将老年人拥有的房产通过金融手段进行抵押,同时依托第三方综合评估,根据房屋的价值定期向老年人发放一定数额的养老金,老年人去世之后,银行可根据前期约定对房产进行处置。该方式一定程度上可以盘活老年人房产资源,缓解养老压力,但目前参与量较小。其次,推出适老金融服务,银行通过结合理财、信贷、便利结算等服务,为老年人提供定制化的金融产品,如兴业银行和中信银行提供的养老金融专属服务方案，并构建金融与非金融服务结合的养老金融服务体系，为老年人提供全方位的财富管理和养老支持。

二是保险业实践探索的主要模式是住房反向抵押养老保险。保险公司通常采取大房换小房、入住养老公寓等多元化的模式，将老年人的房产与养老资金需求或者养老服务需求进行转换。老年人将房产抵押给保险公司，保险公司根据房产价值和老年人的年龄、身体状况等因素给老年人提供养老年金以及入住养老公寓等服务，老年人去世后按照约定对房产进行处置。目前多家保险公司在全国29个城市开展了住房反向抵押养老保险业务。该模式虽然目前参与量较小，但也为部分有需求的老年人增加了一种养老选择。

三是信托业的实践探索主要体现为养老消费信托产品的发行。养老消费信托的养老属性不限于财富的分配与传承，而更注重受益人特定的养老消费目的，如家政、护理、医疗、心理关怀等。养老消费信托的目的可伴随老年人消费形态的不断变化而延伸，如社交、旅行等。近年来，中信信托、北京信托、中航信托、国投泰康信托等均尝试发行了养老消费信托产品。

（三）养老产业金融发展现状

养老产业金融作为应对人口老龄化挑战的关键领域，正在经历着积极的发展和变革。首先，政策的引领作用显著，通过规范和支持养老产业金融的发展，为整个行业的健康成长提供了坚实的基础。其次，保险业正积极响应，通过加速在养老产业的布局，构建起综合的康养服务体系，满足老年人口多样化的养老服

第四章 做好养老金融大文章 助力银发经济高质量发展

务需求。最后,银行业也不甘落后,通过加大信贷支持力度,推动了普惠养老服务的发展,使得更多的老年人能够享受到优质的养老服务。

此外,股权融资市场的回升为养老产业注入了新的活力,特别是行业内的头部企业,以其稳健的业务模式和市场潜力吸引了资本市场的广泛关注,同时,这些企业通过资本市场的力量,获得了进一步发展和扩张的资金支持。总体来看,养老产业金融正展现出强劲的发展势头,通过多方面的努力和创新,为实现养老服务的可持续发展提供了有力的金融支持。

1. 政策引领,支持养老产业金融规范发展

面对"十四五"时期中国养老服务体系建设的迫切需求,近年来国家接连出台了多个养老产业顶层规划。其中,2021年《"十四五"规划和2035年远景目标纲要》提出了积极发展银发经济的目标,阐述了养老产业金融的重要性和发展方向,具体包括加强基本养老服务体系建设、支持家庭养老、完善社区养老服务网络、加强对特殊群体的保障、深化养老机构改革、提升老年健康服务、加强人才培养、完善老年福利制度、加强监管制度建设等内容。

2023年以来,相关部门出台了一系列相关的国家政策,引领了养老产业金融的规范和发展。一方面,鼓励进一步扩大养老产业供给,提升养老产品服务质量,扩大对乡村养老、普惠养老、居家养老、智慧养老等领域的金融支持。《关于银行业保险业做好2023年全面推进乡村振兴重点工作的通知》和《关于金融支持全面推进乡村振兴加快建设农业强国的指导意见》重点支持农村养老服务和新市民养老保障。《促进数字技术适老化高质

量发展工作方案》提出促进数字技术与老年人生活的融合，构建良好的产业生态，引导社会资本积极参与产业发展。2024年初，国务院办公厅发布的《关于发展银发经济增进老年人福祉的意见》指出应聚焦多样化养老市场需求，培育潜力产业，鼓励通过地方政府专项债券支持符合条件的银发经济产业项目。另一方面，政策也强调了对养老产业金融的监管，防范养老领域金融风险，促进产业健康发展。《养老保险公司监督管理暂行办法》的推出弥补了养老保险公司缺乏专门监管规定的制度短板，有望加快养老保险公司的专业化进程，不仅推动其专注于主营业务，而且对该领域起到了风险管理与控制的作用。《关于发展银发经济增进老年人福祉的意见》提出依法严厉打击各类诈骗犯罪，整治非法集资，保障老年人的合法权益不受侵害。

2. 保险业加速养老产业布局，构建康养服务体系

保险业是中国养老产业金融的主要参与者之一。保险机构具备全生命周期管理、长期投资能力和专业服务网络等优势，使其与养老产业具有天然的契合性。截至2023年12月，市场上已有15家保险机构投资了近70个养老社区项目，布局遍及全国20多个省市。[①]

险企轻重资产双管齐下投资养老产业。表4—2展示了我国保险企业布局养老产业的两种模式，一是自投自运营养老社区的"重资产"模式，二是与第三方签约合作或以股权投资养老机构的"轻资产"模式和"轻重资产混合"模式。头部保险公司，如泰康、平安、中国人寿等，在资金实力和产业资源上优势明

---

① 胡继晔、陈金东、董亚威：《新时代呼唤养老金融理论创新——基于收入再分配视角》，《新疆社会科学》2019年第3期。

第四章　做好养老金融大文章　助力银发经济高质量发展

显，多采用"重资产"模式构建竞争护城河，通过在全国范围内建设医养社区和康复医院，构建全生命周期式康养服务体系。该模式产权关系明确，但成本高、盈利周期长。银行系保险公司拥有广泛的客户来源，多采取"轻资产"模式或"轻重资产混合"模式，通过嫁接产业资源服务保险客户。如交银人寿、建信人寿等险企通过合作与创新推出多种养老服务。此外，中外合资和外资保险公司，如中英、友邦等，也积极采用"轻资产"模式或"轻重资产混合"模式，满足客户康养需求。这些举措共同构建了多元化的养老服务生态，为应对人口老龄化提供了有力支撑。

表4—2　　　　　　　保险企业布局养老产业模式

重资产模式	
泰康保险	在全国核心城市"养老社区+康复医院"布局基础上，加大综合医疗、专科医疗等医院领域投资布局，打造持续化、体系化的医养服务体系。截至2024年1月底，泰康之家已完成在全国34个核心城市连锁医养社区和康复医院的布局，其中已开业20个园区
中国平安	打造一个覆盖全生命周期的康养服务体系，其中包括与医疗健康相结合的保险服务、针对居家养老需求的保险解决方案，以及为高端养老市场提供的定制化保险产品。截至2023年第三季度，平安居家养老服务已覆盖全国54个城市，累计超7万人获得居家养老服务资格，平安寿险当年已服务超1900万个客户，同比增长超10%
中国人寿	公司已在天津、苏州、成都等13个城市启动14个养老项目，涵盖城心公寓养老、城郊机构养老、居家养老和普惠型高品质嵌入式社区养老，建成和在建养老床位数达7700多张
轻资产模式/轻重资产混合模式	
交银人寿	与医加壹健康、友康科技、上海申养、博斯腾脑健康等不同领域专业机构建立合作关系，推出多种养老服务，如就医陪诊、居家一键通等

续表

轻资产模式/轻重资产混合模式	
建信人寿	构建"3334"康养服务体系,推出"悦老·悦享老"品牌,主动对接近30家健康领域供应商。为乡村振兴和共同富裕实施"健康乡村"行动,截至2023年12月,公司在全国22个省份投入运营38个"健康小屋",累计为村民提供健康监测和远程问诊近1万人次
中英人寿	推出"新银发战略",构建"保险+康养服务+营养健康"的康养新生态,与养老产业资产方合作,搭建"康养社区+保险协同"模式,养老机构已覆盖全国66个主要城市,可提供10万个养老床位
友邦保险	推出"友自在"养老综合解决方案,构建"居家养老、机构养老、医养协助、旅居养老"四大板块,2023年公司生态圈内签约的康养机构超370家,逾10万个客户享有康养管家服务权益

资料来源:根据各公司官网资料整理而得。

3. 银行业加大信贷支持力度,推动普惠养老发展

政策性银行瞄准"银发经济"加大信贷支持力度。通过以城市为单位,整合养老产业资源,政策性银行支持以普惠养老为主责主业的国有企业开展融资。同时设立养老产业专项贷款,降低贷款利率,为养老产业相关项目提供长期可持续资金。《国家开发银行2022年度报告》提出将养老和医疗服务作为保障和改善民生的重要业务方向之一,重点支持普惠型养老服务体系建设。例如,国家开发银行在河南支持武陟县养老服务体系,提供1.7亿元贷款,新建医养一体化示范中心和示范性农村幸福院;其广西分行支持南宁社会福利院项目,授信2.3亿元,为养老PPP项目提供资金支持。

股份制银行出台养老服务行业信贷政策,积极支持养老产业投融资。如表4—3所示,中国农业银行、交通银行、中国建设银行等多家股份制银行通过多元化金融服务助力养老,截至

第四章 做好养老金融大文章 助力银发经济高质量发展

2023年第三季度末，央行累计支持银行业金融机构向河北等5个试点省份、66家普惠养老服务机构提供优惠利率贷款，国家开发银行、农业发展银行和工农中建交7家银行的养老产业贷款余额约为1012亿元，同比增长31%。

表4—3　　　　　　　银行助力养老金融发展情况

政策性银行	
国家开发银行	河南分行通过"银证合作+融智推动+机制建设"为武陟县乡村三级养老服务体系建设项目提供1.7亿元贷款支持，新建一所县级医养一体化示范中心，在4家乡镇敬老院和14所示范性农村幸福院整合资源，设置养老床位1200张
	广西分行完成南宁市第二社会福利院项目授信2.3亿元，该项目设计床位数2000张，建设内容主要有医疗康复综合楼、培训综合楼、社工楼及后勤保障房等，为养老行业PPP项目提供借鉴案例
股份制银行	
中国农业银行	通过提供多元化养老金融服务，助力完善养老服务体系，截至2023年9月末，养老机构贷款余额65.22亿元
交通银行	推出"交银养老"金融战略行动计划，推出"惠老展业贷"和"惠老助力贷"等产品，2022年11月，交通银行养老批次贷落地上海，为闵行区扩伦福利院一次性发放担保贷款250万元
中国建设银行	提出养老金融"1314"发展策略，推出"医养贷""老无忧"等产品，根据2023年中期报告披露，累计投放养老产业核心领域贷款逾百亿元

资料来源：根据各银行官网资料整理而得。

4. 股权融资回升，头部企业吸引资本市场关注

2023年，一级市场养老产业投融资活动继续回升。2023年共发生15起融资事件，国内外多家知名投资公司和养老基金参与养老产业项目投资。其中天使轮融资事件数量为3件，占比约

20%；Pre-A 轮、A 轮及 A+轮融资事件数量为 7 件，占比 46.67%；B 轮融资事件数量为 2 件，占比 13.33%；战略融资事件数量为 3 件，占比 20%，整体投资轮次倾向于早期阶段。其中，居家养老和智慧康养领域企业受到资本持续关注，小橙长护、天与养老这两家公司在年内完成两轮融资。

图 4—16 展示了我国养老产业历年相关投融资事件数量及投资金额，2019—2023 年，我国养老产业相关的投融资事件数量和投资金额呈现出一定的波动。2019—2021 年，投资事件从 11 起减至 9 起，投资金额也呈下降趋势，从 19.79 亿元减至 5.65 亿元。2021—2023 年投资事件出现增长，从 9 起增至 15 起。投资金额方面，2022 年，受信安金融集团对建信养老金战略投资数十亿影响，当年投资金额为 38.85 亿元，相比之下，2023 年投资金额有所减少，为 12.61 亿元。我国 2023 年养老产业融资项目情况如表 4—4 所示，融资项目金额大多集中在千万至亿元之间，轮次集中在战略投资、A 轮、B 轮。

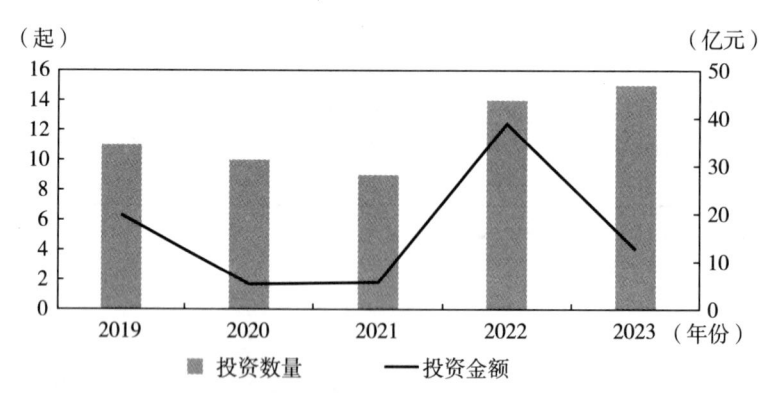

图 4—16 我国养老产业历年相关投融资事件数量及金额

资料来源：根据 IT 桔子数据库、前瞻产业研究院数据整理而得。

第四章 做好养老金融大文章 助力银发经济高质量发展

表4—4　　　　　　　2023年养老产业融资项目情况

时间	公司名称	轮次	金额	投资方
2023年1月18日	铂桐医疗	Pre-A轮	1000万元人民币	远毅资本
2023年2月10日	369康养网	A轮	未透露	青枫投资
2023年3月24日	璞缘照护	A轮	数千万人民币	长岭资本 银创资本
2023年4月3日	天与养老	战略投资	未透露	长岭资本
2023年4月6日	小橙长护	A轮	近亿元人民币	香橼资本
2023年6月20日	锦欣康养	A轮	8000万美元	春华资本Primave等 奥博资本OrbiMed
2023年7月3日	天与养老	B轮	数千万美元	未然资本 大华创投 长岭资本
2023年7月24日	卡本医疗	A轮	1亿元人民币	同创伟业 金鼎资本
2023年8月28日	迈德斯特	天使轮	近亿元人民币	远宁投资 恒旭资本 翔宇医疗
2023年10月31日	银龄世界	天使轮	千万级人民币	未透露
2023年11月28日	艺起乐	战略投资	近千万人民币	众合科技
2023年12月1日	爱护者	Pre-A轮	数百万人民币	华盛人和
2023年12月21日	老无忧	天使轮	数百万人民币	定义未来
2023年12月28日	颐家养老	B轮	数千万人民币	国创振德
2023年12月29日	小橙长护	战略投资	数千万人民币	未透露

资料来源：根据IT桔子数据库数据整理而得。

2023年，多数养老产业上市公司收入收缩。据和君康养事业部数据，2023年资本市场共有95家公司布局康养，其中A

股（未包括北交所）上市公司62家，新三板及北交所上市企业18家，港股市场上市公司有15家，这些公司业务涵盖了养老服务、养老地产、医养结合、智慧养老、适老用品等多个行业。图4—17展示了我国A股市场中单独列支养老业务公司的半年报数据，南京新百、大湖股份和金陵药业等公司在养老领域的营业收入相对较高，毛利率普遍较低，尤其是金陵药业，其毛利率仅为8.07%，反映出养老服务领域的竞争激烈以及成本管理上的挑战。相比之下，诚益通和亚华电子等公司在养老领域的毛利率较高，分别为74.39%和68.01%。然而，也有一些公司如中关村和湖南发展等其毛利率呈负值。而图4—18展示了港股养老上市

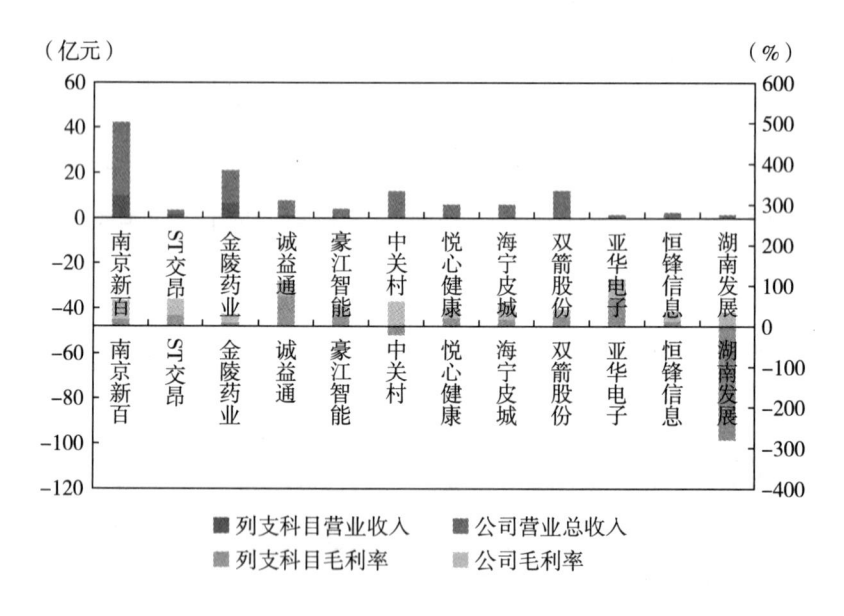

图4—17 A股公司单独列支养老业务占公司营收、毛利率情况

资料来源：根据各公司2023年半年报整理而得。

第四章 做好养老金融大文章 助力银发经济高质量发展

图 4—18 港股养老上市公司营收同比变动、税后利润率情况

资料来源：根据各公司 2023 年半年报整理而得。

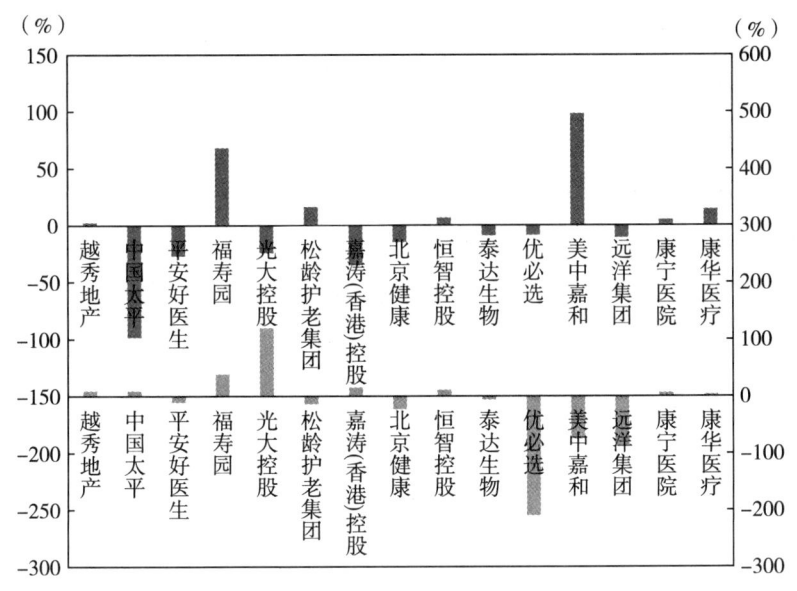

公司营收同比变动及税后利润率的变动情况，各家公司业绩表现存在较大的差异。福寿园的营业收入同比增长了 68.2%，且税后利润率高达 38.4%。相比之下，平安好医生和松龄护老集团则在营业收入和税后利润率方面均出现了下滑。目前，养老产业上市公司大多前期投入大、项目周期长且利润率不高，但业绩呈现出一定的抗周期性。

三 中国养老金融与世界比较

在国际视野中，中国的养老金融体系与世界其他地区相比，展现出其独特的特点和发展态势。首先，在养老金金融领域，中国正逐步建立起一个多元化的养老金体系，包括基本养老保险、企业年金和个人储蓄养老保险，以满足不同人群的养老需求。这一体系虽然与发达国家相比尚处于发展阶段，但正通过政策引导和市场机制不断创新和完善。

其次，养老服务金融在中国也呈现出积极的发展势头。金融机构正在提供更加多样化的产品和服务，以适应老年人口的金融需求，包括养老财富管理和养老消费金融等。与此同时，中国养老服务金融的发展也面临着市场供给不足和需求潜力巨大的双重挑战。

最后，在养老产业金融方面，中国正通过政策支持和资本市场的力量，推动养老产业的快速发展。保险业和银行业的积极参与，以及股权融资市场的活跃，为养老产业提供了强大的资金支持和发展空间。与国际养老产业相比，中国的养老产业金融正处于快速发展期，具有巨大的市场潜力和成长性。

（一）养老金金融

目前世界各国的养老金体系普遍采用"三大支柱"的模式。由于各国的经济发展水平、人口年龄结构、养老体系成熟度存在较大的差异，因此各国对养老金体系三大支柱的依赖度也各不相同。表4—5展示了中、美、日三国养老金的构成体系，我国养老金体系的三大支柱分别为：第一支柱基本养老保险（包括城乡居民基本养老保险基金和企业职工基本养老保险基金）、第二支柱年金养老保险（企业年金和职业年金）、第三支柱个人养老金（个税递延型养老保险和个人储蓄型养老保险等）。美国养老金

第四章　做好养老金融大文章　助力银发经济高质量发展

体系第一支柱为公共养老金（OASDI）；第二支柱为雇主发起式养老计划，包括 DB 计划（收益确定型）和 DC 计划（缴费确定型）；第三支柱为个人退休金计划（IRA）。日本养老金体系第一支柱为公共养老金，包括国民年金和厚生年金；第二支柱为企业养老金，包括 DB 计划、DC 计划、中小企业退职金共济制度等；第三支柱为私人养老金，包括 iDeco 计划和 NISA 计划。[1]

表 4—5　　　　　中、美、日三国养老金体系构成

国家	第一支柱	第二支柱	第三支柱
中国	基本养老保险基金	年金养老保险 （企业年金、职业年金）	个人养老金
美国	公共养老金（OASDI）	雇主发起式养老计划 （DB 计划、DC 计划）	个人退休金计划 （传统型 IRA、Roth 型 IRA）
日本	公共养老金 （国民年金、厚生年金）	企业养老金 （DB 计划、DC 计划）	私人养老金 （iDeco 计划、NISA 计划）

资料来源：根据公开资料整理而得。

我国和日本养老金体系均依赖第一支柱，第一支柱在养老金体系中占比较大。截至 2023 年末，我国城镇职工基本养老保险覆盖人数为 5.21 亿人，城乡居民养老保险覆盖人数为 5.45 亿人，基本养老保险参保人数合计 10.66 亿人。从规模来看，截至 2023 年 12 月，我国城镇职工基本养老保险累计结余 6.34 万亿元，城乡居民养老保险累计结余 1.44 万亿元，第一支柱基本养老保险规模为 7.78 万亿元。同期我国各类养老金合计约 15.01 万亿元，第

---

[1] 柯文轩、施文凯：《中国养老产业金融发展业态研究》，《新金融》2023 年第 9 期。

一支柱占比接近52%。从投资范围来看，根据2022年全国社会保障基金理事会公布的基本养老保险基金受托运营年度报告显示，我国基本养老保险基金仅限于境内投资。投资范围包括银行存款、中央银行票据、国债、银行债券、信用等级在投资级以上的金融债、资产支持证券、养老金产品、上市流通的证券投资基金、股票、股指期货等。日本养老金体系和我国相似，也较为依赖第一支柱。日本养老金第一支柱是公共养老金，由日本政府年金投资基金（GPIF）负责投资运作。截至2023年9月，日本公共养老金资产规模为224万亿日元，较2008年增长了131万亿日元。从投资结构方面来看，根据图4—19所示，GPIF最新发布的季报显示，GPIF最新的资产配置情况为境内债券25.77%、境外债券24.44%、境内股票24.66%、境外股票25.14%，债股配置比例较为均衡。①

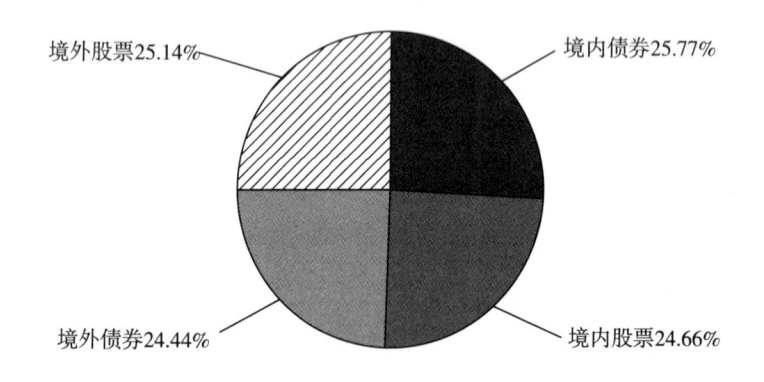

图4—19 日本养老金第一支柱公共养老金投资结构

资料来源：根据GPIF财报数据整理而得。

---

① 刘宏松：《发达国家金融服务养老的得与失》，《人民论坛》2022年第9期。

第四章　做好养老金融大文章　助力银发经济高质量发展

美国养老金体系以第二支柱为主，企业年金是美国公民养老储备的优先选择。美国养老金第二支柱不同计划规模如图4—20所示，美国养老金体系第二支柱是雇主发起式养老计划，包括DB计划和DC计划。DB计划属于收益确定型计划，由雇主和员工按照一定比例共同出资缴纳。截至2023年第三季度末，美国DB计划规模共计11.03万亿美元。DC计划属于缴费确定型计划，同样由雇主和员工按照一定比例共同出资缴纳，上缴的养老金由员工自行投资管理，公司仅为员工推荐不同风险的基金作为员工投资参考。DC计划具体可分为401（K）计划、403（b）计划、TSP计划和457计划，其中401（K）计划是美国最受欢迎的企业年金。截至2023年第三季度末，401（K）计划资产总额为6.94万亿美元，占DC计划比例超过70%，远高于其他计划资产规模。我国养老金体系第二支柱主要是企业年金和职业年金。企业年金是一项补充性的养老保险，由个人和企业共同缴纳。目前，我国企业年金给予投资者的选择较少，通常一个企业只有一种投资策略，无法满足企业中全部投资者的风险偏好。截至2023年第三季度，我国企业年金参与企业为13.87万家，参与职工数为3102.95万人。第二支柱目前在我国发展有限，参保人数仍有很大的提升空间。

（二）养老服务金融

美国的个人养老发展较为成熟，IRA计划为公民个人提供了丰富的养老产品选择。美国的个人退休金计划（IRA）旨在通过税收优惠政策，鼓励没有参加公共及雇主养老金计划的个人进行退休储蓄。近二十年来，美国IRA资产规模迅速扩张，

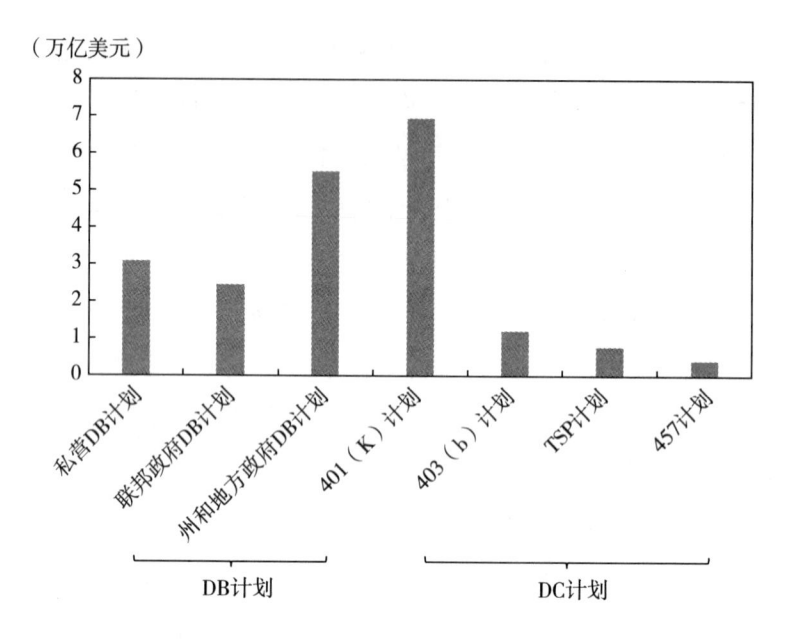

金融强国之路：如何写好做实"五篇大文章"

图4—20 美国养老金第二支柱规模

资料来源：根据万得数据库数据整理而得。

产品类型也在不断丰富，包括传统型IRA、Roth型IRA、简单型IRA和SEP型IRA，其中前两者主要针对个人，后两者主要针对小型雇主。不同类型的IRA规模如图4—21所示，截至2022年底，美国IRA资产总额为11.95万亿美元，其中传统型10.1万亿美元，Roth型1.2万亿美元，SEP型4800亿美元，简单型1500亿美元，IRA总资产规模超过第二支柱中的DC计划，在美国总体养老金规模中占比约34%。传统型IRA和Roth型IRA分别采取不同的缴税方式，税收优惠也存在一定差异，投资者可以根据自己的偏好进行选择。此外，根据美国《国内税收法》，凡是符合要求的第三方金融机构（包括银行、保险公司、证券经纪

第四章　做好养老金融大文章　助力银发经济高质量发展

公司、公募基金等）均可以向客户开放 IRA 计划，因此客户可以根据自己的风险偏好进行选择。据统计数据，公募基金和证券经纪公司已经逐渐取代银行成为 IRA 主流的管理方。

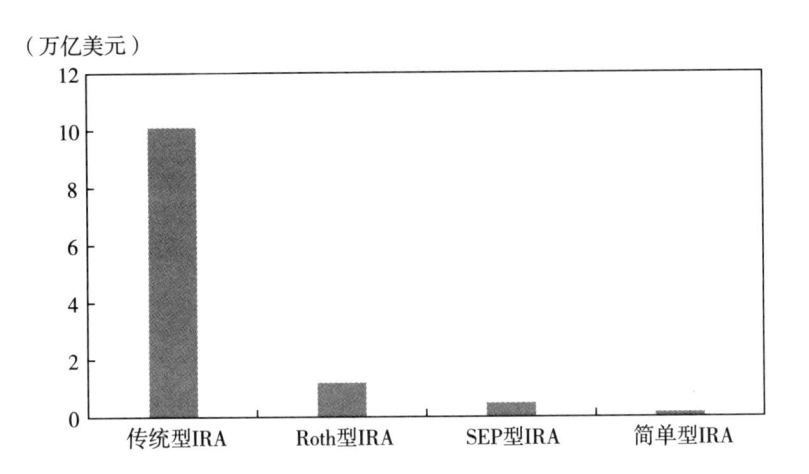

图 4—21　美国各类型个人退休金计划（IRA）规模

资料来源：根据万得数据库数据整理而得。

我国个人养老金融产品正处于起步发展的阶段。在个人养老金产品方面，银行业推出特定养老储蓄产品和养老理财产品。特定养老储蓄产品是为满足退休规划需求而特别设计的储蓄选项，其主要特征包括较长的存期、可预期的稳定回报以及对本金和利息的全面保障。截至 2024 年 1 月底，特定养老储蓄产品规模达 400 亿元。养老理财产品通常采取以固定收益类资产为核心的多元化资产配置方法，这种方法旨在实现较小的市场波动和稳健的收益表现。截至 2023 年 6 月，市场上共有 54 只养老理财产品，产品余额为 1017.6 亿元。保险业推出的产品主要分为专属商业养老保险和商业养老金。专属商业养老保险是指资金长期锁定用于养老保障目的,被保险人领取养老金年龄应当达到法定退休年龄或年满60周岁的个人养老年金保险产品。截至2023年第三季度末,专属商业养老保险累计保费规模为81.6亿元。商业养老金的推出进一步丰富了消费者养老资金管理的需求。截至2024年1月底,4家试点机构总计上市26只商业养老金产品。基金业主要推出养老目标基金产品。养老目标基金主要致力于实现投资者养老资产的持续稳定增长,倡导投资者进行长期投资。这类基金包括两种主要类型:养老目标风险基金和养老目标日期基金,它们都旨在为投资者的退休生活提供资金支持和增值服务。如图4—22所示,截至2023年12月,我国养老目标基金管理规模710.72亿元,较上年下降19.42%。其中目标风险基金规模为494.22亿元,占比69.54%;目标风险基金中以稳健型基金为主,占比77.78%。目标日期基金规模为216.5亿元,占比30.46%;目标日期基金中以2035年为主,占比24%。

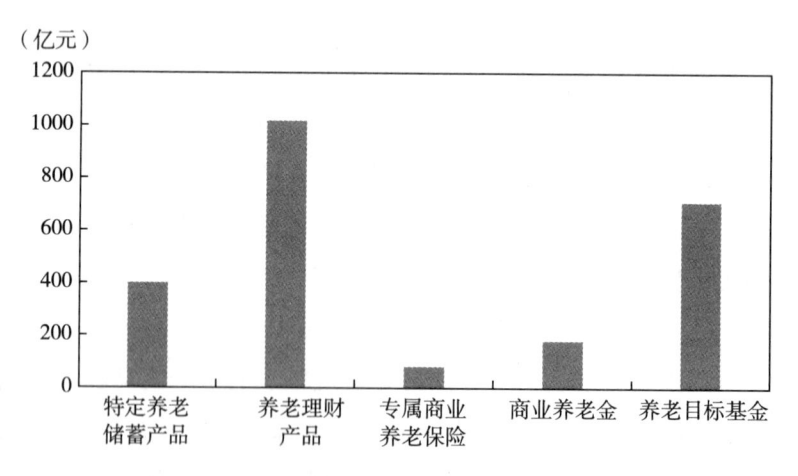

图4—22 我国各类型个人养老金产品规模

资料来源:根据万得数据库、公开新闻报道整理。

第四章 做好养老金融大文章 助力银发经济高质量发展

（三）养老产业金融

日本养老产业金融的参与机构主要为保险企业，通过开展合作或自建的方式布局养老产业。日本是世界上人口老龄化程度水平较高的国家之一，早在20世纪70年代，日本政府就积极出台各项政策措施，引导养老产业的发展。1989年日本政府颁布《推进老年人保健福利十年战略计划》，释放养老基础设施的建设需求，1997年日本政府制定了《介护保险法》，成为日本养老产业蓬勃发展的关键。在日本政府积极推动养老产业发展的同时，日本保险企业也积极参与其中。日本的养老产业企业主要以护理相关企业为主，由于很少有保险企业具备较强的介护能力，因此日本的大多数保险企业选择与成熟的养老机构合作来向老年群体提供养老服务。日本损保控股（SOMPO）是深度参与养老产业的保险公司之一。在过去几年中其通过兼并收购的方式快速发展养老产业，其老年居室提供数量在日本排名前列。同时，有部分保险企业采取"合作+自建"的模式或完全投资自建的方式布局养老产业。日本生命保险（Nissay）是日本最大的寿险公司之一，其采用"合作+自建"的模式为老年群体提供养老服务。日本生命保险与圣隶福祉事业团则采用投资自建的模式，通过设立福利基金的方式投资建设养老社区，为老年群体提供介护服务。此外，日本的银行、证券公司也积极参与养老产业，通过采用合作或独资的形式设立"现代养老产业发展基金"，在资金上支持现代养老产业的发展。

我国养老产业金融的主要参与方同样为保险企业，银行业持续加大信贷支持力度。我国保险企业参与养老产业的方式与日本保险企业相似，采用投资自建或业务合作的方式运营养老社区，为老年群体提供康养服务。泰康保险采用投资自建的方式，在全国范围内布局医养社区和康复医院，打造持续化、体系化的医养服务体系。交银人寿则采用合作运营的方式，与友康科技、上海申养等不同领域的医养机构建立合作关系，推出就医陪诊等多种养老服务。银行业方面，政策性银行和大型股份制银行通过提供融资支持、贷款利率优惠等，积极支持养老产业的发展。随着我国养老产业发展势头逐步抬升，越来越多的社会资金也开始关注并支持养老产业，国内外多家知名投资公司和养老基金开始逐步参与养老产业项目的投资。

四 养老金融发展成效

养老金融的发展在中国取得了显著的成效，体现在多个方面。首先，养老金金融领域，中国已基本构建起包括基本养老保险、企业年金和个人储蓄养老保险在内的三支柱养老金体系，基金规模持续稳步扩大，为老年人提供了更加坚实的养老保障。其次，在养老服务金融方面，金融产品不断创新，以适应居民多样化的养老需求，显示出巨大的市场潜力和发展空间。金融机构通过推出多样化的养老金融产品，如养老目标基金、养老保险产品等，满足了居民在养老规划、财富管理和消费金融方面的需求。最后，养老产业金融也呈现出积极的发展态势。随着政策的逐步完善，金融机构加速在养老产业的布局，提供资金支持，推动产业的创新和发展。保险、银行等金融机构通过投资养老社区、养老服务设施等项目，促进了养老服务的多样化和高质量供给，同时也为自身的业务发展开辟了新的增长点。

第四章　做好养老金融大文章　助力银发经济高质量发展

（一）养老金金融：养老金体系三支柱基本成型，基金规模稳步扩大

2022年，随着个人养老金制度的试点实施，中国初步建成了三支柱养老金体系：第一支柱是基本养老保险，分为城镇职工基本养老保险和城乡居民基本养老保险两类，由国家强制实施，是为了保障大多数老年人的基本生活需求；第二支柱是职业养老金，包含企业年金与职业年金；第三支柱是个人养老金和其他养老金融服务，其他养老金融服务包括个人储蓄型养老保险和商业养老保险，目前个人养老金制度已经在全国36个地区试点实施。截至2022年12月，各类养老金规模合计15.01万亿元，市场化投资运营规模为9.20万亿元。

第一支柱基本养老保险的参保人数持续增加，养老保险基金收入稳步提升。截至2023年底，全国基本养老保险参保人数达10.6643亿人。城镇职工基本养老保险的参保人数达到了5.2121亿人，而城乡居民基本养老保险的参保人数则为5.4522亿人。在养老保险基金的收支状况方面，截至2023年12月，城镇职工基本养老保险基金的总收入为70115.4亿元，总支出为63594.8亿元，累计结余达到6520.6亿元。与此同时，城乡居民基本养老保险基金的总收入为6060亿元，总支出为4619亿元，累计结余为1441亿元。自2022年起，国家对各地区的养老保险基金结余进行了合理调剂，并在全国范围内实施了养老保险的统筹管理。到2023年，全国统筹调剂资金的规模已经达到2716亿元，有效缓解了不同地区之间养老负担和基金结余的不均衡现象。这一措施有助于平衡各地区的养老保障能力，促

进了养老保险制度的公平性和可持续性。

第二支柱职业养老金的参与企业、参与职工和建立计划总数持续提升，企业年金积累基金和投资资产净值也取得了可观成绩。到2023年第三季度，参与企业年金的企业数量增至13.87万家，涉及职工人数达到3102.95万。企业年金累计的资金总额高达3.12万亿元人民币。同期，企业年金建立的计划总数为0.1884万个，而企业年金投资资产的净值为3.09万亿元人民币。此外，截至2022年12月，职业年金的投资运营规模已达到2.11万亿元人民币。

第三支柱中个人养老金制度探索稳步推进，个人养老金覆盖范围不断扩大。2022年11月25日个人养老金制度在全国36个地区试点实施，截至2023年6月底，全国36个先行城市（地区）开立个人养老金账户人数4030万人。[1]

（二）养老服务金融：养老金融产品不断创新，居民需求潜力巨大

金融机构积极探索养老金融产品创新，养老财富选择日益多元化。第一，银行业推出特定养老储蓄产品和养老理财产品。根据国家金融监督管理总局的最新统计数据，截至2024年1月底，参与特定养老储蓄的存款人数已达到20万人，而该储蓄产品的存款总额已接近400亿元人民币。第二，养老理财产品突出"稳健、长期、普惠"特征，重视持有人体验。截至2023年6月底，养老理财产品规模为1017.6亿元。第三，

---

[1] 刘妍：《养老服务金融助推我国养老金第三支柱发展问题研究》，《税务与经济》2020年第6期。

第四章　做好养老金融大文章　助力银发经济高质量发展

基金业养老金融产品的主体是养老目标基金。截至2023年12月，共有461只养老目标基金产品成立，管理规模达到711亿元，较上年小幅减少。第四，保险业主要涉及专属商业养老保险和商业养老金两类产品。截至2023年9月末，专属商业养老保险承保保单合计63.7万件，累计保费81.6亿元。商业养老金于2023年1月起试点运作，截至2024年1月底，4家试点机构总计上市26只商业养老金产品，成为保险行业养老金融产品供给中的又一重要力量。

养老财富消费类产品市场潜在需求巨大，供给探索空间广阔。社会成员在老年期将其养老财富储备用于消费的过程中，金融机构为人们在老年阶段的消费需求提供针对性产品或服务。第一，住房反向抵押贷款可盘活老年人房产资源，成为缓解老年人养老压力的路径之一。但受房价不确定性、老年人遗产倾向等因素影响，目前仅少量银行开展该项业务。第二，目前不少银行推出了养老金融服务产品，但市场供给量仍然相对较低。第三，保险业养老财富消费产品启动探索。其中，住房反向抵押养老保险是主要探索产品，尽管目前参与量较小，但未来增长空间较大。第四，信托业探索推出的养老消费信托产品重点在于丰富养老消费权益及对资金安全的保障，以受益人特定的养老消费为目的，近年来市场规模相对有限，仍处于起步阶段。

（三）养老产业金融：养老产业政策逐步完善，金融机构加速布局

一是养老产业顶层规划相继出台。2021年3月发布的《"十四五"规划和2035年远景目标纲要》提出发展银发经济，

开发适老化技术和产品，培育智慧养老等新业态等目标。2024年1月发布的《关于发展银发经济增进老年人福祉的意见》（以下简称《意见》）进一步强调金融在促进养老产业发展中的重要作用，明确指出："通过地方政府专项债券支持符合条件的银发经济产业项目；用好普惠养老专项再贷款，对符合条件的公益型普惠型养老机构运营、居家社区养老体系建设、纳入相关目录的老年产品制造企业等，按照市场化原则提供信贷支持；鼓励各类金融机构在坚守职能定位、依法依规的前提下，加大对养老服务设施、银发经济产业项目建设的支持力度。"《意见》还强调了加强金融监管的重要性，提出："依法严厉打击以投资'养老项目'、销售'养老产品'、宣传'以房养老'、代办'养老保险'、开展'养老帮扶'等名目侵害老年人合法权益的各类诈骗犯罪。"

二是金融机构加速布局养老产业。保险、银行和私募股权基金等金融机构积极布局，持续强化对养老产业的金融支持，促进房地产企业、科技公司、医疗机构等多方深度合作和融合发展，在构建"以居家养老为核心、社会支持为保障、机构服务充分发展、医疗与养老紧密融合的多层次养老服务体系"的进程上取得了明显成效。

第二节　养老金融发展的挑战与机遇

养老金融领域在取得显著发展成效的同时，也面临着一系列挑战与机遇。在挑战方面，养老金融需要应对人口老龄化加速带来的压力，这要求养老金体系必须具备更强的可持续性和适应

第四章　做好养老金融大文章　助力银发经济高质量发展

性。同时，金融市场的波动性和不确定性也为养老金融产品的安全性和收益性带来了考验。此外，养老服务金融产品的创新和供给尚需加强，以满足老年人口日益增长和多样化的金融需求。养老产业金融同样面临政策环境、市场机制和专业服务能力等方面的挑战。

然而，在挑战中也蕴含着巨大的发展机遇。随着政策的不断优化和支持，养老金融领域将迎来更加有利的发展环境。人口老龄化趋势的加剧，虽然带来了挑战，但也为养老金融产品和服务提供了庞大的市场空间。技术创新，尤其是数字金融的发展，为养老金融服务提供了新的工具和渠道，有助于提高服务效率和质量。同时，居民财富的积累和养老意识的增强，为养老金融产品的销售和推广创造了良好的社会基础。

一　养老金融发展面临的挑战

养老金融发展在取得积极进展的同时，也面临着不少挑战。首先，在养老金金融领域，尽管三支柱养老金体系已初步建立，但各支柱之间发展规模的不平衡性仍然突出，特别是基本养老保险的财务状况需要引起持续关注，以确保其长期可持续性和稳定性。其次，养老服务金融需求受到多重因素的制约，包括市场供给不足、产品创新滞后以及服务模式不完善等，这要求产品设计必须突破现有局限，更好地满足老年人口的实际需求。最后，养老产业金融在发展过程中也面临融资模式相对单一的问题，以及区域性特点对供需匹配的制约，这限制了养老产业的快速发展和服务质量的提升。

（一）养老金金融：三支柱发展规模不平衡，基本养老保险财务状况有待关注

当下我国养老金金融仍以第一支柱为主。图4—23展示了我国养老金三支柱的发展规模对比情况，截至2023年12月，第一支柱基本养老保险参加人数为10.6643亿人，第二支柱企业年金参与职工数为3102.95万人；截至2023年第二季度，第三支柱个人养老金开户人数为4030万人。我国养老金金融目前仍以第一支柱为主，三支柱发展规模不平衡。

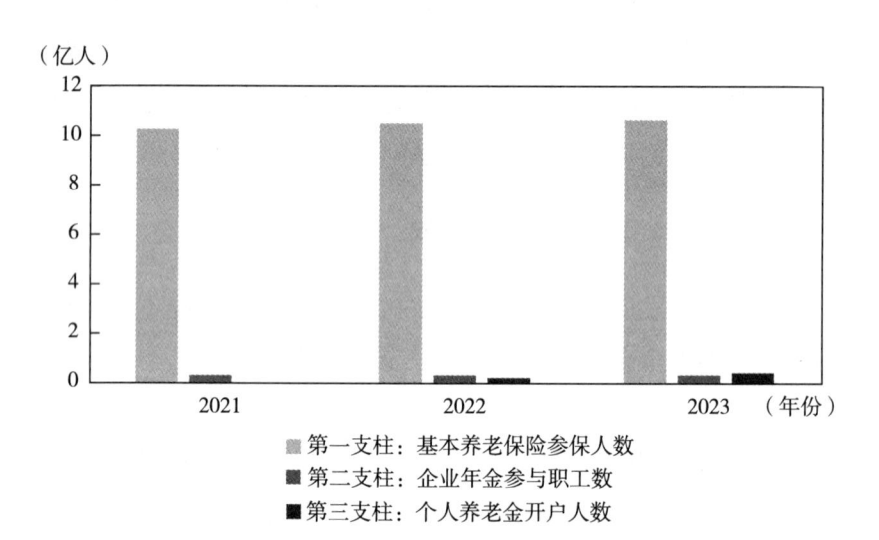

图4—23 养老金三支柱发展规模对比

资料来源：根据人力资源和社会保障部、国家统计局官网数据整理而得。

基本养老保险财务可持续性面临挑战。根据人力资源和社会保障部发布的《2014年度人力资源和社会保障事业发展统计公报》数据显示，2014年城镇职工基本养老保险基金总收入25310

第四章　做好养老金融大文章　助力银发经济高质量发展

亿元，其中征缴收入 20434 亿元。2014 年基金总支出 21755 亿元。各级财政补贴基本养老保险基金 3548 亿元。城镇职工基本养老保险基金征缴收入首次低于基金支出，且二者缺口规模不断扩大，2017 年达到 4649 亿元。①

根据人力资源和社会保障部发布的《2020 年度人力资源和社会保障事业发展统计公报》数据，2020 年城镇职工基本养老保险基金总收入 44376 亿元，而基金支出 51301 亿元，城镇职工基本养老保险基金首次出现总收入小于总支出的情况。

为化解城镇职工基本养老保险基金财务压力，近年来，各级财政部门积极发挥职能作用，不断加大财政补助力度，实施养老保险全国统筹，加强养老保险基金管理。

造成我国城镇职工基本养老保险基金潜在缺口的主要原因，一是转轨成本较高。我国城镇职工基本养老保险在由"现收现付制"向"统账结合制"转轨过程中，参保者按照年龄被分为老人、中人和新人三类，其中老人不需要缴费，中人仅需部分缴费，向老人和中人支付的养老金构成了转轨成本。二是缴费基数不实。用人单位和雇员均有激励低报缴费基数，用人单位目的是降低用工成本，雇员为了增加可支配收入和提高留用概率。三是基本养老保险基金管理分散，市场化投资运作比重较低。截至 2023 年 12 月，基本养老保险基金委托投资运营规模达 1.86 万亿元，占基金累计结余的比例约 23%，整体运营效率不佳。四是降费幅度较大。为了提振经济，我国城镇职工基本养老保险企业缴费比例由 20% 逐渐降低到 16%，这在短期内降低了城镇职工基本

---

① 李瑞丽、乔桂明：《基于多元创新视阈的养老服务供给机制研究》，《广西社会科学》2017 年第 6 期。

养老保险企业的征缴收入。五是人口老龄化快速发展。根据国家统计局数据，2022 年 12 月，我国 0—14 岁人口 23908 万人，15—64 岁人口为 96289 万人，65 岁及以上人口达到 20978 万人，老年抚养比为 21.8%。

由于上述原因，我国基本养老保险基金未来会面临较大财务压力。为缓解第一支柱财务压力，需要尽快采取延迟退休、提高人口出生率、做实缴费基数等改革措施，并加快推进全国统筹以实现财务可持续发展。

企业年金覆盖率和企业参与意愿均有待提高。我国绝大多数企业尚未建立企业年金计划，且近年来覆盖面提升缓慢。虽然企业年金参与职工数在上升，但增速一直在下降，建立计划总数的增速也处于较低水平。

从 2019 年末至 2023 年第三季度，参与企业年金的企业数量逐年上升，分别为 9.6 万家、10.52 万家、11.75 万家、12.8 万家和 13.87 万家，对应的年增长率为 9.84%、9.58%、11.69%、8.94% 和 8.36%。这一数据显示，尽管企业年金的参与企业数量持续增长，但近三年来的增长率呈现出逐渐减缓的趋势。

自 2019 年末至 2023 年第三季度，参与企业年金的职工人数逐年递增，具体数字分别为 2547.94 万人、2717.53 万人、2875.24 万人、3010 万人和 3102.95 万人。相应地，职工增长率分别为 6.69%、6.66%、5.80%、4.69% 和 3.09%。尽管职工参与人数呈现上升趋势，但增长速度自 2019 年以来持续减缓。

2019 年末至 2023 年第三季度，建立计划总数分别为：0.1673 万个、0.1752 万个、0.1802 万个、0.186 万个、0.1884 万个；建立计划数 2019 年比 2018 年多 40 个，2020 年比 2019 年多

第四章　做好养老金融大文章　助力银发经济高质量发展

79个，2021年比2020年多50个，2022年比2021年多58个，2023年第三季度比2022年多24个。

我国企业建立年金计划的意愿并不高，原因如下：一是企业年金是企业自愿建立的，企业为降低人工成本，主动建立企业年金积极性较低；二是企业为职工缴纳基本养老保险费的负担较重，企业年金会进一步加重企业负担；三是许多企业内部人员构成复杂，员工流动性较大，但现行制度规定企业年金应当覆盖本企业全体员工，操作有困难；四是有关企业年金的税收优惠政策力度不够，激励作用不足。

个人养老金发展有待提高，产品设计无法满足需求。个人养老金制度自2022年11月25日启动后，个人养老金参与人数、缴费情况和产品数量都增长较慢，个人养老金参与人数占基本养老保险参保人数比重处于较低水平。

表4—6展示了2022年末及2023年第三季度我国个人养老金推广情况，2022年11月25日，个人养老金制度在36个城市或地区先行启动实施。从个人养老金参与人数和缴费情况来看，截至2022年12月，个人养老金参与人数1954万人，总缴费金额142亿元；截至2023年第三季度，个人养老金参与人数4030万人，总缴费金额182亿元。从个人养老金产品端来看，2022年12月，市场一共发行595只个人养老金产品，截至2023年第三季度，市场一共发行666只个人养老金产品。个人养老金参与人数还有待提高，2022年12月，个人养老金参与人数占基本养老保险参保人数比例为1.86%；截至2023年第三季度，该比例为3.81%。[①]

[①] 娄飞鹏：《我国养老金三支柱体系建设的历程、问题与建议》，《金融发展研究》2020年第2期。

表 4—6　　　　　　　　个人养老金推广情况

	个人养老金参与人数（万人）	个人养老金参与人数占基本养老保险参保人数比例（%）	总缴费金额（亿元）	个人养老金产品数量（只）
2022 年末	1954	1.86	142	595
2023 年第三季度	4030	3.81	182	666

资料来源：根据人力资源和社会保障部官网数据整理而得。

个人养老金基金类产品目前仅发行了养老目标基金，还没有纳入货币基金、债券型基金、股票型基金、混合型基金等，在满足参与者风险收益匹配多样化需求方面还存在不足。

（二）养老服务金融：多重因素制约养老服务金融需求，产品设计仍需破局

收入差距较大制约养老财富增长。2023 年，我国 GDP 达 126 万亿元，占全球 GDP 的比重约 16.9%。从人均水平来看，2023 年，我国人均 GDP 达到 89358 元（按照 2022 年平均汇率计算，约为 12680 美元），已经接近世界银行划定的 13205 美元这一高收入经济体门槛标准。但值得注意的是，我国居民收入差距偏大，基尼系数在 2000 年首次超过 0.4 的国际警戒线水平以来，总体呈现先攀升后稳定的态势，尤其是 2003—2023 年，基尼系数长期高于 0.46。《中国统计年鉴 2023》将我国居民收入进行五等份分组，其中最低 20% 收入组、次低 20% 收入组、中等 20% 收入组和次高 20% 收入组的人均可支配收入分别为最高 20% 收入组的 9.54%、21.4%、34.0%、52.6%。居民收入差距明显，相

第四章 做好养老金融大文章 助力银发经济高质量发展

当大一部分居民缺乏养老财富积累。[①]

养老服务需求偏向于低层次。虽然老龄化是一个国家经济发展到一定阶段必然面临的社会问题,但是中国式老龄化的显著特点是"未富先老"。"未富先老",是指相比部分老龄化水平相同的发达国家而言,中国的人均收入水平更低。这意味着,相较于这些发达国家,中国的养老产业中低层次需求的占比将会更高。在前述的养老需求金字塔中,生理及安全需求相关产业的市场占比可能更大,而更高层级需求相关产业的市场占比可能更小。

此外,与发达国家相比,中国城镇化进程的持续推进、劳动适龄人口进入城市、老年人口大量滞留乡村,地理间隔也令家庭及子女养老难以有效发挥作用。图4—24展示了我国60岁及以上城乡人口占比和65岁及以上城乡人口占比情况,60岁及以上和65岁及以上人口占比在城市、镇与乡村之间逐渐升高,60岁

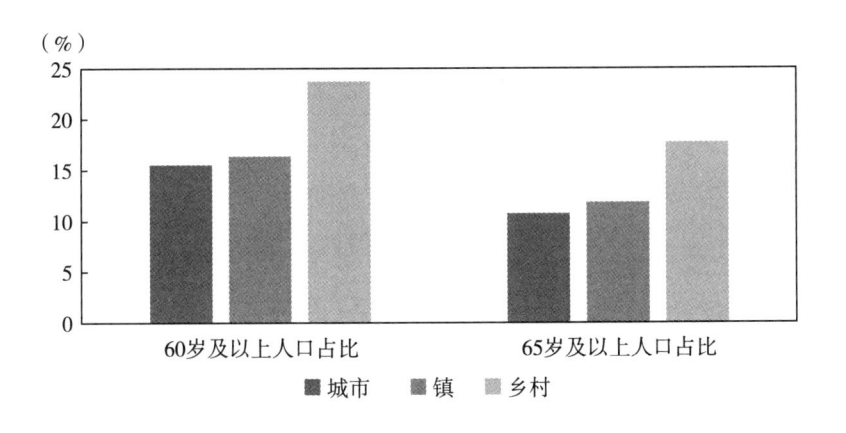

图4—24 中国城乡老龄化差异显著

[①] 马晓夏:《突破养老金融发展瓶颈》,《人民论坛》2019年第10期。

及以上和65岁及以上人口在乡村占比20%左右，进一步扩大了生理及安全养老需求的发展紧迫性。

居民更偏好传统渠道的养老服务金融产品。随着国民养老金融需求的不断提升，银行、保险、基金等金融机构都开发了一系列养老金融产品，但根据历年《中国养老金融调查研究报告》数据，公众参与养老金融市场的主要渠道仍集中于银行存款、银行理财、商业养老保险等传统渠道，对于新兴的基金、股票、信托产品的参与度相对较低。这在很大程度上是由于，一方面，国民养老金融素养相对有限，金融机构开发的各类跨生命周期的养老金融产品又相对复杂，导致其对产品的理解存在困难，限制了产品供给的有效性；另一方面，国民的投资选择倾向于灵活性强的产品，对养老金融产品的灵活性要求较高，但当前养老金融产品往往存在跨周期时间长、产品种类较少等方面的问题，很难获得普通老百姓的青睐。

（三）养老产业金融：融资模式相对单一，区域性特点制约供需匹配

养老产业金融供给不足、金融产品缺乏。养老产业投资额度大、公益属性强、微利经营、回报周期长，因此金融机构投资意愿不高，产融结合业态尚未成熟。一方面，险企"轻资产"模式的养老产业项目往往由于缺乏土地、房产等抵押担保资产，难以获得金融机构的长期贷款支持；另一方面，商业银行信贷主要集中在相对成熟的养老社区和医药健康产业，面向大型养老机构，难以满足中小型、民营养老机构的融资需求。此外，当前养老产业融资模式仍较为单一，社会资本参与不足。养老产业金融

第四章　做好养老金融大文章　助力银发经济高质量发展

目前主要以政策性工具为主，除商业银行、政策性信贷等渠道外，基础设施不动产投资信托基金（REITs）、资产证券化（ABS）和公私资本合作（PPP）等融资方式应用还处于初始阶段。

养老产业地区差异较大，缺乏与区域市场相匹配的融资体系。在经济发展水平较高、老龄化率相对较低的地区，养老项目较容易获得金融支持，服务品质也更高。然而，在经济发展水平一般、老龄化率相对较高的地区，养老项目融资渠道却较为狭窄，养老服务常陷入低价低质竞争的状态。区域不平衡的融资体系制约了养老产业的规模化扩张，并影响了当地老年人获得高品质养老服务的可能性。养老产业资金供需不均衡问题在养老地产发展上尤为突出。目前，我国养老地产项目大多集中在经济发达地区，如京津冀、长三角、珠三角、川渝等，而在其他经济欠发达地区养老地产项目的普及程度较低，仍需更多资金支持来满足老年群体的养老需求。

二　养老金融发展的机遇

养老金融领域正迎来前所未有的发展机遇。首先，随着银发经济的兴起，它已成为推动经济发展的新动能，多样化的养老产业迫切需要金融支持来实现其潜力和促进增长。金融机构有机会通过提供定制化的金融产品和服务，来满足养老产业的特定需求，从而在这一新兴市场中占据有利地位。其次，老龄化速度的逐渐加快预示着自我养老将成为养老服务金融发展的一个关键驱动力。随着老年人口对独立和自我维持生活方式的需求增加，他们对养老金融产品的需求也将日益增长，这为金融机构提供了广阔的市场空间和创新动力。最后，国民对养老的有效需求正在大幅增加，呈现出多元化的需求特征。居民对于养老规划、资产管理和养老服务的期望越来越高，这不仅推动了养老金融产品的创新，也促进了服务模式的多样化。金融机构可以通过深入理解这些需求，开发更加个性化和差异化的解决方案，以满足不同客户群体的养老需求。

（一）银发经济成为经济发展新动能，多样化养老产业发展亟须金融支持

一是首部政策的出台将银发经济纳入我国经济发展顶层设计。如图4—25所示，国家统计局数据显示，2023年12月，我国65岁及以上人口为2.17亿人，占总人口数15.40%。在我国社会老龄化程度逐渐加深的背景下，如何有效保障老年群体生活质量、增进老年群体福祉成为我国亟须解决的社会问题。2024年1月，国务院办公厅印发我国首个以"银发经济"命名的政策文件——《关于发展银发经济增进老年人福祉的意见》，该文件为我国银发经济未来的发展方向和养老产业的布局提供了有力指导。

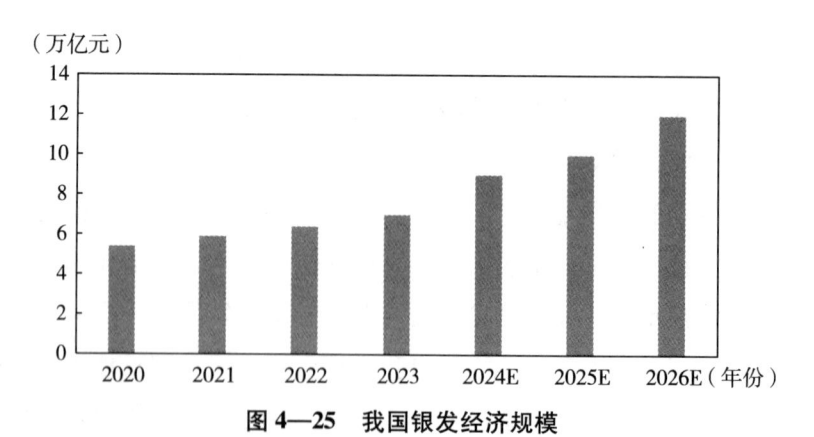

图4—25 我国银发经济规模

资料来源：根据中商产业研究院数据整理而得。

第四章　做好养老金融大文章　助力银发经济高质量发展

二是发展银发经济将刺激对养老金融的需求。我国银发经济消费覆盖行业广泛。图4—26显示，现阶段我国银发经济相关产业主要集中在食品保健、日用品、衣鞋服饰等方面，分布为23.50%、20.00%、15.60%，养老金融市场份额在其中占比较低。但是，银发经济快速增长将刺激养老金融相关需求同步提升。首先，随着金融知识的普及，老年群体参与养老金融的意愿在逐步提高，如图4—27所示。其次，银发经济推动我国养老产业不断创新升级，养老产业的融资需求也在不断提升，如图4—28所示。最后，随着老年群体逐渐成为消费主力，保护资金、资产安全成为老年群体新的养老金融需求。如图4—29所示，作为养老产业的重要组成部分，中国养老地产行业市场规模强劲增长的态势，从2013年的6058亿元增长至2020年的14757亿元，预计2023年中国养老地产行业市场规模有望达到18500亿元。[①]

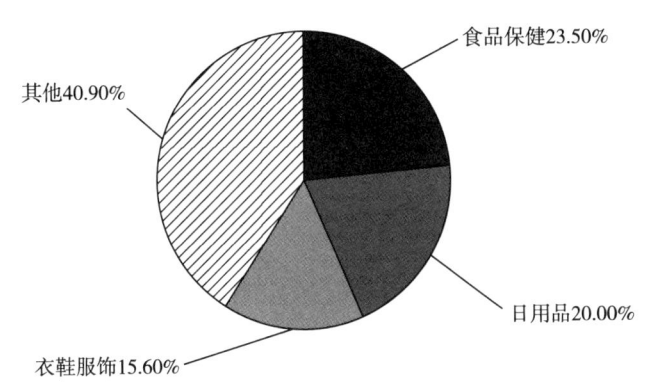

图4—26　中国银发品类消费分布情况

资料来源：根据中商产业研究院数据整理而得。

[①] 林义：《服务国家重大战略，促进养老金融健康发展》，《经济学家》2023年第12期。

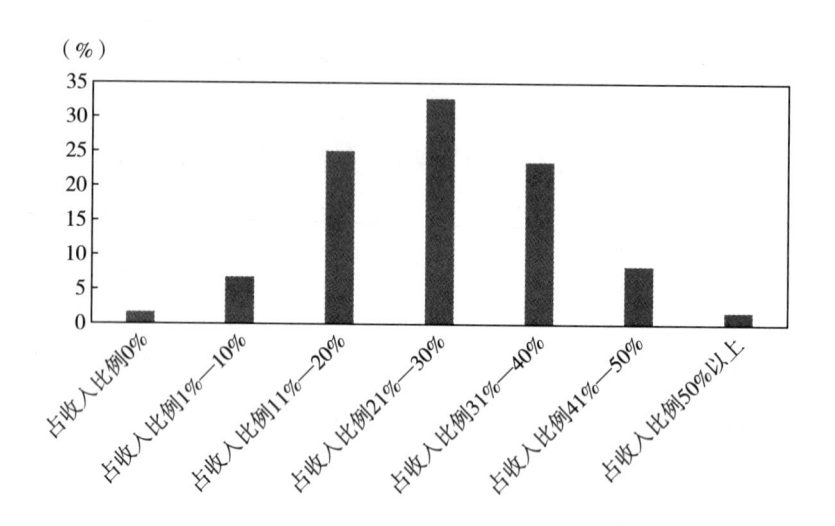

图 4—27 调查对象养老财富储备（占收入比重）意愿

资料来源：根据中国养老金融 50 人论坛《中国养老金融发展报告（2023）》，社会科学文献出版社 2023 年版相关数据整理而得。

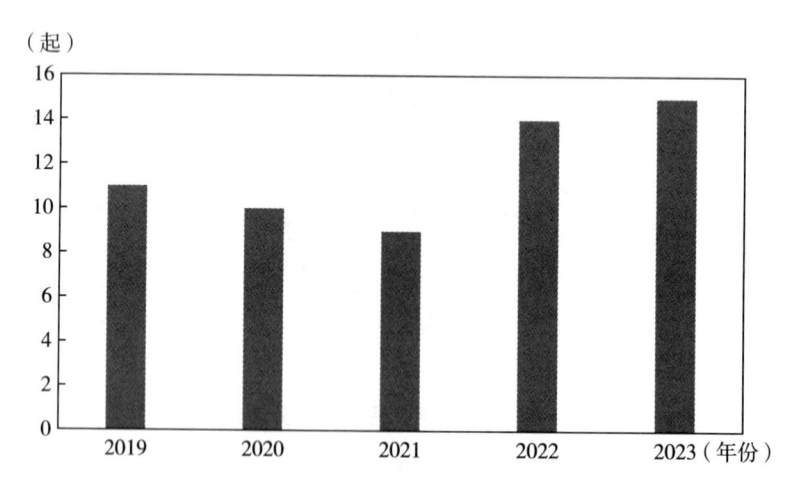

图 4—28 我国养老产业投融资数量

资料来源：根据 IT 桔子数据库数据整理而得。

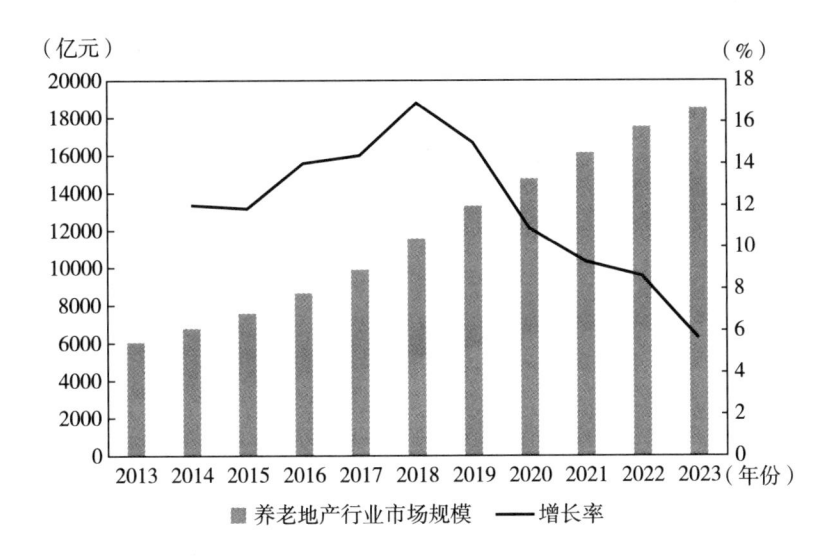

第四章 做好养老金融大文章 助力银发经济高质量发展

图4—29 2013—2023年中国养老地产行业市场规模

资料来源：根据共研产业研究院数据整理而得。

（二）老龄化速度将逐渐加快，自我养老将成为养老服务金融发展的驱动力

我国人口老龄化速度将逐渐加快。自2000年正式步入老龄化社会以来，我国经济发展速度进一步加快，人们生活水平逐渐提升，特别是医疗卫生条件的改善，使人们的预期寿命延长，加之计划生育政策的继续推行，我国老年人口的数量、规模呈现稳定增长的态势。国家统计局数据显示，2000年，我国65岁及以上的老年人口为0.88亿人，占总人口的比重为6.96%，到2022年底，65岁及以上人口的数量超过2亿人，占总人口的比重上升到13.5%。根据联合国《世界人口展望2019》预测，我国人口老龄化速度将在未来三四十年明显加快，到2040年前后，我国

65 岁及以上老年人占总人口的比重将超过 20%；到 2050 年，这一比重将继续加大，达到 25% 以上；2060 年前后将达到近 30% 并将长期处于人口老龄化的高原状态，如图 4—30 所示。①

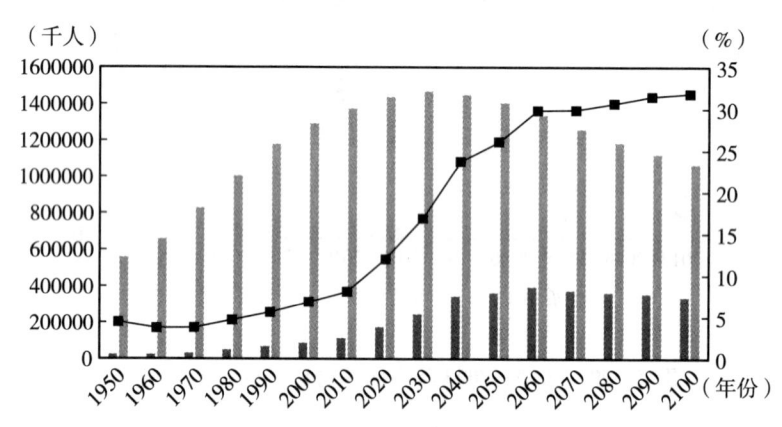

图 4—30　1950—2100 年中国 65 岁及以上人口数量及占总人口比重的变化趋势

资料来源：根据联合国中国养老金融 50 人论坛《中国养老金融发展报告（2023）》，社会科学文献出版社 2023 年版相关数据整理而得。

通过养老服务金融自我养老将成为主流选择。在长期老龄化的背景下，养儿防老的传统观念将受到极大挑战，自我养老将成为广大国民面临的重大选择。《中国养老金融调查研究报告 2023》中询问了调查对象认为最为可靠的养老方式，借此了解居民对养老方式的预期。如图 4—31 调查结果显示，提前进行自我

---

① 施文凯、董克用：《人口老龄化背景下建设中国特色养老金融体系研究》，《中国高校社会科学》2024 年第 1 期。

第四章 做好养老金融大文章 助力银发经济高质量发展

储备是大部分人认为最可靠的养老方式，占61.64%；22.11%计划继续工作；还有8.85%的调查对象选择依靠政府；选择依靠子女养老的人数占比最少，仅为7.40%。调查对象对养老方式的选择表明，大多数人已有提前进行个人养老财富储备的意识，认为自己的积蓄是最可靠的养老途径，而养老服务金融则是为广大国民提供多元化财富管理的重要突破口。

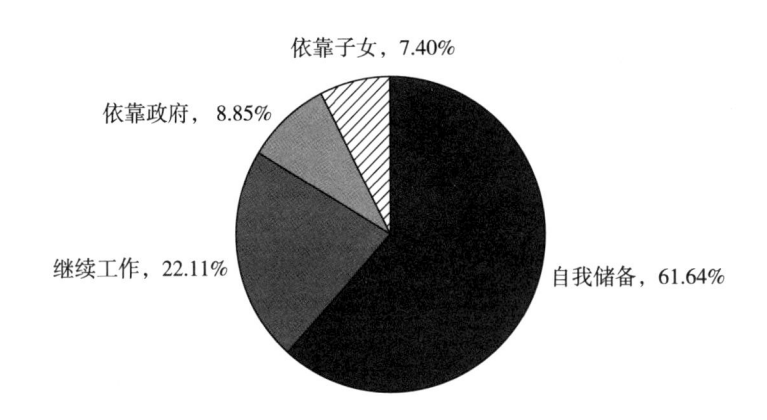

图4—31 调查对象选择最可靠的养老方式

资料来源：根据中国养老金融50人论坛《中国养老金融发展报告（2023）》，社会科学文献出版社2023年版相关数据整理而得。

（三）国民养老有效需求大幅增加、多元化需求强劲

老年人购买能力提升，消费需求更为多样化。图4—32展示了我国多元化养老的强劲需求。根据中商产业研究院数据，我国银发经济规模由2020年的5.4万亿元增长至2023年的7万亿元，占GDP比重由约5%提升至约6%。经济水平发展、老年人健康水平提升，收入水平及职业生涯延长，使老年人购买能力提升，扩大养老有效需求范围。随着老年人健康水平的提升及经济

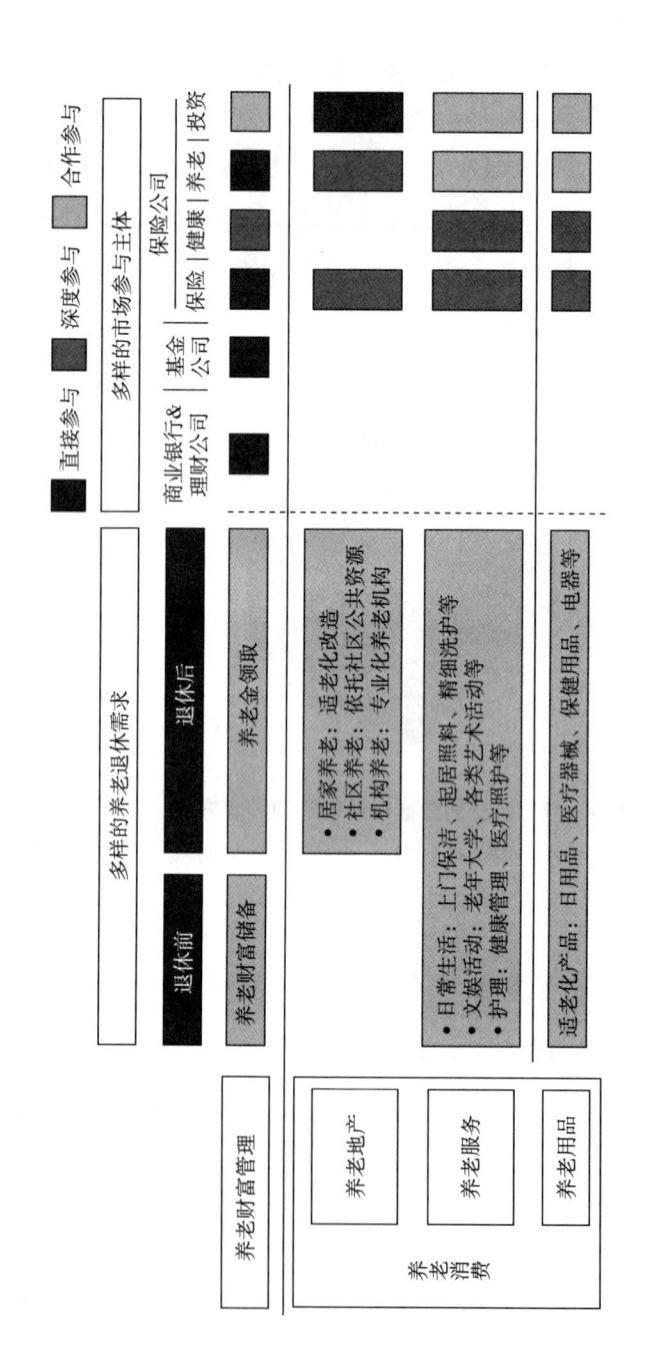

图4—32 多元化养老需求强劲

资料来源：根据麦肯锡《中国养老金调研报告》《麦肯锡中国退休养老调研2023》整理而得。

第四章　做好养老金融大文章　助力银发经济高质量发展

发展，老年人的职业生涯有所延长、薪资水平也将有所上升。在不考虑家庭代际转移支付的情况下，老年人对养老服务的购买能力也将逐渐提升。此外，在传统的养老概念中，老年人的需求通常只被描述为最低的衣、食、住三个部分。时至今日，随着社会经济的发展，老年人的需求已经越来越多样化。

因此，一方面，更好的健康水平令老年人可消费的商品及服务愈发多样；另一方面，相较于传统社会，老年人购买力的增加使老年人购买其他商品及服务的能力提升，有效需求有所扩大。养老需求涵盖老年人的衣食住行，主要包括财富积累与传承、日常居住和生活起居、医疗照护的保障和改善等。其中，养老财富的积累和保值增值等管理主要是从养老财富管理方面提出了多样化金融产品的需求，而养老消费方面的金融需求可以体现为养老地产、养老服务和养老用品。

多样化的养老需求为养老服务金融产品设计的多元化提供了驱动力。目前，我国养老金融产品主要由银行储蓄（低风险、低收益，高稳定性）、银行理财（长期稳健收益）、养老目标基金（稳健增值，长期持有）和商业保险（风险保险+资产增值）构成，个人养老金产品亦然。[1] 商业银行、基金公司、理财公司和保险公司是四大个人养老金产品的主要管理人，其中，保险公司一方面提供符合规定的保险产品，另一方面提供年金返还、养老社区、健康管理等服务，直接参与养老金管理和养老金消费两端，"保险+养老社区+健康管理"的模式覆盖养老金管理和消费两端，或将是养老产业链中商业模式和盈利模式最顺畅的一环。

---

[1] 孙国峰：《跨周期设计的宏观政策与养老金融发展》，《国际经济评论》2021年第3期。

第三节　养老金融的发展趋势与支持措施

当前，养老金融领域正站在一个新的发展起点上，其未来的发展趋势和国家政策的支持措施显得尤为重要。从发展趋势来看，预计养老金融将朝着更加个性化、多样化和科技化的方向发展。随着人口老龄化的加剧和居民财富的积累，养老金融产品和服务将更加注重满足老年人口的个性化需求，同时，金融科技的应用将使得服务更加便捷和高效。

为了推进养老金融的持续健康发展，国家将采取一系列支持措施，这包括加强政策引导和激励，为养老金融产品和服务的创新提供良好的政策环境；完善相关法律法规，确保养老金融市场的规范运作和风险控制；鼓励金融机构加大研发投入，开发适应老年人需求的创新产品和服务；以及加强养老金融教育和普及，提高公众对养老金融重要性的认识和参与度。[①]

此外，支持措施还将涵盖促进养老金融与养老服务的深度融合，推动跨行业合作，以及利用大数据、人工智能等技术手段提升养老金融服务的质量和效率。通过这些措施，可以为养老金融的发展提供坚实的基础和动力，确保养老金融市场的活力和可持续性，满足老年人口不断增长的金融服务需求。

一　养老金融的发展趋势预测

养老金融的发展前景广阔，其趋势预测显示几个关键方向。

---

① 孙琳琳：《做好养老金融大文章》，《人民论坛》2023年第22期。

第四章　做好养老金融大文章　助力银发经济高质量发展

首先,在养老金金融领域,预计制度设计将进一步完善,以实现三支柱养老金体系的平衡发展。这包括基本养老保险的稳健运营、企业年金和职业年金的推广,以及个人储蓄养老保险的普及,共同构建起一个更加全面和可持续的养老保障网络。其次,养老服务金融方面,随着居民财富的不断积累,财富储备预计将快速扩张。[①] 这将推动金融机构提高产品供给的效率和质量,以更好地满足老年人口的财富管理和养老服务需求。金融产品将更加多样化,服务也将更加个性化和便捷。最后,在养老产业金融领域,预计会出现轻重资产结合的布局策略,以适应不同地区和不同需求群体的特点。同时,康养融合有望成为养老产业发展的新趋势,养老与医疗、健康管理等产业的深度融合将为老年人提供更加综合和高质量的服务。

(一)养老金金融:制度设计进一步完善,三支柱养老金体系平衡发展

养老金金融的发展趋势显示出制度设计的不断优化和三支柱体系的协调发展,这将为应对人口老龄化带来的挑战提供坚实的制度保障,同时也为老年人的福祉和养老金体系的可持续发展奠定基础。

1. 全国统筹制度提高基金管理效率

2022年1月,我国正式启动了城镇职工基本养老保险的全国统筹改革,旨在全国范围内对地区间养老保险基金当期余缺进行调剂,从制度上解决基金结构性矛盾,保障困难地区养老

[①] 吴玉韶、李昊臻:《银发经济发展对养老金融的需求》,《中国金融》2024年第12期。

金融强国之路：如何写好做实"五篇大文章"

金发放。

我国实施养老保险全国统筹已经具备良好基础，这包括：（1）中央调剂制度已经建立；（2）各省养老保险政策已经逐步统一；（3）全国统一的社会保险公共服务平台已经建立。全国统筹制度实施后，将会建立中央和地方政府支出责任分担机制，地方政府支出责任会更加明确，各级政府责任会进一步压实。

在2022年10月举行的中国共产党第二十次全国代表大会上，报告中明确指出要"完善基本养老保险全国统筹制度，并发展一个多层次、多支柱的养老保险体系"。这表明，我国将致力于进一步优化基本养老保险的全国统筹制度，实现顶层设计的逐步完善。① 随着这一进程的推进，我国基本养老保险基金的当期结余以及各地积累的结余资金将逐步集中到中央层面，形成统一的全国性基金池，以实现资源的更高效配置和风险的更合理分散。在支付后结余资金可由全国社保基金理事会进行市场化投资运营，实现基金的保值增值，进一步提高基金管理效率。

2. 打通第二、第三支柱促进平衡发展

第二、第三支柱本质上都建立在个人账户基础之上，采取市场化运营模式。在政策设计上可积极探索打通二者，主要体现在三方面：一是打通税收优惠。如果职工参加企业（职业）年金个人缴费没有达到税收优惠上限的比例或额度，可将差额部分追加至个人账户的缴费上限；如果职工所在单位没有建立年金计划，可将全部比例或额度追加至个人账户的缴费上限。这一制度设计可以将第二、第三支柱的个人缴费税收优惠额度合并提供给

---

① 熊鹭：《养老金融税收政策的国际借鉴》，《人民论坛》2023年第22期。

第四章　做好养老金融大文章　助力银发经济高质量发展

所有人。二是打通投资运营市场。第二、第三支柱均委托专业性金融机构进行投资运营，可以在治理结构、投资政策和待遇发放方式等方面打通，统一市场秩序。三是打通缴费、账户记录和基金转移接续，便利参与人工作变动时在第二、第三支柱养老金账户间对接。

（二）养老服务金融：财富储备快速扩张，产品供给效率提升

养老服务金融在人口老龄化的背景下，正展现出强劲的发展势头和广阔的市场前景。随着财富储备的快速扩张和产品供给效率的提升，养老服务金融有望在未来发挥更加重要的作用，为老年人提供更加全面、便捷和高效的金融服务，确保他们的养老金安全、稳定和增值。[①]

1. 人口老龄化纵深发展，养老财富积累市场前景广阔

我国人口老龄化程度持续加深，养老服务需求前景广阔。截至2023年12月，我国60岁及以上人口达到2.9亿，增速6%。随着经济社会发展和生活水平的提高，老年群体多元化的养老需求逐渐显现，这不仅包括满足日常生活消费的经济需求，也表现为满足医疗、护理等方面的服务需求。此外，随着人口老龄化成为社会热点问题，更多的中青年开始提前为老年生活进行财富规划，对长期、稳定的养老金融产品的需求不断增加。为实现体面的养老生活，探索多元化的养老财富储备渠道，成为应对人口老龄化和缓解养老财富储备不均衡、不充分问题的核心策略。展望

[①] 阳义南：《积极应对人口老龄化中的养老金融研究》，《中国高校社会科学》2024年第3期。

未来，可以预见，养老服务金融需求将在未来数十年内呈现广阔的市场前景和爆发式的增长。

2. 养老服务金融行业有序发展，养老金融需求有待进一步释放

目前，养老财富管理的主要发展空间侧重于推动个人养老金的发展。当前个人养老金产品供给与居民养老储蓄需求匹配度较高，未来应坚持立足于中期稳健收益的产品设计理念。我国当前个人养老金产品期限主要集中于 5 年期及以下的中短期产品，10 年期以上产品供应相对较少。尽管与养老金偏好长期投资的这一传统认知不符，但却实际符合当前我国居民的需求。具体来看，个人养老金储蓄、理财和基金产品主要为 5 年期及以下产品，其中，个人养老金储蓄产品更适合风险偏好较低的大众客户、理财产品和公募基金产品更适合具备一定风险承受能力和收入基础的客户。个人养老保险产品兼具保底收益和风险保障两大功能，总体侧重于中长期保障，适合中长期客户。原银保监会 2022 年 11 月发布《关于保险公司开展个人养老金业务有关事项的通知》，明确"保险公司开展个人养老金业务，可提供年金保险、两全保险，以及银保监会认定的其他产品（以下统称个人养老金保险产品）"，强调个人养老金保险产品应当符合两大要求：保险期限不短于 5 年，保险责任限于生存保险金给付、满期保险金给付、死亡、全残、达到失能或护理状态。[①]

居民养老金融风险偏好较低，养老金融需求有待进一步释放。中国养老金融 50 人论坛发布的 2022 年调查研究报告显

---

① 张军：《养老服务与养老金融的协同发展》，《中国金融》2024 年第 12 期。

第四章　做好养老金融大文章　助力银发经济高质量发展

示，我国城乡居民调查对象普遍参与养老金融，也普遍有意愿进行养老财富储备，目前实际参与和储备意愿都最偏好和信任银行存款，同时对保险、银行理财等多元化产品保持一定关注。图4—33展示了本次调查结果：约80%居民期待的养老金融产品投资期限主要以3年以内产品为主，仅有不到8%的居民选择投资期限5年以上的产品、选择投资期限10年以上金融产品的居民占比仅堪堪高于1%。因此，总体来看，居民对养老金融产品的需求主要集中于5年及以下中短期稳健产品。长期来看，随着居民收入的增长，居民养老储蓄意愿将持续落地，个人养老金产品发展空间尚较大。但居民养老金融风险偏好较低，调查对象普遍认为目前养老金融产品种类较少、收益率偏低、介绍

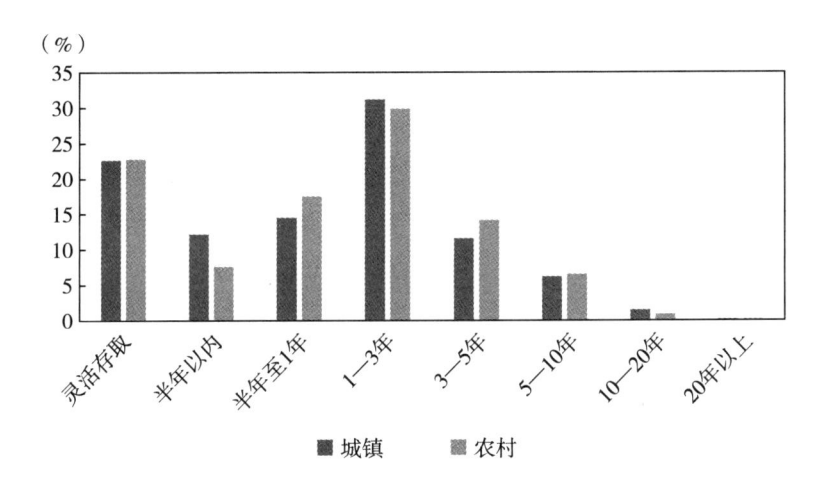

图4—33　城镇 & 农村居民调查对象对养老金融产品投资期限的期待

资料来源：根据中国养老金融50人论坛《中国养老金融发展报告（2022）》，社会科学文献出版社2023年版相关数据整理而得。

不够清晰明确，在有限的选择内，主要关注银行存款、商业保险、银行理财等相对稳健且以保值为主的产品，养老金融需求有待进一步释放。

（三）养老产业金融：轻重资产结合布局，康养融合或成发展趋势

养老产业金融正逐步展现出其在经济社会发展中的重要角色，特别是在轻重资产结合布局和康养融合方面。第一，随着大健康领域的加速发展，养老产业金融正致力于构建康养结合的战略性新兴产业。这一趋势不仅响应了人口老龄化带来的需求，而且促进了医疗服务与养老服务的深度整合，为老年人提供了更加全面和连续的照护服务。第二，鼓励资本入局养老产业，通过轻重资产的有机结合，构建起一个多元化的养老产业生态圈。轻资产模式，如养老服务咨询、管理输出等，与重资产模式，如养老设施建设、医疗健康项目投资等，相互补充，共同推动养老产业的创新和发展。这种模式的融合不仅提高了养老产业的运营效率，也为其带来了更广阔的发展空间。

1. 提速大健康领域，打造康养结合战略性新兴产业

大健康领域以康养为核心的需求迅速增长。近年来，随着人口老龄化问题的日益突出，特别是经过疫情，市场对护理服务、健康服务的认可度进一步提升。根据中投顾问产业研究中心的预测，2019—2022年，医养结合市场规模的年均复合增长率约为24.3%，预计2025年市场规模将达到1.5万亿元。[①]

[①] 张建国：《发挥银行优势服务养老事业》，《中国金融》2013年第7期。

第四章　做好养老金融大文章　助力银发经济高质量发展

康养结合已成为养老产业发展的必然趋势，具备广阔的发展潜力。众多央企、国企以及地方政府都将康养产业列为战略性新兴产业，通过养老产业引导基金、养老产业专项债券等金融工具进一步加快布局；保险公司正致力于发展一个涵盖保险、养老和医疗健康的全生命周期康养生态系统，以提供全面的服务；居家养老、智慧养老、医疗健康等养老产业领域受私募股权机构的持续青睐。目前，绿城集团、保利地产等地产公司通过开发多功能养老项目，为老年人提供更为便利和综合的生活环境；中国人寿、泰康保险等险企以健康养老服务为核心，为老年人提供更为可靠和全面的保障；河北燕达医院在健康城项目中提供全方位服务，构建起养生居住区、康复医院、养老示范区等多元化服务体系，为老年人打造贴心、安全的养老生活场所，如表4—7所示。未来，金融将会助推医疗康复、休闲养老、健康产品、运动康养等健康养老产业板块的集聚融合发展，为老人提供更加智能化、多样化、个性化、品质化的养老产品和服务。

表4—7　　　　　　　　康养结合案例

	地产公司
绿城集团	开发乌镇雅园"学院式养老"项目，划分养生居住区、颐乐学院、度假酒店区、休闲商业区、雅达国际康复医院、养老示范区六大功能板块，截至2022年安雅苑交付前，已有约5000户业主入住。
保利地产	建设北京市海淀区和熹会老年公寓，"全龄三代居+医养结合+智慧养老"业务模式，规划容纳230名老人居住，开业第一年期末入住率达到43.5%，开业两年（2014年底）实现运营收支平衡。

续表

保险企业	
中国人寿	投资国寿嘉园·雅境，提供候鸟式连锁健康养老养生服务，一期东地块536套养老养生公寓，198间康养公寓，截至2023年12月末，入住长者超过300名。
泰康保险	开发建设北京泰康之家·燕园，共能容纳约3000户居民入住，配备专业康复医院和养老照护专业设备，2015年开园试运营独立生活区入住率达到99.7%，2017年实现盈亏平衡，2018年开始盈利。
医院	
河北燕达医院	参与燕达国际健康城项目，由国际医院（医疗床位2000张，康复床位1000张）、金色年华健康养护中心（12000张床位）、医学研究院、医护培训学院、国宾大酒店、国际医学院六部分组成，截至2023年8月，燕达金色年华健康养护中心已入住长者5000多人。

资料来源：根据各公司官网数据整理而得。

2. 鼓励资本入局，轻重结合构建养老产业生态圈

目前，我国养老产业已经进入规模化发展阶段，呈现出"轻重结合"的多元生态模式。一方面，头部保险企业采用自建自投的重资产模式来布局养老产业，并尝试差异化发展；另一方面，银行系保险企业、中外合资保险企业等新进入者则倾向于轻资产服务，通过技术和平台优势，以较少的资金实现资源的高效整合和运营。① 虽然轻资产模式可以快速进入市场，但也面临着同质化竞争和融资渠道受限的挑战。

未来，金融市场将持续探索和支持轻、重资产模式的融合。在挖掘各自特色和价值的基础上，构建更加健康完整的养老产业

---

① 张永奇、庄天慧：《数字经济赋能养老金融：内在机理、现实挑战与路径选择》，《当代经济管理》2023年第6期。

第四章 做好养老金融大文章 助力银发经济高质量发展

生态圈。国务院办公厅《关于推进养老服务发展的意见》提出，"大力支持符合条件的市场化、规范化程度高的养老服务企业上市融资"。目前，锦欣福星康养等几家规模化轻资产养老服务运营企业，通过战略重组、投资合作等方式，有望在今年内实现上市目标。通过推进养老产业基础设施REITs等金融工具的应用，也将拓展"轻资产"模式和"轻重结合"模式的融资渠道，吸引企业和社会资本进入养老产业，支持养老机构的服务能力建设，增加对养老领域的有效金融供给。[①]

二 推进养老金融发展的支持措施

推进养老金融发展的支持措施是多方面的，涉及经济、政策、金融等多个层面。首先，加速经济改革是推动养老金融发展的基础，通过优化经济结构和提升发展质量，为养老金融提供坚实的经济支撑。其次，增强基本养老保险的公平性，并通过完善全国统筹制度，确保养老基金的可持续性和稳定性，保障老年人的基本生活需求。再次，多措并举推动企业年金的发展，通过税收优惠、政策引导等手段，鼓励更多企业和员工参与，促进养老保障的高质量发展。同时，做实职业年金缴费账户，通过规范管理和投资运营，增强职业年金的积累能力，缓解未来财政负担。最后，鼓励金融工具的创新，丰富养老产业的融资渠道，包括发展养老目标基金、养老保险产品等，满足老年人口多样化的养老需求。通过这些措施，可以为养老金融的发展提供更加全面和有力的支持，构建一个更加完善、高效和可持续的养老金融服务体系。

[①] 周言：《人口老龄化背景下我国养老金融产品发展研究》，《新金融》2020年第8期。

金融强国之路：如何写好做实"五篇大文章"

（一）居民金融素养、收入与年龄结构是养老金融发展的基础

提高居民金融素养。政府部门、金融机构、社区需协力打造居民金融素养提升体系。通过居民日常教育与集中教育活动，有关部门加大金融产品和知识教育宣传力度，帮助居民了解金融常识和金融风险，提升居民特别是学生和老年群体的金融素养和风险意识，引导其理性购买金融产品，自觉防范、远离和抵制非法集资及金融诈骗等非法金融活动。

拓展老年人收入。我国政府需要以养老金为抓手，努力保障和拓展老年群体的收入。有关部门需继续完善养老保险全国统筹制度，实现不同地区养老保障机制的有机整合，对所有参保人员提供平等的保障待遇，尤其增加对农村地区老年人的保障力度。同时，在保证安全的前提下，有关部门要积极拓宽养老金的投资渠道，提高养老金的投资收益，以提升基本养老金的发放水平。此外，我国还需继续推进多层次养老保险体系建设，优化养老金支付方式等，从多维度拓展老年群体收入，保障老年群体生活质量。[1]

鼓励生育。为保证我国鼓励生育政策达到预期实施效果，社会多部门需密切合作，以减轻育儿成本。医疗卫生体系要进一步提高优生优育服务水平，大力推进妇幼保健机构和儿童保健门诊建设；托育机构继续增加普惠托育服务供给，提升托育服务质量；教育体系需继续提高学前教育普及普惠水平，积极促进教育公平，降低学生就学成本。此外，我国政府需继续完善生育休

---

[1] 殷兴山：《养老金融视角下的政府职责》，《中国金融》2012年第24期。

第四章　做好养老金融大文章　助力银发经济高质量发展

假、住房保障以及税收等方面的政策机制，积极营造生育友好社会氛围。

延迟退休。我国延迟退休政策需遵守"小步调整、弹性实施、分类推进、统筹兼顾"的原则，逐步延迟法定退休年龄。在充分征集群众意见的基础上，政策制定部门可以考虑针对不同行业、工种实施差别化延迟法定退休年龄，实行有弹性的退休制度。此外，有关部门还可以考虑试点养老金领取"早减晚增"制度。

（二）增强基本养老保险公平性，完善全国统筹制度

由于我国区域之间存在人口年龄结构、劳动力跨区域流动、经济发展水平等结构性差异，地区间养老保险基金收支失衡问题较为突出。[1] 为了解决该问题，我国陆续推出了许多改革措施。2011年7月1日实施的《社会保险法》规定，基本养老保险基金逐步实行全国统筹，具体时间、步骤由国务院规定。2017年10月，党的十九大报告提出，要"完善城镇职工基本养老保险和城乡居民基本养老保险制度，尽快实现养老保险全国统筹"。2018年6月，国务院下发《国务院关于建立企业职工基本养老保险基金中央调剂制度的通知》，决定建立养老保险基金中央调剂制度，自2018年7月1日起实施。2022年1月，我国正式启动了城镇职工基本养老保险的全国统筹改革。2022年10月，中国共产党第二十次全国代表大会的报告中强调了"完善基本养老保险全国统筹制度，推动多层次、多支柱养老保险体系的发展"。

---

[1] 姚余栋、王赓宇：《发展养老金融与落实供给侧结构性改革》，《金融论坛》2016年第5期。

这预示着我国将逐步优化基本养老保险的全国统筹制度，确保其顶层设计更加成熟和完善。实施城镇职工基本养老保险的全国统筹改革，可以完善养老保险制度、推动养老保险制度更加公平、更可持续。目前推出的措施包括四方面。一是在全国范围内基本实现政策统一，劳动者与退休人员的养老保险权益得到更好保障。并在各地逐步放开灵活就业人员参保户籍限制，将更多灵活就业人员纳入养老保险保障范围。二是加大省际互济力度。缓解地区间基金当期收支压力，保障养老金发放，提高资金使用效率，增强养老保险制度的公平性和可持续性。三是建立了中央和地方养老保险支出责任分担机制，中央财政补助力度进一步加大，地方财政养老保险投入机制更加完善。四是不断提高养老保险管理服务水平和公共服务可及性。建成了与全国统筹相适应的信息系统，实现了数据集中管理、部省经办联动，更好做到"记录一生、保障一生、服务一生"。[①]

未来，应在城镇职工基本养老保险的全国统筹基础上，优化管理体制并强化激励约束，分步实现基金当期结余和累计结余向中央集中，最终实现基金全国统收统支，从而解决由于经济发展水平差距、劳动力跨地区流动、人口年龄结构差异引致的地区间基金收支结构失衡问题。

（三）多措并举推动企业年金发展，促进养老保障高质量发展

针对我国企业建立年金计划意愿不高的现状，推出如下措施。一是适当加大对企业年金缴费的税收优惠；二是统一企业年

---

① 尹兆君：《建设多层次多支柱养老保险体系》，《中国金融》2024年第12期。

金追溯时间；三是政策允许企业为特定群体优先设立企业年金计划，以此激发企业年金在薪酬分配中的激励效应；四是大力发展企业年金集合计划；五是促进企业年金和职业年金整合与统一；六是简化企业年金方案报送手续；七是加强年金立法，完善年金监管体系。

此外，要适当借鉴国外经验，包括英国职业养老金计划（NEST）经验，采取非营利的发展模式、灵活的加入机制（包括个人可以参加）及有效的税收优惠等，建立非营利性、市场化运作的职业养老金平台，为中小微企业建立年金计划提供便利，增强参与意愿。

（四）做实职业年金缴费账户，缓解未来财政负担

为推动2015年机关事业单位制度改革，我国在职业年金体制上采取了"虚实结合，虚账实记，实账实收"的"混合账户式"管理体制。其中，全额拨款单位缴费采用记账方式，其他类型部门单位缴费和所有参与人的个人缴费采用的是实账方式。从短期来看，采用"记账运行"方式可以减轻财政负担，但从长期来看，在经历30年左右的时间之后，其财政负担会超过"实账运行"的负担。此外，职业年金单位缴费"记账运行"会把积累型的第二支柱养老金变为现收现付制度。[①] 为降低未来财政负担，保证职业年金积累型养老金性质，必须做实职业年金缴费账户。如果全部实施存在困难，可以分步骤推进。越早做实，未来财政负担越小。

[①] 郑岩：《从供需两端发力做好养老金融》，《中国金融》2024年第12期。

（五）鼓励金融工具创新，丰富养老产业融资渠道

金融支持养老产业发展不仅仅体现在银行信贷规模的增加，更关键的是为养老产业的可持续发展提供支持。随着养老产业的细分化发展，需要进一步优化金融结构并创新金融工具，全方位、多层次地满足养老产业发展的资金需求。[1]

首先，应发挥政府和央国企的引导作用。探索采用 PPP 模式、发行养老产业专项债券、设立养老产业引导基金以及通过地方政府授权国有企业等方式来支持养老服务项目的启动。同时，通过政策支持、税收优惠、完善法律法规等方式吸引企业和社会资本对养老产业进行投资，鼓励房地产企业、保险公司、医疗机构等强强联合，创新运营模式，提高运营效率。

其次，应鼓励商业银行提供更便捷和经济的信贷支持。商业银行应开发针对养老产业的特色信贷产品，建立适合养老服务业特点的授信审批、信用评级、客户准入和利率定价制度，增加养老产业信贷的可获得性，形成银行信贷支持养老产业的长期机制。例如以养老项目未来现金流替代质押物作为贷款保证的贷款方式，将养老产业贷款范围由养老地产开发放宽至养老产品、养老服务提供商等。

最后，需要通过创新金融工具、培育多元化的资本市场以及优化资本退出机制，来推动金融体系的完善和发展。作为长周期、收益稳定的行业，养老产业与 REITs 结合度非常高。从美国的养老地产运作经验来看，REITs 是美国养老地产的主流投资商

---

[1] 张中锦：《养老金融：理论溯源、分析框架与发展战略》，《现代经济探讨》2020 年第 5 期。

第四章　做好养老金融大文章　助力银发经济高质量发展

之一。通过探索进行结构性融资，用好资产证券化工具，推动REITs等金融产品在养老服务产业中的应用，可以拓宽养老产业融资渠道，合理分配养老产业不同环节的风险和收益。此外，通过盘活存量土地的方式获取低价资产，打通有核心竞争力的养老服务企业上市渠道，也可以提高社会资本投资养老产业的积极性。

第五章
做好数字金融大文章
引领全球先进生产力

在数字化浪潮的推动下，金融行业正经历着前所未有的变革。数字金融，作为这一变革的先锋，不仅重塑了金融服务的模式，也为全球经济注入了新的活力。随着技术的不断进步和消费者需求的日益多样化，数字金融已经成为推动全球先进生产力发展的关键力量。中国在数字金融快速发展的同时，需要加强监管、鼓励创新、完善基础设施建设、有效管理风险，以确保数字金融的健康和可持续发展，从而引领全球先进生产力。

第一节　数字金融发展现状

数字金融作为现代经济的重要驱动力，正以前所未有的速度和规模重塑全球金融市场，其核心组成部分包括数字支付、数字募资、数字投资和数字货币。中国的数字金融在以上这些领域均表现出不同的发展特点。

一 数字支付：新冠疫情后全球发展加速，中国引领世界发展

数字支付在新冠疫情后迎来加速发展，2023年突破10万亿美元大关；从业务类型来看，移动线下支付增长最为迅速，而线上消费仍占据最大比重。如图5—1所示，2023年尽管线上消费以6.69万亿美元领先市场，但移动线下支付以其惊人的增长速度凸显了数字支付领域的动态变化。这种增长不仅反映了技术进步和支付便利性的提升，也凸显了消费者行为的根本转变。疫情防控期间对非接触支付方式的偏好加速了移动支付解决方案的普及，预示着一个更加数字化和无现金的未来。跨境支付的稳健增

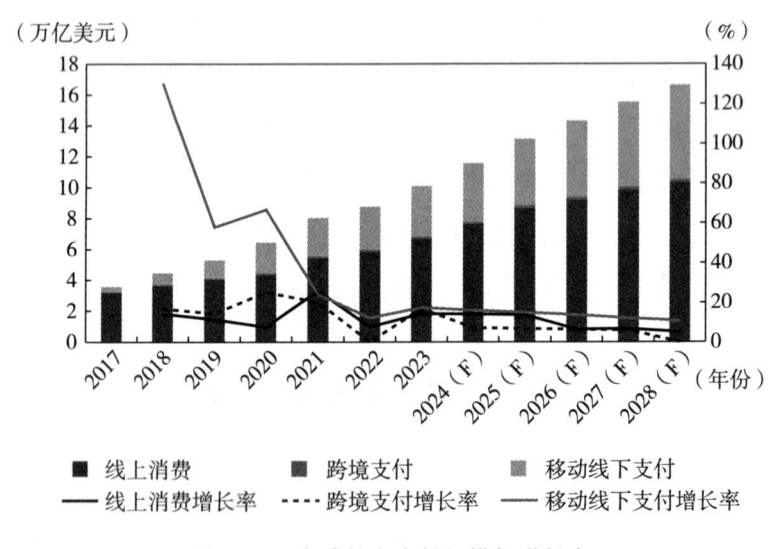

图5—1 全球数字支付规模与增长率

资料来源：根据statistia数据库数据整理而得。

第五章 做好数字金融大文章 引领全球先进生产力

长虽然规模较小,但它揭示了全球化交易的增长潜力及数字化支付在促进国际贸易方面的关键作用。这些趋势不仅展示了数字支付市场的健康增长,也指向了技术创新和消费者需求将如何塑造未来支付生态系统的发展方向。

如图5—2所示,线上消费与线下移动支付的低人均使用额度和高渗透率体现了其普惠性,而人均高额的跨境支付则揭示了数字支付在满足个性化需求和优化关键场景效率方面的能力。这种分化反映出数字支付领域的成熟度和多样性,其中普惠性强调了技术在促进金融包容性方面的作用,使得更广泛的人群能够接触和使用金融服务。同时,跨境支付的高人均使用额度凸显了数字支付在国际贸易、旅行和高价值交易中的关键角色,它不仅提高了这些场景的交易效率,还降低了成本。这种趋势说明,随着

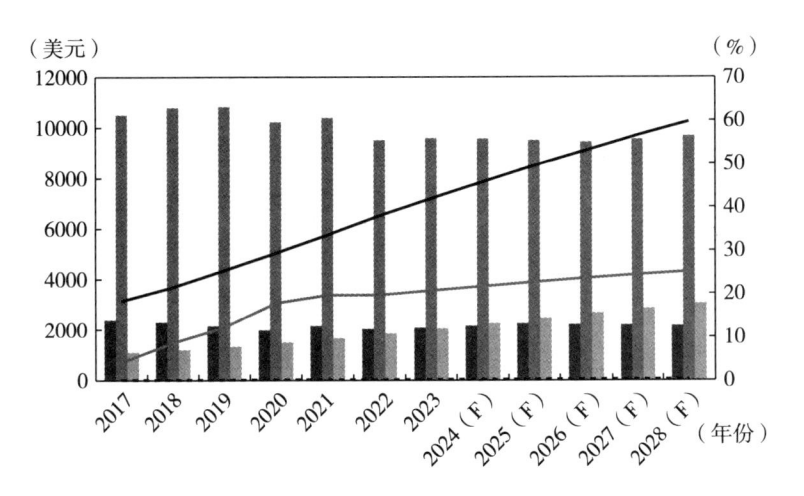

图5—2 数字支付人均使用情况与用户渗透率

资料来源:根据statistia数据库数据整理而得。

金融强国之路：如何写好做实"五篇大文章"

技术的不断进步和消费者需求的日益多样化，数字支付将继续演化，以满足从日常小额支付到高端跨境交易等不同层面的需求，推动全球金融服务的创新和发展。

中国保持在数字支付领域的全球领先地位，其发展速度和规模展现了显著的市场优势和创新能力。如图5—3所示，尽管新冠疫情后欧美等地区加速数字支付的布局，中国的增长轨迹仍显著。这得益于中国庞大的互联网用户基础、政策支持，以及企业间的激烈创新竞争。中国在全球数字支付市场的比重虽有轻微波动，但其对金融科技创新和支付系统现代化的贡献不容忽视。面对全球范围内的竞争加剧，中国的数字支付领域展现了强大的生命力和扩张潜力。此趋势不仅促进了国内金融市场的深化，也为全球支付行业的发展树立了标杆，推动了金融服务的全球化和数字化转型，预示着未来金融科技创新将在全球范围内持续深化，

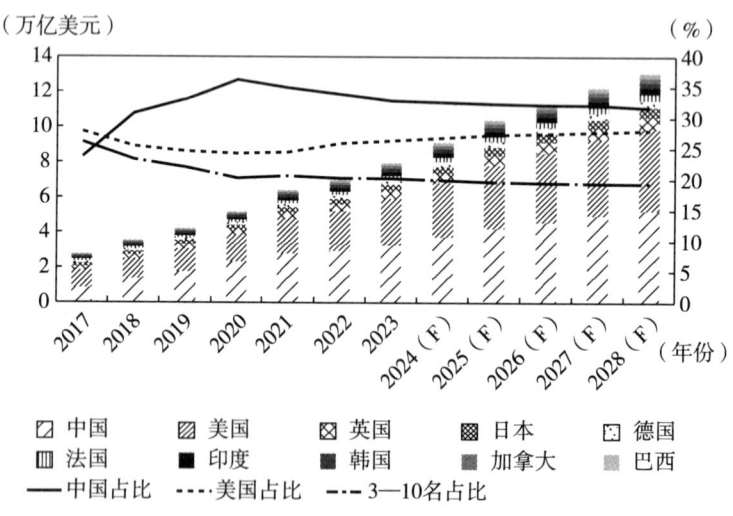

图5—3 数字支付全球前十名国家业务规模与其占全球市场比重

资料来源：根据statistia数据库数据整理而得。

第五章 做好数字金融大文章 引领全球先进生产力

带来更广泛的经济社会影响。

中美作为全球最大、增速较快且科技创新应用密集的两个经济体，在数字支付领域的竞争日益激烈。如图5—4所示，中国

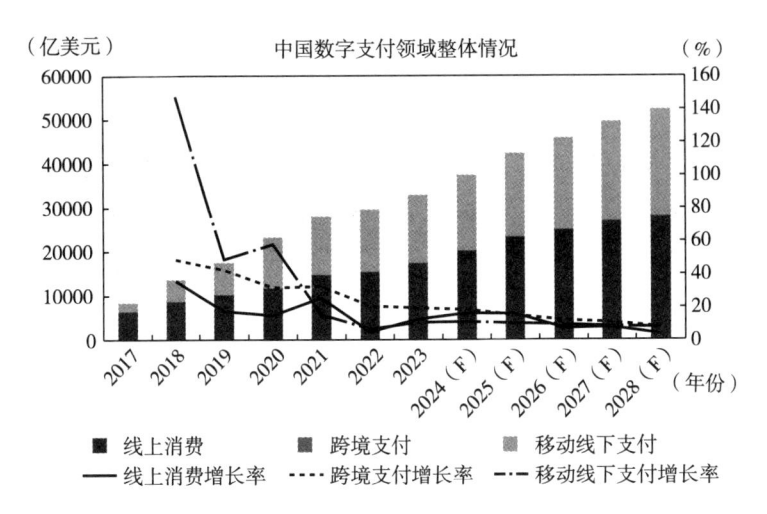

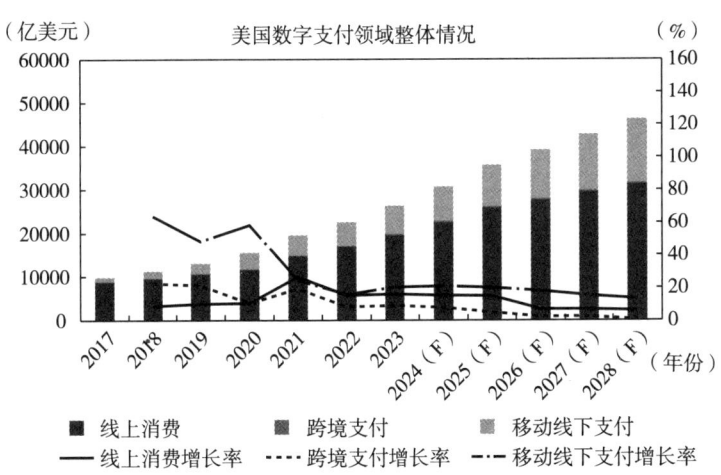

图5—4 中美数字支付领域业务规模与增长率对比

资料来源：根据statistia数据库数据整理而得。

金融强国之路：如何写好做实"五篇大文章"

的数字支付市场，特别是线上消费和移动线下支付，持续展现出强劲的增长动态。美国市场增长趋势则同时快速发展了跨境支付。这种增长不仅由两国庞大的消费市场驱动，还受到了金融科技创新、移动支付平台的普及以及跨境电商活动的增加的影响。中美在这一领域的竞争不仅体现在市场规模的扩大上，更在于科技创新的速度和应用的广泛性上。中国在移动支付和数字金融服务方面的早期投入和快速发展，为其在全球数字支付领域确立了领先地位。与此同时，美国在支付技术、跨境支付解决方案和金融科技创新方面也持续展现出强大的竞争力。这场竞争不仅推动了两国内部的金融科技发展，也影响了全球支付行业的创新趋势和发展方向，促进了支付技术的跨境融合和全球化应用。预计未来中美在数字支付领域的竞争将进一步加剧，同时也将带动全球金融科技领域的创新和进步。

在人均数字支付领域，中美两国展现出明显的差异，尤其在跨境支付渗透率方面。如图5—5所示，中国的人均跨境支付远超美国，反映出中国消费者在全球电商和跨境交易的活跃参与，但跨境支付的渗透率中国远低于美国趋近于0。这一现象不仅体现了中国强大的电商生态和全球化商业布局，也凸显了中国在推动支付技术创新和国际贸易便利化方面的领先地位。相对地，美国的跨境支付人均金额下降，可能指向消费模式的转变或市场饱和。这种中美在数字支付领域的对比，揭示了不同的市场成熟度、消费者偏好及国际贸易参与策略，为金融科技领域的全球策略制定提供了重要的视角和启示。

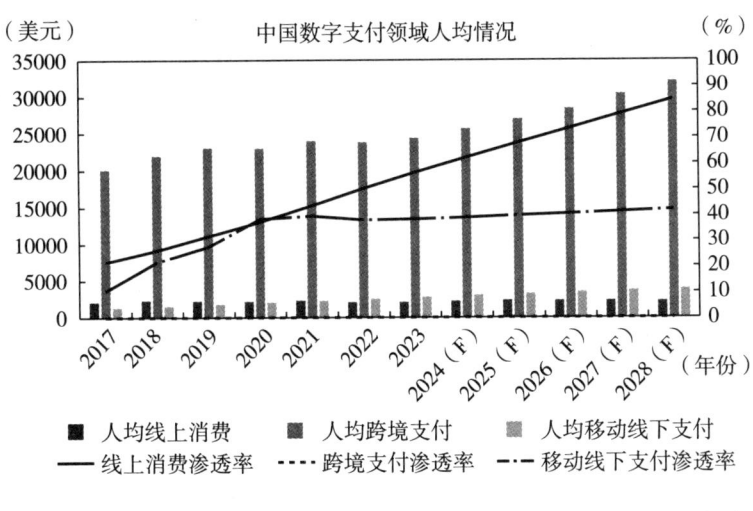

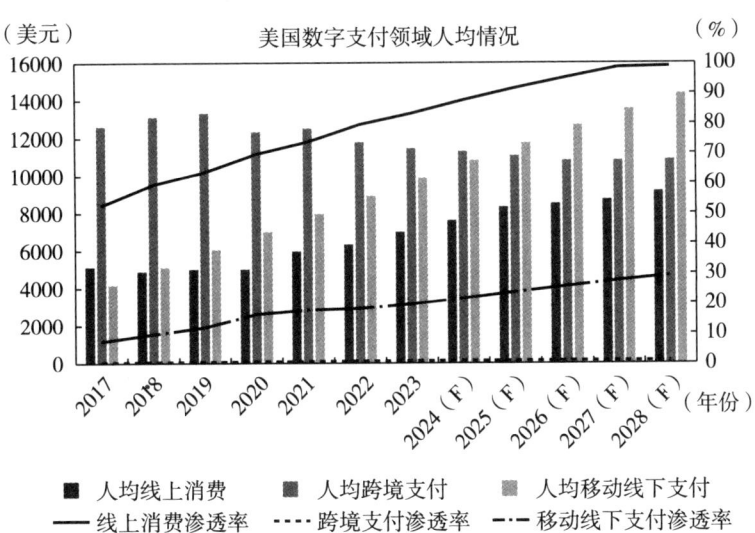

第五章 做好数字金融大文章 引领全球先进生产力

图5—5 中美数字支付领域人均业务规模与用户渗透率发展情况对比

资料来源：根据 statistia 数据库数据整理而得。

二 数字募资：中国较早完成业务模式升级，总体规模独步全球

全球口径上的数字募资的主要业态在中国基本已被淘汰。根据 statista 数据库的口径，数字募资主要包括股权众筹（crowdinvest）、商品众筹（crowdfunding）、众贷（crowdlending）以及批量消费信贷（marketplace lending）。两种众筹在中国曾经处于舆论风口而业务规模始终没有较大突破，批量消费信贷是由 P2P 借贷发展而来，而中国的 P2P 借贷已结束其历史。中国的数字信贷往往以微众银行、蚂蚁集团发放的大科技公司信贷为主要形态。为保持数据可比性我们首先依据 statista 数据进行横向比较，之后依靠微众银行财报进行中国的特别分析。

如图 5—6 所示，全球数字募资市场发展趋势较缓，且在 2020、2022 年因新冠疫情、美联储加息面临不同程度的负增长。这反映出该领域对外部经济与政策变动的敏感性。尽管市场面临挑战，各募资模式如实物众筹、股权众筹、众贷及批量消费信贷（P2P）均显示出恢复的迹象，预示着未来几年可能的稳步增长。这种趋势凸显了金融科技领域适应性和创新性的重要性，以及在不确定性中寻找增长机会的能力。市场的这一波动性和恢复力，暗示了未来策略需要更加注重灵活性和对外部变化的快速响应，同时强调了金融科技创新在推动市场长期发展中的核心作用。这一周期性的挑战与恢复过程为金融科技领域的参与者提供了深刻的洞察，关于如何在动荡中维持稳定并促进增长。

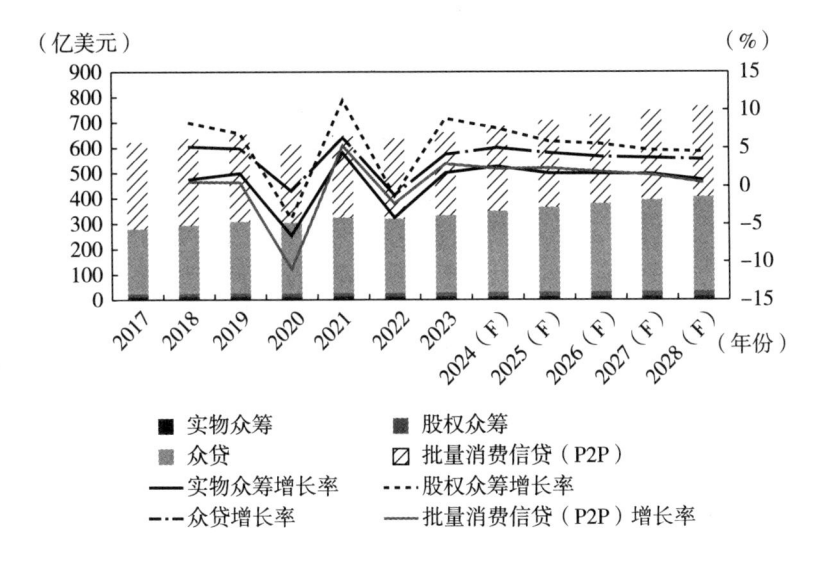

第五章 做好数字金融大文章 引领全球先进生产力

图 5—6 数字募资市场全球整体情况与增长率

资料来源：根据 statistia 数据库数据整理而得。

如图 5—7 所示，三种不同的募资方式的笔均金额呈现出阶梯形分布，满足了市场的多元需求。这种分布从低额的众贷到中等额度的实物众筹，再到高额的股权众筹，反映了不同风险偏好和投资回报预期下的市场分层。2020 年和 2022 年，类似于总体规模的波动，这些募资方式的笔均金额也经历了显著变化。这种波动凸显了外部经济环境变化对数字募资市场的直接影响，表明市场宏观的冲击会切实作用于有赖于此进行募资的个体。募资方式的这一动态调整表明，尽管面临短期挑战，但长期来看，多元化的募资模式能够为满足不同投资者需求和适应经济变化提供弹性和持续性的支持。

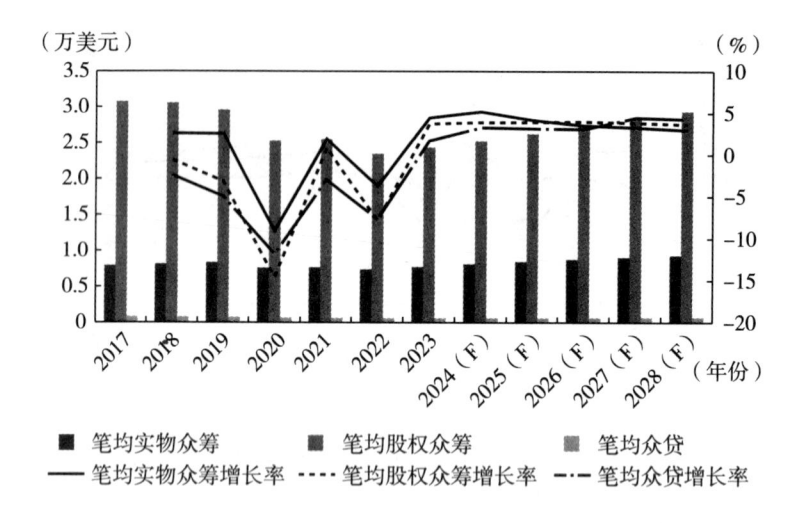

金融强国之路：如何写好做实"五篇大文章"

图 5—7　全球数字募资市场笔均金额与增长率

资料来源：根据 statistia 数据库数据整理而得。

　　在当前口径下，尽管 P2P 借贷的缺失导致中国在全球数字募资规模中逊于美国，但依靠众贷，中国仍然占据全球第二的地位，这一现象反映了中国小微企业对资金的旺盛需求和对未来发展前景的乐观预期。如图 5—8 所示，美国虽然在总体数字募资规模上保持领先，但中国在众贷领域的强劲表现凸显了其在特定募资方式上的市场活跃度和创新能力。这种情况表明，即便在金融科技领域的某些细分市场中面临挑战，中国的市场潜力和增长动力仍旧强大。中国在全球数字募资领域的地位，特别是在众贷领域的显著表现，不仅展示了其金融市场的深度和广度，也反映了国内外对中国经济增长和科技创新能力的认可。这一点为中国金融科技领域的未来发展提供了积极信号，预示着中国在全球金融科技创新和应用中将继续发挥关键作用。

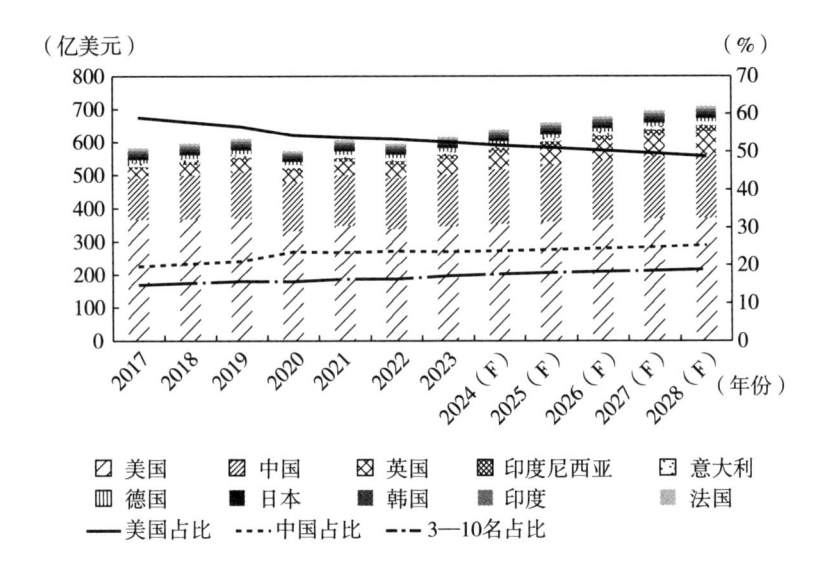

第五章　做好数字金融大文章　引领全球先进生产力

图5—8　数字募资全球前十名国家业务规模及其占比

资料来源：根据statistia数据库数据整理而得。

由于独特的市场机制与发达的信用卡债务重组需求，美国批量消费信贷业务冠绝全球，而中国旺盛的小微企业融资需求则使得众贷这一在中国并不主流的业务仍远远领先于其他国家。如图5—9所示，美国在众贷领域的全球市场份额逐年减少，而中国的众贷业务占全球比例却在增加，展现了中国在特定金融科技领域的强劲增长动力和潜力。这种对比不仅反映了中美在金融科技应用和市场需求方面的差异，也凸显了两国金融市场发展的特色和优势所在。美国的批量消费信贷业务体现了其成熟的金融市场和消费者金融需求的深度，而中国众贷业务的快速增长则反映了对小微经营者融资需求的积极响应以及市场的广阔发展空间。这种情况说明，尽管面对全球金融科技领域的不断变化和挑战，中国和美国各自依托其市场特性和需求，保持了在特定领域的领导地位。

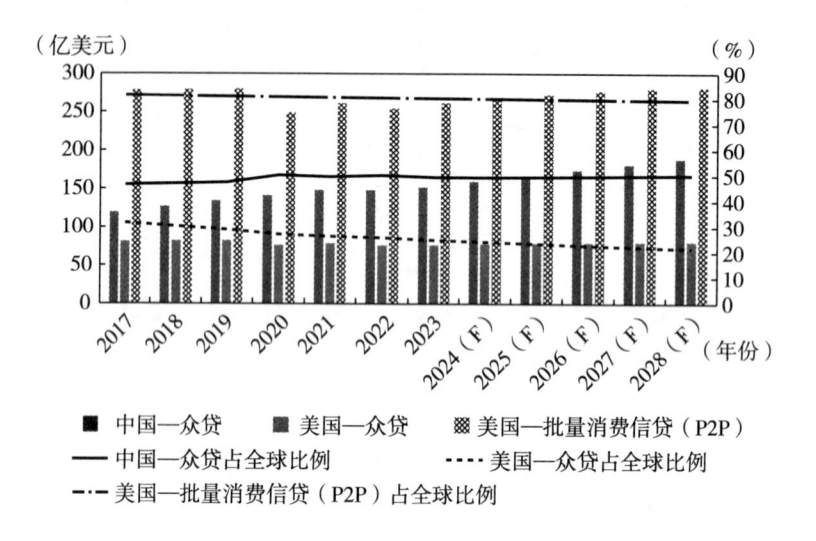

图5—9　中美数字信贷规模与全球占比

资料来源：根据statistia数据库数据整理而得。

如图5—10所示，中国科技公司释放的数字信贷规模稳步增长，整体不良率相对可控。受限于数据可得性，我们只能获得微众银行2020—2022年的数字信贷规模不良率情况[①]。但从中我们不难发现，首先，信贷规模远超众贷、批量消费信贷（P2P）；其次，并未发现国际市场上普遍的2020、2022年两次衰退，这

---

① 银行处理的电子支付业务量是指客户通过网上银行、电话银行、手机银行、ATM、POS和其他电子渠道，从结算类账户发起的账务变动类业务笔数和金额。其中，网上支付是指客户使用计算机等电子设备通过银行结算账户发起的业务。移动支付是指客户使用手机等移动设备通过银行结算账户发起的业务。

第五章　做好数字金融大文章　引领全球先进生产力

不仅体现了小微企业和居民对未来的信心，也体现出中国政府有效、及时的相关政策推动贷款纾困；最后，整体不良率处于较低水平。这体现出中国特色的大科技信贷模式相较于美国流行的"批量消费信贷+众贷"模式具有更大的市场、更强的宏观稳定性与更好的风险控制。

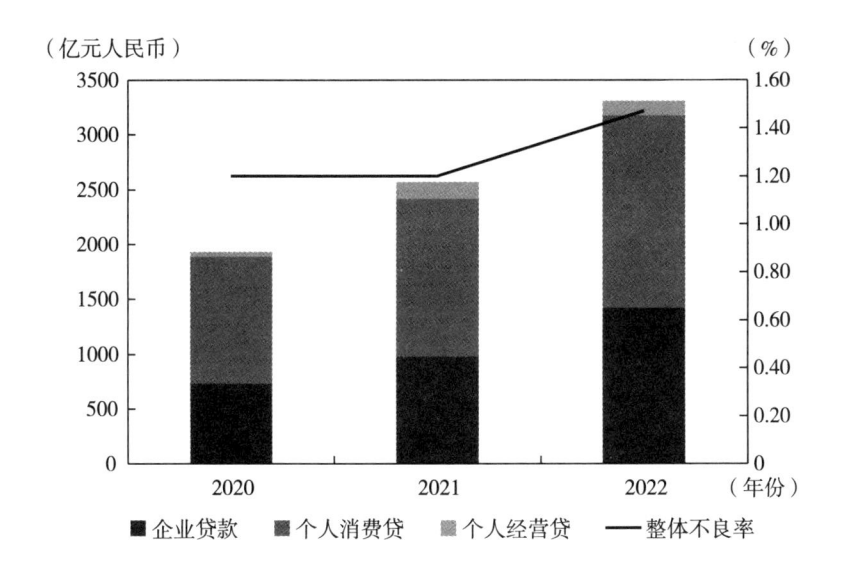

图 5—10　微众银行近年新发数字信贷规模与整体不良率

资料来源：根据微众银行财报数据整理而得。

三　数字投资：美国取得先发优势，中国需要进行调整

如图 5—11 所示，近年来，以新经济（Neobrokers）和智能投顾（Robo—Advisors）为代表的数字投资领域经历了爆发式增长。这种增长不仅反映了数字投资领域的创新能力，也显示了投

金融强国之路：如何写好做实"五篇大文章"

资者对于新型投资工具的高度接受度与需求的迫切性。数字化投资平台通过提供低成本、易访问的服务，满足了广大投资者对于个性化投资解决方案的需求。同时，这一趋势也揭示了金融服务领域数字化转型的深远影响，随着技术的不断进步和市场需求的日益多样化，预计这两个领域将继续保持快速增长态势。这种爆发式增长不仅为投资者提供了更多的选择和便利，也推动了整个金融行业向更加开放、透明和高效的方向发展。

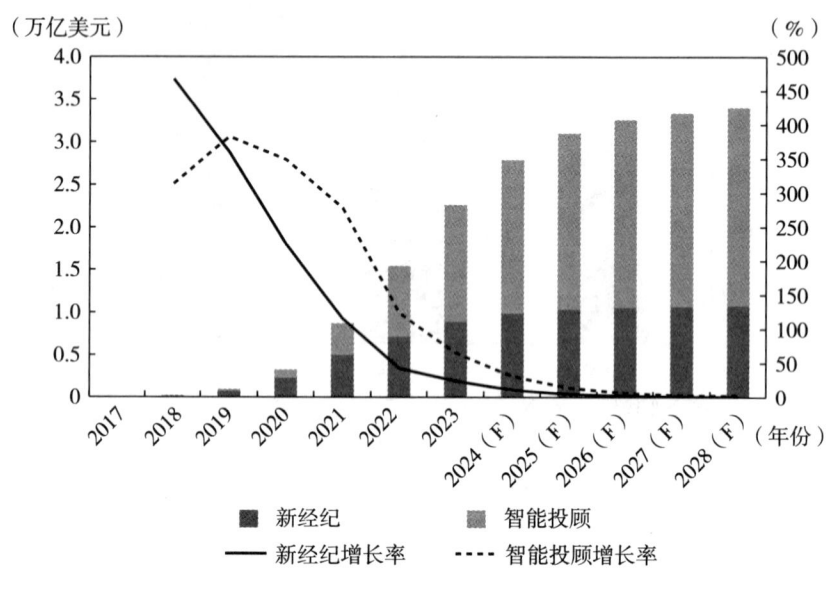

图 5—11 全球数字投资业务规模与增速

资料来源：根据 statistia 数据库数据整理而得。

分析人均收益与渗透率，智能投顾呈现出高收益低渗透率，而新经纪则与之相反。如图 5—12 所示，智能投顾呈现出较高的人均收益但较低的渗透率，反映了其作为高端投资服务，虽然能

第五章　做好数字金融大文章　引领全球先进生产力

够提供显著的收益，但普及度有限；而新经纪则展现了较低的人均收益和更高的渗透率，表明其作为面向大众的投资平台，虽收益相对较低，但吸引了更广泛的用户基础。智能投顾的高收益特性吸引了寻求高回报投资者，而新经纪的高渗透率则反映了其在普及金融知识和服务方面的成功。这种差异揭示了数字投资领域中不同服务模式的市场定位与目标用户群体，同时也预示了金融科技发展中对于不同市场需求的响应策略。未来，随着金融科技的进一步发展和投资者需求的日益多样化，这两个领域可能会出现新的服务模式和创新，以更好地满足不同投资者的需求。

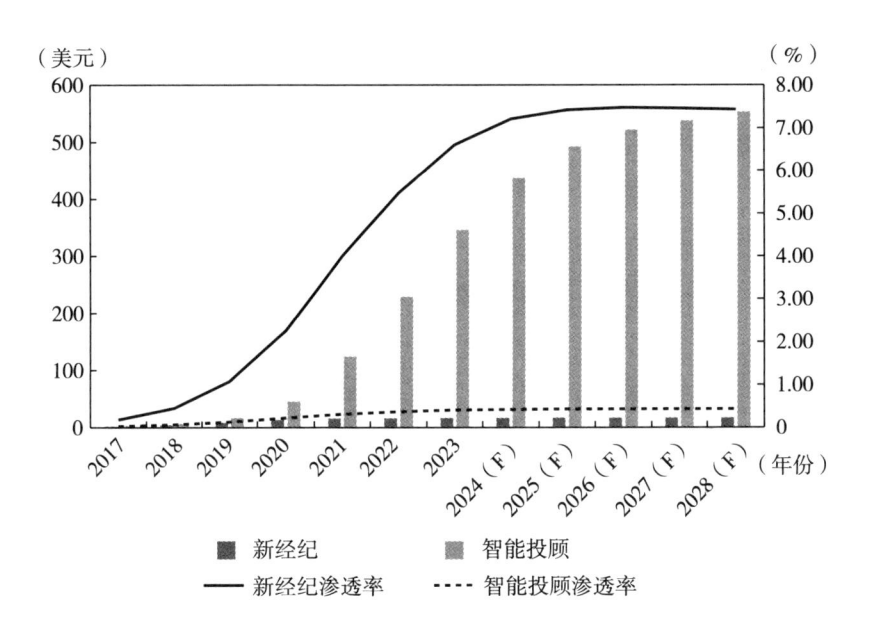

图 5—12　数字投资人均收益与渗透率

资料来源：根据 statistia 数据库数据整理而得。

金融强国之路：如何写好做实"五篇大文章"

在数字投资领域，美国以其明显的先发优势和加速发展的态势，保持了对包括中国在内的其他国家的领先地位。如图 5—13 所示，从 2017—2028 年预计，美国在线交易服务和智能投顾等领域的市场份额不断增长，反映出其在数字投资领域的强劲动力和广泛影响力。相比之下，中国虽然在这一领域也实现了增长，但其市场份额相对于美国而言增长有限，显示了美国在全球数字投资领域的绝对领先地位。这一趋势一方面是在相关技术储备与创业公司在美国的集中，另一方面则是资本市场的长期活跃与正向收益的滚雪球效应。数字投资领域技术始终是为资本市场的支撑、保障地位，技术的发展、政策的支持并不能扭转资本市场本身的疲软。

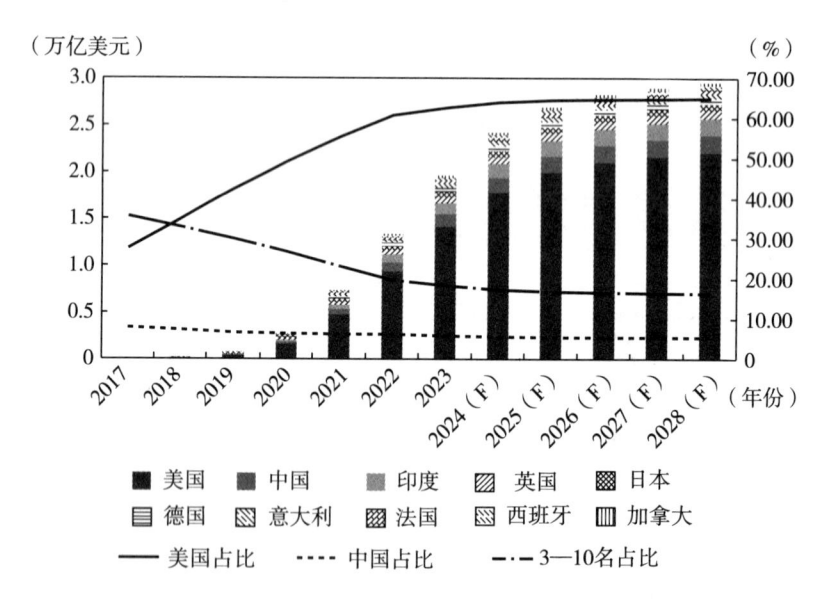

图 5—13 数字投资全球前十位国家业务规模与占比

资料来源：根据 statistia 数据库数据整理而得。

第五章 做好数字金融大文章 引领全球先进生产力

中美数字投资业务规模对比揭示，中国在智能投顾领域相较于美国存在差距。如图5—14所示，尽管中国的新经纪业务规模

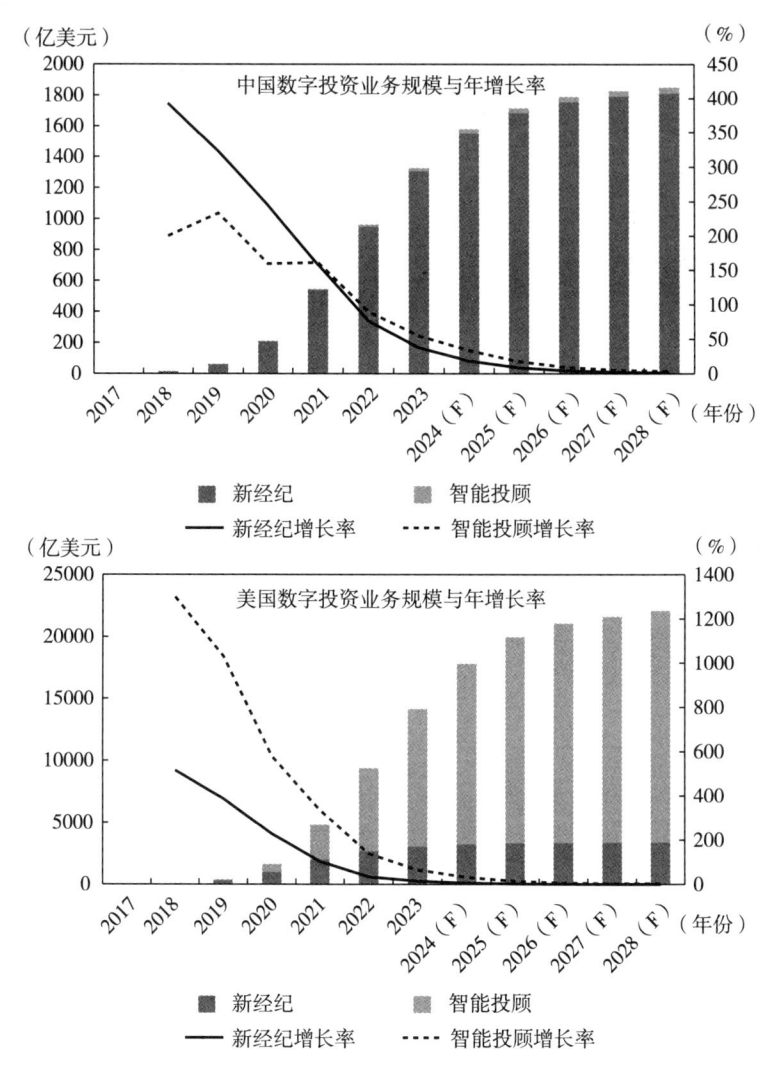

图5—14 中美数字投资业务规模与年增长率对比

资料来源：根据statistia数据库数据整理而得。

325

增长迅速，但其智能投顾业务的发展相对缓慢。美国在智能投顾领域的业务规模不仅领先于中国，而且增长速度也超过中国，反映出美国资本市场的成熟和对金融科技创新的开放态度。这种差异凸显了中国金融科技发展面临的挑战，尤其是在提供高度个性化和算法驱动的投资咨询服务方面。美国的先发优势和持续的加速发展在智能投顾领域巩固了其全球领导地位，而中国要缩小这一差距，需要进一步优化资本市场结构，调整相关监管政策，并促进金融科技创新和应用。同时，中国金融科技企业需加强技术研发和市场适应能力，以满足日益增长的个性化投资需求，推动智能投顾领域的快速发展。

如图 5—15 所示，中国智能投顾领域的发展不足不仅体现在

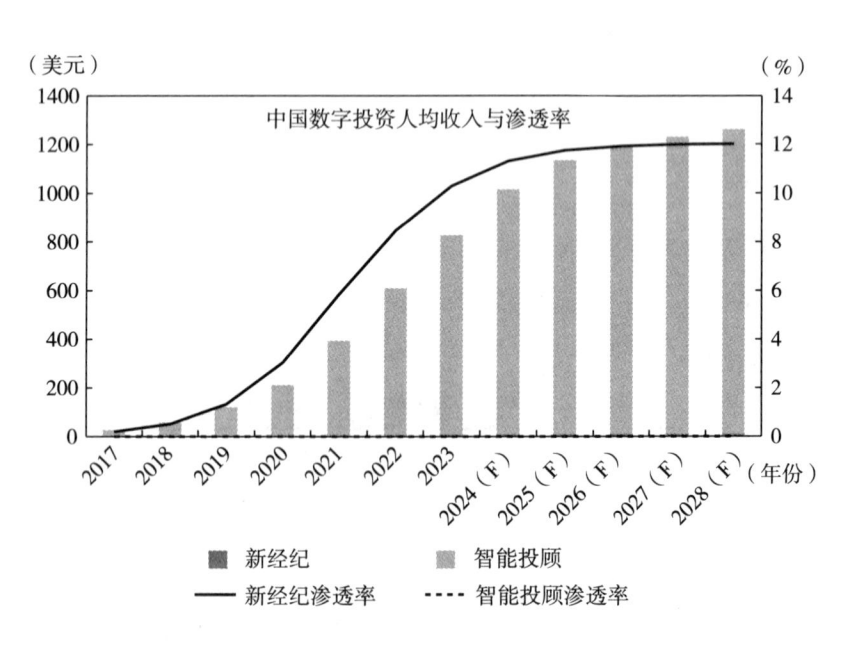

图 5—15　中美数字投资业务人均收入与渗透率对比

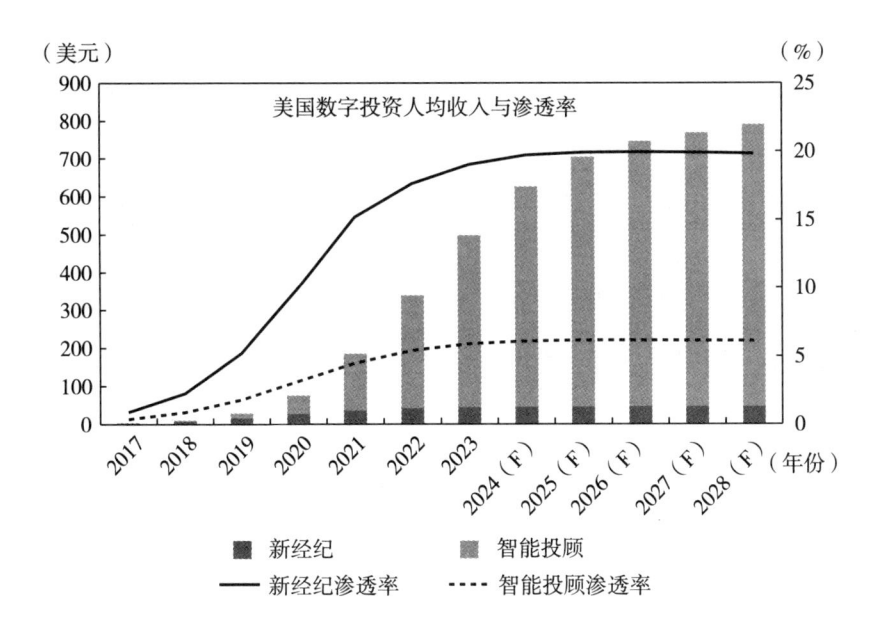

第五章 做好数字金融大文章 引领全球先进生产力

美国数字投资人均收入与渗透率

■ 新经纪　　■ 智能投顾
—— 新经纪渗透率　　---- 智能投顾渗透率

图 5—15　中美数字投资业务人均收入与渗透率对比（续）

资料来源：根据 statistia 数据库数据整理而得。

业务规模的落后，还在于高人均收入与低渗透率之间的鲜明对比。为了缓解这种不平衡，需要加大对金融科技创新的支持，降低投资服务的门槛，提升金融服务的普及度和可达性，从而促进市场的公平性和健康发展。同时，优化监管政策，促进资本市场的成熟发展，也是扩大智能投顾服务渗透率、实现市场公平性的关键措施。

四　数字货币：严控加密货币资产，积极探索央行数字货币

数字货币资产收入呈现出剧烈的波动性。如图 5—16 所示，相较于加密货币，DeFi 与 NFT 尽管有着更具现实意义的落地场

327

金融强国之路：如何写好做实"五篇大文章"

景，但其波动率则更加剧烈，这种波动与 2021、2022 年美联储的大幅降息升息息息相关。资产价值的波动性不仅反映了市场对于这些新技术和应用前景的看法，也受到了宏观经济因素和政策变化的直接影响。2021 年和 2022 年的政策变动，如美联储的利率调整，加剧了这种波动性，因为这些政策变化直接影响了市场的风险偏好和资金流向，进而影响了对 DeFi 和 NFT 等新兴资产的需求和估值。这种剧烈的波动性揭示了新兴数字资产领域的高风险特性，中国对相关领域的严格监管事实上保护了最广大人民的根本利益。

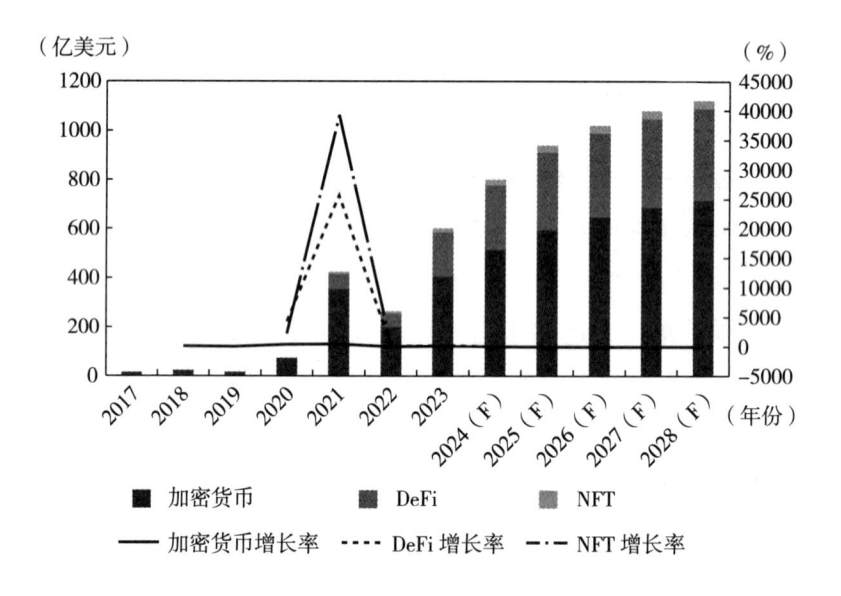

图 5—16　全球数字货币资产收入与增长率

资料来源：根据 statistia 数据库数据整理而得。

数字货币资产用户数持续性激增，但大多数用户仍集中在加密货币领域，投机属性显著。如图 5—17 所示，加密货币用户数

328

第五章 做好数字金融大文章 引领全球先进生产力

的快速增长,尤其是在 2020 年和 2021 年呈现的爆炸式上升,凸显了其在数字资产领域的主导地位。这种增长与投机性购买行为紧密相关,许多投资者被其潜在的高回报吸引,但同时也承担了较高的风险。DeFi 和 NFT 的用户增长虽然快速,但其实际应用场景和市场接受度还在逐步发展中,这可能限制了其用户基数的进一步扩大。这种现象反映了数字货币市场的双面性:一方面,加密货币作为一种新兴的投资工具,为投资者提供了前所未有的机会;另一方面,市场的高波动性和投机性购买行为,对于市场的长期健康发展提出了挑战。随着市场的成熟和监管政策的完善,预期将有更多的投资者基于理性判断参与到数字货币投资中,从而推动市场向更加稳定和可持续的方向发展。

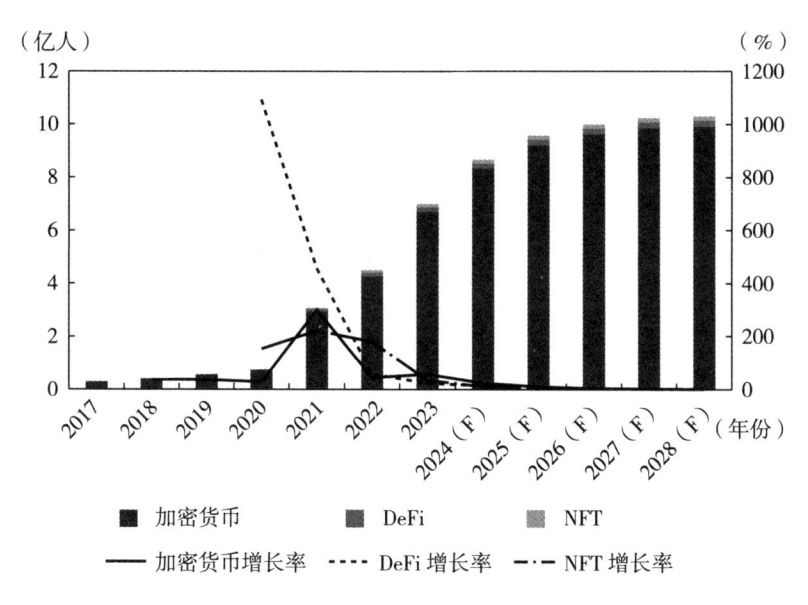

图 5—17 全球数字货币资产用户数与增长率

资料来源:根据 statistia 数据库数据整理而得。

金融强国之路：如何写好做实"五篇大文章"

如图 5—18 所示，伴随新冠疫情肆虐与美国联邦储备系统（以下简称美联储）大幅降息、加息操作，美国数字货币资产占比迅速增加，逐步占据全球半壁江山。这种快速增长反映了美国在数字货币资产领域的强劲发展动力和先发优势。美国金融市场的成熟、投资者对数字货币的高度接受度，以及创新金融科技企业的活跃，都是推动这一增长的关键因素。与此同时，美联储的货币政策调整，特别是在疫情防控期间的降息和之后的加息，为数字货币市场提供了波动的同时也带来了投资机会，吸引了更多资本流入。这一趋势不仅显示了美国在全球数字货币市场中的主导地位，也凸显了数字货币资产作为新兴投资渠道的全球增长

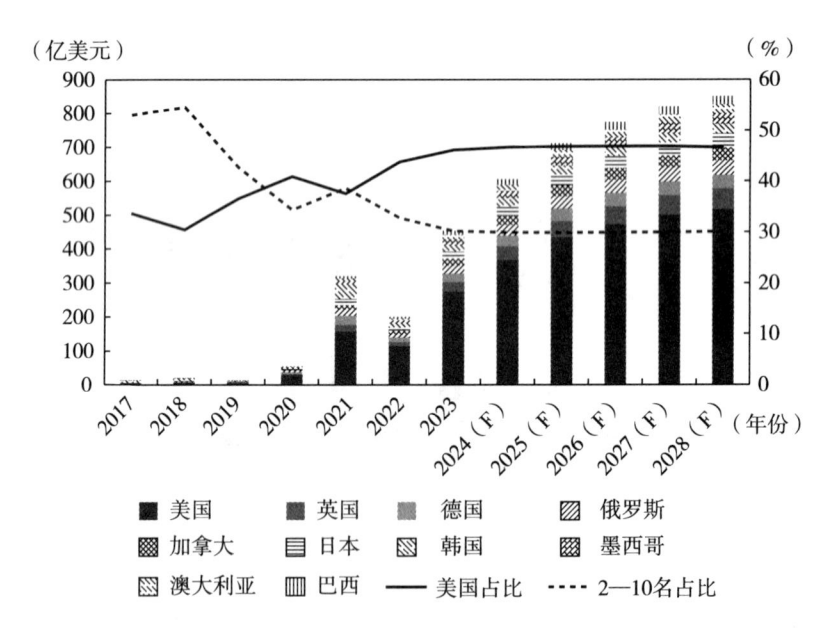

图 5—18　数字货币资产全球前十国家收入与占比

资料来源：根据 statistia 数据库数据整理而得。

第五章 做好数字金融大文章 引领全球先进生产力

潜力。然而，这种快速增长也带来了市场波动性增加的风险，需要投资者、监管机构和市场参与者共同努力，确保市场的健康和稳定发展。

如图5—19所示，中国人民银行数字货币吸引多数国家积极研究，中国长线谋划、积极探索，成为首个接近上线的大国，并体现出显著领先性。根据普华永道（PwC）2023年全球央行数字货币（CBDC）指数和稳定币概览报告，中国的数字人民币（e-CNY）展现了其在全球数字货币实践中的先进性和特性。如表5—1所示，自2019年底启动e-CNY试点以来，参与地点已扩展至26个地区，覆盖17个省份。截至2023年6月底，e-CNY交易数量达到9.5亿笔，交易总额达到1.8万亿元人民

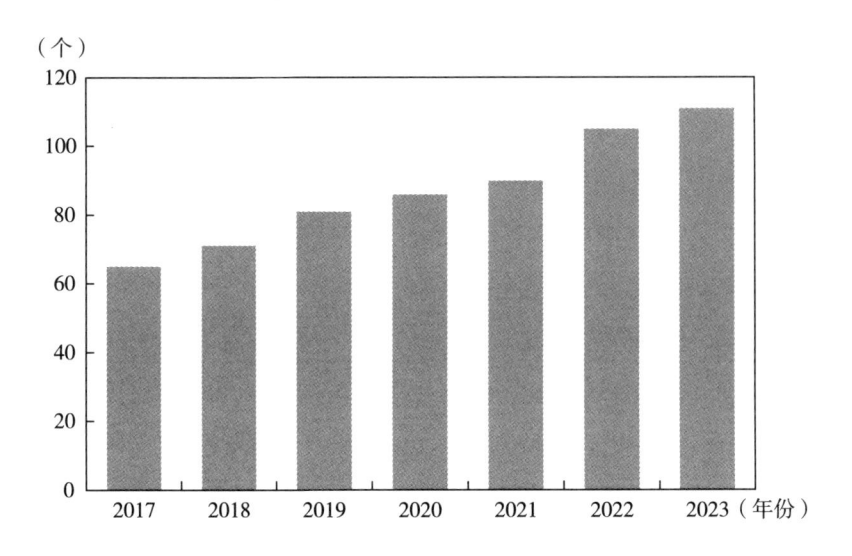

图5—19 筹划央行数字货币的国家数量

资料来源：根据国际货币基金组织公开数据整理而得。

表 5—1　　　　零售型央行数字货币研究进度

项目/货币名	国家（地区）	2021年4月	2022年4月	2023年11月
eNaira	尼日利亚	—	95	已上线
Sand Dollar	巴哈马	92	92	已上线
Jamaica	牙买加	33	81	已上线
e-CNY（digital yuan）	中国内地	75	87	接近上线
DXCD，or DCash	东加勒比海	61	80	接近上线
E-hryvnia	乌克兰	71	71	71
e-peso，or Billete Digital	乌拉圭	71	71	—
Project Bang Khun Prom	泰国	—	69	71
E-krona	瑞典	58	61	64
E-won	韩国	51	61	61
Digital Rupee	印度	—	46	82
Digital Ruble	俄罗斯	—	45	54
Digital Yen	日本	—	44	65
Digital Dollar	澳大利亚	—	44	57
e-HKD	中国香港	—	44	55
Digital Shekel	以色列	—	43	54
Dinero Electrónico	厄瓜多尔	71	—	—
Bakong Project	柬埔寨	83	—	—
Digital Lira	土耳其	42	—	—

资料来源：根据普华永道资料整理而得。

币，流通中的 e-CNY 达到 165 亿元人民币。数字人民币的应用场景包括购买金融产品、企业债券发行、公共部门工资支付、跨境使用以及国际大型体育赛事的特殊硬件钱包发行等。此外，e-CNY 的技术支持不断增强，包括新版钱包应用的推出，探索智能合约的使用，以及采用近场通信（NFC）技术实现硬件钱包交易，即使在无网络环境下也能完成交易。中国持续探索 e-CNY 的潜在应用场景，跨行业和跨司法管辖区合作，展现了数字人民币在推动支付系统现代化和金融创新方面的先进性。

第二节　数字金融发展的挑战与机遇

由于本身具有数字化、网络化、非面对面等特点，数字金融的发展对网络基础设施建设、风险控制体系提出了更高要求；此外，新技术推广初期所面临的机制设计、伦理问题也无一例外地横亘在数字金融发展的道路上。如何最大化地利用新技术来提高数字金融的安全性与便利性，从而加快应用的步伐，成为数字金融发展过程中的主要挑战。随着配套政策的逐步出台、新技术的不断涌现、人才培养力度的逐渐增大和海外市场的开发，数字金融发展迎来了重要机遇期。

一　数字金融发展的挑战

（一）数字支付：高度依赖支付基础设施，安全隐私伦理等风险突出

数字支付虽然便捷，但存在安全风险、隐私保护问题和数字鸿沟等一系列挑战。黑客攻击和数据泄露可能导致身份盗用和金融欺诈，数字鸿沟的存在和支付基础设施的差异使得数字普及进程存在差异，同时用户在支付时可能因缺乏金钱流失感而产生不理性消费。

1. 面临安全风险和隐私保护担忧

数字支付高度依赖支付基础设施和网络连接。如图 5—20 所示，从全球数据来看，数字支付媒介主要为数字商务和移动 POS 支付。这些媒介的正常运作，都依赖于海量的支付终端、高性能的支付服务器等硬件设施的支持以及稳定的网络连接。若用户的手机、电脑或其他设备出现故障，或是网络连接出现网络信号弱、网络延迟大、网络中断等状况，都会对数字支付网络的正常运行造成不利影响。

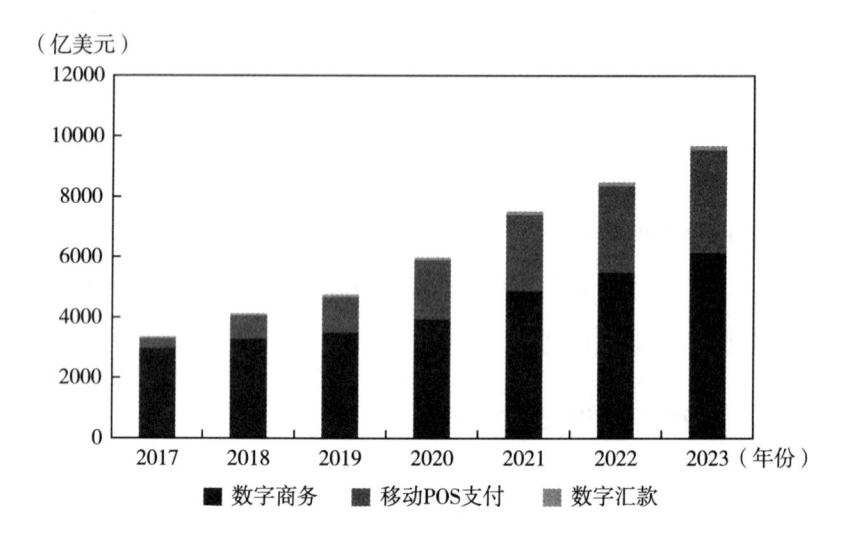

图 5—20　2017—2023 年数字支付市场交易价值

资料来源：根据 statistia 数据库数据整理而得。

数字支付涉及的信息容易成为黑客攻击的目标，且易侵犯用户隐私权。首先，由于数字支付涉及大量的个人信息和金融数据，因此可能成为黑客攻击的目标，一旦数据被窃取，可能会导

第五章 做好数字金融大文章 引领全球先进生产力

致身份盗用、金融欺诈等问题；其次，除安全风险外，数字支付还面临着隐私保护的问题。在使用数字支付的过程中，用户需要提供很多个人信息，如身份证号、银行卡号、联系方式等。这些信息如果被不当使用，可能会侵犯用户的隐私权，数据泄露带来的成本不容小觑，如图5—21所示，2022年3月至2023年3月，在统计的样本内，有大约1/3的国家数据泄露的成本高于全球平均值，其中美国数据泄露成本居首位。为了应对这些挑战，数字支付需通过开发和应用加密技术确保安全性，引入多因素认证，确保只有授权用户可以交易，建立基于人工智能、机器学习等技术的异常检测模型，自动生成报警以应对不时之需，重视漏洞的修复，进行定期渗透测试，模拟黑客攻击行为，发现存在的安全漏洞并及时修复。

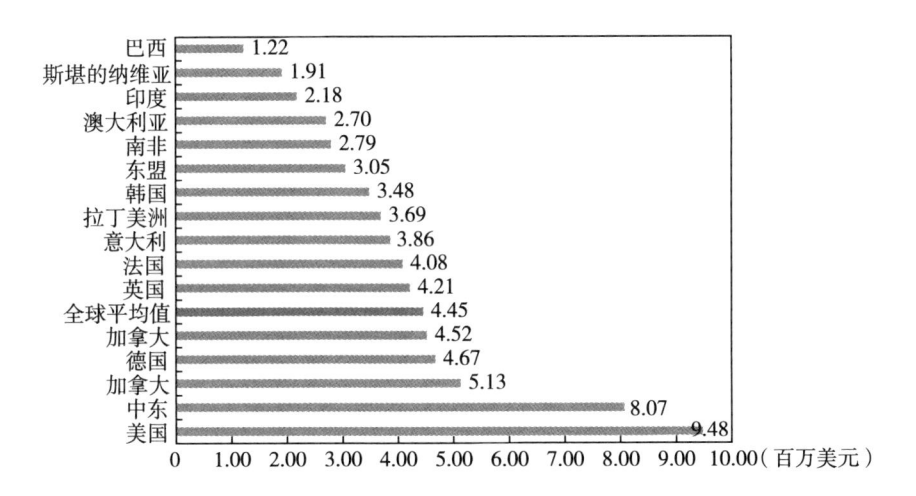

国家/地区	成本（百万美元）
巴西	1.22
斯堪的纳维亚	1.91
印度	2.18
澳大利亚	2.70
南非	2.79
东盟	3.05
韩国	3.48
拉丁美洲	3.69
意大利	3.86
法国	4.08
英国	4.21
全球平均值	4.45
加拿大	4.52
德国	4.67
加拿大	5.13
中东	8.07
美国	9.48

图5—21 2022年3月至2023年3月全球数据泄露的平均成本

资料来源：根据statistia数据库数据整理而得。

2. 数字鸿沟使得使用数字支付的能力有差异

数字支付的普及率在各个地区、城市和乡村之间都存在较大差异。在数字支付领域，数字鸿沟的存在意味着一部分人群可能因为缺乏必要的数字技能和设备，而无法有效利用数字支付服务。这可能会导致他们在金融服务获取、经济活动参与等方面遇到困难，进一步加大他们的经济压力和生活困扰。如图5—22所示，在非洲、阿拉伯和亚太的农村地区，互联网普及率处于较低水平，尤其是非洲地区，互联网普及率处于最低值，数字鸿沟的参差不齐会带来数字支付能力存在差异的问题。政府需扩大数字基础设施建设，加大5G、互联网等数字基础设施在偏远地区的覆盖率，进而推动数字化的广泛应用。

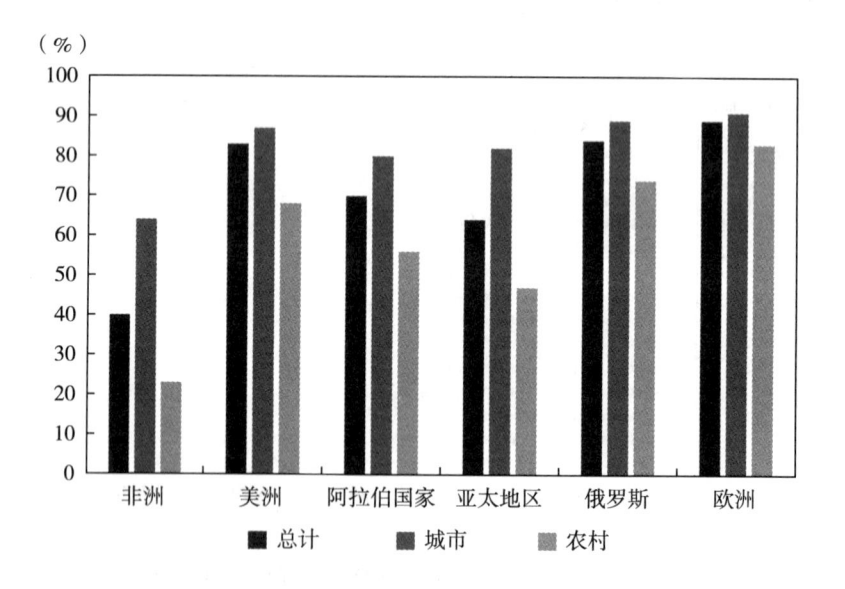

图5—22 2022年农村和城市地区互联网普及率

资料来源：根据statistia数据库数据整理而得。

第五章　做好数字金融大文章　引领全球先进生产力

3. 数字支付容易形成不理性消费

数字支付自身具有便捷性，降低了支付的门槛，数字货币与实体货币不同，消费者在使用数字货币时难以感受到金钱的流失，使得消费者在购物时更容易产生冲动消费的行为；消费者也会将数字货币支付视为虚拟的"电子货币"，并非真实的现金，导致非理性的经济决策；更重要的是，许多电商平台利用数字支付的方式推出各种优惠活动，例如满减活动、折扣活动、优惠券等，这些都可能会引导消费者进行不理性的行为。如图5—23所示，中国网购市场零售额正在逐年上升，因此，需提高消费者的金融素养，理解消费数字支付的便利性和潜在的风险，正确认识数字支付，加大电商平台消费活动的管控。

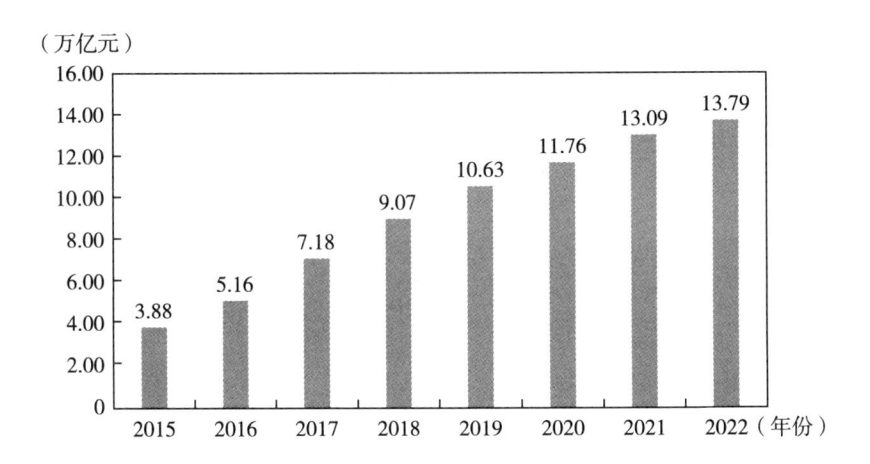

（万亿元）

年份	零售额
2015	3.88
2016	5.16
2017	7.18
2018	9.07
2019	10.63
2020	11.76
2021	13.09
2022	13.79

图5—23　2015—2022年中国网购市场零售额

资料来源：根据statistia数据库数据整理而得。

（二）数字信贷：体制机制尚不健全，难以形成良性循环

在数字化时代，数字信贷以其高效便捷的特性迅速成为金融服务的新宠。然而，这种创新的金融模式并非完美无缺，它在风险控制、隐私保护以及利率定价等方面带来了一系列挑战。

1. 风险控制难度大

数字信贷为消费者提供了方便快捷的服务，但在风险控制方面也带来了一些挑战，风险评估更加困难、风险控制被忽视。首先，数字信贷的匿名性和远程操作特点，使得信贷机构的身份验证和风险评估更加困难。其次，数字信贷的快速发展，使得信贷市场的竞争激烈，部分机构为了追求市场份额，可能忽视风险控制，导致信贷风险的积累。最后，根据图5—24可以看出，由于

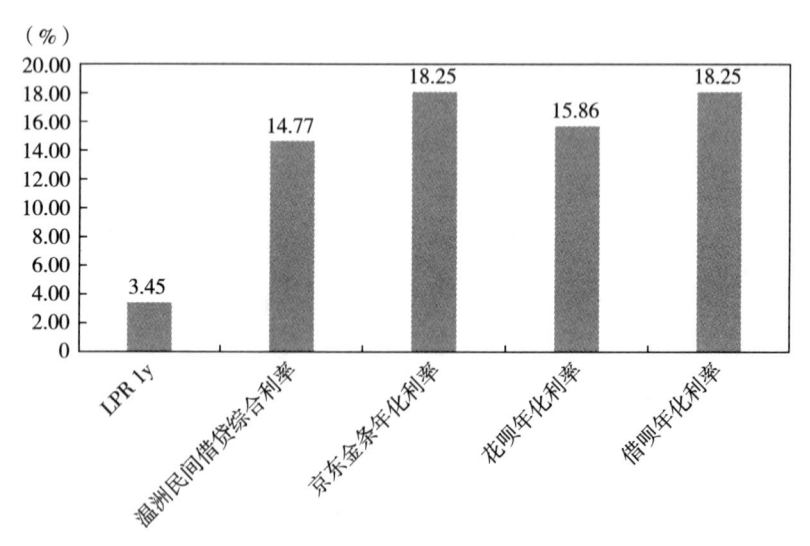

图5—24 2023年各类机构贷款利率对比

资料来源：根据 ifind 数据库、各公司年报数据整理而得。

第五章 做好数字金融大文章 引领全球先进生产力

利率定价的信息不对称存在,数字信贷类的贷款利率较高,可能面临来自其他金融机构的激烈竞争,金融机构在定价时需要更加谨慎,以保持竞争力的同时控制风险,加强数字化风险控制体系的完善,优化信用风险控制流程设计。

2. 隐私保护复杂性高

如图 5—25 所示,从全球数据来看,数字信贷在隐私保护方面存在诸多挑战,其中,个人信息数据泄露和拖欠付款是网络攻击的主要表现形式,也是数字信贷隐私保护面临的主要问题,数字信贷平台应加强对用户隐私的保护,对数据进行加密,减少收集不必要的数据信息,严格遵守法律规定。

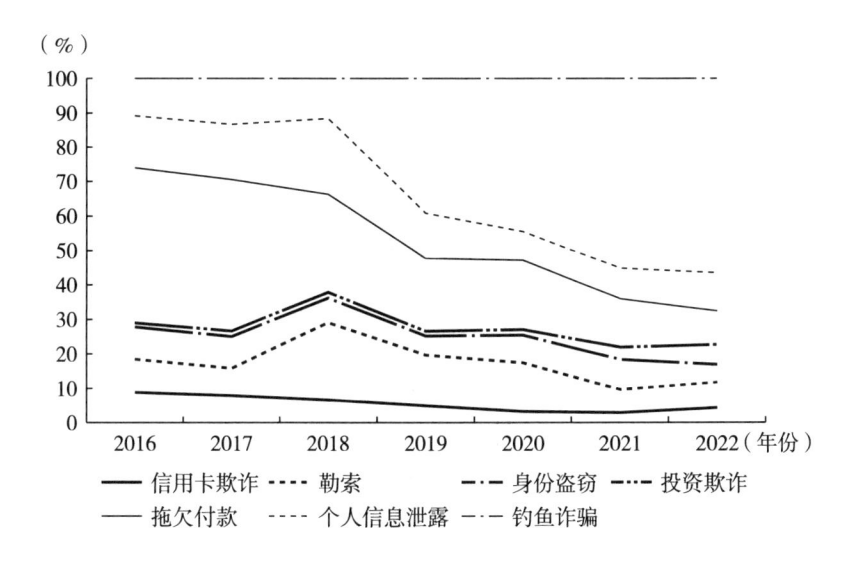

图 5—25 2016—2022 年全球网络攻击类型分布

资料来源:根据 statistia 数据库数据整理而得。

3. 缺乏有效分担机制，导致利率偏高

由于数字信贷中存在信息不对称、贷款额度和期限较小、贷款限制严格、贷款成本高等问题，使得分担机制效率降低，进而利率增加。首先，在数字信贷中，借贷双方可能会存在信息不对称的问题，增加了贷款机构的信贷风险；其次，如图5—26所示，数字信贷通常涉及较小的贷款额度和较短的贷款期限，这会让贷款机构难以分担风险，因此带来的做法是提高贷款利率以增加利润来弥补可能的风险损失；最后，在一些国家和地区，严格的贷款限制和较高的监管成本都会导致贷款利率偏高。因此，针对以上的问题，需提高数字信贷市场信息的透明化和公开化，提高贷款机构抵御风险的能力，将数字信贷产品规范化。

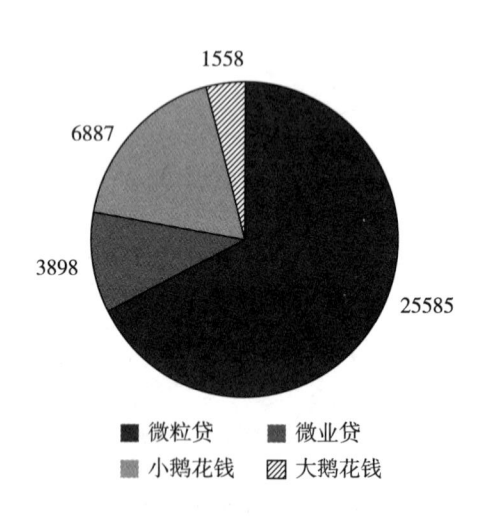

图5—26 微众银行主要贷款产品投诉量（条）

资料来源：根据黑猫投诉平台数据整理而得。

第五章　做好数字金融大文章　引领全球先进生产力

(三) 数字财富管理：科技创新应用困难，运行精细化程度低

在数字金融时代，财富管理行业也迎来了前所未有的变革机遇。数字财富管理的兴起，标志着财富管理行业向智能化、个性化服务的转型。数字技术的融入，尤其是大数据、人工智能等，为财富管理带来了更深入的市场洞察和风险评估能力，增强了投资决策的科学性。然而，尽管数字化为财富管理带来了巨大的潜力和机遇，但在实践中，这一领域仍面临着诸多挑战。

1. 中小财富管理机构产品创新能力不足

我国多数财富管理机构创新能力不足，产品同质化严重，难以满足客户多样化差异化的产品需求。而这一问题在中小型财富管理机构中格外突出，中小财富管理机构通常缺乏充足的技术资源和资金，缺乏先进的信息技术、数据分析工具，难以获取有效的市场数据以更好理解客户需求和市场趋势。另外，管理层对于创新投入和风险承担的意愿不强，多从业内成功案例进行吸纳性创新，公司原创特色产品较少。如图5—27所示，中国个人可投资资产规模呈上升趋势，财富管理机构产品无法满足市场需求。

2. 大数据等科技手段应用不足

财富管理机构科技架构不完善，导致大数据相关应用匮乏。如图5—28所示，随着人工智能和科技水平的不断提高，财富管理机构运用数字化科技平台可以更高效精确地实现客户端的分群经营和产品端的综合管理。但在数字化转型期，机构科技架构不完善的问题普遍存在，系统竖井、流程割裂、数据孤岛，无法支

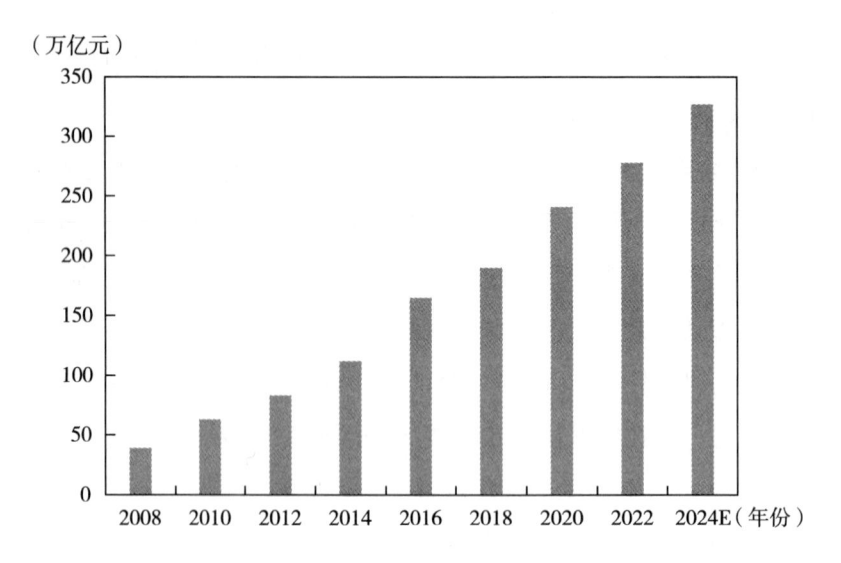

图 5—27　个人可投资资产规模

资料来源：根据招商银行、贝恩公司：《2023 中国私人财富报告》数据整理而得。

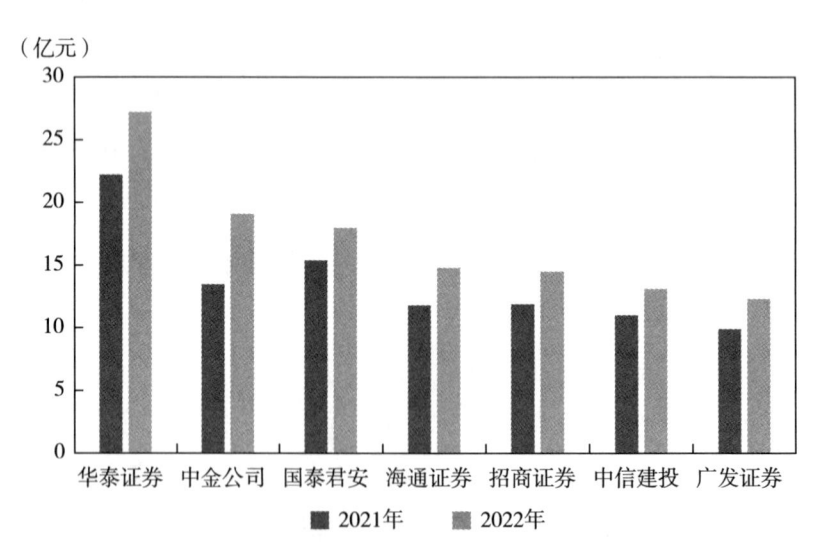

图 5—28　部分券商 2021—2022 年信息技术投入

资料来源：根据相关公司年报数据整理而得。

持敏捷迭代和规模化赋能。在大数据应用层面,尽管国有大行坐拥雄厚资金和良好口碑,庞大的客户群和广泛的网点在大数据应用上有先天优势,但在财富管理业务上缺乏创新,难以将庞大的数据源转化为实际应用成果。

3. 科技人才队伍建设不足

财富管理数字化需求增加,财富管理机构人才队伍建设不足。如图5—29所示,各大高校正在加强人工智能专业建设。随着财富管理数字化持续深入,财富管理机构金融科技人才建设略显不足,依然存在科技人员占比不高、金融科技培训支出较少、难以形成数字化人才矩阵等问题。传统的财富管理专业人才主要研究市场、产品、渠道和客户,很少涉及数字化岗位,财富管理的数字化则需更多的科技人才完成数据的收集、标注、清洗以及分析工作和客户行为、需求以及风险模型的搭建工作。

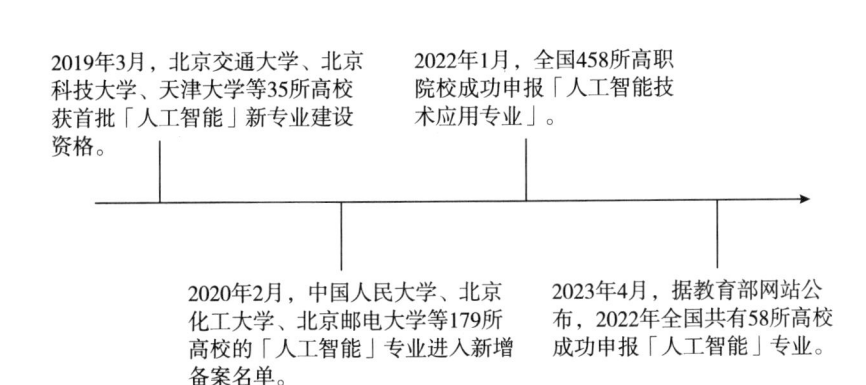

图5—29 国内高校开设人工智能相关专业情况

资料来源:根据教育部网站资料整理而得。

4. 科研能力难以满足市场需要

标的数量日益增长，投研能力难以匹配需求。随着数字财富管理市场的迅速增长，管理机构需要处理越来越多的投资标的和客户需求。日益增长的标的导致管理机构投研团队的工作量剧增，进而影响投研的深度和质量。客户需求的精细化多样化导致投研框架缺乏灵活性，投研系统亟待丰富完善。另外，数据治理体系建设缓慢，缺乏数据治理标准和数据管理工具，难以挖掘资产价值，影响投研数据的生产和应用，导致财富管理机构投研产出失真。

（四）数字货币：安全问题尤为突出，市场推广尚需时日

数字货币作为金融科技的前沿产物，正迅速改变着全球支付和结算体系。然而，正如任何新兴事物一样，数字货币在带来便利和机遇的同时，也面临着诸多挑战和问题。安全问题、监管难题、市场接受度等，都是我们必须直面和解决的关键点。

1. 监管问题突出

数字货币的跨境监管亟待加强。数字货币在不同国家和地区的法律地位存在差异，对于数字货币的定义问题也大相径庭，这对数字货币的跨国监管造成极大麻烦。如图5—30所示，近年来，数字货币市场波动极高，欺诈和盗用案件层出不穷，用户极有可能面临损失，这就需要监管者密切关注洗钱等危险事件，制定相关法律和措施来保护数字货币交易的公平性和安全性。基于数字货币的全球性特征，不同国家的监管机构面临跨境监管的问题，在信息共享和联合执法行动方面仍需加强沟通。

第五章 做好数字金融大文章 引领全球先进生产力

图 5—30 比特币价格

资料来源：根据 statistia 数据库数据整理而得。

2. 安全问题难以解决

数字货币的安全问题十分突出，恶意攻击层出不穷。自比特币问世以来，加密货币市场如雨后春笋般蓬勃发展，时至今日全球已发展到 6000 多种。如图 5—31 所示，Statista 显示，全球加密货币市场总市值在 2021 年飞速发展，更是创下 2.95 万亿美元的历史新高。在加密货币蓬勃发展的背后，众多恶意攻击者寻找和利用漏洞对用户的资产进行窃取，极大威胁加密货币的安全问题。

3. 市场接受度有待提高

数字货币的市场接受度在过去几年有了明显的增长，但整体

345

（十亿美元）

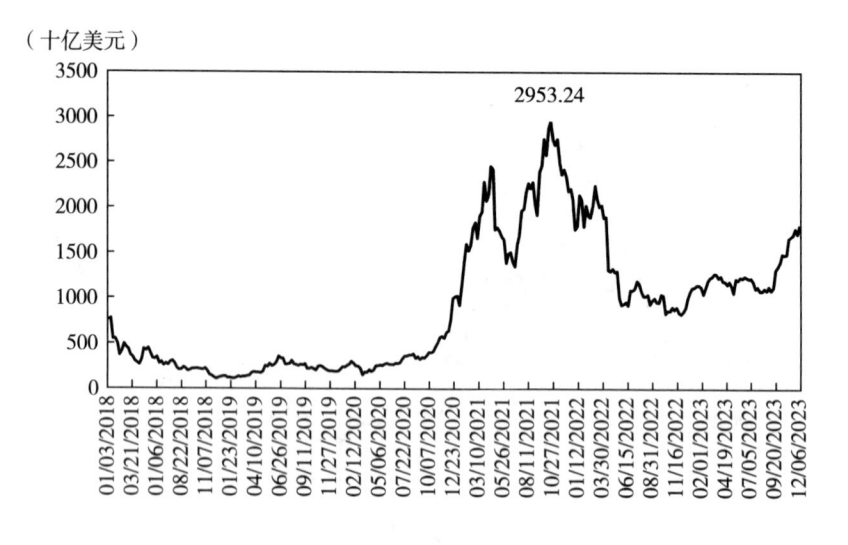

图 5—31　全球加密货币总市值

资料来源：根据 statistia 数据库数据整理而得。

来看仍处于较低水平。越来越多的机构投资者开始投资于比特币或其他数字货币，消费者和商家也开始接受数字货币作为支付手段进行日常交易，增强了市场的合法性和成熟度。但监管因素、市场波动性以及安全问题仍然凸显，用户资产的损失风险依旧存在。区块链技术和网络在处理大规模交易时仍面临可扩展性问题，这限制了其作为支付手段的普遍适用性。如图 5—32 所示，Statista 消费者洞察的调查显示，尼日利亚、土耳其越来越多地使用移动货币支付或汇款。

如图 5—33 所示，Finastra 在 2023 年对全球 108 名银行支付与产品主管关于未来采用数字资产态度的调查显示，四成受访者表示自身正处于观望态度，源于行业的不确定性，仅有 16% 表示正在参与试点。

第五章　做好数字金融大文章　引领全球先进生产力

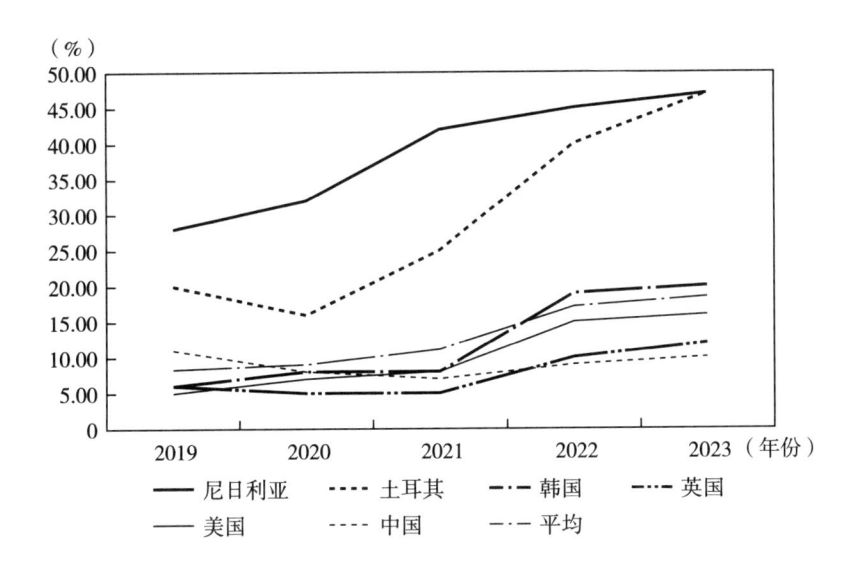

图 5—32　部分国家拥有或使用加密货币的受访者比例

资料来源：根据 statistia 数据库数据整理而得。

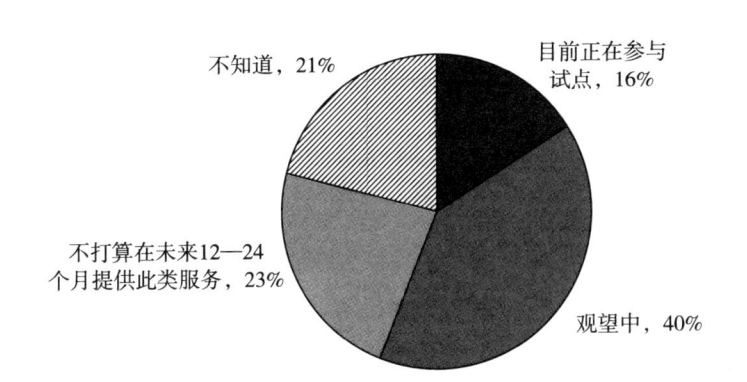

图 5—33　银行对数字资产的态度及进度布局

注：此处的数字资产指的是加密货币、稳定币、央行数字货币（CBDC）等。
资料来源：根据 Finastra 数据库数据整理而得。

4. 数字货币的技术变革带来的相应问题

数字货币为传统金融支付结算体系带来安全便捷的同时，其技术变革也会对全球货币的治理带来新的挑战。首先，新技术的出现使得现有的法律和监管框架面临挑战，需要耗费更大的成本和精力更新法规以保证数字货币的本质特性。其次，技术变革可能会诱发数字货币的高波动性，影响投资者和市场的情绪。最后，去中心化技术可能重塑经济和社会结构，促进新型商业模式和治理形式的出现，引发社会适应性挑战。

二 数字金融发展的机遇

数字金融作为现代经济体系的重要组成部分，正以其独特的创新性和便捷性在全球范围内迅速发展。随着技术的进步和政策的支持，中国数字金融行业迎来了前所未有的发展机遇。

（一）相关政策逐步完善，政府支持成为后盾

如表5—2所示，中国政府一直在积极推动数字金融的发展，并出台了一系列政策支持措施。例如，中国人民银行和监管部门相继发布了一系列支持金融科技创新的指导意见和政策文件，为数字金融企业的发展提供了政策保障和指导。这些政策措施的出台为数字金融行业提供了更加稳定和可持续的发展环境，政府的支持成为中国数字金融发展的重要后盾。

第五章 做好数字金融大文章 引领全球先进生产力

表 5—2　　　　　　　　　数字金融相关政策

时间	部门	文件名称	主要内容
2022 年 1 月	银保监会	《银行业金融机构监管数据标准化规范》	促进银行数据治理和合规发展
2022 年 1 月	中国人民银行	《金融科技发展规划（2022—2025 年）》	提出我国数字金融发展原则，强调全面提升我国金融业数字综合实力和核心竞争力
2022 年 1 月	国务院	《"十四五"数字经济发展规划》	推动产业互联网融通应用，发展供应链金融，通过数字技术促进产业融合发展
2022 年 1 月	银保监会	《关于银行业保险业数字化转型的指导意见》	银行业保险业数字化转型目标
2022 年 2 月	中国人民银行、银保监会等	《金融标准化"十四五"发展规划》	加强金融风险防范与金融监管。稳妥推进法定数字货币标准研制，探索建立完善法定数字货币基础架构标准
2022 年 5 月	工信部、发改委等	《关于开展"携手行动"促进大中小企业融通创新（2022—2025 年）的通知》	完善产业链金融机制，鼓励产业链金融创新
2023 年 1 月	住房和城乡建设部	《加快住房公积金数字化的指导意见》	推动数字人民币在住房公积金方面的应用
2023 年 1 月	国家税务总局	《关于开展 2023 年"便民办税春风行动"的意见》	在数字人民币推行的试点地区，推动数字人民币缴税
2023 年 2 月	国务院	《数字中国建设整体布局规划》	数字中国建设的总体目标、主要任务和政策措施

资料来源：根据前瞻产业研究院、中国政府网公开资料整理而得。

（二）我国人工智能、大数据技术逐渐进步

近年来，中国在人工智能技术领域取得了长足的进步，成为全球领先的人工智能创新中心之一。这种技术进步为数字金融提供了巨大的发展机遇。如图5—34所示，2022年，我国人工智能产业规模达2845亿元，年增长率达43.18%，并且保持着良好的发展势头。2023年人工智能产业规模估计值为3043亿元。此外，如图5—35和图5—36所示，中国在人工智能产业较为发达的国家中，研究能力和运营环境均名列前茅。

（指数：第一名为100）
（亿元）

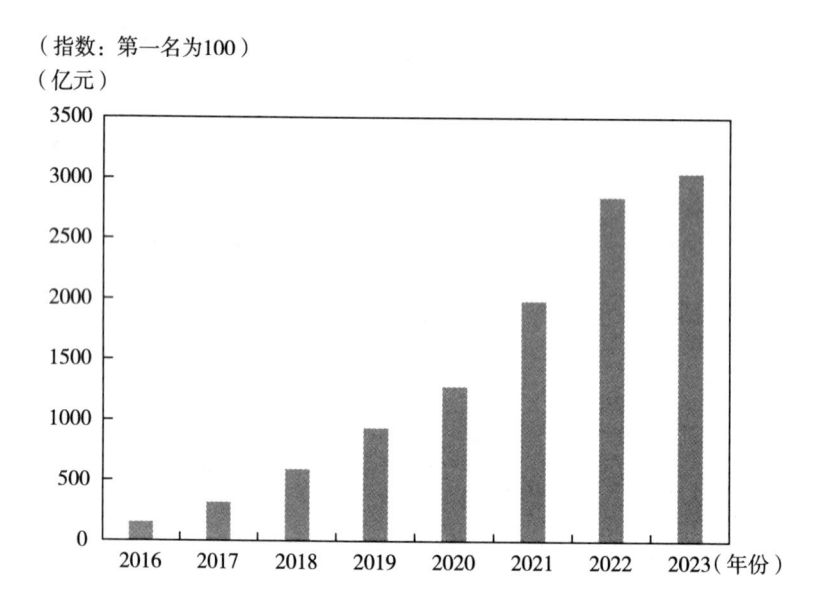

图5—34 中国人工智能产业规模

资料来源：根据statistia数据库数据整理而得。

第五章　做好数字金融大文章　引领全球先进生产力

（指数：第一名为100）

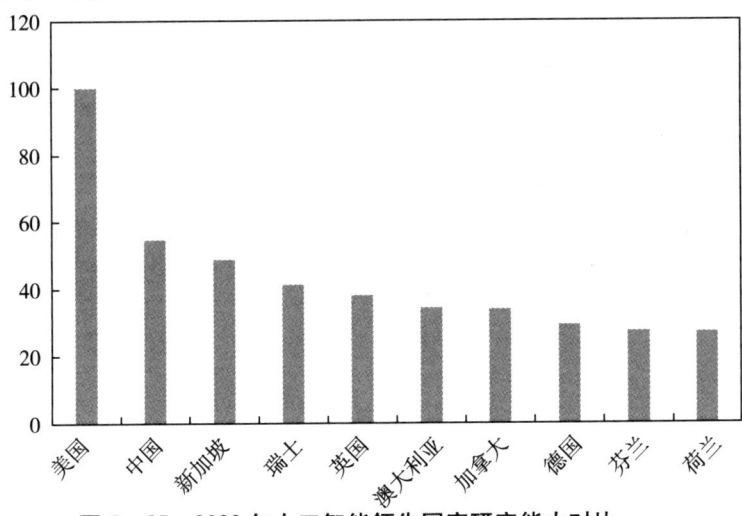

图 5—35　2023 年人工智能领先国家研究能力对比

资料来源：根据 statistia 数据库数据整理而得。

（指数：第一名为100）

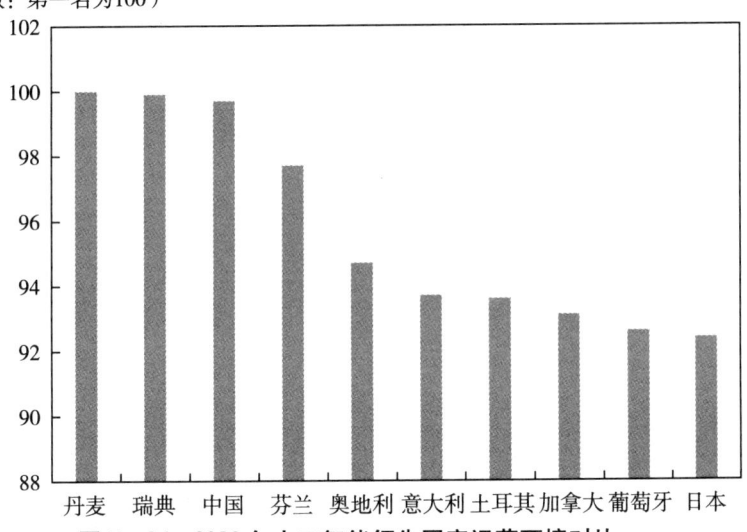

图 5—36　2023 年人工智能领先国家运营环境对比

资料来源：根据 statistia 数据库数据整理而得。

此外，大数据资源和算力水平名列前茅。中国拥有庞大的数据资源和强大的数据处理分析能力，算力不断提升。中国拥有庞大的数据资源，数据中心数量位于世界前列，仅次于美国、德国和英国。基于中国信息通信研究院测算，2022年美国、中国、欧洲和日本在全球算力规模的份额分别为34%、33%、17%和4%，如图5—37所示。据中国信息通信研究院统计，2022年我国云计算市场达4550亿元，年增长率40.91%，发展十分迅速，如图5—38所示。预计2025年，我国云计算市场将突破万亿元大关。

（三）数字金融出海推动新型全球化

数字金融"出海"推动新型全球化，"走出去"成为新的增长点。随着数字金融的不断发展，金融开放程度的不断加深，我国许多数字金融企业也在积极拓展海外市场，为企业数字金融业

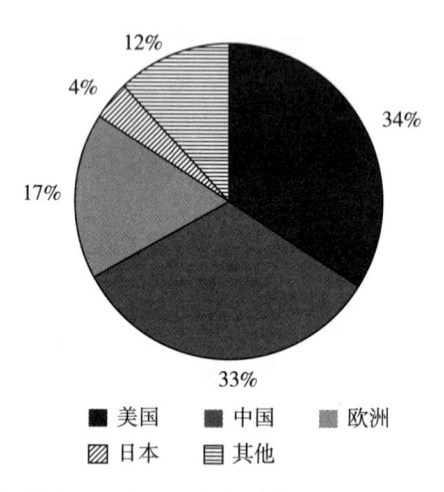

图5—37 2022年全球算力规模分布

资料来源：根据中国信通院：《中国算力发展指数白皮书（2023年）》数据整理而得。

第五章 做好数字金融大文章 引领全球先进生产力

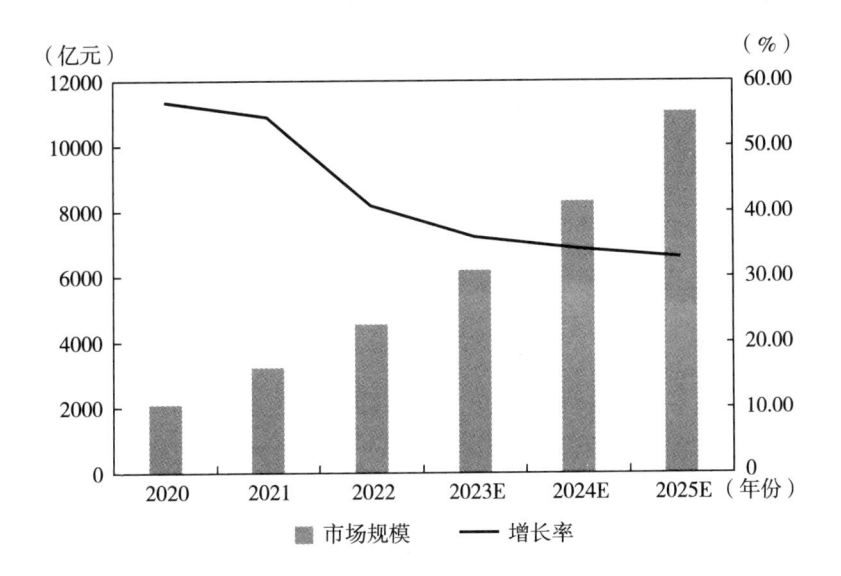

图 5—38　2022 年中国云计算市场规模及增长率

资料来源：根据中国信通院：《云计算白皮书（2023 年）》数据整理而得。

务寻找新的增长点，助力中国数字金融行业走向世界。通过技术输出、商业模式创新等方式，中国数字金融企业为国内产业链的外延发展提供了新的动力，同时也推动了新型全球化进程。

企业"出海"意愿强烈。根据毕马威与中国互联网金融协会金融科技发展与研究专委会联合发布的《2023 中国金融科技企业首席洞察报告》，如图 5—39 和图 5—40 所示，52% 的企业已经或计划在境外及中国港澳台开展数字金融业务，较 2022 年上升了 9%，其中 32% 的机构已经通过设立独立机构、与国外机构合作或投资国外机构的方式开展数字金融业务。受访企业开展境外及中国港澳台业务的主要目的地为中国港澳台地区、东南亚、北美洲以及欧洲。

353

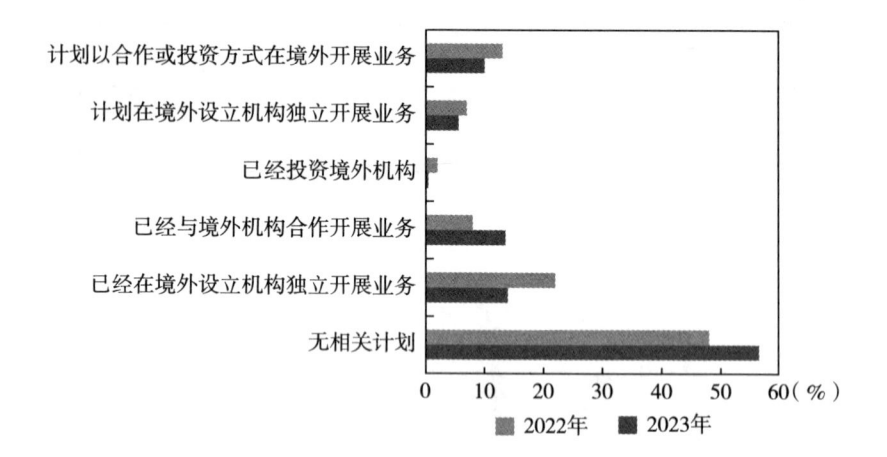

金融强国之路：如何写好做实"五篇大文章"

图5—39 受访企业境外及中国港澳台业务开展情况

资料来源：根据《2023中国金融科技企业首席洞察报告》数据整理而得。

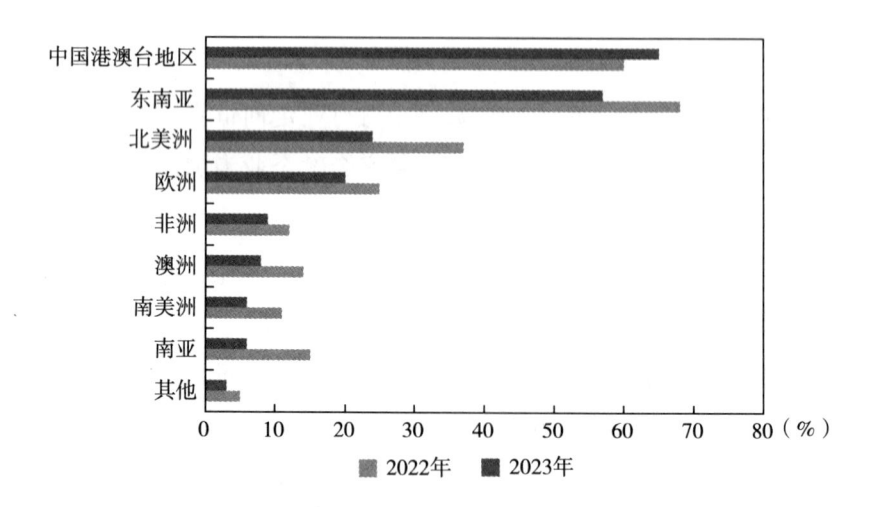

图5—40 受访企业境外及中国港澳台业务开展地区选择

资料来源：根据《2023中国金融科技企业首席洞察报告》数据整理而得。

第五章　做好数字金融大文章　引领全球先进生产力

"走出去"是我国数字金融的重要机遇。中国数字金融企业在海外市场的布局不仅有助于拓展企业的发展空间,还促进了全球金融科技创新和合作,为中国数字经济的国际化提供了重要支撑。在未来,"走出去"将成为我国数字金融发展的重要战略之一,也将成为我国数字金融发展的重要机遇。

三　政策建议

一是完善法规制度,健全监管体系。我国在数字金融发展初期为了鼓励创新,对数字金融主要采取更加积极鼓励的态度。这使得我国数字金融快速发展,但也导致我国对数字金融的监管体系落后于其发展速度,从而造成了一些监管盲区和发展中的乱象。为了控制数字金融领域的风险,需要更加完善的监管体系跟进。首先,要找到促进创新和监管的平衡点,避免出现"一放就乱,一管就死"的情况,监管制度的完善不能对数字金融发展的效率有过多的影响,同时也不能出现只注重发展而不考虑风险的情况。其次,数字金融应该与传统金融的监管纳入同一体系,二者应该相互对接、相互联系,以防止出现由监管制度造成的套利行为。最后,要建立数字金融企业和监管部门通畅的沟通路径,使得数字金融企业的创新能够快速地传达到监管部门,且监管部门能够对企业创新行为做出更快的反馈。

二是鼓励数字金融创新,培养数字金融人才。必须不断完善金融科技人才的培养机制,鼓励企业、高校、科研院所开展数字金融产学研合作,强化人才内部培训和外部引进,建立完善的人才队伍，加大金融科技的投入，强化科技人才和专业人才的交流，塑造数字金融的综合型人才，推动人工智能、大数据等新技术在金融行业的应用。

三是强化基础设施与生态建设，加快重点场景与试点案例落地。基础设施包括网络等硬件基础设施，还包括相关的政策、机制以及数据等。要减少数据壁垒，加快建设信用信息的数据共享路径，以加快数字金融的发展效率。同时应加强数字金融新生态和新产业的搭建，形成齐全、有序的数字化金融产品矩阵，打造一站式服务平台，为客户提供更为全面的差异化、精细化服务。此外，进一步推进数字金融创新试验区建设，为技术创新提供应用场景。对于试点较为成功的创新，进一步拓宽应用范围，从而促进新技术和新模式的广泛落地。

第三节　数字金融的发展趋势与支持措施

数字金融，作为金融变革的先锋，不仅重塑了金融服务的模式，也极大地推动了经济的创新与发展。随着数字支付、数字信贷和数字货币等新兴领域的蓬勃发展，金融生态正在被重新定义。数字支付、数字信贷、数字货币作为发展数字金融的关键领域，表现出不同的发展特点，也需要采取相应的支持措施。

一　数字支付发展趋势与支持措施

数字支付作为金融领域创新的前沿阵地，为个人和企业提供了前所未有的便捷性。中国，作为全球数字支付发展的引领者，

第五章 做好数字金融大文章 引领全球先进生产力

其电子支付业务的增长态势和市场规模持续保持国际领先水平。相关机构应当深入审视当前的监管政策和措施，进一步加强治理与监管，以确保数字支付的安全性和效率性，进而巩固国家金融安全，推动经济的高效运转。

（一）数字支付发展趋势：市场规模保持国际领先，增长结构持续普惠化、小额化、非银行化

目前，我国非银支付业务持续增长，逐笔支付金额显著下降。近十几年来，我国电子支付体系平稳运行，社会资金规模不断扩大，电子支付业务保持稳步增长。如图5—41所示，根据中国人民银行官方数据统计，2013年，我国银行业电子支付[①]总金额约为全年国内生产总值的20倍，截至2023年第三季度，该数值稳步增长至30倍。值得关注的是，非银行支付机构[②]电子支付业务由2013年开始迅速普及，截至2023年第三季度，由非银行支付机构处理的电子支付业务总金额约为当年国内生产总值的3倍。

银行业电子支付业务是我国金融市场稳定运行的支柱，而非银行业电子支付业务规模的显著扩大体现了我国数字支付体系的结构式优化，有助于不断完善行业秩序和营商环境，助力金融高质量发展。

---

① 银行处理的电子支付业务量是指客户通过网上银行、电话银行、手机银行、ATM、POS和其他电子渠道，从结算类账户发起的账务变动类业务笔数和金额。其中，网上支付是指客户使用计算机等电子设备通过银行结算账户发起的业务。移动支付是指客户使用手机等移动设备通过银行结算账户发起的业务。

② 非银行支付机构处理网络支付业务包含支付机构发起的涉及银行账户的网络支付业务，以及支付账户的网络支付业务。

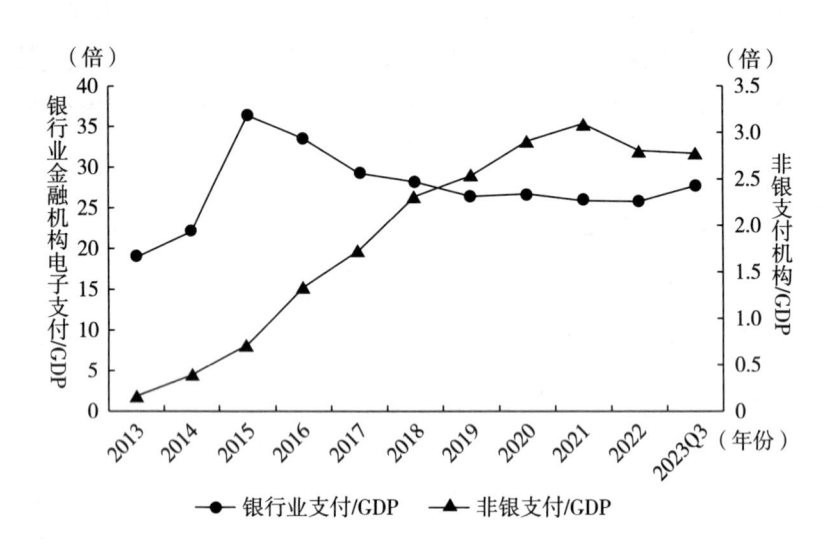

图 5—41　中国电子支付业务发展趋势

资料来源：根据中国人民银行：《支付体系运行总体报告》数据整理而得。

与此同时，如图 5—42 所示，我国逐笔数字支付业务金额于 2013—2018 年呈现明显下降趋势，并在 2019 年至今下降显著放缓。其中，由银行业处理的平均每笔电子支付金额目前约在 1 万元，由非银行支付机构处理的平均每笔电子支付金额稳定保持在 300—350 元。纵观我国数字支付业务的发展趋势，明显特征在于其支付终端的非银行化和逐笔支付额度的显著下降，带有极强的普惠性质。与此同时，我国数字业务发展的结构性变化也意味着其伴生的风险有所提高，潜在安全隐患不容忽视。

第五章　做好数字金融大文章　引领全球先进生产力

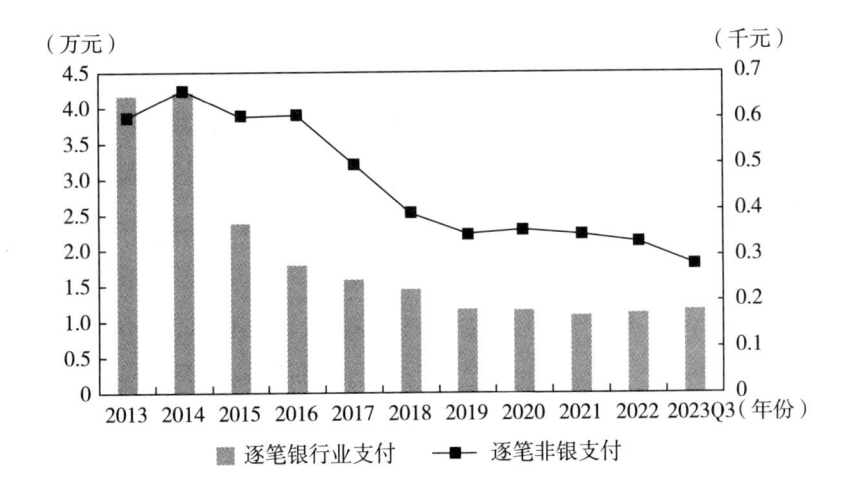

图 5—42　中国电子支付逐笔业务趋势

资料来源：根据中国人民银行：《支付体系运行总体报告》数据整理而得。

（二）支持措施一：加强非银行业务的数字支付治理与监管，保障经济高效运转

加强非银支付业务治理和监管。随着数字技术与支付产业的快速融合，支付创新的伴生风险不容忽视，支付机构的违规经营也时有发生。如图 5—43 所示，我国公安机关破获电信网络欺骗案件数量由 2014 年的 6 万余起增长至 2023 年第三季度的 39.1 万余起。值得关注的是，电信网络欺骗案件的数量变化趋势与非银行数字支付业务的规模趋势呈现显著的正相关关系。

展望我国数字支付体系的未来发展，支付行业需要把握安全底线，全面加强监管与防范风险。中央金融工作会议提出要切实提高金融监管有效性，全面强化机构监管、行为监管、功能监管、穿透式监管、持续监管。国家和地方政府出台了一系列法

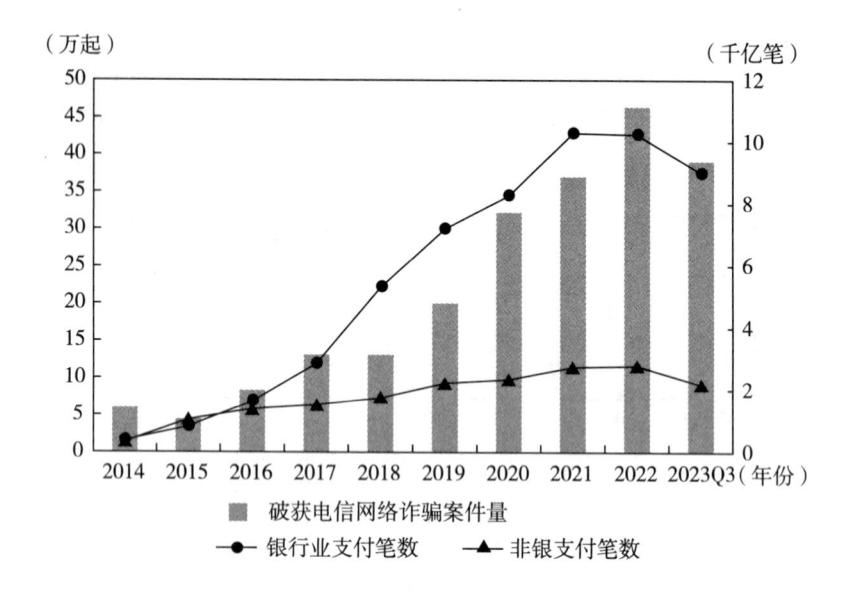

图 5—43 电信网络欺骗案件、电子支付业务笔数趋势对比

资料来源：根据公开资料整理而得。

律、法规、管理条例以保障支付机构稳定、健康、高效地发展，如国务院公布《非银行支付机构监督管理条例》（以下简称《条例》）等。

（三）支持措施二：有序推进人民币跨境支付业务，巩固国家金融安全

推进人民币跨境支付业务。我国人民银行从 2012 年开始组织建设人民币跨境支付系统（Cross—Border Interbank Payment System，CIPS），CIPS 业务功能不断完善，参与者数量不断增加，业务量不断攀升，清算结算效率得到参与者的广泛认可。截至 2023 年 12 月，CIPS 共有 139 家直接参与者，1353 家间接参

第五章　做好数字金融大文章　引领全球先进生产力

与者，其中亚洲1007家（含境内564家），欧洲233家，非洲48家，北美洲28家，大洋洲20家，南美洲17家。

如图5—44所示，根据人民银行人民币国际化官方报告，人民币跨境支付业务在过去几年中稳步增长，人民币跨境支付收付金额由2016年的9.85万亿元迅速增长至2023年第三季度的38.9万亿元。

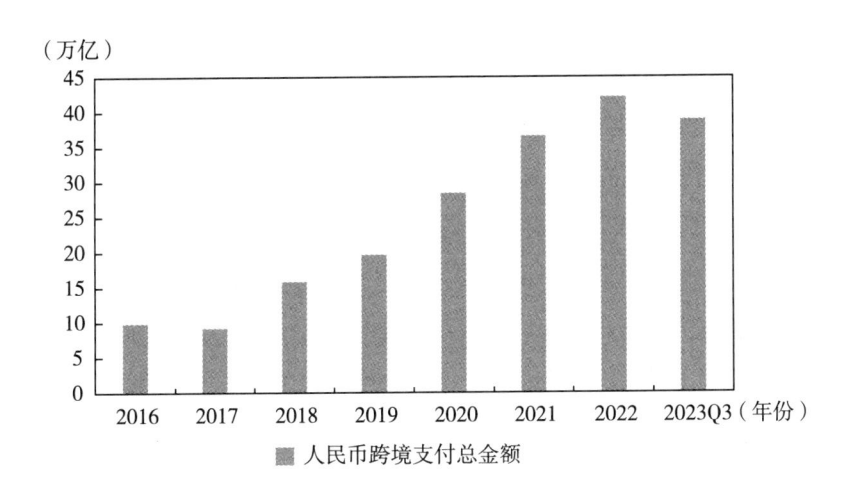

图5—44　人民币跨境支付趋势

资料来源：根据中国人民银行：《人民币国际化报告》数据整理而得。

人民币跨境支付业务的有序稳步开展，对于人民币国际化进程起到有力的推动作用。在其助力下，一方面大大降低了由于不同币种汇兑所导致的贸易交易成本；另一方面显著降低了潜在的金融制裁风险，巩固国家金融安全。

与此同时，人民币跨境支付系统的支付效率也稳步提高，目前平均日度交易额可达到3884亿元，如图5—45所示，在面临金融制裁风险的压力预测统计中，依靠我国人民币跨境支付渠道单月人民币支付额度于 2018 年便可达到并超过我国 3 个月的进口额度，进而缓解由于金融制裁所导致的人民币跨境流动性缺口的压力。随着人民币跨境支付系统的进一步完善、效率的进一步提升，我国会稳固增强应对潜在金融制裁的人民币流动性缓冲能力，保障国家金融安全和经济安全。

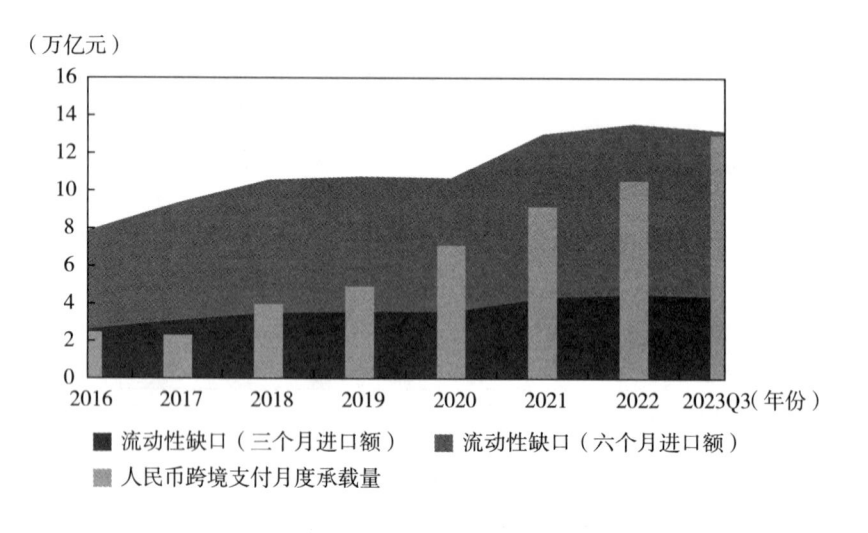

图 5—45　人民币跨境支付风险应对预测

资料来源：根据公开数据整理而得。

二　数字信贷发展趋势与支持措施

数字信贷作为金融创新的代表，正迅速在全球市场占据重要地位。中国数字募资与数字投资市场平稳发展，但与美国相比存在显著差异。

第五章 做好数字金融大文章 引领全球先进生产力

（一）数字信贷发展趋势：数字募资与数字投资平稳发展，国际市场规模占比稳居世界第二

通过近几年的发展，我国数字信贷业务平稳发展，稳居世界第二。从数字投资的角度分析，中国在数字智能投顾方面的市场份额与美国相比存在一定差距，与美国相比整体的特点是金额小、收益低、普惠性强。整体分析研判可得知，中小微企业、个体经营企业是我国数字信贷领域借贷、投资两端的主要参与者。在借贷端，数字募资方与传统银行借贷相比存在较高的违约风险，需要加强信贷风险的把控。在投资端，金融科技赋能的深度需要加强，数字化服务的效益需要提高，数字化投资的模式需要进一步创新。与此同时，数字化投资的理念需要进一步普及，使得潜在投资人能够真正接受投资数字化的转型。为此，提出如下支持措施：

（二）支持措施一：鼓励数字理财金融创新，加强智能投顾个性化普及

鼓励金融创新，增强个性化普及。我国金融行业正在经历前所未有的全方位变革。金融服务从银行网点延伸至无处不在，客户展现出高度数字化和个性化的需求与偏好，新兴技术的快速成熟让许多应用从梦想走进现实。各类财富管理机构充分利用金融科技的力量，为更广泛的客户群体提供专业、个性的财富管理服务和极致的数字化体验。

如图5—46所示，我国互联网理财市场在近十年间稳步增长，整体互联网财富管理资产规模由2014年的1.86万亿元增长至2022年的10.64万亿元。截至2022年12月，以互联网理财

投资方式约占居民个人可投资资产的4%。要进一步发展金融科技、鼓励银行和金融科技类公司对于数字化理财的金融创新，进而满足投资人更高的个性化需求。同时，我国需要提高数字化投资的服务深度，加大数字化合理高效投资的信息传播和普及，提升该领域投资过程中的信息透明性，逐步培养积累具有数字化投资偏好的市场参与者。

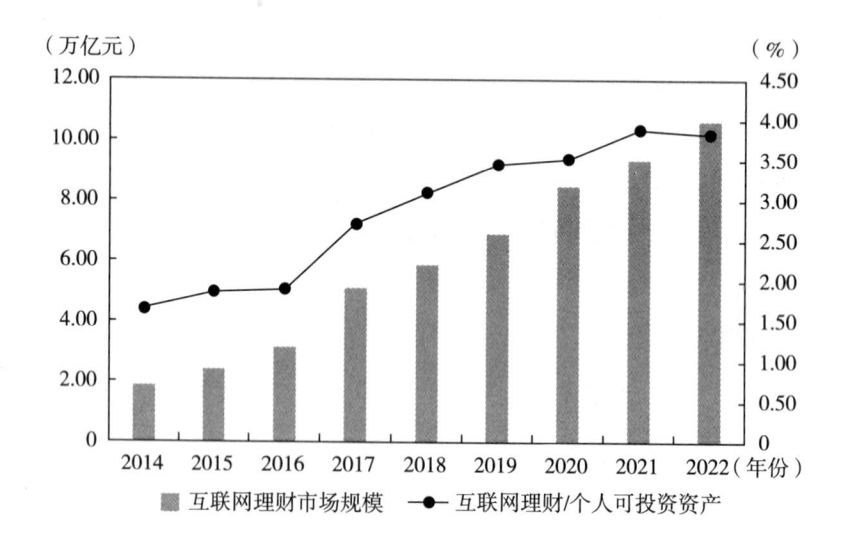

图 5—46　互联网理财发展趋势

资料来源：根据公开数据整理而得。

（三）支持措施二：合理把控数字化信贷风险，拓宽商业银行数字化信贷业务

合理把控风险，拓展信贷业务。充分发挥数字金融服务长尾客群，具有小额分散、灵活性高等特点，有效分散风险，加强流

第五章 做好数字金融大文章 引领全球先进生产力

动性管理、突出其抵抗经济周期波动上的优势。金融行业首先应利用数字技术，提升企业风险管理水平，丰富监管科技手段，强化防范化解风险能力。其次，应激发市场多元化主体的活力，形成金融机构、科技平台、专业服务商分层发展、互补协作的数字金融行业新生态。再次，要将以人工智能为核心的新技术作为抓手，加快金融智能化和数字化，完善数字金融网络，增强数字金融行业的核心竞争力。最后，实现数字金融的普惠性，并且风险可控。

三 数字货币发展趋势与支持措施

随着数字经济的蓬勃发展，数字货币成为全球金融创新的重要领域。中国人民银行积极推进数字人民币的研发与试点，旨在通过技术创新提升金融服务效率，同时防范金融风险，促进经济可持续发展。

（一）数字货币发展趋势：国际数字货币资产迅猛增长、潜力巨大，我国数字人民币发展运筹帷幄、积极探索

国际市场迅猛发展，国内市场积极筹备。数字人民币是中国人民银行发行的数字形式的法定货币，自2022年12月起，金融统计数据将数字人民币数据首次纳入M0统计口径。近年来，随着数字人民币试点的逐步深入，数字人民币的应用场景稳步扩大，交易金额、存量也不断增加，相关管理和统计制度不断完善。

自2020年4月以来，中国人民银行于内地开展了数字人民币的试点测试，侧重零售业B2C交易场景。当前数字人民币在

金融强国之路：如何写好做实"五篇大文章"

内地的试点范围已扩大至 26 个地区，涵盖零售、金融和公共服务领域。如图 5—47 所示，累计交易金额迅猛增长，于 2023 年第二季度末达到 1.8 万亿元人民币。

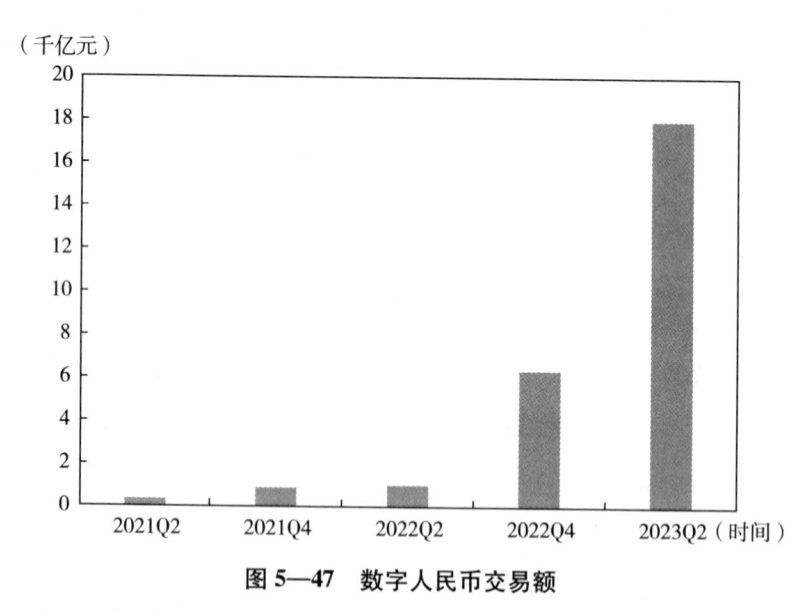

图 5—47 数字人民币交易额

资料来源：根据中国人民银行官网数据整理而得。

  数字人民币的进一步推广对于银行业的未来具有重大意义。银行和金融科技企业一直在积极尝试利用创新技术开拓新的发展机遇。央行数字货币和智能合约的应用将使得交易执行具备可追溯性和可验证性的特点，银行业可能会迎来进一步的服务创新和广泛的跨行业合作凭借智能合约中的预设条件和交易数据的可追溯性，中央银行和监管机构可以在包括反洗钱和反恐怖主义融资等方面有效发挥监督管理作用，有助于加强对国际业务的跨境监管。

第五章 做好数字金融大文章 引领全球先进生产力

（二）支持措施一：拓宽数字人民币试点城市，推进交易场景落地，提高市场接受度

拓宽试点城市，推进场景落地。伴随数字人民币交易额成倍增长的趋势，一方面反映了过往数字人民币试点工作的有效开展；另一方面，国家应深化数字人民币应用场景的多样化，确保其作为交易媒介的基本货币功能实现全面发挥，提升市场对数字人民币的认知与接纳，为数字人民币的推广奠定稳固的市场基础。

（三）支持措施二：构建数字货币监管体系，防范系统性风险

构建监管体系，防范系统性风险。随着更多新技术出现，数字金融会出现更多产品形式，监管难度也随之增加。相关部门在对接先进监管标准、丰富监管框架的基础上，要完善监管链条，尤其要引导数据要素的流动和价值发挥，不断完善数据安全管理架构，提高内部合规要求，设立风险早期预警防范机制，引导金融机构调增风险准备比例，同步加强事后监管与风险补偿，完善风险监管与防控机制。

防范系统性金融风险，要充分运用数字技术支撑构建新型监管机制，加快建立全方位、多层次、立体化监管体系，实现事前、事中、事后全链条全领域监管，通过整合监管资源、综合监管事项来实施有效监管，维护公平竞争的数字金融市场秩序，为促进数字金融的可持续发展提供有力保障。

第六章
政策建议

第一，科技金融方面，为了有效促进科技企业的发展，提升其市场竞争力，并为我国高新技术产业的长远发展提供坚实支持，本书提出以下政策建议：

首先，国家可进一步出台信息化建设指导文件，明确要求打破信息壁垒，构建统一高效的国家信息资源体系，并通过建立激励机制，鼓励科技企业积极参与数据共享，实现数据资源的最大化利用。同时，政府引导基金（GVC）需优化运作模式，提高投资效率和效益，注重市场化运作，引入社会资本，优化投资决策机制，强化风险控制。此外，政府可建立科技企业融资服务平台，提供融资咨询、项目对接、信用评价等一站式服务，帮助企业解决融资难题，并为符合条件的科技企业提供上市辅导、绿色通道等支持，降低上市门槛，提高上市效率。

其次，在资本市场对接方面，政府需提高间接融资供给质量，促进直接融资，创新金融服务模式，加强融资配套体系建设，帮助专精特新企业克服融资难题，提高其商业化特征和市场吸引力。政府还可加大对科技企业的担保补贴力度，履行代偿义务，推动金融机构放贷，并将融资担保业务纳入国家融资担保基金合作范围，加大对政府性融资担保机构的支持力度。

再次，政府可鼓励并政策支持大型企业 CVC（Corporate Venture Capital）的发展，利用其投资期限长、失败容忍度高的优势，促进高新技术产业发展。同时，针对天使投资税收优惠政策的不足，建议加大配置比例，降低基金返投比例，增加投资收益让利，并协同多方力量，推动创新链、产业链、资金链、人才链深度融合。地方政府及国有投资机构应积极促进天使投资机构与地方资源的紧密结合，构建合作平台，以加速科技成果的转化应用。

最后，政府可设立专门的科技企业创新基金，对企业的研发创新活动给予资金支持，鼓励企业加大研发投入，提升自主创新能力，并出台更多人才政策，为科技企业提供人才引进、培养、使用等方面的支持，打造高水平的科技人才队伍，为企业发展提供人才保障。通过这些综合性措施的实施，可以为科技企业营造更加有利的发展环境，激发企业的创新活力，推动我国科技产业实现高质量发展。

第二，绿色金融方面，首先，我们建议将 ESG 纳入信用风险评价。《指导意见》第七条提出：鼓励信用评级机构建立健全针对绿色金融产品的评级体系，支持信用评级机构将环境、社会和治理（ESG）因素纳入信用评级方法与模型。对于能源、化工、制造业等环境与社会（E/S）特征显著的行业，纳入环境和

第六章 政策建议

社会维度的调整因素，如 ESG 透明度、ESG 表现等；对于其他行业，公司治理（G）支柱入手，基于 ESG 视角在时间维度上扩展对公司长期发展的评价，从而提供一个相对传统信评更为长期主义的视角来评估公司治理的效果

其次，完善绿色标准建设，加强信息披露质量，促进政策层面协同合作。政府在绿色标准建设领域，应深入考量环境保护与可持续发展的需要，制定更为严格的绿色规范；加强绿色标准的执行力度，建立完善的监督和检查机制；加强绿色标准的信息披露，督促企业绿色环保等社会责任承担；对企业的绿色评估和认证提供支持。此外，促进绿色金融发展需要政策层面的协同合作。政府可以制定明确的绿色产业标准和认证体系，引导资源投入可持续和环保产业；加强绿色金融与环境政策的协调配合，通过加强环境监管和激励机制，引导企业实现环境友好型经营；通过建立激励绿色投资的税收政策，引导企业和投资者更积极地参与绿色金融领域。

再次，发展注重循序渐进。切忌忽略我国的现实发展情况，盲目追求"毕其功于一役"的效果，搞"运动式减碳"。绿色发展需要加强经济效益与社会效益的协调统一，加强绿色金融与双碳目标的联系，推动低碳技术的创新与应用，为企业和金融机构提供了更多的机会参与可持续发展的进程。

复次，重视与绿色金融相关的产品与服务的创新研发。金融机构可以根据市场需求，研发出创新性的绿色金融产品，进一步推动我国多层次绿色金融产品和市场体系的建设，为投资者提供新型投资渠道的同时，加快整合区域碳金融市场，动员更多资金流向低碳、环保、可再生能源等领域，支持绿色发展。此外，政

金融强国之路：如何写好做实"五篇大文章"

府鼓励金融机构创新丰富金融产品和服务，通过设立绿色债券、绿色信贷等金融工具以满足企业绿色转型的需求，为绿色企业提供更多样化的融资选择，降低其融资成本。

最后，协调统一多方政策法规。政府应采取措施使得监管机构可以更有效地监督和管理金融机构的绿色投资，减少潜在的环境和气候变化风险，提高金融体系的稳定性和安全性。政府还应推动央地融合，充分发挥各级政府在绿色金融发展中的作用，形成有效市场与有为政府相结合的局面，实现优势互补、携手共赢，为绿色金融的发展提供更好的政策环境和支持。

第三，普惠金融方面，健全多层次普惠金融机构组织体系，引导各类银行机构坚守定位、良性竞争，发挥其他金融机构在普惠金融服务中的重要补充作用。支持大型银行下沉重心，中小银行立足本地。规范发展村镇银行、小额贷款公司等，加强监管引导。借助金融科技赋能传统机构转型升级。完善民间借贷等业态，防范化解风险。

有序推进数字普惠金融发展，继续推进普惠金融服务的数字化转型，提升普惠金融科技水平。加快金融科技在普惠领域应用，运用大数据、人工智能等提升获客、风控、定价能力。鼓励金融科技企业加大创新力度，提供个性化普惠产品。推进信用信息系统对接共享，破解中小机构数据瓶颈。引导传统机构数字化转型，实现线上线下融合发展。

健全普惠金融服务监管体系，防范化解金融风险。统筹考虑总量和结构，动态调整普惠金融发展目标，避免冲动扩张。严查资金违规流入房地产、股市等，遏制脱实向虚倾向。完善风险监测预警机制，加强贷后管理，提高风险处置能力。加大非法集资

第六章　政策建议

等违法犯罪行为打击力度，切实保护消费者权益。

加强政策引导和治理协同，优化普惠金融政策体系，完善差异化监管政策。系统梳理现有支持政策，提高针对性和协同性，形成政策合力。完善普惠金融监管制度规则，实施差异化监管，提高审慎性。强化货币政策引导，创新运用支农再贷款等工具。加强跨部门、跨境监管协作，共建普惠金融治理格局。

优化普惠金融发展环境，提高普惠金融法治水平。推动完善促进普惠金融发展的法律法规，明确市场准入、经营规则、退出机制等。加快农村信用体系建设，推广"信用村"等做法。改善农村金融基础设施条件，提高服务可及性。开展金融知识普及教育，提高农村居民金融意识和风险防范能力。

第四，养老金融方面，加速经济改革是推动养老金融发展的基础。一是加速经济改革的建议包括：提高居民进入素养和识别金融风险能力；拓展老年人收入，保障老年人生活质量；鼓励生育；延迟退休。二是增强基本养老保险公平性，完善全国统筹制度方面的建议包括：在全国范围内基本实现政策统一；加大省际互济力度；建立中央和地方养老保险支出责任分担机制；不断提高养老保险管理服务水平和公共服务可及性；建成与全国统筹相适应的信息系统。三是多措并举推动企业年金发展，促进养老保障高质量发展方面的建议包括：适当加大对企业年金缴费的税收优惠；统一企业年金追溯时间；允许企业为特定群体率先设立企业年金制度，以此发挥企业年金在薪酬分配中的激励效应；大力发展企业年金集合计划；促进企业年金和职业年金整合与统一；简化企业年金方案报送手续；加强年金立法，完善年金监管体系；做实职业年金缴费账户，缓解未来财政负担。如果全部实施存在困难，可以分步骤推进。越早做实，未来财政负担越小。四是鼓励金融工具创新，丰富养老产业融资渠道方面的建议包括：首先，应发挥政府和央国企的引导作用。其次，应鼓励商业银行提供更便捷和经济的信贷支持。最后，积极探索金融工具的创新路径，致力于构建多层次的资本市场体系，并进一步完善资本退出机制，以促进资本市场的健康、可持续发展。

第五，数字金融方面，一是加强非银支付业务治理和监管。随着电子支付业务由银行业向非银支付业务逐渐结构性转型，我们需要切实提高对非银支付业务的金融监管有效性，贯彻落实国务院公布的《非银行支付机构监督管理条例》，在稳步推进数字支付业务的同时合理把控数字金融风险。

二是积极推进跨境人民币电子支付业务，进一步完善跨境人民币支付系统建设。要充分发挥跨境人民币支付系统作为重要金融基础设施对于国家经济贸易活动在跨境支付过程中的促进和支持作用，稳步发展跨境人民币支付系统参与者构成的多样性。

三是鼓励数字金融创新，提高投资人数字投资效率。充分利用人工智能数字化技术，发展金融创新，为数字金融理财赋能。增强数字理财智能投顾的金融专业性，提高投资人数字投资的有效性，丰富数字金融信用供给侧的投资渠道和资金来源，为数字金融信用市场的长远发展奠定坚实基础。

四是合理把控风险，拓宽数字信贷业务。利用数字金融服务长尾客群的特点，充分发挥其小额分散、灵活性高、有效分散风险的优势。稳步拓宽数字信贷业务，为居民消费、中小微企业发展壮大提供助力。

第六章　政策建议

五是拓宽数字人民币试点城市，推进场景落地。深化数字人民币应用场景的多样化，确保其作为交易媒介的基本货币功能实现全面发挥，此举将提升市场对数字人民币的认知与接纳，为数字人民币的推广奠定稳固的市场基础。

附　录

附表 1　中国绿色金融发展阶段与主要政策汇总

发展阶段	阶段特点	部分政策	发文部门	发文时间	政策内容
起步阶段：1990s—2006年	在我国绿色金融的早期发展阶段，绿色金融的概念尚未明确，相应的政策文件还未发布，其接受度和认可度尚处于初级阶段。	《中国关于环境与发展问题的十大对策》	国务院	1992年8月	该文件是中国所制定的第一份环境与发展方面的纲领性文件，强调转变传统的发展战略，实行可持续发展战略。重申"经济建设、城乡建设、环境建设同步规划，同步实施、同步发展"的指导方针，确保将环境保护的目标和策略真正融入国家经济和社会发展的长期计划和年度规划之中，以实现经济和社会发展与环境保护的和谐统一发展。在战略措施中明确指出各级政府应更多地运用经济手段保护环境，对环境污染治理、废物综合利用和自然保护等有利于保护和改善环境的项目，给予必要的奖励和信贷、税收、价格优惠。

377

金融强国之路：如何写好做实"五篇大文章"

续表

发展阶段	阶段特点	部分政策	发文部门	发文时间	政策内容
起步阶段：1990s—2006年	在我国绿色金融的早期发展阶段，绿色金融的概念尚未明确，相应的政策文件还未发布，其接受度和认可度尚处于初级阶段。	《关于贯彻信贷政策与加强环境保护工作有关问题的通知》	中国人民银行	1995年2月	强调各级金融部门在开展信贷业务时，应特别关注自然资源和环境保护，将对国民经济的支持与环境资源的保护与环境的改善相结合，以推动经济建设和环境保护事业的协调发展。
		《关于运用信贷政策促进环境保护工作的通知》	原国家环境保护总局	1995年2月	配合金融部门充分利用信贷政策做好环境保护工作。强调各级环保部门要了解学习国家信贷政策和有关规定，主动向金融部门宣传环境保护政策法规，认真执行环境影响评价制度，及时向人民银行有关金融机构通报环境影响报告书的审批和查处情况；努力开拓环保资金渠道，对有经济效益和还款能力的环保项目，积极争取金融部门给予贷款支持。
		《国家环境保护"十五"计划》	原国家环境保护总局	2001年12月	将政府调控与市场机制相结合，增加环境保护投入。制定完善投融资、税收、进出口等有利于环境保护的优惠政策，吸引国内外资金投向环保项目。扩大引进国外资金的力度和领域，国外长期优惠贷款优先安排环保市场，鼓励商业银行和生态保护项目信贷安全的前提下，发挥信贷政策的作用，扩大环保筹资渠道。发挥运用债券的作用，积极支持污染治理和生态保护项目。开展二氧化硫排污权交易研究，积极支持污染治理和生态保护正确理排放二氧化硫治理的研究，利用市场机制降低二氧化硫污染治理成本和减少二氧化硫排放量。

378

续表

发展阶段	阶段特点	部分政策	发文部门	发文时间	政策内容
起步阶段：1990s—2006年	在我国绿色金融的早期发展阶段，绿色金融的概念尚未明确，相应的政策文件还未发布，其接受度和认可度尚处于初级阶段。	《关于进一步加强产业政策和信贷政策协调配合控制信贷风险有关问题的通知》	国家发改委、中国人民银行、原银监会联合发布	2004年4月	进一步加强产业政策和信贷政策的协调配合，停止对产业政策明确淘汰产品的信贷支持，控制对采用落后工艺、技术装备项目的贷款，加强宏观经济调控，防范金融风险，实现可持续利于节约资源和保护生态环境的项目。强化产品包括不利于节约资源和保护生态环境的项目。强调各部门各司其职，协调配合。国家发展改革委定期发布和适时调整相关产业政策，指导社会投资方向；人民银行和银行监管部门配套提出优化信贷结构的政策措施，为商业银行调整信贷投向提供有效的支持和服务；商业银行改进信贷投向管理技术和手段，加强对环境风险的防范。
		《关于落实科学发展观加强环境保护的决定》	国务院	2005年12月	该政策是我国首个绿色金融政策，标志着我国绿色金融的开始。文件强调要把环境保护摆在更加重要的战略位置。在建立环境保护长效机制中指出要推行有利于环境保护的经济政策。建立健全有利于环境保护的价格、税收、信贷、贸易、土地和政府采购等政策体系。对不符合国家产业政策和环保标准的企业，不予办理工商登记或者依法取缔。这为建立健全有利于环境保护的信贷制度提供了有力的支持。

379

续表

发展阶段	阶段特点	部分政策	发文部门	发文时间	政策内容
起步阶段：1990s—2006年	在我国绿色金融的早期发展阶段，绿色金融的概念尚未明确，相应的政策文件还未发布，其接受度和认可度尚处于初级阶段。	《关于保险业改革发展的若干意见》	国务院	2006年6月	国务院为加快保险业改革发展推出10条意见，其中第5条"大力发展责任保险，健全安全生产保障和突发事件应急机制"意见提出了发展包括环境污染责任保险在内的七项保险业务，并在煤炭行业进行强制环境污染责任保险试点。我国绿色保险于明确发展环境污染责任保险业务开始起步。
		《关于共享企业环保信息有关问题的通知》	中国人民银行、原国家环境保护总局	2006年12月	充分认识将企业环保信息纳入企业信用信息基础数据库，自2007年4月1日起正式展示在企业信用报告中，有利于防范金融风险，提高企业违法成本，加强对企业环境违法行为的社会监督和制约，促进经济结构调整和增长方式转变，提高全社会的环境意识和道德素质，共同促进环境友好型社会和社会诚信体系的建设。

续表

发展阶段	阶段特点	部分政策	发文部门	发文时间	政策内容
逐步发展阶段：2007—2015年	我国绿色金融逐步发展的阶段。我国正日益加强对环境和能源问题的关注，对污染带来的严重后果有了更深层次的理解。在此基础上，我国已开始从多个角度制定政策，并采取一系列措施，以推动环境保护工作的深入进行。	《关于落实环保政策法规防范信贷风险的意见》	原国家环境保护总局、中国人民银行、中国银行业监督管理委员会	2007年7月	要求加强环保和信贷管理工作的协调配合，强化环境监督管理，严格信贷环保要求，促进污染减排，防范信贷风险。政策要求充分认识环境法治意义，提高全社会的环境法治意识，努力建设资源节约型、环境友好型社会，促进完成节能减排目标，努力建设资源节约型、环境友好型社会，要完成节能减排目标。第一，加强建设项目和企业的环境监管与信贷管理，要依照环保法律法规的要求，严格新建项目的环境监管和信贷管理，严格现有企业的环境监管和流动资金贷款管理，同时，各级环保部门要积极督促有违法违规行为的企业进行整改；第三，加强协调配合，建立信息沟通机制，各级环保与金融部门要密切配合，要求环保、金融机构工作人员要严格履行职责，加强监督检查，追究违规者责任。
		《节能减排授信工作指导意见》	中国银行业监督管理委员会	2007年11月	进一步明确对不符合产业政策和环境违法的企业和项目进行信贷控制，督促银行业金融机构调整和优化信贷结构与国家经济结构紧密结合，让银行业金融机构应从战略规划、内部控制、风险管理、业务发展多方面着手，全面防范高耗能、高污染所带来的各类风险，针对客户所在的主要行业及其特点，制定信贷政策和操作细则，确保信贷资金能够真正符合节能减排要求的企业和项目。

381

金融强国之路：如何写好做实"五篇大文章"

续表

发展阶段	阶段特点	部分政策	发文部门	发文时间	政策内容
逐步发展阶段：2007—2015年	我国绿色金融的逐步发展阶段。我国正日益加强对环境和能源问题的关注，对污染带来的严重后果有了更深层次的理解。在此基础上，我国已开始从多个角度制定政策，并采取一系列措施，以推动环境保护工作的深入进行。	《关于环境污染责任保险工作的指导意见》	原国家环境保护总局、中国保险监督管理委员会	2007年12月	为加快建立环境污染责任保险制度，进一步健全我国环境污染风险管理制度，就开展环境污染责任保险工作提出相关意见。《意见》指出要充分认识开展环境污染责任保险工作的重大意义，明确了开展环境污染责任保险工作的指导原则与工作目标，督促逐步建立和完善环境污染责任保险制度，切实提高工作支持和保障水平。《意见》的提出，意味着我国绿色保险制度开始逐步建立。
		《关于全面落实绿色信贷政策进一步完善信息共享工作的通知》	国家环境保护部办公厅、中国人民银行办公厅	2009年6月	在全国范围内正式推行绿色信贷政策，将企业的环境绩效信息整合进人民银行的征信管理系统。银行业金融机构需加强对企业环保违规记录和环保奖惩信息的查询与应用。对于不满足环保标准，存在环境风险的项目，应予以严格限制或拒绝贷款。此举旨在强调信贷政策的绿色导向，确保绿色信贷政策得到全面执行，并进一步优化信息共享机制。

382

续表

发展阶段	阶段特点	部分政策	发文部门	发文时间	政策内容
逐步发展阶段：2007—2015年	我国绿色金融逐步发展的阶段。我国正日益加强对环境和能源问题的关注，对污染带来的严重后果有了更深层次的理解。在此基础上，我国已开始从多个角度制定政策，并采取一系列措施，以推动环境保护工作的深入进行。	《绿色信贷指引》	中国银行业监督管理委员会	2012年2月	为贯彻落实节能减排、环境保护要求，政策与产业政策相结合的要求，以监管政策与信贷政策为抓手，推动银行业金融机构以绿色信贷为手段，积极调整信贷结构，有效地防范环境与社会风险，更好地服务实体经济，促进经济发展方式转变和经济结构调整。政策强调银行业金融机构应当从战略高度推进绿色信贷，加大对绿色经济、低碳经济、循环经济的支持，防范环境和社会风险，提升自身的环境和社会表现，并以此优化信贷结构，提高服务水平，促进发展方式转变；应当有效识别、计量、监测、控制信贷业务活动中的环境和社会风险，建立环境和社会风险管理体系，完善相关信贷政策制度和流程管理。
		《关于报送绿色信贷统计表的通知》	中国银行业监督管理委员会	2013年7月	为全面准确反映银行业金融机构绿色信贷实施成效，银监会依据《"十二五"节能减排综合性工作方案》《节能减排"十二五"规划》《环境保护"十二五"规划》等国家宏观调控政策，以及相关部委、国际组织及专家的意见，制定了"绿色信贷统计表"。要求各政策性银行、国有商业银行、股份制商业银行、邮政储蓄银行、境内分支机构汇总报送银监会统计部；各银监局负责组织开展辖内银行业金融机构"绿色信贷"统计表的报送工作，统计数据暂不报送银监会。"绿色信贷统计表"主要统计环境、安全等重大风险企业信贷情况；节能环保项目及服务贷款情况。

383

续表

发展阶段	阶段特点	部分政策	发文部门	发文时间	政策内容
逐步发展阶段：2007—2015年	我国绿色金融逐步发展的阶段。我国正日益加强对环境和能源问题的关注，对污染带来的严重后果有了更深层次的理解。在此基础上，我国已开始从多个角度制定政策，并采取一系列措施，以推动环境保护工作的深入进行。	《绿色信贷实施情况关键评价指标》	中国银行业监督管理委员会	2014年6月	主要从定性评价、定量评价两方面规划评价指标，推动银行机构自评。主要目标行为：第一，制定支持绿色、低碳、循环经济，加强环境和社会风险管理，并根据客户的环境与社会风险对其进行分类管理；第二，提升自身环境和社会风险管理，得到具体政策，并根据客户的环境与社会风险对其进行分类管理；第三，加强流程管理，加强对客户及其项目的环境和社会风险的尽职调查，合规审查，授信审批，合同管理等；第四，加强内控执行情况纳入合规检查范围，将绿色信贷执行情况纳入合规检查范围，定期组织实施绿色信贷内部审计，并加强考评与信息披露监督等。

续表

发展阶段	阶段特点	部分政策	发文部门	发文时间	政策内容
逐步发展阶段：2007—2015年	我国绿色金融逐步发展的阶段。我国正日益加强对环境和能源问题的关注，对污染带来的严重后果有了更深层次的理解。在此基础上，我国已开始从多个角度制定政策，并采取一系列措施，以推动环境保护工作的深入进行。	《能效信贷指引》	中国银行业监督管理委员会、国家发展和改革委员会	2015年1月	《指引》在能效项目的特性、信贷业务的关键点、准入条件、风险评估要点、流程管理、业务审批、风险控制的操作性要求，产品创新等方面提供了具体可行性建议，鼓励银行业金融机构在确保风险控制和商业可行性的基础上，优先支持那些符合国家产业政策或行业规划相符的能效项目。《指引》明确能效信贷重点服务领域为工业节能、建筑节能、交通运输节能以及其他节能项目、服务、技术和设备有关的重要领域，并指明能效信贷主要方式包括用能单位能效项目信贷和节能服务公司合同能源管理信贷两种信贷方式，银行业金融机构分别向用能单位和节能服务公司提供信贷支持。《指引》要求银行业金融机构要明确与能效服务相关的能效项目、用能单位和节能服务公司的准入要求，严格审查贷款要素，尽职调查、节能技术和效益评估、质押登记等方面的风险，加强能效信贷授信合同管理和贷后管理，建立信贷质量监控和风险预警机制，降低能效信贷风险，并鼓励银行业金融机构在防范风险的前提下创新能效信贷产品与服务。

385

金融强国之路：如何写好做实"五篇大文章"

续表

发展阶段	阶段特点	部分政策	发文部门	发文时间	政策内容
逐步发展阶段：2007—2015年	我国绿色金融逐步发展的阶段。我国正日益加强对环境和能源问题的关注，对污染带来的严重后果有了更深层次的理解。在此基础上，我国已开始从多个角度制定政策，并采取一系列措施，以推动环境保护工作的深入进行。	《关于加快推进生态文明建设的意见》	中共中央、国务院	2015年5月	总体要求；强化主体功能定位，优化国土空间开发格局；推动技术创新和结构调整，提高发展质量和效益；全面促进资源节约循环高效使用，推动利用方式根本转变；加大自然生态系统和环境保护力度，切实改善生态环境质量；健全生态文明制度体系；加强生态文明建设统计监测和执法监督；加快形成推进生态文明建设的良好社会风尚；切实加强组织领导。
		《生态文明体制改革总体方案》	中共中央、国务院	2015年9月	首次明确了构建绿色金融体系战略性基础制度框架的目标，旨在实现美丽中国的愿景，以正确处理人与自然的关系为核心原则，以解决生态环境领域的紧迫问题为指导方向。具体措施包括完善自然资源资产产权的制度，构建一个全面而系统的生态文明制度体系，以及推行节能量、碳排放权、排污权和水权的交易制度。此外，还将推行社会资本参与生态环境保护的市场化机制，建立吸引社会资本参与生态环境保护的市场化机制，并推动形成污染者付费、第三方治理的现代化发展新格局。
		《在银行间债券市场发行绿色金融债券的公告》	中国人民银行	2015年12月	明确了绿色债券的定义及发行主体，同时借助出发行绿色债券需采取备案制管理，并设置了更便利的发行时间，以推动绿色债券市场的快速发展。这些措施不仅有助于引导资金流向绿色产业，促进生态文明建设，同时也有助于推动经济结构的转型升级和经济发展方式的转变，构建一个更加透明、高效和可持续发展的绿色债券市场。

386

续表

发展阶段	阶段特点	部分政策	发文部门	发文时间	政策内容
逐步发展阶段：2007—2015年	我国绿色金融逐步发展的阶段。我国正日益加强对环境和能源问题的关注，对污染带来的严重后果有了更深层次的理解。在此基础上，我国已开始从多个角度制定政策，并采取一系列措施，以推动环境保护工作的深入进行。	《绿色债券发行指引》	国家发展和改革委员会	2015年12月	《指引》要求充分利用企业债券融资的潜力，积极考虑通过设立专项建设基金等方式来创建绿色担保基金。同时，加强与相关部门在节能减排、环境保护、生态建设和应对气候变化等关键领域的项目投融资合作，以促进政策的协同效应，有效解决资源和环境的限制问题。这将有助于提升发展的质量与效益，并加速构建资源节约和环境友好型社会。 《指引》明确，现阶段"绿色债券"的支持重点为：节能减排技术改造项目；绿色城镇化项目；能源清洁高效利用项目；能源开发和非常规水资源开发利用项目；水资源节约和循环利用项目；污染防治项目；生态农林业项目；节能环保产业项目；低碳产业项目；生态文明先行示范实验项目；低碳发展试点示范项目等12大类。 《指引》提出，地方政府应积极引导社会资本参与绿色项目建设，拓宽担保增信渠道，推动商业银行进行债券贷款统筹管理；鼓励开展债券品种创新，支持符合条件的股权投资企业、绿色投资基金发行绿色债券；积极开展债券和绿色债券相结合的融资方式等。

金融强国之路：如何写好做实"五篇大文章"

续表

发展阶段	阶段特点	部分政策	发文部门	发文时间	政策内容
快速发展阶段：2016年至今	我国绿色金融的阶段，通过持续推出和完善相关政策，加强政策间的协调与配合，已经率先在全球范围内构建起一个全面系统的绿色金融政策体系。	《关于切实做好全国碳排放权交易市场启动重点工作的通知》	国家发展和改革委员会	2016年1月	工作目标：在经济体制和生态文明体制改革的总体框架下，以减少温室气体排放和促进低碳发展为目标，充分利用市场机制在温室气体排放资源配置中的主导作用。通过国家、地方和企业层面的联动与协作，确保2017年能够启动全国碳排放权交易市场。工作任务：提出拟纳入全国碳排放权交易体系的企业名单；对拟纳入企业的历史碳排放进行核算、报告与核查，培育和遴选第三方核查机构及人员；强化能力建设。
		《关于构建绿色金融体系的指导意见》	中国人民银行、财政部、国家发展和改革委员会、国家环境保护部、中国银行业监督管理委员会、中国证券监督管理委员会、中国保险监督管理委员会	2016年8月	突出了绿色金融在促进资金投向环保、节能和清洁能源等关键领域的核心作用，并提出了一系列有针对性的措施，包括积极扩展绿色信贷业务、致励证券市场为绿色投资提供支持、建立绿色发展基金以及推动绿色保险业务的发展。此外，《意见》还强调了加强绿色金融工具的多样性，以支持地方政府发展绿色金融，增加融资工具的多样性，以支持地方政府发展绿色金融，致励开展绿色金融的国际合作，以构建一个全面且多样化的绿色金融支持框架。

续表

发展阶段	阶段特点	部分政策	发文部门	发文时间	政策内容
快速发展阶段：2016年至今	我国绿色金融快速发展的阶段，通过持续推出和完善相关政策，加强政策间的协调与配合，已经率先在全球范围内构建起一个全面系统的绿色金融政策体系。	《非金融企业绿色债务融资工具业务指引》	中国银行间市场交易商协会	2017年3月	为促进绿色金融体系的构建，激励和引导更多的社会资本向绿色产业注入资金，支持非金融企业实现绿色、低碳的发展方向，并规范这些企业发行绿色债务融资工具的流程，特此发布相关政策。主要要点如下：首先在参考借鉴绿色债券原则（GBP）等国内外绿色债券实践的基础上，立足银行间市场实际，明确了绿色债务融资工具的四大核心机制，包括资金用途、遴选机制、专户管理、信息披露。其次，配套表格要点明确。协会同时发布的配套表格包括《绿色评估报告信息披露表》（M.16表）和《绿色债务融资工具信息披露表》（GP表）。其中，M.16表结合绿色债务融资工具的主要特征，明确了在募集说明书中应补充披露的内容。GP表则对绿色评估报告提出了最低信息披露要求。协会相关人士表示，这是国内首次对评估报告的主体框架和要点进行标准化说明。此外是鼓励措施。《指引》明确协会将通过为绿色债务融资工具的注册开辟绿色通道，统一标识注册通知书文号等方式，鼓励企业注册发行绿色债务融资工具。同时，协会也鼓励发行人提交独立的第三方认证机构出具的评估意见，鼓励做市机构在二级市场开展绿色债务融资工具做市业务，提高绿色债务融资工具的市场流动性。

续表

发展阶段	阶段特点	部分政策	发文部门	发文时间	政策内容
快速发展阶段：2016年至今	我国绿色金融快速发展的阶段，通过持续推出和完善相关政策，加强政策间的协调与配合，已经率先在全球范围内构建起一个全面系统的绿色金融政策体系。	《金融业标准化体系建设发展规划（2016—2020）》	中国人民银行、中国银行业监督管理委员会、中国证券监督管理委员会、中国保险监督管理委员会、国家标准委	2017年6月	把绿色金融标准化作为重点项目，涵盖金融风险管理标准化、绿色金融标准化、互联网金融标准化、金融基础设施建设标准化、金融标准认证体系构建以及金融标准化工程等工作。这些工程的实施旨在进一步改进金融业的标准化水平，计划制定和修订超过110项国家标准和行业标准，以显著提高金融业的标准化率。此外，确保至少50%的新发布重点金融业国家标准化进行质量和效益评估。这份规划文件对金融业标准化体系建设提供了全面的指导。
		《绿色债券评估认证行为指引（暂行）》	中国人民银行、中国证券监督管理委员会	2017年10月26日	正式将绿色债券评估认证行为纳入了监管和自律框架，从机构准入和资质条件、业务承接、业务实施、报告出具以及监督管理等方面作出了全方位要求。该《指引》建立了绿色债券委员会自律管理机制，强化了对绿色债券发行人的约束和绿色债券标识管理，对绿色债券认证评估进行全面规范，将认证评估在认证对绿色债券发展的规范性，并提高绿色评估认证对市场参与各方的效用，有望将绿色债券市场引入持续健康发展的快车道。

续表

发展阶段	阶段特点	部分政策	发文部门	发文时间	政策内容
快速发展阶段：2016年至今	我国绿色金融快速发展的阶段，通过持续推出和完善相关政策，加强政策间的协调与配合，已经率先在全球范围内构建起一个全面系统的绿色金融政策体系。	《中国银行业绿色银行评价实施方案（试行）》	中国银行业协会	2018年3月	强调了绿色银行评价的重要性，明确了评价遵循"专业、独立、公正"的原则，全面、客观地评价参评银行的绿色银行工作情况。评价内容主要包括银行的环境政策和实践，绿色信贷业务、绿色金融产品和服务的推广情况以及透明度和报告情况等方面。《方案》进一步明确了绿色金融业务的界定和涵盖领域，同时确立了绿色金融评价指标体系及其权重分配，目的在于激励银行业金融机构积极参与支持绿色、循环、低碳经济的发展，有效规避环境和社会风险，增强银行在环境和社会方面的绩效，进而促进经济与社会的可持续进步。
		《上海证券交易所服务绿色发展推进绿色金融愿景与行动计划（2018—2020年）》	上海证券交易所	2018年4月	《计划》进一步提升绿色证券指数产品的创新与维护力度，并倡导资产管理机构开发基于绿色证券指数的ETF及其他形式的多元化绿色基金产品。《计划》包含制定背景、目标与原则，行动方案共三个部分。行动方案则从推动股票市场支持绿色发展，积极发展绿色债券、大力推进绿色投资，深化绿色金融国际合作，以及加强绿色金融研究和宣传5个方面介绍了推进工作路径。上证所将研究明确绿色企业的标准和范围，把包含清洁能源等绿色产业纳入的"新蓝筹"企业名单；开发绿色证券指数及相关产品，将绿色证券优先纳入资本市场对外开放和互联互通领域等。

续表

发展阶段	阶段特点	部分政策	发文部门	发文时间	政策内容
快速发展阶段：2016年至今	我国绿色金融快速发展的阶段，通过持续推出和完善相关政策，加强政策间的协调与配合，已经率先在全球范围内构建起一个全面系统的绿色金融政策体系。	《绿色产业指导目录（2019年版）》	国家发展和改革委员会、工业和信息化部、自然资源部、生态环境部、住房和城乡建设部、人民银行以及国家能源局	2019年3月	明确绿色产业发展重点：绿色产业包括节能环保、清洁生产、清洁能源、生态环境、基础设施绿色升级以及绿色服务，不仅为绿色产业发展提供了明确的指导，也为政策制定、产业投资、科技创新等方面提供了重要参考。通过推动绿色产业的发展，我们可以促进经济社会的可持续发展，实现人与自然和谐共生的目标。
		《关于印发〈银行业存款类金融机构绿色金融业绩评价方案〉（征求意见稿）的通知》	中国人民银行	2020年7月	对现行的绿色信贷业绩评价体系进行了全面升级，扩大了评估业务的范畴，新体系不仅涵盖了绿色贷款，还包括了绿色债券等其他业务类型，同时为未来可能兴起的绿色股权投资、绿色信托等新兴业务预留了发展空间。同时确立了绿色金融业绩评价的执行原则、责任主体、考核对象、评估周期、数据来源、评价方法和评价结果的应用范围。这些措施将促进银行业身干绿色金融、绿色信贷、绿色债券等绿色金融产品创新与进步，推动绿色金融体系主动地投身于绿色金融创新与进步，为完善我国绿色金融体系和促进经济社会转型提供坚实的支撑。

392

续表

发展阶段	阶段特点	部分政策	发文部门	发文时间	政策内容
快速发展阶段：2016年至今	我国绿色金融的快速发展阶段，通过持续推出和完善相关政策，加强政策间的协调与配合，已经率先在全球范围内构建起一个全面系统的绿色金融政策体系。	《关于加快建立健全绿色低碳循环发展经济体系的指导意见》	国务院	2021年2月	为了加速构建一个绿色、低碳、循环的经济体系，并推动经济社会实现全面绿色转型，文件特别强调必须大力发展绿色金融。推动绿色信贷和绿色融资的发展，并增强对金融机构在绿色领域业绩的评估与考核；统一绿色债券标准，建立绿色债券评级标准；发展绿色保险，发挥保险费率调节机制作用；推动国际绿色金融标准趋同，有序推进绿色金融市场双向开放。强调要培育绿色交易市场机制。进一步完善排污权、能源使用权、水资源使用权、碳排放权等交易体系，以减少交易成本并提升交易流程的效率。
		《"十四五"规划纲要》	国家发展和改革委员会	2021年3月	《纲要》着重指出增强绿色金融对实体经济的服务效能，特别是对绿色产业、清洁能源和节能环保等关键领域的支持，倡导绿色金融与科技创新的紧密结合，激励金融机构创新推出与绿色发展趋势相契合的金融产品和工具，例如绿色债券、绿色基金和绿色保险等，以满足多元化的绿色投资和融资需求。同时，重点强化绿色金融基础设施和制度的完善，涵盖建立评估与监测机制，推进绿色金融统计与约束体系的建设，优化绿色金融激励与约束机制，以及增强绿色金融风险的管理，反映了国家对绿色金融发展的深度关注，展现了我国在推动绿色发展方面的决心，为全球可持续发展贡献中国力量。

续表

发展阶段	阶段特点	部分政策	发文部门	发文时间	政策内容
快速发展阶段：2016年至今	我国绿色金融发展进入快速发展阶段，通过持续推出和完善相关政策，加强政策间的协调与配合，已经率先在全球范围内构建起一个全面系统的绿色金融政策体系。	《中共中央、国务院关于完整准确全面贯彻新发展理念做好碳达峰碳中和工作的意见》	中共中央和国务院	2021年10月	明确了碳达峰、碳中和工作重点任务，包括：推进经济社会发展全面绿色转型，深度调整产业结构，加快构建清洁低碳安全高效能源体系，提升城乡建设绿色低碳发展质量，加快推进低碳交通运输体系建设，提升大科技攻关和推广应用，持续巩固绿色低碳汇能力，提高对外开放绿色低碳发展水平，健全法律法规标准和统计监测机制，完善政策机制。
		《金融标准化"十四五"发展规划》	中国人民银行、市场监管总局、中国银行保险监督管理委员会、中国证券监督管理委员会联合印发	2022年2月	文件着重指出，标准是确保绿色金融可持续发展的关键支撑，需遵循"国内统一、国际接轨"的原则，建立一套严格、清晰、具体、易于执行的标准体系。具体工作包括：统一绿色债券的规范，扩展并完善绿色金融产品和服务的规范，加速制定上市公司及债券发行企业的环境信息披露规范，构建ESG评价统计规范，建立可以量化碳排放核算规范，完善的贷款统计规范，探索制定碳金融产品的相关规范，加速研究并制定转型金融的规范。

394

续表

发展阶段	阶段特点	部分政策	发文部门	发文时间	政策内容
快速发展阶段：2016年至今	我国绿色金融快速发展阶段，通过持续推出和完善相关政策，加强政策间的协调与配合，已经在全球率先在国内构建起一个全面系统的绿色金融政策体系。	《碳金融产品》（JR/T 0244—2022）行业标准	中国证券监督管理委员会	2022年4月	文件指出健全碳金融标准体系，推动碳排放合理定价是发展绿色金融的重要环节。制定和完善碳金融产品标准有利于建立全国统一的碳排放权交易市场和碳金融产品定价中心，有助于发展碳金融产品。文件在碳金融产品实施要求、碳债券等碳金融产品实施要求，指导相关机构开发和实施碳金融工具、碳金融产品分类的基础上，制定了具体碳金融工具、碳金融产品实施要求。文件将碳金融工具分为三类：碳市场交易工具和碳市场融资支持工具；实施要求中明确了实施主体，介绍了三类碳金融产品的具体实施流程。
		《中国银保监会关于印发银行业保险业绿色金融指引的通知》	中国银行保险监督管理委员会	2022年6月1日	该指引要求银行保险机构完整准确全面贯彻新发展理念，从战略高度推进绿色金融、碳金融、低碳、循环经济的支持力度；促进银行业保险业发展绿色金融，在组织管理、政策制度及能力建设、投融资流程管理、内控管理与信息披露、监督管理等多方面作出指示；同时，应积极运用大数据、区块链、人工智能等科技手段提升绿色管理水平、完善产品开发、经营销售、投融资管理等业务流程，优化对小微企业融资、线上融资等业务的环境、社会和治理风险管理。

395

续表

发展阶段	阶段特点	部分政策	发文部门	发文时间	政策内容
快速发展阶段：2016年至今	我国绿色金融的快速发展阶段，通过持续推出和完善相关政策，加强政策间的协调与配合，已经率先在全球范围内构建起一个全面系统的绿色金融政策体系。	《加快电力装备绿色低碳创新发展行动计划》	工业和信息化部、财政部、商务部、国务院国有资产监督管理委员会、国家市场监督管理总局五部委联发	2022年8月	为助力碳达峰目标顺利实现，要加快电力装备绿色低碳创新发展。重点任务围绕火电、水电、核电、风电、太阳能、氢能、储能、输能、配电及用电等十大领域电力装备开展绿色体系装备技术创新提升行动、网络化智能化特型发展行动、技术基础对外合作行动、推广应用模式创新行动，电力装备对外合作行动等六大行动。文件在此基础上还提出四大保障措施，其中包括强化财税支持、鼓励金融机构为符合条件的电力装备企业提供信贷支持等金融服务，通过国家产融合作平台引导社会资本助力电力装备绿色低碳创新发展。
		《中债绿色债券环境效益信息披露指标体系》	中央国债登记结算有限责任公司	2022年11月	中央结算公司对绿色债券的环境效益信息披露标准进行了系统的整理、精炼和概括，明确了绿色债券所资助的绿色项目应公开披露的环境效益指标，构建了一套完整的中债绿色债券环境效益信息披露指标体系。该文件有助于增强中债绿色债券环境效益信息披露的量化、公开度和透明度，规范了发行方和认证机构的披露行为，审核和验证能力，提升信息的公开度和透明度，规范了发行方和认证机构的披露行为，为市场其他参与者提供了决策参考，从而促进了我国绿色债券市场的良性发展。

396

续表

发展阶段	阶段特点	部分政策	发文部门	发文时间	政策内容
快速发展阶段：2016年至今	我国绿色金融的快速发展阶段，通过持续推出政策、加强相关政策同的协调与配合，已经率先在全球范围内构建起一个全面系统的绿色金融政策体系。	《碳达峰碳中和标准体系建设指南》	国家标准委、国家发展改革委、工业和信息化部、自然资源部、生态环境部、住房城乡建设部、交通运输部、中国人民银行、国家气象局、国家能源局、国家林草局11个部门联合发布	2023年4月	文件强调要加快构建结构合理、层次分明、适应经济社会高质量发展的碳达峰碳中和标准体系。集中精力在基础通用标准、碳减排标准、碳清除标准以及市场化机制标准上，构建起一套完整的碳达峰碳中和标准体系。在市场化机制标准体系中，特别强调了绿色金融标准和碳排放交易的标准体系的建立。重点工作包括制定和更新绿色金融的术语定义、绿色金融的碳核算方法、银行及金融机构的碳账户的管理体系。同时，还将制定绿色金融产品分类目录、绿色债券、绿色保险和绿色投融资等绿色金融产品和服务的标准。制修订碳金融衍生产品交易配额分配、调整、清缴、抵销等标准规范。强化碳排放交易的执行标准，并明确交易标准和从业人员的相关标准和规范要求。
		《温室气体自愿减排交易管理办法（试行）》	生态环境部、市场监管总局	2023年10月	确立了全国温室气体自愿减排交易及相关活动监管的基本原则，倡导以市场为主导，并坚持公平、公开、诚信和自愿原则，通过市场机制来控制和降低温室气体排放，实现达到我国在推动温室气体减排和建立全国温室气体自愿减排交易市场方面取得显著进展，对于推动绿色低碳发展和实现可持续发展目标具有深远影响。

附 录

397

续表

发展阶段	阶段特点	部分政策	发文部门	发文时间	政策内容
快速发展阶段：2016年至今	我国绿色金融快速发展的阶段，通过持续推出完善相关政策，加强政策间的协调与配合，已经率先在全球建起一个全面系统的绿色金融政策体系。	《关于支持中央企业发行绿色债券的通知》	中国证券监督管理委员会、国务院国资委联合发布	2023年12月	中央企业关系国家安全与国民经济命脉，是我国实现碳达峰碳中和目标的关键主体。文件着重指出，为了进一步提高资本市场支持绿色低碳发展的能力，应激励符合条件的中央企业成立绿色低碳发展基金或低碳基金，并发行绿色的债券。同时，推动节能降碳、环境保护、资源循环利用等绿色产业的升级和发展。鼓励中央企业在绿色领域进行基础设施REITs的试点工作，拓展资金来源，证监会和国务院国资委协同合作，加强对中央企业发行绿色债券的服务与政策指导，确保资本市场能够有效地服务于绿色低碳领域的融资需求，通过这些措施，支持中央企业的绿色低碳转型，并以此带动民营企业的绿色发展，共同推动经济社会实现全面的绿色转型。

附表2　　　　　　　　中国养老金金融政策汇总

时间	文件	主要内容
1951年	《中华人民共和国劳动保险条例》	明确规定了职工在老年、医疗、工伤、生育等项目上的保险办法。
1991年	《关于企业职工养老保险制度改革的决定》	逐步发展一个包含基本养老保险、企业补充养老保险以及个人储蓄养老保险的多支柱养老保险体系，以促进养老保险责任从单一的国家和企业承担，转变为由国家、企业和个人三方共同分担的模式。
1993年	《企业职工养老保险基金管理规定》	加强企业职工养老保险基金的管理，对于基金的征集、支付、管理、保值增值、监督检查作出具体规定。
1995年	《关于深化企业职工养老保险制度改革的通知》	明确要求企业职工养老保险按照社会统筹与个人账户相结合的原则进行改革，并拟定了两个实施办法，由各地选择并组织开展试点。
1997年	《关于建立统一的企业职工基本养老保险制度的决定》	将两个办法归于统一，规定按本人缴费工资11%的数额为职工建立基本养老保险个人账户，个人缴费全部记入个人账户，其余部分从企业缴费中划入。
2004年	《企业年金办法》	对企业年金基金财产的投资范围、投资比例、受托人、投资管理人、管理方法进行规定。
2005年	《关于完善企业职工基本养老保险制度的决定》	坚持社会统筹与个人账户相结合的模式，将个人账户规模调整为工资的8%，全部由个人缴费构成，并开展了做实个人账户的试点。
2009年	《国务院关于开展新型农村社会养老保险试点的指导意见》	从2009年起开展新型农村社会养老保险试点，2009年试点覆盖面为全国10%的县（市、区、旗），以后逐步扩大试点，在全国普遍实施，2020年之前基本实现对农村适龄居民的全覆盖。
2011年	《企业年金基金管理办法》	对企业年金基金的受托管理、账户管理、托管、投资管理以及监督管理等方面进行详细规定。

金融强国之路：如何写好做实"五篇大文章"

续表

时间	文件	主要内容
2011年	《关于开展城镇居民社会养老保险试点的指导意见》	将不符合职工基本养老保险参保条件的16周岁及以上城镇非从业居民，纳入了社会养老保险范围，2011年试点范围覆盖全国60%的地区，2012年基本实现全覆盖。
2014年	《关于建立统一的城乡居民基本养老保险制度的意见》	将现行新型农村社会养老保险制度（新农保）与城镇居民社会养老保险制度（城居保）合并实施，建立全国统一的城乡居民基本养老保险制度。
2015年	《机关事业单位职业年金办法》	规定职业年金强制建立，实行单位和个人共同缴费，采取个人账户方式管理，根据本人退休时的个人账户储存额确定待遇水平，进行市场化投资运营。
2015年	《基本养老保险基金投资管理办法》	规定养老基金实行中央集中运营、市场化投资运作，由省级政府将各地可投资的养老基金归集到省级社会保障专户，统一委托给国务院授权的养老基金管理机构进行投资运营。对投资种类、投资比例进行规定，保障资金的安全性。
2016年	《职业年金基金管理暂行办法》	对管理职责、基金投资、收益分配及费用、计划管理及信息披露、监督检查等作出明确规定。
2017年	《关于加快发展商业养老保险的若干意见》	制定商业养老保险到2020年的发展目标，提出加快发展商业养老保险的支持政策及地方保障措施。
2018年	《国务院关于建立企业职工基本养老保险基金中央调剂制度的通知》	建立养老保险基金中央调剂制度，在现行企业职工基本养老保险省级统筹基础上，建立养老保险中央调剂基金，对各省份养老保险基金进行适度调剂，确保基本养老金按时足额发放。
2018年	《关于开展个人税收递延型商业养老保险试点的通知》	自2018年5月1日起，在上海市、福建省（含厦门市）和苏州工业园区实施个人税收递延型商业养老保险试点。

附　录

续表

时间	文件	主要内容
2021年	《关于开展养老理财产品试点的通知》	工银理财在武汉和成都、建信理财和招银理财在深圳、光大理财在青岛开展养老理财产品试点，期限一年。
2021年	《中国银保监会办公厅关于开展专属商业养老保险试点的通知》	自2021年6月1日起，在浙江省（含宁波市）和重庆市开展专属商业养老保险试点，期限暂定一年，6家保险公司参与试点。
2022年	《个人养老金实施办法》	对个人养老金的参加流程、资金账户管理、机构与产品管理、信息披露、监督管理等方面做出具体规定。
2022年	《商业银行和理财公司个人养老金业务管理暂行办法》	明确了个人养老金业务范围，对个人养老金资金账户、个人养老金产品提出具体要求。同时，对商业银行、理财公司向行业平台报送信息和向监管部门报告情况等提出要求。
2023年	《中国银保监会关于保险公司开展个人养老金业务有关事项的通知》	明确保险公司开展个人养老金业务的基本要求，提供符合要求的年金保险和两全保险等；规范个人养老金业务的资金管理和合同管理等；明确对保险公司业务经营的监管要求，对银保信公司建设维护银保行业信息平台等提出要求。
2023年	《关于促进专属商业养老保险发展有关事项的通知》	明确相关业务要求，进一步扩大经营专属商业养老保险业务的机构范围，正式将专属商业养老保险由试点业务转为常态化业务。
2023年	《关于个人税收递延型商业养老保险试点与个人养老金衔接有关事项的通知》	正式开展个人税收递延型商业养老保险试点与个人养老金的衔接工作，在年内实现二者的并轨，完善养老体系的第三支柱建设。
2023年	《养老保险公司监督管理暂行办法》	规定了养老保险公司的设立、变更、解散、经营范围、资本、监管等内容，旨在加强养老保险公司监管，规范养老保险公司经营行为。

资料来源：根据各政府机构官网资料整理而得。

附表3　　　　　　　　　　中国养老金融相关政策汇总

出台时间	政策名称	主要内容
2021年3月11日	《"十四五"规划和2035年远景目标纲要》	提出发展银发经济，开发适老化技术和产品，培育智慧养老等新业态等目标，推动多元化养老产业发展，加强健康保险覆盖，提升政策支持力度，并推进数字技术适老化，以促进老年人生活质量和养老产业可持续发展。
2023年2月17日	《关于开展2023年全国示范性老年友好型社区创建工作的通知》	创设1000个示范性社区，挖掘全国示范性老年友好型社区的先进典型，广泛宣传推广，发挥示范作用。
2023年4月14日	《关于银行业保险业做好2023年全面推进乡村振兴重点工作的通知》	稳步加大对乡村医疗养老的金融支持，重点为新市民健康养老提供金融支持，创新养老金融产品，提高服务水平，以满足低收入人群、农民及脱贫群众的养老保障需求。
2023年5月12日	《关于开展2023年居家和社区基本养老服务提升行动项目申报和组织实施工作的通知》	通过中央专项彩票公益金支持，引导更多专业优质资源投入居家和社区基本养老服务，加强养老金融方面的监督管理和资金使用规范。
2023年6月16日	《关于金融支持全面推进乡村振兴加快建设农业强国的指导意见》	创新特色金融产品和服务，全力支持乡村养老托幼等生活性服务业发展；扩大金融产品和服务供给，支持新市民养老保障；支持保险机构扩大农村居民养老保险产品供给。
2023年7月10日	《〈养老机构等级划分与评定〉国家标准实施指南（2023版）》	供地方开展养老机构等级评定工作时参考使用，充分吸收各地前期评定经验提出的意见建议，具有更强的协调性、适用性和可操作性。
2023年11月25日	《养老保险公司监督管理暂行办法》	加强养老保险公司监管，规范养老保险公司经营行为，保护相关当事人合法权益。
2023年12月27日	《促进数字技术适老化高质量发展工作方案》	加强数字技术适老化领域标准化建设，提升数字技术适老化产品服务供给质量，优化数字技术适老化服务用户体验，促进数字技术适老化产业高质量发展，广泛促进多元投入，推动资源共建共享，共同打造数字技术适老化产业发展生态圈、共同体。

续表

出台时间	政策名称	主要内容
2024年1月15日	《关于发展银发经济增进老年人福祉的意见》	通过地方政府专项债券支持银发经济产业项目，用好普惠养老专项再贷款，鼓励各类金融机构加大对养老服务设施建设的支持力度，依法严厉打击侵害老年人合法权益的各类诈骗犯罪。支持和引导金融机构发展养老金融业务，提供养老财务规划、资金管理等服务。丰富个人养老金产品，推进商业养老保险和商业长期护理保险发展。推动商业医疗保险和商业长期护理保险发展，加强养老金融产品研发与健康、养老照护等服务衔接。

资料来源：根据各政府机构官网资料整理而得。

后　记

《金融强国之路：如何写好做实"五篇大文章"》一书终于付梓，作为本书作者，我们深感荣幸与感慨。金融是现代经济的核心，而科技金融、绿色金融、普惠金融、养老金融、数字金融则是推动金融强国建设的重要支柱。本书的编写初衷，正是希望通过系统性的梳理与深入的分析，为读者提供一份关于如何写好这"五篇大文章"的实践指南与理论参考。在撰写过程中，我们始终秉持严谨的态度，力求将理论与实践相结合，既关注宏观政策的导向，也注重微观操作的细节，以期为中国金融强国建设贡献一份绵薄之力。

本书作为中央财经大学"金融强国建设研究"项目的成果之一，离不开以中央财经大学和该项目研究团队的大力支持。在此，首先感谢中央财经大学校领导和科研处对本书出版的大力支持；其次，项目成员高度的责任感与专业精神为本书的撰写做出了贡献，谨向以下团队成员致以最诚挚的感谢："科技金融篇"：夏聪、丁娜、王曰涵；"绿色金融篇"：彭俞超、柯劭婧、郭俊杰、朱菲菲、闫如斯；"普惠金融篇"：荀琴、吴锴、王靖一、王雅琦；"养老金融篇"：魏旭、王忏、陶坤玉、钱言、张宁；"数字金融篇"：王靖一、杜涣程、朱一峰。最后，感谢所有为本书出版提供支持与帮助的同事、朋友以及出版社的编辑团队。正是你们的辛勤付出，才让这本书得以顺利面世。

金融强国之路：如何写好做实"五篇大文章"

　　希望本书能为金融从业者、政策制定者以及学术研究者提供有益的参考，也期待未来能与更多志同道合的伙伴一起，为中国金融强国建设贡献更多智慧与力量。

张学勇、王辉

2025 年 3 月